MÉMOIRES

DU DUC

DE SAINT-SIMON

XIV

TYPOGRAPHIE DE CH. LAHURE
IMPRIMEUR DU SÉNAT ET DE LA COUR DE CASSATION
RUE DE VAUGIRARD, 9, A PARIS

MÉMOIRES

COMPLETS ET AUTHENTIQUES

DU DUC

DE SAINT-SIMON

SUR LE SIÈCLE DE LOUIS XIV ET LA RÉGENCE

COLLATIONNÉS SUR LE MANUSCRIT ORIGINAL PAR M. CHÉRUEL

ET PRÉCÉDÉS D'UNE NOTICE

PAR M. SAINTE-BEUVE DE L'ACADÉMIE FRANÇAISE

TOME QUATORZIÈME

PARIS

LIBRAIRIE DE L. HACHETTE ET Cie

RUE PIERRE-SARRAZIN, N° 14

1857

MÉMOIRES
DE
SAINT-SIMON

CHAPITRE PREMIER.

Assemblées d'huguenots dissipées. — Le régent, tenté de les rappeler, me le propose. — Aveuglement du régent sur l'Angleterre. — Je détourne le régent de rappeler les huguenots. — Mort de Bréauté, dernier de son nom. — Mort de Connelaye, de Chalmazel et de Greder. — Mort de l'archevêque de Tours; sa naissance et son mérite. — Mort de La Porte, premier président du parlement de Metz, à qui Chaseaux succède. — Anecdote curieuse sur Mlle de Chausseraye. — Mort de Cani. — Sa charge de grand maréchal des logis et son brevet de retenue donnés à son fils enfant. — Mort de la duchesse de La Feuillade. — Mort de la jeune Castries et de son mari. — Mort d'une bâtarde non reconnue de Monseigneur. — Mariage du comte de Croï avec Mlle de Milandon. — Hardies prétentions de cette veuve. — Mariage de Rothelin avec Mlle de Clèves. — Le parlement continue à s'opposer au rétablissement de la charge des postes et de celle des bâtiments. — Motifs de sa conduite et ses appuis. — Il dispute la préséance au régent à la procession de l'Assomption, et l'empêche de s'y trouver. — Audace de cette prétention, qui se détruit d'elle-même par droit et par faits expliqués même à l'égard de seigneurs particuliers. — Comment le terme de gentilshommes doit être pris. — Conduite du régent avec le parlement, du parlement avec lui, et la mienne avec ce prince à l'égard du parlement. — Pension de six mille livres donnée à Maisons, et un régiment de dragons à Rion. — Pensions dites de Pontoise, dont une donnée au président Aligre.

Les huguenots, dont il étoit demeuré ou rentré beaucoup dans le royaume, la plupart sous de feintes abjurations, profitoient d'un temps qui se pouvoit appeler de liberté en comparaison de celui du feu roi. Ils s'assembloient clandestinement d'abord et en petit nombre; ils prirent courage après sur le peu de cas qu'on en fit, et bientôt on eut des nouvelles d'assemblées considérables en Poitou, Saintonge, Guyenne et Languedoc. On marcha même à une fort nombreuse en Guyenne, où un prédicant faisoit en pleine campagne des exhortations fort vives. Ils n'étoient point armés et se dissipèrent d'abord; mais on trouva tout près du lieu où ils s'étoient assemblés deux charrettes toutes chargées de fusils, de baïonnettes et de pistolets. Il y eut aussi de petites assemblées nocturnes vers les bouts du faubourg Saint-Antoine.

Le régent m'en parla, et à ce propos de toutes les contradictions et de toutes les difficultés dont les édits et déclarations du feu roi sur les huguenots étoient remplis, sur lesquels on ne pouvoit statuer par impossibilité de les concilier, et d'autre part de les exécuter à l'égard de leurs mariages, testaments, etc. J'étois souvent témoin de cette vérité au conseil de régence, tant par les procès qui y étoient évoqués, parce qu'il n'y avoit que le roi qui pût s'interpréter soi-même dans ces diverses contradictions, que par les consultations des divers tribunaux au chancelier sur ces matières, qu'il rapportoit au conseil de régence pour y statuer. De la plainte de ces embarras, le régent vint à celle de la cruauté avec laquelle le feu roi avoit traité les huguenots, à la faute même de la révocation de l'édit de Nantes, au préjudice immense que l'État en avoit souffert et en souffroit encore dans sa dépopulation, dans son commerce, dans la haine que ce traitement avoit allumée chez tous les protestants de l'Europe. J'abrége une longue conversation où jusque-là je n'eus rien à contredire. Après bien du raisonnement très-solide et très-vrai, tant sur le mal en soi que sur la manière douce et sûre d'éteindre peu à peu le protestantisme en gagnant les ministres, en ôtant tout exercice de cette religion, en excluant de fait de tout emploi quel qu'il fût les huguenots, le régent se mit sur les réflexions de l'État ruiné où le roi avoit réduit et laissé la France, et de là sur celle du gain de peuple, d'arts, d'argent et de commerce qu'elle feroit en un moment par le rappel si désiré des huguenots dans leur patrie, et finalement me le proposa. Je ne veux accuser personne d'avoir suggéré au régent une telle pensée, parce que je n'ai jamais su de qui elle lui étoit venue; mais dans l'extrême désir où il n'avoit cessé d'être de s'allier étroitement avec la Hollande, surtout avec l'Angleterre, depuis qu'il étoit possédé par le duc de Noailles, Canillac et l'abbé Dubois, et où il étoit plus que jamais, les soupçons ne sont pas difficiles. Il croyoit par ce rappel flatter les puissances maritimes, leur donner la plus grande marque d'estime, d'amitié, de complaisance et de condescendance, tout cela paré de la persuasion de ranimer, d'enrichir, de faire refleurir le royaume en un instant.

Stairs, conduit et appuyé de trois si bons seconds, avoit eu l'adresse de voiler au régent ce qui ne l'étoit à personne, ni à lui-même, quand il y vouloit faire réflexion, et de l'intimider sur les grands coups que l'Angleterre alliée, comme il le disoit, pouvoit faire à tout moment pour ou contre la France, et en particulier pour ou contre lui. Pour peu qu'on fût instruit de la situation intérieure de l'Angleterre travaillée de toute espèce de divisions et de fermentations, du mépris général du gouvernement, du nombre infini de mécontents, de la jalousie de commerce et de puissance delà les grandes mers, qui ne laissoit que de beaux dehors entre la Hollande et l'Angleterre, de tout ce que notre union avec l'Espagne eût encore pu y influer à l'avantage commun des deux couronnes, la sujétion, les embarras, le malaise où les affaires du nord, les usurpations sur la Suède et tant d'autres choses qui y étoient relatives, tenoient le roi Georges par rapport à ses alliés du nord et à l'empereur, on voyoit à plein que la France n'avoit rien à craindre d'elle, aussi peu à en espérer; qu'au contraire c'étoit l'Angleterre qui avoit tout à craindre de la France, au dedans d'elle-même et au dehors, et que le régent, s'il eût voulu, auroit pu y allumer un embrasement de longues années, dont la France auroit infiniment pu profiter en Europe et dans le nouveau monde, ou faire naître une révolution qui auroit aussi eu ses avantages pour elle, en opérant le renvoi de la maison d'Hanovre en Allemagne, d'où il ne lui auroit pas été aisé de remonter sur le trône dont les Anglois eux-mêmes l'auroient fait descendre. Une telle méprise dans un prince d'ailleurs si éclairé me faisoit gémir sans cesse sur l'État et sur lui, et chercher souvent et toujours inutilement à lui dessiller les yeux sur une duperie si grossière et si importante. Je lui avois plusieurs fois tiré de l'argent pour le Prétendant à l'insu de tous ses ministres; je ne m'étois pas tenu sur l'infâme affaire de Nonancourt, sur les allures de Stairs, ni sur le malheur du mauvais succès d'Écosse. Il me croyoit trop jacobite; il se persuadoit que ma haine pour Noailles et mon éloignement de Canillac m'en donnoit pour les Anglois qu'ils portoient; et la défiance de ce prince, qui n'épargnoit pas même ses plus réitérées expériences, et qui gâtoit tout, presque autant que sa foiblesse et sa facilité ôtoit toute la force à l'évidence de mes raisons.

Je fus heureux à l'égard des huguenots. Je sentis à la préface qu'il employa, et dont je viens de parler, que son désir étoit grand, mais qu'il comprenoit le poids et les suites d'une telle résolution, à laquelle il cherchoit des approbateurs, je n'ose dire des appuis. Je profitai sur-le-champ de cette heureuse et sage timidité, et je lui dis que, faisant abstraction de ce que la religion dictoit là-dessus, je me contenterois de lui parler un langage qui lui seroit plus propre. Je lui représentai les désordres et les guerres civiles dont les huguenots avoient été cause en France depuis Henri II jusqu'à Louis XIII; combien de ruines et de sang répandu; qu'à leur ombre la Ligue s'étoit formée, qui avoit été si près d'arracher la couronne à Henri IV; et tout ce qu'il en avoit coûté en tout genre aux rois et à l'État, et pour les huguenots et pour les Ligueurs, les uns et les autres appuyés des puissances étrangères, desquelles il falloit tout souffrir, tandis qu'elles nous méprisoient, et savoient profiter de nos misères, au point que Henri IV n'a dû sa couronne qu'au nombre de ceux qui prétendoient l'emporter chacun pour soi : le duc de Guise, le fils du duc de Mayenne, le marquis du Pont[1], l'infante fille de Philippe II, et jusqu'au duc Charles-Emmanuel de Savoie, et ensuite à sa valeur et à sa noblesse. Je lui fis sentir ce que c'étoit, dans les temps les moins tumultueux et les plus supportables, que des sujets qui, en changeant de religion, se donnoient le droit de ne l'être qu'en partie, d'avoir des places de sûreté, des garnisons, des troupes, des subsides; un gouvernement particulier, organisé, républicain; des priviléges, des cours de justice[2] érigées exprès pour leurs affaires, même avec les catholiques; une société de laquelle tous ses membres dépendoient; des chefs élus par eux, des correspondances étrangères, des députés à la cour sous la protection du droit des gens; en un mot, un État dans un État, et qui ne dépendoient du souverain que pour la forme, et autant ou si peu que bon leur sembloit; toujours en plaintes et prêts à reprendre les armes, et les reprenant toujours très-dangereusement pour l'État.

Je lui remis devant les yeux toutes les peines qu'ils

1. Fils du duc de Lorraine et de Claude de France.
2. Ces cours de justice s'appelaient *chambres de l'édit*, en souvenir de l'édit de Nantes qui les avait établies.

avoient données à Henri IV dans ses années les plus florissantes, et après l'édit de Nantes, et les inquiétudes que lui avoit causées jusqu'à sa mort l'ingratitude et l'ambition du maréchal de Bouillon, depuis qu'il lui eut deux fois procuré Sedan, qui machina sans cesse contre lui et contre Louis XIII, et dont le but étoit de se faire le chef des huguenots de France, sous la protection déclarée d'une puissance étrangère, à quoi, au moins pour le nom et le commandement militaire, le duc de Rohan parvint depuis. Je lui retraçai les travaux héroïques du roi son grand-père, qui abattit enfin cette hydre à force de courage, et qui a mis le feu roi en état de s'en délivrer tout à fait et pour jamais, sans autre combat que l'exécution tranquille de ses volontés, qui n'ont pu trouver la moindre résistance. Je priai le régent de réfléchir qu'il jouissoit maintenant du bénéfice d'un si grand repos domestique, que c'étoit à lui à le comparer avec tout ce que je venois de lui retracer; que c'étoit de cette douce et paisible position qu'il falloit partir pour raisonner utilement sur une affaire, ou plutôt pour être convaincu qu'il n'étoit pas besoin d'en raisonner, ni de balancer s'il falloit faire ou non, dans un temps de paix où nulle puissance ne demandoit rien là-dessus, ce que le feu roi avoit eu le courage et la force de rejeter avec indignation, quoi qu'il en pût arriver, quand épuisé de blés, d'argent, de ressources et presque de troupes, ses frontières conquises et ouvertes, et à la veille des plus calamiteuses extrémités, ses nombreux ennemis voulurent exiger le retour des huguenots en France comme l'une des conditions sans laquelle ils ne vouloient point mettre de bornes à leurs conquêtes ni à leurs prétentions, pour finir une guerre que ce monarque n'avoit plus aucun moyen de soutenir.

Je fis après sentir au régent un autre danger de ce rappel. C'est qu'après la triste et cruelle expérience que les huguenots avoient faite de l'abattement de leur puissance par Louis XIII, de la révocation de l'édit de Nantes par le feu roi, et des rigoureux traitements qui l'avoient suivie et qui duroient encore, il ne falloit pas s'attendre qu'ils s'exposassent à revenir en France sans de fortes et d'assurées précautions, qui ne pouvoient être que les mêmes sous lesquelles ils avoient fait gémir cinq de nos rois, et plus grandes encore, puisqu'elles n'avoient pu empêcher le cinquième de les assujettir enfin, et de les livrer pieds et poings liés à la volonté de son successeur, qui les avoit confisqués, chassés, expatriés. Je finis par supplier le régent de peser l'avantage qu'il se représentoit de ce retour, avec les désavantages et les dangers infinis dont il étoit impossible qu'il ne fût pas accompagné ; que ces hommes, cet argent, ce commerce, dont il croyoit en accroître au royaume, seroient hommes, argent, commerce ennemis et contre le royaume ; et que la complaisance et le gré qu'en sentiroient les puissances maritimes et les autres protestantes, seroit uniquement de la faute incomparable et irréparable qui les rendroit pour toujours arbitres et maîtres du sort et de la conduite de la France au dedans et au dehors. Je conclus que, puisque le feu roi avoit fait la faute beaucoup plus dans la manière de l'exécution que dans la chose même, il y avoit plus de trente ans, et que l'Europe y étoit maintenant accoutumée et les protestants hors de toute raisonnable espérance là-dessus, depuis le refus du feu roi dans la plus pressante extrémité de ses affaires de rien écouter là-dessus, il falloit au moins savoir profiter du calme, de la paix, de la tranquillité intérieure qui en étoit le fruit, et [ne pas,] de gaieté de cœur et moins encore dans un temps de régence, se rembarquer dans les malheurs certains et sans ressource qui avoient mis la France sens dessus dessous, et qui plusieurs fois l'avoient pensé renverser depuis la mort d'Henri II jusqu'à l'édit de Nantes, et qui l'avoient toujours très-dangereusement troublée depuis cet édit jusqu'à la fin des triomphes de Louis XIII à la Rochelle et en Languedoc. A tant et de si fortes raisons le régent n'en eut aucunes à opposer qui pussent les balancer en aucune sorte. La conversation ne laissa pas de durer encore; mais depuis ce jour-là il ne fut plus question de songer à rappeler les huguenots, ni de se départir de l'observation de ce que le feu roi avoit statué à leur égard, autant que les contradictions et quelques impossibilités effectives de la lettre de ces diverses ordonnances en rendirent l'exécution possible.

Bréauté mourut jeune et sans alliance, en qui finit une des meilleures maisons de Normandie. Il étoit fils du cousin germain du gros Bréauté, mort en 1708, dont j'ai parlé en son temps, que j'avois fort connu à l'hôtel de Lorges, lequel étoit fils du frère cadet de Pierre de Bréauté, qui se rendit célèbre avant l'âge de vingt ans, par son combat de vingt-deux contre vingt-deux, sous Bois-le-Duc, où il acquit tant de gloire, et ses ennemis tant de honte par leurs supercheries, que Grobendunck, gouverneur de Bois-le-Duc, couronna en le faisant assassiner entre les portes de sa place en 1600. Le père de Bréauté, de la mort duquel je parle, étoit mort assez jeune, en 1711, maître de la garde-robe de M. le duc d'Orléans, dont je fis donner la charge à son fils.

La Connelaye et Chalmazel moururent en ce même temps, tous deux lieutenants généraux qui s'étoient fort distingués. L'un avoit été capitaine aux gardes, et fort du grand monde; il étoit gouverneur de Belle-Ile; l'autre avoit commandé le régiment de Picardie avec grande estime et considération; c'étoit la douceur et la vertu même. Il étoit fort vieux, et avoit le commandement de Toulon. Chalmazel, premier maître d'hôtel de la reine, est son neveu. Des Fourneaux, homme de fortune, mais de valeur et de mérite, officier général et lieutenant des gardes du corps, eut le gouvernement de Belle-Ile. Greder, lieutenant général fort estimé, mourut aux eaux de Bourbonne. Il avoit un régiment allemand qui lui valoit beaucoup, et qui fut donné au neveu du baron Spaar, qui avoit longtemps servi en France, qui y fut depuis ambassadeur de Suède, et qui y est mort sénateur, toujours le cœur françois, un des plus galants hommes et des mieux faits qu'on pût voir, avec l'air le plus doux et le plus militaire.

L'archevêque de Tours mourut aussi à Paris, où les affaires de la constitution l'avoient retenu malgré lui. Il étoit un des prélats de France les plus estimés pour son savoir, sa vertu, sa résidence et son application épiscopale. Il avoit été longtemps auditeur de rote avec beaucoup de réputation, et connoissoit parfaitement la cour de Rome. C'étoit un homme doux et d'esprit, fort attaché aux libertés de l'Église gallicane, étroitement uni au cardinal de Noailles dans l'affaire de la bulle, qui y perdit un excellent conseil et un ferme appui, en un mot un vrai gentilhomme de bien et d'honneur, et un excellent et courageux évêque. Il s'appeloit Isoré d'Hervault, de maison ancienne et bien alliée, et qui avoit eu en divers temps des emplois distingués. Il étoit issu de germain du duc de Beauvilliers, qui, malgré la différence des sentiments, en faisoit grand cas et l'aimoit fort.

La Porte, premier président du parlement de Metz, mourut à quatre-vingt-six ans. Il avoit été premier président du parlement de Chambéry. Il étoit du pays, et s'attacha à la France quand le maréchal Catinat prit la Savoie. Il eut divers emplois. Le feu roi l'aimoit et le considéroit. Chaseaux, président à Metz, eut sa place. Il étoit neveu du célèbre Bossuet, évêque de Meaux. M. le duc d'Orléans, je ne sais pas où, avoit pris anciennement de l'amitié pour lui; et comme il étoit assez pauvre et point marié, il lui donna peu après une fort bonne abbaye dans Metz.

Le maréchal de Villeroy mena promener le roi chez Mlle de Chausseraye, qui s'étoit fait donner, puis fort ajuster et accroître une petite maison au bois de Boulogne, tout près du château de Madrid, dont les promenades étoient charmantes, et où elle amusa le roi de mille choses qu'elle avoit curieusement rassemblées; car elle étoit fort riche et avoit un goût exquis. Quoique j'aie parlé ailleurs de cette singulière fille et de son caractère, il s'en faut bien que j'en aie tout dit. Elle avoit plu au feu roi autrefois, et en petit étoit devenue une autre Mme de Soubise. Il y paroissoit encore bien moins au dehors; mais les particuliers étoient plus intimes; quoique moins utiles pour elle, parce qu'elle n'étoit pas dans une position à cela, sans famille, et à peu près sans nom. Le roi et elle s'écrivoient souvent, et souvent il la faisoit venir à Versailles, sans que personne s'en doutât, ni qu'on sût ce qu'elle y faisoit. Le prétexte étoit de venir voir la duchesse de Ventadour et Madame. Bloin étoit celui par qui passoient les lettres et les messages, et qui l'introduisoit chez le roi par les derrières dans le plus grand secret.

Le roi se plaisoit fort avec elle, parce qu'elle étoit fort amusante et divertissante quand il lui plaisoit, qu'elle avoit l'art de lui cacher son esprit, qui étoit son soin le plus attentif et le plus continuel, et qu'elle faisoit très-bien l'ingénue et la personne indifférente qui ne prenoit part à rien, ni parti pour personne. Par cet artifice elle avoit accoutumé le roi à ne se défier point d'elle, à se mettre à son aise, à lui parler de tout avec confiance, à goûter même ses conseils, car ils en étoient là ensemble, et il est incroyable combien elle a su par là servir et nuire à quantité de gens, sans que le roi s'aperçût qu'elle se souciât le moins du monde des personnes dont ils se parloient. Les ordres qu'il donna souvent en sa faveur aux contrôleurs généraux les uns après les autres, et qui l'enrichirent extrêmement, n'ayant rien d'elle, dont elle sut bien profiter pour se les rendre souples, sans toujours recourir au roi, firent bien douter de quelque chose dans l'intérieur du ministère et de la plus intrinsèque cour, mais non pas de toute l'étendue de sa faveur, qui a duré autant que la vie du roi.

Elle étoit amie du cardinal de Noailles; et parmi bien de

fort mauvaises choses, elle en avoit quelques bonnes. Les scélératesses qui se faisoient pour l'opprimer la révoltoient en secret. Elle avoit la force d'y paroître au moins indifférente pour en découvrir davantage, et de cacher avec grand soin son amitié et son commerce avec le cardinal de Noailles. Le prince de Rohan, pour qui son frère n'avoit point de secret, et qui étoit son conseil intime, ne bougeoit de chez la duchesse de Ventadour, le cardinal de Rohan aussi tant qu'il pouvoit. Ils la ménageoient infiniment pour leurs vues, et comme on ne peut avoir moins d'esprit et de sens qu'elle en avoit, qui se réduisoit à l'air, à l'habitude, au langage et aux manières du grand monde et de la cour dont elle étoit esclave, elle étoit aisément entrée dans tout avec eux par amitié, et par être touchée de leur confidence sur les affaires de la constitution, qui étoit la grande, la supérieure, celle de tous les jours, et qui influoit puissamment sur toutes les autres en ce temps-là. Les Rohan, accoutumés à l'intimité qui étoit de tous les temps entre Mme de Ventadour et Mlle de Chausseraye, et qui recevoient d'elle toutes sortes de flatteries, ne se cachoient point d'elle pour parler à Mme de Ventadour de leurs succès et de leurs projets. Ils eurent l'imprudence de parler devant elle de celui de faire enlever le cardinal de Noailles allant à Conflans, par ordre du roi, et de l'envoyer tout de suite à Rome, qui n'attendoit que cela pour le déposer de son siége et le priver de la pourpre, mais qui autrement n'osoit entreprendre ni l'un ni l'autre, quoi que les cardinaux de Rohan et Bissy, le P. Tellier et toute leur cabale eût pu faire pour y déterminer le pape. C'étoit donc pour eux un coup de partie, quoiqu'un parti forcé. La mine étoit chargée, où chacun devoit faire son personnage, et le P. Tellier le principal, qui avoit déjà commencé à en parler au roi.

Chausseraye, de providence, fut le lendemain longtemps avec le roi qui avoit travaillé le matin avec le P. Tellier sur cette affaire. Elle trouva le roi triste et rêveur; elle affecta

de lui trouver mauvais visage et d'être inquiète de sa santé.
Le roi, sans lui parler de l'enlèvement proposé du cardinal
de Noailles, lui dit qu'il étoit vrai qu'il se trouvoit extrêmement tracassé de cette affaire de la constitution; qu'on lui
proposoit des choses auxquelles il avoit peine à se résoudre;
qu'il avoit disputé tout le matin là-dessus; que tantôt les
uns et tantôt les autres le relayoient sur les mêmes choses,
et qu'il n'avoit point de repos. L'adroite Chausseraye saisit
le moment, répondit au roi qu'il étoit bien bon de se laisser
tourmenter de la sorte à faire chose contre son gré, son
sens, sa volonté; que ces bons messieurs ne se soucioient
que de leur affaire, et point du tout de sa santé, aux dépens
de laquelle ils vouloient l'amener à tout ce qu'ils désiroient;
qu'en sa place, content de ce qu'il avoit fait, elle ne songeroit qu'à vivre, et à vivre en repos, les laisseroit battre tant
que bon leur sembleroit sans s'en mêler davantage, ni en
prendre un moment de souci, bien loin de s'agiter comme
il faisoit, d'en perdre son repos, et d'altérer sa santé,
comme il n'y paroissoit que trop à son visage; que pour
elle, elle n'entendoit rien, ni ne vouloit entendre à toutes
ces questions d'école; qu'elle ne se soucioit pas plus d'un
des deux partis que de l'autre; qu'elle n'étoit touchée que de
sa vie, de sa tranquillité, de sa santé qu'il ne conserveroit
jamais qu'en les laissant entre-battre tant qu'ils voudroient,
sans plus s'en embarrasser ni s'en mêler. Elle en dit tant,
et avec un air si simple, si indifférent sur les partis, et si
touchant sur l'intérêt qu'elle prenoit au roi, qu'il lui répondit qu'elle avoit raison; qu'il suivroit son conseil en tout
ce qu'il pourroit là-dessus, parce qu'il sentoit que ces gens-là le feroient mourir; et que, pour commencer, il leur défendroit dès le lendemain de lui plus parler de quelque
chose qui le peinoit au dernier point, à quoi ils revenoient
sans cesse, qu'il avoit été sur le point de leur accorder malgré lui, et qu'il ne permettroit pas, et pour cela comme le
plus court, leur fermeroit dès le lendemain la bouche là-

dessus pour toujours. Chausseraye, ravie, et qui entendoit mieux de quoi il s'agissoit que le roi ne le pouvoit imaginer, toujours pressante sur sa santé, vie, repos, confirma le roi dans cette résolution, le piqua d'honneur d'être leur dupe et leur victime, et fit tant que le roi lui donna parole positive d'exécuter si bien dès le lendemain ce qu'il venoit de projeter et de lui dire, sans s'en expliquer davantage avec elle, que la chose seroit rompue sans retour, et sans que pas un d'eux osât jamais lui en parler.

Elle avoit averti le cardinal de Noailles du danger qu'il couroit, et d'éviter de sortir de Paris où il étoit adoré, et où on n'auroit osé tenter de l'enlever, dont il y avoit déjà quelque temps qu'elle étoit informée par l'inconsidérée confiance de la duchesse de Ventadour, qui lui avoit appris le projet et ses machines, en y applaudissant, et ensuite par les Rohan mêmes. Elle fut, au sortir de chez le roi, passer sa soirée chez la duchesse de Ventadour; elle y trouva la joie peinte sur son visage et sur celui des Rohan. Elle soupa, joua et se retira le plus tôt qu'elle put. Le lendemain elle monta en chaise à quatre heures du matin, se mit à pied à distance, et par l'église de Notre-Dame entra dans un recoin de la cour de l'archevêché, où elle fit descendre le cardinal de Noailles par un petit degré; car il se levoit toujours extrêmement matin. Ils entrèrent dans un méchant lieu nu et ouvert, où il n'y avoit rien, et où on n'entroit point, parce que cela n'alloit à rien; et là lui conta sa conversation et son succès de la veille, et l'assura qu'il n'avoit plus de violence à craindre. Elle ne fut guère plus d'un quart d'heure avec lui, regagna sa chaise de poste et Versailles d'où il ne parut pas qu'elle fût sortie. Elle alla dîner chez la duchesse de Ventadour, et y passa tout le jour et tout le soir pour tâcher à découvrir si le roi lui avoit tenu parole; elle n'eut satisfaction que tout au soir.

Le prince de Rohan vint avec un air triste et déconcerté qu'il communiqua à sa belle-mère, qu'il tira à part un moment. Il ne joua point, et demeura seul à rêver dans un coin de la chambre. Chausseraye, qui jouoit, et qui remarquoit tout avec sa lorgnette, quitta le jeu, l'alla trouver, et s'assit auprès de lui, disant qu'elle venoit lui tenir compagnie. Elle se garda bien de lui parler de rien, mais peu à peu conduisit la conversation sur la santé, les vapeurs, les tristesses involontaires, pour lui pouvoir parler de celle où elle le trouvoit. L'hameçon prit dans le moment. Il lui dit que ce n'étoit pas sans cause qu'il étoit triste; de là à déclamer contre la foiblesse du roi, qui plusieurs fois avoit été sur le point de consentir à l'enlèvement du cardinal de Noailles, qui la veille au matin, en résistant là-dessus au P. Tellier, avoit été dix fois près à lâcher la parole, s'étoit tout à coup ravisé, et ce matin avoit pris à part un moment le P. Tellier, et à quelque distance le cardinal de Rohan, leur avoit dit qu'il avoit pensé et repensé à l'enlèvement qu'ils lui avoient proposé, et dont ils le pressoient sans cesse, et d'un ton de maître avoit ajouté qu'il vouloit bien leur dire qu'il n'y consentiroit jamais, et que de plus il leur défendoit d'y plus songer et de lui en jamais parler; après quoi, sans laisser un instant d'intervalle, il avoit tourné le dos à l'un et à l'autre. De là le prince de Rohan à déclamer et à dire rage. Voilà Chausseraye bien étonnée (car elle faisoit d'elle tout ce qu'elle vouloit) et bien appliquée à n'oublier aucun langage qui pût tirer du prince de Rohan les expédients, s'ils en imaginoient quelqu'un, qui pussent redresser l'affaire, et la conduite qu'ils y alloient tenir, et cependant se délectoit et se moquoit d'eux en elle-même. Elle eut une nouvelle joie de les découvrir effrayés du ton absolu que le roi avoit pris, découragés et persuadés que ce seroit se perdre inutilement que de tenter plus rien sur cet enlèvement.

 J'avoue ingénument que j'avois ignoré ces particuliers du roi, et cette confiance qu'il avoit prise en Mlle de Chausseraye, conséquemment cette curieuse anecdote touchant le cardinal de Noailles. Son esprit tout tourné à l'intrigue n'en eut pas moins depuis la mort du roi avec M. le duc d'Orléans, qu'on a vu en son lieu qu'elle avoit fort connu et pratiqué étant à Madame, et toujours depuis, et avec tous les personnages qui lui parurent mériter de s'en occuper. On dit que quand le diable fut vieux il se fit ermite; aussi fit Mlle de Chausseraye. Elle se mit dans la dévotion. Ses mœurs, sa vie, ses richesses l'effrayèrent. Elle ne sortit plus de son bois de Boulogne, et n'y reçut presque plus personne, quelques instances que ses amis fissent pour la voir. On a vu en son lieu que sa mère, qui étoit Brissac, avoit épousé en premières noces le marquis de La Porte-Vezins, dont elle avoit eu des enfants, et en secondes noces, par amour, le sieur Petit, dont elle eut Mlle de Chausseraye, qui fut longtemps, même après la mort de sa mère, à ne pouvoir être reçue chez ses parents. Elle s'honoroit fort des La Porte, dont elle étoit sœur utérine, et dans sa retraite elle vit beaucoup l'abbé d'Andigné, qui leur étoit fort proche, homme de beaucoup de monde, de savoir et de piété, peu accommodé, fort retiré, ami intime de tout ce que faussement on traite de jansénistes, et demeurant à la porte des pères de l'Oratoire de Saint-Honoré. Elle lui a conté tout ce que je viens de rapporter, et bien d'autres choses, et lui a dît que toute son application et tout son savoir-faire auprès du roi, et qui la mettoit avec lui dans une gêne continuelle, étoit de faire l'idiote, l'ignorante, l'indifférente à tout, et de lui procurer le bien-aise d'entière supériorité d'esprit sur elle; que c'étoit uniquement par là qu'elle entretenoit sa faveur et sa confiance, et qu'elle avoit moyen de le conduire souvent où elle vouloit; mais que pour y parvenir sans qu'il s'en aperçût, et sans se démentir de toute sa conduite avec lui, il falloit un temps, des tours, une délicatesse et un art qui lui réussit souvent à bien des choses, dont elle en abandonnoit aussi d'autres, mais qui toutes lui faisoient suer sang et eau. Elle consultoit fort cet abbé sur sa conscience,

qui lui laissa brûler par scrupule des Mémoires très-curieux
qu'elle avoit faits, et dont elle lui montra quelque chose.
Elle passa les dernières années de sa vie en macérations, en
aumônes, en prières, vendit une infinité de bijoux pour en
donner l'argent aux pauvres, priva ses héritiers de sa riche
succession, à qui elle l'avoit franchement annoncé, et donna
tout par testament à l'hôpital général. Bien des années après
sa mort, je connus par des amis communs cet abbé d'Andigné, qui nous conta tout ce que je viens d'écrire, parce que
cela m'a semblé digne d'être arraché à l'oubli. Ce ne fut pas
sans le quereller, avec dépit, d'avoir brûlé avec elle de si
précieux Mémoires.

Cani, fils unique de Chamillart, mourut à Paris, fort jeune,
de la petite vérole, laissant plusieurs enfants tous en bas
âge de la sœur du duc de Mortemart. Il fut regretté de tout
le monde par la modestie avec laquelle il avoit supporté la
fortune de son père et la sienne, par son égalité dans la disgrâce, son courage et son application à la tête du régiment
de la marine dont il s'étoit fait beaucoup aimer, qui n'étoit
pas chose aisée avec ce corps. Il avoit une pension particulière de douze mille livres et un brevet de trois cent mille
livres sur sa charge de grand maréchal des logis de la maison du roi, dont il ne jouissoit que depuis la mort de Ca-
voye, duquel il avoit acheté la survivance. Ce fut une grande
affliction pour Chamillart et sa femme qui étoient à Cour-
celles. M. le duc d'Orléans donna la charge et le même brevet de retenue en même temps au fils aîné, qui n'avoit que
sept ans. L'âge du roi ne pouvoit de longtemps donner
beaucoup d'exercice à cette charge. Dreux y fut commis jusqu'à ce que son neveu fût en âge. Ce fut bien la plus grande
douleur qui pût arriver à Chamillart; mais ce ne fut pas la
seule. Six semaines après, la petite vérole prit à la duchesse
de La Feuillade, qui l'emporta en trois jours, dans le dernier abandon de son mari, qui prétexta qu'il ne pouvoit se
séquestrer du Palais-Royal, où alors on ne le voyoit presque

jamais. Elle n'eut jamais d'enfants, non plus que la première femme d'un si bon mari et d'un si honnête homme.

En ce même temps mourut la belle-fille [de M. de Castries], fort belle, fort jeune, fort sage et parfaitement au gré de la famille où elle étoit entrée et de tout le monde; et son mari, qui n'y étoit pas moins, et fils unique, [mourut] sept semaines après, qui fut une affliction à M. et à Mme de Castries dont ils ne se consolèrent jamais. J'ai assez parlé d'eux à l'occasion de leur mariage pour n'avoir rien à y ajouter, sinon qu'ils ne laissèrent point d'enfants.

La bâtarde, non reconnue, de Monseigneur et de la comédienne Raisin, que Mme la princesse de Conti avoit mariée depuis sa mort à M. d'Avaugour, qui étoit de Touraine, et non des bâtards de Bretagne, mourut aussi sans enfants.

Le comte de Croï, fils du comte de Solre, épousa en Flandre une riche héritière, sa parente, qui s'appeloit Mlle de Milandon, et quitta le service. Il passa le reste de sa vie chez lui à accumuler, et prit le nom de prince de Croï, après la mort de son père arrivée en 1718, sans aucun titre, droit ni apparence. Son père n'a jamais porté que le nom de comte de Solre, fut chevalier de l'ordre en 1688, le cinquante-neuvième parmi les gentilshommes, sans nulle difficulté. Sa femme, qui étoit Bournonville, cousine germaine de la maréchale de Noailles, étoit fort assidue à la cour, sans tabouret ni prétention. Depuis la mort du fils, la veuve est venue s'établir à Paris sous le nom de princesse de Croï, a prétendu être assise sans avoir pu montrer pourquoi, ne la pouvant être n'a pas mis le pied à la cour, a eu du cardinal Fleury des régiments pour ses deux fils de préférence à tout le monde, en a marié un à une fille du duc d'Harcourt, et se promet bien, à force d'intrigue, d'opiniâtreté et d'effronterie, de se faire princesse effective pour le rang, dans un pays où il n'y a qu'à prétendre et tenir bon pour réussir, à condition toutefois que ce soit contre tout droit, ordre, justice et raison.

Rothelin épousa en même temps avec dispense la fille de sa sœur la comtesse de Clères.

M. le duc d'Orléans donna une longue audience au premier président et aux députés du parlement, sur les remontrances contre l'édit de rétablissement des charges de surintendant des bâtiments et de grand maître des postes, pour le duc d'Antin et Torcy. Rien plus en la main du roi que ces grâces, rien plus étranger à la foule du peuple, de moins contraire au bon ordre et à la police du royaume, rien enfin de moins susceptible de l'opposition du parlement; mais cette compagnie, qui avoit dès le commencement senti la foiblesse du régent, et qui l'environnoit de ses émissaires, lesquels, comme il a été expliqué, trouvoient leur compte au métier qu'ils faisoient, sut tourner sa foiblesse en frayeur, lui contester tout avec avantage, et ne perdre aucune occasion de profiter de sa facilité pour établir l'autorité de la compagnie sur la sienne. Il étoit visible qu'ils ne pouvoient avoir que ce but en celle-ci, qui ne touchoit ni ne blessoit personne, et de se rendre ainsi redoutables au régent et à tout le monde.

Peu de temps après, non contents de lui embler son pouvoir, ils osèrent disputer de rang avec lui, petit-fils de France et régent du royaume, et l'emporter sur ce prince foible et timide. Ces messieurs, que j'ai nommés ailleurs, qu'il croyoit entièrement attachés à lui, et dont il admiroit l'esprit et les conseils, mais qui se jouoient de lui avec tout son esprit, sa pénétration, sa défiance, et le vendoient continuellement au parlement, lui mirent en tête qu'il feroit chose fort décente et fort agréable au peuple d'aller à la procession de Notre-Dame, le jour de l'Assomption, instituée par le vœu de Louis XIII, à laquelle, assistent le parlement et les autres compagnies. Ce prince n'aimoit ni les processions ni les cérémonies; il falloit un grand ascendant sur son esprit pour lui persuader de perdre toute une après-dînée à l'ennui de celle-là. Il y consentit, le déclara, manda toute sa maison pour l'y accompagner en pompe, mais deux jours devant l'Assomption, il eut lieu d'être bien surpris quand le premier président lui vint déclarer qu'il croyoit qu'il étoit de son respect, sur ce qu'il avoit appris qu'il comptoit assister à la procession de Notre-Dame, de l'avertir que le parlement, s'y trouvant en corps, ne pouvoit lui céder, et que tout ce qu'ils pouvoient de plus pour lui marquer leur respect étoit de prendre la droite et de lui laisser la gauche. Il ajouta que leurs registres portoient que M. Gaston, fils de France, oncle du feu roi, étant lieutenent général de l'État, s'étoit trouvé à cette procession dans la minorité du feu roi, et y avoit marché à la gauche du parlement, qui avoit eu la droite. Ces messieurs prétendent tout ce qu'il leur plaît, et maîtres de leurs registres y mettent tout ce qu'il leur convient; c'est pour cela qu'ils en ont de secrets, d'où ils font passer dans les publics ce qu'ils jugent à propos en temps convenables. La simple proposition de précéder un petit-fils de France, régent du royaume, en procession publique, et par respect croire s'abaisser beaucoup que se contenter de prendre sur lui la droite, dispense de toutes réflexions. Ce sont les mêmes qui ont osé opiner longtemps aux lits de justice avant les pairs, puis avant les fils de France, enfin entre la reine lors régente et le roi Louis XIV son fils, et qui contestèrent contradictoirement et crièrent si haut lorsqu'en 1664 Louis XIV les remit juridiquement, étant en son conseil, par arrêt, en leur ancien rang naturel d'opiner après les pairs et les officiers de la couronne.

Le parlement est, comme on l'a vu à l'occasion du bonnet, une simple cour de juridiction pour rendre aux sujets du roi justice, suivant le droit, les coutumes et les ordonnances des rois, en leur nom, et dont les officiers sont si bien, à titre de leurs offices, du corps du tiers état, que s'il se trouvoit entre eux un noble de race député aux états généraux, sa noblesse ne lui serviroit de rien, mais son office l'emporteroit et le placeroit dans la chambre du tiers état, de l'ordre duquel il seroit. Le parlement fait donc partie du tiers état, il est, par conséquent, bien moindre que son tout. Les états généraux tenant, le parlement oseroit-il imaginer, non pas de précéder, mais de marcher à gauche et sur la même ligne du tiers état? et le même tiers état, je dis plus, l'ordre de la noblesse, si distingué du tiers état aux états généraux, oseroit-il disputer la préséance en quelque lieu, cérémonie ou occasion que ce soit à un petit-fils de France, régent du royaume? Cette gradation si naturelle saute aux yeux, et je ne pense pas même que les trois ordres du royaume assemblés en fissent la difficulté à un petit-fils de France, qui même ne seroit pas régent, bien moins encore l'étant. Que si le parlement allègue que les grandes sanctions se font maintenant dans son assemblée, on a montré comment cela est arrivé, et qu'encore aujourd'hui elle est incompétente si les pairs n'y sont appelés et présents. Mais sans recourir à l'évidence du droit, et s'en tenant au simple fait, le *Cérémonial françois*, imprimé il y a longtemps[1], rapporte « 1° que Henri II, la reine après lui, puis plusieurs princes, barons, chevaliers de l'ordre, gentilshommes et dames, [marchoient] portant tous un cierge allumé à la procession; puis venoient ceux de la cour de parlement, vêtus de leurs mortiers et robes d'écarlate; à côté d'eux, messieurs des comptes, etc. » (P. 951, t. II.)

2° A la procession pour la prise de Calais, depuis la Sainte-Chapelle jusqu'à Notre-Dame, le dimanche 26 janvier 1557[2] (p. 955) :

« .... Puis marchèrent (prélats, cardinaux, etc.).... le roi portant.... à ses côtés le prince de Condé, prince du sang

1. La première édition du *Cérémonial de France* de Théodore Godefroy, parut en 1619 (Paris, in-4°). Denis Godefroy, fils de Théodore, donna, en 1649, une nouvelle édition de cet ouvrage (Paris, 2 vol. in-fol.). C'est de cette seconde édition que sont tirées les citations de Saint-Simon.

2. La prise de Calais eut lieu le 8 janvier 1557 (1558). La date de la procession ne peut donc être le 2 janvier, comme le portent les anciennes éditions de Saint-Simon.

et le duc de Nevers, pair de France; la reine après ledit seigneur; après elle la reine d'Écosse et Mesdames, filles dudit seigneur, les duchesses, comtesses, etc., au milieu de la rue; à la dextre, ladite cour de parlement; à la senestre, au-dessous des présidents, et d'aucuns anciens conseillers (c'est-à-dire non vis-à-vis de ceux-là) la chambre des comptes. »

3° A la procession en réparation d'un sacrilége, faite à Sainte-Geneviève, 27 décembre 1563 (p. 956) :

« .... Tôt après y sont arrivés (à la Sainte-Chapelle, où on s'assembloit) le roi, la reine; Monseigneur, frère du roi; Madame, sœur du roi et leur suite (trois cardinaux, cinq évêques); les princes dauphin d'Auvergne et de La Roche-sur-Yon (princes du sang); les ducs de Guise, Nemours, Aumale, le marquis d'Elbœuf, la princesse de La Roche-sur-Yon, la duchesse de Guise, plusieurs autres chevaliers de l'ordre, seigneurs, dames et demoiselles..., l'archevêque de Sens portant l'hostie sacrée sous un poêle, dont les bâtons de devant étoient soutenus devant par les ducs de Nemours, Aumale et marquis d'Elbœuf, derrière par le prince dauphin d'Auvergne et le duc de Guise. Après les roi et reine et leur suite marchoit ladite cour (de parlement), à dextre; les prévôt, échevins et officiers de la ville, à senestre, etc. »

4° A la procession de Sainte-Geneviève faite le dimanche 10 septembre 1570, où le roi voulut assister avec tous, et où ni lui ni la reine ne se trouvèrent (p. 960 et 961) :

« .... Les châsses (et leur accompagnement). Suivoient immédiatement lesdits évêques (de Paris) et abbé (de Sainte-Geneviève), MM. les ducs de Montpensier, prince-dauphin (son fils), duc d'Uzès, maréchal de Vieuville, comte de Retz et de Chavigny, etc., et plusieurs seigneurs et gentils-hommes. Après suivoient les huissiers de la cour, greffier et quatre notaires; de Thou, premier président, les présidents Baillet, Séguier, Prevost et Hennequin, leurs mortiers dessus leurs têtes (et tout le parlement), tenant l'un des côtés à dextre, etc. (Ne dit de la séance de l'église où il n'y avoit ni chambre des comptes ni autre cour que la ville et l'université, ni à la procession, que ces deux mots : La messe célébrée dans Sainte-Geneviève (par l'évêque de Paris), étant l'abbé de Sainte-Geneviève en une chaire en bas du rang des présidents, et ayant le premier lieu.... Parce que la messe étant dite, les susdits de Montpensier, princes, ducs, comtes et chevaliers de l'ordre, ensemble la cour de parlement se retirèrent chacun où bon lui sembla. »

5° A la procession à Saint-Denis pour la remise des corps saints en leurs places, descendus au commencement des troubles, faite le jeudi 8 mars 1571 (p. 964) :

« Premièrement marchoient les religieux de Saint-Denis.... Monseigneur le duc d'Anjou portant la couronne, le roi, les sieurs d'Aumale et de Nevers, suivis de plusieurs autres seigneurs. Suivant laquelle déclaration de la volonté du roi (touchant la préséance de la ville sur la cour des monnoies), elle marcha après la chambre des comptes et deux à deux, du côté senestre, la cour de parlement et des aides tenant la dextre. »

Je n'ai copié que les endroits qui font à la chose, marqué de points ce qui n'y sert de rien sans le copier, et mis entre deux crochets de parenthèse quelques mots qui ne sont pas dans le *Cérémonial*, pour lier ou expliquer ce qui en est. On voit donc ici cinq processions, dont les jours et les années sont marqués, les occasions qui les causèrent, et les lieux où elles se firent. Rien de plus net que l'énoncé de la première. On y voit après le roi et la reine, *plusieurs princes, barons, chevaliers de l'ordre, gentilshommes et dames portant un cierge allumé à la procession ; puis venoient ceux de la cour de parlement, vêtus de leurs mortiers et robes d'écarlate.* Ce *puis venoient* décide bien clairement que le parlement étoit précédé par tous ces seigneurs et dames, et qu'ils étoient bien en rang et en cérémonie, puisqu'ils portoient des cierges. A l'égard du terme de *gentilhomme*, il ne doit pas être entendu de simples gentilshommes comme il s'entend communément aujourd'hui. Alors n'étoit pas marquis, comte, baron qui vouloit, et gentilhomme signifioit alors des seigneurs aussi qualifiés, et souvent plus en grandes charges, que les marquis, comtes, et souvent leurs frères, oncles, neveux et enfants. Cet usage ancien d'appeler de tels seigneurs du nom de gentilshommes est encore demeuré dans l'ordre du Saint-Esprit, où on nomme de ce nom tous les chevaliers non princes ni ducs; et on y dit marcher ou seoir, ou être reçu parmi les gentilshommes; ce qui est un reste du style d'autrefois.

La seconde est mal expliquée. On y voit seulement le prince de Condé et le duc de Nevers aux côtés du roi. L'un y est énoncé prince du sang, l'autre pair de France. Ni l'un ni l'autre n'avoit de charge; ce n'étoit donc, que l'un par naissance, l'autre par dignité qu'ils marchoient ainsi. Or ils n'étoient pas seuls à accompagner le roi, et il n'est pas dit un mot d'aucun autre. Les princesses, duchesses, etc., sont marquées marcher au milieu de la rue, entre le parlement à droite, et la chambre des comptes à gauche. Elles avoient donc le milieu, par conséquent le meilleur lieu, puisqu'il n'est pas douteux que, qui est au milieu entre deux autres, en cérémonie, précède celui qui est à sa droite comme celui qui est à sa gauche. Il n'est donc pas douteux, par l'énoncé, que le prince de Condé, et le duc de Nevers côtoyant le roi, sans fonction nécessaire de charges, précédoient le parlement, et que les dames, qui marchoient entre cette compagnie et la chambre des comptes, ne les précédassent aussi toutes les deux. Quoiqu'on ne voie rien dans l'énoncé des autres seigneurs de la suite du roi, ce rang des dames empêche d'imaginer qu'ils en aient eu un inférieur.

La troisième ne s'explique que collectivement. *Après lesdits roi et reine et leur suite marchoit ladite cour de parlement.* Il est au moins clair que cette suite le précéda; et que si le roi seul le pouvoit précéder, il auroit eu son capitaine des gardes et tout au plus son grand chambellan, ou en son absence le premier gentilhomme de la chambre en année derrière lui, et personne autre avant le parlement.

La quatrième est bien décisive. Le roi et la reine ne s'y trouvèrent point; par conséquent point de suite, ni personne qu'on pût dire marcher entre eux et le parlement par raison de charge près d'eux, ou par accompagnement, quoique ce n'en soit pas une. Or voici ce que porte le *Cérémonial* : *Suivoient immédiatement lesdits évêque et abbé, MM. les duc de Montpensier, prince-dauphin, duc d'Uzès, maréchal de Vieuville, comtes de Retz et de Chavigny*, etc., *et plusieurs seigneurs et gentilshommes; après suivoient les huissiers de la cour, greffier et quatre notaires; de Thou, premier président, les présidents Baillet, Séguier, Prevost et Hennequin, leurs mortiers dessus leurs têtes* (*et tout le parlement*, etc.). Le commentaire est ici superflu; tout est clair, littéral, précis, net : la noblesse précède; le parlement la suit, et sans la moindre difficulté.

La cinquième enfin ne prouve pas moins évidemment la même chose que la précédente, nonobstant la parenthèse qui regarde la préséance de la ville sur la cour des monnoies, que je ne fais que supprimer ici pour une plus grande clarté : *le roi, les sieurs d'Aumale et de Nevers, suivis de plusieurs autres seigneurs*. Il est donc clair que toute cette noblesse précéda le parlement, puisqu'elle est mise nécessairement de suite avant de parler des compagnies, et que la dispute de la ville avec les monnoies fait que le *Cérémonial* vient incontinent à sa marche après la chambre des comptes, qu'il dit avoir eu la gauche et le parlement la droite.

La vérité de la préséance de fait de la noblesse sur le parlement en ces processions saute tellement aux yeux, que ce seroit vouloir perdre du temps que de s'y arrêter davantage. Le droit et le fait sont certains. Sauter de là à précéder un petit-fils de France régent du royaume, en cérémonie toute pareille, il faut avoir les jarrets bons. C'est le second tome d'avoir opiné avant la reine régente, mère de

Louis XIV, au lit de justice, après avoir escaladé les pairs, les princes du sang, les fils de France. Ces messieurs sont l'image de la justice. Les images portées ou menées en procession précèdent le roi, encore un tour d'épaule et ils prétendront le précéder, comme ils prétendent tenir la balance entre lui et ses sujets, brider son autorité par la leur, et que celle du roi n'a de force, et ne doit trouver d'obéissance que par celle que lui prêtent leurs enregistrements, qu'ils accordent ou refusent à leur volonté. Je pourrois ajouter d'autres remarques sur les processions et aussi sur les *Te Deum;* mais ce n'est pas ici le lieu de traiter expressément des préséances, du droit et des abus; je n'ai touché cette matière que par la nécessité du récit qui doit s'arrêter ici dans ces bornes.

Je ne dissimulerai pas que, quelle que fût mon indignation d'une prétention qui ne peut être assez qualifiée, je riois un peu dans mes barbes de voir le régent si bien payé par le parlement, auquel il avoit si étrangement sacrifié les pairs et ses paroles les plus solennellement données et réitérées, et l'engagement pris avec eux en pleine séance du parlement le lendemain de la mort du roi, comme je l'ai raconté en son lieu. Cette compagnie, non contente de ventiler son autorité, de le barrer dans les choses les plus indifférentes pour lui faire peur de sa puissance, qui n'existoit que par la foiblesse et la facilité du régent qu'ils avoient bien reconnue, lui voulut étaler sa supériorité sur lui jusque dans le rang.

M. le duc d'Orléans, ensorcelé par Noailles, Effiat, Canillac, jusque par cette mâchoire de Besons, gémissoit sous le poids de ces entreprises de toute espèce, négocioit avec le parlement par ces infidèles amis, comme il auroit fait avec une puissance étrangère, lâchoit tout, et en sa manière imitoit la déplorable conduite de Louis le Débonnaire, d'Henri III et de Charles Ier d'Angleterre, dont je lui avois si souvent proposé d'avoir toujours les portraits devant ses yeux, pour réfléchir à leurs malheurs, à ce qui les y avoit conduits, et à éviter une imitation si funeste. Il avoit peine dans les courts moments d'impatience à se contenir de me dire quelque mot de ce qui en faisoit le sujet, mais à la manière d'un pot qui bout et qui répand, non comme un homme qui consulte. Jamais depuis plusieurs mois je ne lui en parlois le premier, suivant la résolution qu'on a vu que j'en avois prise, et quand il m'en lâchoit quelque mot, je glissois par des lieux communs, vagues et courts, et changeois subitement de propos. On a vu quelles en étoient mes raisons. Quand je le voyois venir d'assez loin là-dessus pour prendre mon tournant, je ne manquois pas de le faire par quelque disparate de discours qui rompît ce que je voyois qu'il m'alloit dire, et je n'étois pas fâché de le faire assez grossièrement pour qu'il s'aperçût que je ne voulois plus parler ni lui entendre parler du parlement, ni de rien qui pût avoir aucun trait à cette compagnie. J'en usai encore plus sèchement en cette occasion. Il m'avoit parlé de la procession comme en passant, et je m'étois tu pour n'entrer en aucun discours qui pût amener détail de rang et de cérémonie ; il le sentit et n'alla pas plus loin. Après il ne put se tenir de me dire qu'il n'iroit point, et sans oser m'expliquer la rare prétention qui lors étoit devenue publique par le premier président et ses amis, il ajouta qu'il y avoit quelque difficulté avec le parlement, et qu'il aimoit mieux laisser tout cela là. Je me mis à sourire un peu malignement, et lui répondis que ce seroit autant d'ennui et de fatigue épargnés. Nous nous connoissions tous deux depuis bien des années. Il sentit mon sourire et l'indifférence de ma réponse ; il rougit, et me parla d'autre chose, à quoi je pris avidement. Je n'en fus pas moins bien avec lui, et j'ai bien vu depuis qu'il sentoit ses torts avec moi sur le parlement et l'injustice de ses défiances ; mais alors il n'étoit pas encore en liberté. Il céda donc au parlement en s'abstenant d'assister à la procession, après avoir déclaré qu'il y iroit, et avoir tout fait préparer pour y assister dans toute la pompe d'un régent, petit-fils de France.

Le rare est qu'il n'examina rien, et qu'il en crut le premier président sur sa très-périlleuse parole. L'exemple de Gaston, vrai ou faux, le frappa; il ne le vérifia seulement pas; et de plus la faute de Gaston ne devoit pas être le titre de la sienne. Gaston étoit le plus foible de tous les hommes: il ménageoit le parlement avec la dernière bassesse, qui sut tout entreprendre dans la minorité de Louis XIV où on étoit pour lors. Gaston, mené tantôt par l'abbé de La Rivière, tantôt par le coadjuteur, tantôt contre M. le Prince, tantôt pour lui, et levant l'étendard contre le cardinal Mazarin, vouloit être le maître, et comptoit ne le pouvoir être que par le parlement, qui avoit pris le dessus jusqu'à faire la guerre au roi et le chasser nocturnement de Paris. Ainsi cet exemple n'en étoit un que des monstrueuses entreprises d'une compagnie qui pour dominer tout s'étoit jetée dans la sédition et la révolte ouverte : belle leçon pour les rois et pour les régents.

Huit ou dix jours après, M. le duc d'Orléans fit donner une pension de six mille livres au jeune président de Maisons, avec la jouissance à sa mère sa vie durant, l'un et l'autre pourtant fort riches. Le duc de Noailles et Canillac, qui étoit le tenant de cette maison, procurèrent cette grâce si mal placée, et ce comble de foiblesse si proche de celle de la procession, à des gens dont le logis étoit le lieu d'assemblée des cabales du parlement et des ennemis de la régence. Ce prince, pour rendre tout le monde content, donna en même temps, et paya, lui ou le roi, un beau régiment de dragons à Rion, dont Mme la duchesse de Berry fut fort satisfaite.

Pour rendre la chose complète, ces messieurs obtinrent que cette pension donnée à Maisons ne fût pas celle qu'avoit son père, parce qu'elle lui auroit été moins propre et personnelle, et qu'il y auroit peut-être eu quelque ombre de difficulté d'en faire jouir sa mère sa vie durant. Cette pension du père étoit de celles appelées de Pontoise, et fut donnée en même temps au président Aligre, pour mieux gratifier le parlement qui traitoit si bien le régent en son autorité et en son rang, et dans l'instant même qu'il l'empêcha avec cet éclat d'assister à cette procession, où ils lui déclarèrent si nettement que le parlement le précéderoit. Voici quelles étoient ces pensions dites de Pontoise. Pendant les troubles de la minorité de Louis XIV, où le parlement commençoit à prêter l'oreille à des unions qui causèrent depuis des guerres civiles, on crut dans le conseil du roi rompre cours à ces dangereuses menées en éloignant de Paris le parlement, et il fut transféré à Pontoise. Un très-petit nombre des officiers de cette compagnie obéit, l'autre demeura à Paris et y leva bientôt le masque. Les chefs de ceux qui avoient obéi et entraîné d'autres à Pontoise, où ils les maintinrent dans la fidélité et dans l'exercice de leurs charges comme le parlement y séant, en furent récompensés de six mille livres de pension chacun. Depuis ce temps-là ces pensions se sont continuées et sont connues sous le nom de pensions de Pontoise. Le roi les donne, à qui il lui plaît, lorsqu'elles vaquent, d'entre les présidents à mortier. On a cru que cette continuation de grâces rendroit les uns reconnoissants, les autres soumis par l'espérance. Que de gens qui perdent bras et jambes, et qui se ruinent au service du roi, à qui on ne donne rien ou bien peu de chose, mais ils ne portent ni robe ni rabat!

CHAPITRE II.

Bataille de Salankemen gagnée sur les Turcs par le prince Eugène. — Jésuites encore interdits. — Comte d'Évreux entre singulièrement au conseil de guerre. — Coigny, mal avec le régent, se bat avec le duc de Mortemart; refusé d'entrer au conseil de guerre, veut tout quitter. — Je le raccommode. — Il entre au conseil de guerre. — Il ne l'oublie jamais. — Les princes du sang présentent une requête au roi contre le nom, le rang et les honneurs de princes du sang, et l'habilité de succéder à la couronne, donnés par le feu roi à ses bâtards. — Les pairs présentent une requête au roi pour la réduction des bâtards au rang, honneurs et ancienneté de leurs pairies parmi les autres pairs. — Bout de l'an du roi à Saint-Denis. — Le duc de Berwick établit son fils aîné en Espagne, qui y épouse la sœur du duc de Veragua et prend le nom de duc de Liria. — Valentinois de nouveau enregistré au parlement, lequel se réserve des remontrances en enregistrant un nouvel édit pour la chambre de justice, et refuse une seconde fois les deux charges des bâtiments et des postes. — Caractère du duc de Brancas. — Caractère de son fils et de sa belle-fille. — Ils désirent de nouvelles lettres de duché-pairie à faire enregistrer au parlement de Paris. — État de leur dignité. — Brancas trompé par Canillac, à qui il s'étoit adressé, s'en venge en bons mots et a recours à moi. — Condition dont Villars me donne toute assurance, sa foi et sa parole, sous laquelle je m'engage à le servir. — J'y réussis avec peine. — Longtemps après, il me manque infâmement de parole et en jouit. — Le parlement enregistre enfin l'édit de création des charges de surintendant des bâtiments et de grand maître des postes. — Les princes du sang et bâtards n'assistent point à la réception du duc de Villars-Brancas. — Mort de l'abbé de Brancas. — Mort de la princesse de Chimay. — Abbé de Pomponne chancelier de l'ordre par démission de Torcy. — Arrivée des galions richement chargés. — Voyage de Laffiteau; quel étoit ce jésuite. — Mort du fils unique de Chamarande, et du comte de Beuvron. — Mort de Mme de Lussan et de l'abbé Servien. — Mort de Mme de Manneville. — Mort d'Angennes. — Mort de la duchesse d'Olonne. — M. le duc de Chartres, malade de la petite vérole, cause un dégoût de ma façon au duc de Noailles. —

Te Deum au pillage. — Mort du maréchal de Montrevel, de peur d'une salière renversée sur lui. — Mort du prince de Fürstemberg. — Mort du prince de Robecque. — Le régiment des gardes wallones donné au marquis de Risbourg. — La duchesse d'Albe épouse le duc de Solferino.

La guerre s'étoit enfin déclarée entre les deux empires. Les deux armées se trouvèrent fort proches au commencement d'août. Le prince Eugène, qui commandoit l'impériale, détacha le 4 le comte Palfi avec le comte Brenner, pour aller reconnoître les Turcs avec deux mille chevaux. Les Turcs en avoient fait un autre qui les rencontra. L'action fut vive. Brenner fut pris, à qui en arrivant le grand-vizir fit inhumainement couper la tête devant sa tente, où on la trouva encore avec le corps auprès le lendemain 5. Ce même jour les deux armées s'ébranlèrent l'une contre l'autre. La bataille dura sept heures avec beaucoup d'opiniâtreté. Enfin les Turcs furent battus et mis en fuite, perdirent près de trente mille hommes, toute leur artillerie, leurs tentes et leurs bagages. La victoire du prince Eugène fut complète, à qui il n'en coûta que quatre ou cinq mille hommes. Cette bataille fut donnée près de Salankemen[1], où le prince Louis de Bade en avoit gagné une.

La guerre de la constitution n'étoit pas moins animée du côté des agresseurs, c'est-à-dire de ceux qui vouloient la faire recevoir à leur mot, ni plus honnêtement menée que le traitement fait par le grand vizir à un prisonnier de guerre fort distingué, qu'on vient de voir. Les jésuites continuoient à intriguer, à écrire, à parler plus violemment que jamais, en sorte que le cardinal de Noailles, qui avoit laissé les pouvoirs à un petit nombre d'entre eux lorsqu'il les ôta au gros, se trouva à bout de ménagements avec eux,

---

1. Cette bataille est ordinairement désignée sous le nom de bataille de Peterwaradin. Elle fut gagnée par le prince Eugène, le 5 août 1716. Il y avait eu, en 1691, comme le rappelle Saint-Simon, une victoire remportée sur les Turcs à Salankemen (Esclavonie) par le prince Louis de Bade.

et interdit la totalité, excepté les PP. Gaillard, entraîné malgré lui par sa compagnie, La Rue, Lignières et du Trévoux, confesseurs de la reine d'Angleterre, de Madame, et de M. le duc d'Orléans. Ce dernier n'avoit pas grand besoin de cette grâce pour l'usage qu'il avoit à en faire. Lignières fut depuis confesseur du roi, mais sans feuille ni crédit; La Rue, qui l'avoit été de Mme la Dauphine, ne l'étoit plus que de quelques personnes distinguées, à qui et pour elles seulement, le cardinal de Noailles voulut bien ne le pas refuser.

Le comte d'Évreux, colonel général de la cavalerie, mouroit d'envie de se servir de ce temps facile pour reprendre l'autorité de sa charge, que le comte d'Auvergne, son oncle, n'avoit jamais eue, ni lui non plus. Il ne se mêloit en aucune sorte de la cavalerie; tout se faisoit dans le conseil de guerre, où MM. de Lévi et de Joffreville en avoient le département. Dépouiller le conseil de guerre de cette partie étoit chose impossible; y entrer, qui lui auroit cédé? Cet embarras le retint longtemps dans l'inaction. A la fin le désir de prendre l'autorité sur la cavalerie, et par là d'aller plus loin, lui parut mériter quelque sacrifice, mais toujours en conservant un coin de précieuse chimère. Il demanda au régent la dernière place fixe au conseil de guerre, qui que ce soit qui y pût entrer, de n'avoir ni le nom ni les appointements de conseiller de ce conseil, et d'y être seulement chargé du département de la cavalerie, au lieu de ceux qui l'avoient, à condition d'y rapporter tout, et de faire comme eux faisoient sur la cavalerie à l'égard du conseil. Il sentoit que par là il acquerroit connoissance de la cavalerie, du crédit sur elle, et de la considération, qui s'augmenteroit toujours par l'exercice, et qu'avec cette possession subalterne au conseil de guerre, il seroit difficile qu'elle ne lui revînt pas entière et indépendante, si ce conseil venoit à cesser, et la forme du gouvernement à changer, comme l'un et l'autre arriva en effet; et par cette dernière place fixe,

sans titre ni appointement de conseiller, il comptoit ôter
toute difficulté, faire porter cette place sur sa charge, et
mettre sa princerie à couvert. Ce projet lui réussit ; le régent le trouva bon, et le comte d'Évreux entra ainsi au conseil de guerre, et y demeura sur ce pied-là tant que ce
conseil dura.

Coigny, colonel général des dragons, qui étoit bien éloigné des raisons qui avoient si longtemps combattu le comte
d'Évreux en lui-même sur le conseil de guerre, avoit tenté
tout ce qu'il avoit pu pour y entrer depuis qu'il étoit formé.
Il étoit ancien lieutenant général. Nulle difficulté d'aucune
sorte. Il étoit mal sur les papiers du régent, en cela plus
malheureux que ceux qui le méritoient le plus. Il s'étoit insinué assez avant par la chasse avec M. le comte de Toulouse, du temps du roi ; il avoit été depuis de tous ses voyages
de Rambouillet. La querelle des princes du sang et des bâtards excita des propos. Le duc de Mortemart, peu d'accord
avec lui-même, en tint de forts contre les bâtards, en présence de Coigny. Celui-ci, qui y sentit le comte de Toulouse
mêlé et désigné comme le duc du Maine, voulut faire entendre au duc de Mortemart que ses discours ne convenoient
pas à sa proximité avec eux. Cela fut mal reçu, ils se querellèrent, et pour le faire court ils se battirent. Je ne sais
qui l'emporta ; mais le duc n'eut rien, et Coigny en emporta
une marque très-visible sur le visage qui lui est demeurée
toute sa vie, et dont on ne lui fait pas plaisir de lui parler.
L'affaire fut étouffée avec grand soin pour sa cause, et Coigny fut quelque temps sans paroître pour se laisser guérir.
Tout cela avoit persuadé le régent, et confirmé depuis, que
Coigny étoit tout aux bâtards, et au duc du Maine autant
qu'au comte de Toulouse. Ses refus réitérés résolurent Coigny à vendre sa charge qui faisoit toute son existence et
toutes ses espérances qu'il voyoit évanouies ; il en traita.
Ses amis qui par là le voyoient tomber dans un puits en retardèrent la conclusion, sa femme surtout qui avoit beau-

coup de sens, de raison, de modestie, et qui vivoit fort retirée, et toute sa vie d'une grande vertu, quoiqu'elle eût été belle, et toujours dans une solide piété. L'entrée du comte d'Évreux dans le conseil de guerre lui fit perdre toute patience. Il voulut finir son marché, et s'en aller pour toujours en Normandie, où il avoit beaucoup de biens. A ce coup, personne ne put le retenir. C'étoit un homme au désespoir qui se voyoit perdu auprès du régent sans ressource, et sans avoir pu deviner pourquoi.

En cette extrémité je ne sais qui avisa sa femme de me venir trouver. Jamais je ne l'avois vue, ni Mme de Saint-Simon non plus ; Coigny et moi n'avions jamais mené la même vie ; je ne le connoissois point du tout, et ne le rencontrois presque jamais. Mme de Coigny étoit sœur du Bordage que nous ne voyions jamais non plus ; leur mère étoit Goyon-Matignon d'une autre branche que les Matignon, fille du marquis de La Moussaye et d'une sœur de M. de Turenne, tellement qu'elle étoit cousine issue de germaine de Mme de Saint-Simon, petites-filles des deux sœurs. Elle s'en vint franchement un matin toute seule chez moi réclamer parenté, secours, et me conter rondement le désespoir de son mari, et le sien, de lui voir se couper la gorge résolûment sans que rien l'en pût empêcher, s'il ne parvenoit à entrer au conseil de guerre, et à fondre les glaces de M. le duc d'Orléans à son égard, qu'il ne savoit pas avoir jamais méritées. Sa franchise, sa confiance, sa situation me touchèrent. Je savois d'où le mal venoit ; mais comme je ne m'y intéressois ni en bien ni en mal, je n'en avois tenu nul compte. Je convins avec elle qu'avant tout il falloit arrêter la vente de la charge, et me donner après le temps de faire ce que je pourrois. Je la priai de m'envoyer son mari, et je la renvoyai toute consolée de se flatter d'une ressource, sans néanmoins m'être fait fort de rien. Dès le lendemain je vis arriver Coigny dans un état de désespoir, qu'il ne me cacha point, d'un homme qui voit perdus tous les travaux de sa vie pour soi et pour sa famille, et qui se va enterrer tout vivant. Je lui dis ce que je pus pour le remettre un peu; je ne laissai pas de le promener assez sans faire semblant de rien, pour découvrir en quel état il étoit avec M. du Maine, et je trouvai qu'il n'y avoit rien du tout. Je lui dis que présentement je ne lui répondois de rien, parce que j'ignorois, comme il étoit vrai, jusqu'à quel point étoit pour lui l'éloignement de M. le duc d'Orléans; que je lui demandois quinze jours pour me tourner, et voir à traiter ce qui le regardoit avec Son Altesse Royale; que je lui promettois de faire tout de mon mieux pour le raccommoder, et pour le faire entrer au conseil de guerre, mais sous une condition, sans laquelle je ne pouvois me mêler de lui, qui étoit sa parole d'honneur de surseoir le marché de sa charge pendant ces quinze jours, et qu'après nous verrions, et qu'au cas qu'il entrât au conseil de guerre, il romproit le marché et ne s'en déferoit point. Il me le promit. Je le priai de ne se point donner la peine de revenir chez moi, ni de se donner aucun autre mouvement, et d'attendre pendant ces quinze jours qu'il eût de mes nouvelles. Je le renvoyai un peu calmé.

Je n'eus pas besoin de tant de temps. Je parlai au régent; je le détrompai sur la liaison de M. du Maine; je lui fis honte de grêler sur le persil, tandis qu'il combloit de faveurs tant de grands coupables à son égard, dont il ne faisoit que des ingrats, et de désespérer un ancien lieutenant général distingué dans son métier, estimé dans le monde, qu'il s'acquerroit sûrement en ne l'excluant pas d'un agrément où le portoit sa charge et l'exemple du comte d'Évreux tout récent. J'obtins donc tout ce que je m'étois proposé, dans les premiers huit jours des quinze que j'avois demandés. J'envoyai prier Coigny de passer chez moi. Il vint aussitôt. Je lui dis ce que j'avois fait; que les préventions étoient tombées; qu'il s'en apercevroit dans le courant; que j'avois permission de lui dire que l'entrée au conseil de guerre lui étoit accordée; qu'il pouvoit en aller sur ma parole remercier le régent; mais sans entrer en autre discours, parce que n'y ayant rien eu de marqué, il n'y avoit ni justification ni explication à faire. Il est difficile de voir un homme plus aise qu'il fut. Il me dit que je le faisois passer de la mort à la vie. Il alla au Palais-Royal, où il fut bien reçu, et entra deux jours après au conseil de guerre, où il eut le détail des dragons. Sa femme me vint remercier l'après-dînée. Je leur dois la justice qu'ils ne l'ont jamais oublié en aucun temps, et qu'ils vivent encore aujourd'hui avec moi avec toutes les recherches, les attentions et l'amitié possible, et la plus déclarée, sans aucun des ménagements que les changements des temps et des choses ont produits, et qui en ont tant changé d'autres. Il est vrai que ce que je fis alors le remit à flot, conserva sa charge, et de l'un à l'autre a conduit lui et son fils à la fortune qu'ils ont faite, et qui n'est peut-être pas au bout; mais leur reconnoissance n'en est pas moins estimable et rare.

Enfin la querelle des princes du sang et des bâtards éclata après avoir été longtemps couvée, aigrie, suspendue, par une requête signée de M. le Duc, M. le comte de Charolois, et M. le prince de Conti, contre M. du Maine et M. le comte de Toulouse, que M. le Duc présenta à M. le duc d'Orléans, adressée au roi, le 22 août, et que le 29 du même mois M. le duc d'Orléans donna en communication au duc du Maine, au sortir du conseil de régence de l'après-dînée, pour y répondre. Davisard, fort attaché à lui, avocat général au parlement de Toulouse, fut celui qui y répondit, et qui fit toutes les autres pièces que les deux frères produisirent ou publièrent dans le cours de ce fameux procès, dont le curieux recueil est entre les mains de tout le monde, ainsi que l'autre recueil de tout ce que les princes du sang y produisirent ou publièrent. Je ne chargerai donc point ces Mémoires des raisons des uns ni des autres, si tant est qu'à l'égard des bâtards on puisse appeler raisons des usurpations sans nombre, toutes plus monstrueuses les unes que les autres, et qui renversent l'ordre du royaume et toutes les lois divines et humaines. Je ne suivrai même le cours de ce procès que sur les événements importants, et j'en abandonnerai un inutile et ennuyeux détail. Je me renfermerai là-dessus aux démarches que les ducs ne purent se refuser en cette occasion, et à la part que j'ai pu y prendre.

Les princes du sang attaquant les bâtards dans l'usurpation de leur qualité de princes du sang et de succession à la couronne, les pairs tomboient nécessairement dans le cas de disputer à ces mêmes bâtards l'usurpation du rang au-dessus d'eux. Ils avoient résolu de présenter leur requête en même temps que les princes du sang présenteroient la leur. Je ne l'avois pas laissé ignorer, comme on l'a vu, à M. du Maine ni à Mme la duchesse d'Orléans, dès le règne du feu roi et depuis ; il ne fut donc plus question que de l'exécuter. On s'assembla ; on la résolut ; on la dressa ; tous signèrent, hors cinq ou six absents, le duc de Rohan, toujours étrange en tout, et d'Antin qui nous pria de le dispenser de se trouver à ces assemblées. La dernière ne fut que pour signer, et députer sur-le-champ quatre pairs pour la porter au régent. MM. de Laon, de Sully, de La Force et de Villeroy en furent chargés. Je refusai opiniâtrément d'en être, par considération pour Mme la duchesse d'Orléans. En même temps que nous sortîmes de chez M. de Laon, où en l'absence de M. de Reims nous nous étions assemblés, les quatre députés allèrent présenter au régent notre requête au roi, et en même temps j'allai chez Mme la duchesse d'Orléans. Je lui dis que je ne voulois pas qu'elle apprît par M. le duc d'Orléans, moins encore par le public, la démarche que nous faisions au moment que je lui parlois ; que je la suppliois de se souvenir que nous avions attendu à l'extrémité à la faire ; de ne point oublier ce que je lui avois dit là-dessus du vivant du roi, et répété depuis sa mort plus d'une fois, et à M. le duc du Maine, même à Mme du Maine, la seule fois que je l'avois vue, lorsque M. du Maine m'y mena, rue Saint-Avoye, dans la maison d'emprunt du premier président où ils logeoient au retour du roi de Vincennes à Paris, et depuis encore à M. le comte de Toulouse. Mme la duchesse d'Orléans me parut étonnée, néanmoins reçut bien mon compliment, avoua se souvenir très-bien de tout ce que je lui alléguois, et n'osant trop s'émouvoir contre nous en ma présence, se lâcha contre les princes du sang. Je n'étois pas là pour la contredire, moins encore pour approuver sa déclamation; je pris le parti du silence. Après qu'elle se fut exhalée, nous ne laissâmes pas de causer d'autre chose à l'ordinaire; il lui vint du monde, j'en pris occasion de me retirer.

Les députés à M. le duc d'Orléans nous rapportèrent qu'ils en avoient été fort bien reçus. Je ne sais plus qui de nous se chargea de rendre compte à M. le Duc de ce que nous venions de faire, qui en parut fort aise. Nous ne fîmes là-dessus aucune civilité aux bâtards; mais comme mon rang me plaçoit nécessairement en tous les conseils auprès du comte de Toulouse, avec qui j'étois là et chez Mme la duchesse d'Orléans fort librement, où je le rencontrois souvent, je lui en fis, en entrant au premier conseil, une civilité personnelle qu'il reçut honnêtement. Je n'en fis aucune au duc du Maine, qui néanmoins me salua fort civilement à son ordinaire, et moi lui, sans nous approcher. Pour M. le duc d'Orléans, je lui parlai fortement, tant sur les princes du sang que sur les pairs contre les bâtards. Je lui ramenteus[1] tout ce que lui-même m'avoit dit du temps du feu roi sur leurs différentes apothéoses, à mesure que le feu roi les avoit déifiés par degrés, et je ne lui laissai pas oublier les horreurs inventées, et sans cesse répandues et renouvelées, contre lui par le duc du Maine, où il avoit fait entrer Mme de Maintenon, et par elle en avoit persuadé le roi et tout ce

---

1. Rappelai.

qu'il avoit pu à la cour, à Paris, dans les provinces, et jusque dans les pays étrangers. La bénignité, pour ne pas dire l'incurie et l'insensibilité de M. le duc d'Orléans, étoit inébranlable; mais il ne put disconvenir que nous n'eussions raison d'avoir fait notre requête, et de la lui avoir présentée. Les princes du sang y applaudirent fort; les bâtards n'en sonnèrent mot. Mme la duchesse du Maine ne put se contenir comme eux, mais elle n'osa pourtant se laisser [aller] au delà des plaintes emportées pour une autre, mesurées pour elle. Nous la laissâmes dire sans lui faire faire la moindre honnêteté là-dessus. La vérité est que, après ce qui s'étoit passé, nous n'en devions aucune à M. ni à Mme du Maine.

Je fus surpris de la façon dont le maréchal de Villeroy se comporta dans cette affaire avec tout ce dont il se piquoit pour le feu roi, qui ne l'avoit mis auprès de son successeur qu'en faveur des bâtards, et avec toutes ses liaisons avec le duc du Maine. Il fut un des plus ardents pour cette requête, et ne foiblit point dans toute la suite à cet égard. Je ne dissimulerai pas qu'elle me fit peut-être commettre une simonie. Quelques-uns de nous craignoient de signer la requête contre les bâtards, et Rochebonne, évêque-comte de Noyon, plus que pas un. Il me l'avoua, et passa jusqu'à me dire qu'il ne la signeroit point. Il étoit pauvre, jeune, aimoit à dépenser; je le pris par ce foible. Je lui promis de faire l'impossible, s'il la signoit, pour lui obtenir une grosse abbaye. Il fut combattu; à la fin il signa, mais sur cette parole. Il sut bien m'en sommer depuis; je la lui tins. Il eut l'abbaye de Saint-Riquier, que j'arrachai du régent à la sueur de mon front. Il me disoit qu'on se moqueroit de lui de donner un si gros morceau à un homme comme M. de Noyon. Je me gardai bien de lui faire confidence de notre marché; mais j'y mis tout mon crédit, et jamais je n'eus tant de peine. J'en fus récompensé par la satisfaction de m'acquitter, et par la joie de M. de Noyon, qui n'osoit espérer une si forte abbaye, et de tous points si fort à sa bienséance.

On fit, le 1er septembre, le bout de l'an du feu roi à l'ordinaire, mais à petite et courte cérémonie. Il n'y eut de révérences que celles des hérauts. Les princes du deuil furent M. le duc d'Orléans, M. le Duc et M. le comte de Charolois; le duc du Maine, ses deux fils et le comte de Toulouse y assistèrent, et presque personne. Les compagnies y étoient. Moins de deux heures finirent tout à Saint-Denis.

Le duc de Berwick, dont on a expliqué en son temps l'érection d'un duché-pairie avec des clauses si singulières, par l'espérance qu'il avoit du rétablissement de ses établissements en Angleterre, et d'en revêtir le comte de Tinmouth son fils aîné, unique de son premier mariage, vit enfin qu'il n'y avoit plus à se flatter de ce côté-là. Il prit le parti de l'établir en Espagne, de lui céder sa grandesse suivant le privilége insolite que le roi d'Espagne lui en avoit accordé en le faisant grand, comme il a été remarqué alors, et de l'établir pour toujours en Espagne, où il fut gentilhomme de la chambre, prit le nom de duc de Liria, et possession des terres que le roi d'Espagne avoit données à son père dans le royaume de Valence, qu'il lui céda, et il le maria à la sœur unique du duc de Veragua, lequel étoit fort riche, sans enfants ni volonté de se marier.

On a vu, en son temps, l'engagement pris et déclaré par le roi d'accorder au fils unique de Matignon une érection nouvelle de Valentinois en duché-pairie, en épousant la fille aînée de M. de Monaco, qui n'avoit point de garçons, les singulières clauses qui y furent obtenues, et ce qui causa une grâce qui n'avoit point d'exemple. Le peu que le roi vécut depuis ne permit pas aux deux familles de la consommer, par tous les ajustements d'intérêts qu'il fallut faire; mais comme la grâce étoit publique, dès que les deux familles furent en état de faire le mariage, les lettres d'érection furent expédiées, en décembre 1715. Le nouveau duc s'alla marier à Monaco, et quand il en revint, il trouva les princes du sang et les bâtards aux prises sur le traversement du parquet prétendu par les derniers, tellement que, pour éviter des inconvénients personnels, M. le duc d'Orléans suspendit l'enregistrement de Valentinois, où les uns et les autres avoient résolu de se trouver. La querelle grossit, comme on vient de le rapporter, par la requête des princes du sang pour dépouiller les bâtards de bien d'autres choses ; ainsi, il ne fut plus question de se trouver au parlement, et M. de Valentinois finit son affaire ; mais les autres pairs s'y trouvèrent. Dans cette séance, il y eut deux événements : le premier fut l'enregistrement d'un nouvel édit pour la chambre de justice ; mais le parlement, qui prétendit ne l'avoir pas examiné, se réserva d'y pourvoir par des remontrances. L'autre fut le refus réitéré de l'édit de création des charges de surintendant des bâtiments, et de surintendant des postes. Le duc de Noailles y fit l'orateur, pour plaire au régent et montrer en public sa belle éloquence. Elle échoua, et les voix contraires se trouvèrent plus nombreuses qu'elles n'avoient été au premier refus.

L'exécution de cette grâce, jusqu'alors diversement suspendue par différentes raisons étrangères à la grâce même, avoit donné lieu depuis longtemps à des désirs. Le duc de Brancas, tout frivole qu'il étoit, en devint susceptible, et son fils aussi peu solide que lui. Le père étoit un homme léger, sans méchanceté, sans bonté, sans affection et sans haine, sans suite et sans but que celui d'attraper de l'argent, pourvu que ce fût sans grand'peine, de le dépenser promptement et de se divertir. A qui n'avoit que faire à lui, et à qui n'y prenoit point de part, aimable, amusant, plaisant, divertissant, avec des saillies pleines d'esprit, d'une imagination ravissante, quelquefois folle, qui ne se refusoit rien, qui parloit bien et de source, avec un air naturel, souvent un naïf inimitable. Il se faisoit justice à lui-même pour se donner liberté entière de la faire aux autres, mais sans ambition et sans jalousie. Une débauche outrée et vilaine l'avoit séparé de presque tous les honnêtes gens, et quoiqu'il se remît par bouffées de fantaisie par-ci par-là dans le grand monde, dont il étoit toujours bien reçu du gros, l'obscurité de son goût l'en retiroit bientôt dans l'obscurité de sa déraison, où il demeuroit des années sans reparoître. Quoique le désordre de sa vie ne fût pas du même genre que celui de M. le duc d'Orléans, ce prince s'étoit toujours plu avec lui, et, devenu le maître, avoit continué à l'admettre et à le désirer dans ses soupers et dans sa familiarité. Il n'en étoit pourtant guère plus ménagé que les autres. Il disoit de lui qu'il gouvernoit et menoit les affaires comme un espiègle; et pressé outre mesure par un homme de province d'obtenir je ne sais quoi, et qui, comme ces gens-là ne manquent jamais de faire, lui disoit qu'on savoit bien qu'il pouvoit tout, il lui répondit d'impatience : « Eh bien! monsieur, il est vrai, puisque vous le savez, je ne vous le nierai point, M. le duc d'Orléans me comble de bontés, et veut tout ce que je lui demande; mais le malheur est qu'il a si peu de crédit auprès du régent, mais si peu, si peu, que vous en seriez étonné, que c'est pitié, et qu'on n'en peut rien espérer par cette voie. » Le premier n'étoit pas mal vrai, et il le dit à M. le duc d'Orléans lui-même. Ce prince sut le second qui n'étoit pas tout à fait faux, et il rit de tout son cœur de tous les deux. Brancas disoit de soi-même au régent qu'il n'avoit point de secret; qu'il se gardât bien de lui rien confier; qu'il n'avoit point aussi l'esprit d'affaires, qu'elles l'ennuieroient, qu'il ne vouloit que se divertir et s'amuser. Cela mettoit M. le duc d'Orléans à l'aise avec lui, qui ne pouvoit assez l'avoir dans ses heures obscures et dans ses soupers. Il y disoit de soi et des autres tout ce qui lui passoit par la tête, avec beaucoup de cette sorte d'esprit et de liberté; et ses dires revenoient après par les autres soupeurs, qui s'en divertissoient aux dépens de qui il appartenoit.

On a vu ailleurs comment et à qui il avoit marié son fils aîné, ou plutôt vendu pour de l'argent qu'il en avoit tiré pour y consentir et se démettre de son duché. On a vu aussi que ce furent M. et Mme du Maine qui firent ce mariage, et sur quel pied Mlle de Moras étoit chez eux. Devenue par eux duchesse de Villars, elle et son mari passèrent leur vie à Sceaux, et partout à la suite de Mme du Maine, comme leurs plus soumis domestiques, jusque tout à la fin de la vie du roi. Le duc de Villars avoit peu servi et avec peu de réputation. Il aimoit le jeu à l'excès, la parure quoiqu'il en fût peu susceptible, les bijoux et les breloques, beaucoup la bonne chère, encore mieux l'argent dont il n'avoit guère et qu'il dépensoit dès qu'il en avoit, plus que tout cela une infâme débauche dont il se cachoit encore moins que son père, duquel il ne tenoit rien pour l'esprit et l'agrément, mais moins obscur et très-paresseux.

Lui et sa femme sans estime réciproque, qu'en effet ils ne pouvoient avoir, vivoient fort bien ensemble dans une entière et réciproque liberté, dont elle usoit avec aussi peu de ménagement de sa part que le mari de la sienne, qui le trouvoit fort bon, et en parloit même indifféremment quelquefois et jusqu'à elle-même devant le monde, et l'un et l'autre sans le moindre embarras. Mais elle étoit méchante, adroite, insinuante, intéressée comme une crasse de sa sorte, ambitieuse, avec cela artificieuse, rusée, beaucoup d'esprit d'intrigue, mais désagréable plus encore que son mari; et tous les deux bas, souples, rampants, prêts à tout faire pour leurs vues, et rien de sacré pour y réussir, sans affection, sans reconnoissance, sans honte et sans pudeur, avec un extérieur doux, poli, prévenant, et l'usage, l'air, la connoissance et le langage du grand monde. Tout à la fin de la vie du roi ils sentirent le cadavre, ils comprirent que les choses ne se passeroient pas ou doucement, ou agréablement, entre M. le duc d'Orléans et le duc du Maine, ni entre les princes du sang et les bâtards. Ils commencèrent donc à intriguer doucement pour être bien reçus de M. le Duc et de Mme la Duchesse; et quand ils s'en crurent assurés, ils firent comme les rats qui sentent de loin le prochain croulement d'un logis, et l'abandonnent à temps pour aller chercher retraite dans un autre. C'est ce que firent aussi ces rats à deux pieds, sans avoir reçu le plus léger mécontentement de M. ni de Mme du Maine, et aussi sans le plus léger ménagement pour eux. Les princes, et plus ordinairement les princesses, s'amusent sans dégoût de ce qu'elles méprisent, l'habitude, l'empressement bas à leur plaire y joint souvent de la bienveillance; c'est à quoi le duc de Villars s'attacha auprès de Mme la Duchesse et de ses entours, et devint un des tenants de la maison, comme il l'avoit été de celle de M. et de Mme du Maine, qui n'entendirent plus parler d'eux.

Brouillés souvent avec le père et devenus plus souples à son égard, par les mêmes raisons qui les avoient fait passer d'un camp à l'autre, ils se réunirent et se mirent en tête de se tirer d'un état embarrassant qui les excluoit de tout, et d'en sortir par une érection nouvelle en duché-pairie enregistrée au parlement de Paris. Le fils et sa femme, trop méprisés pour y rien pouvoir, tâchèrent à mettre le père en mouvement. Celui-ci ne se sentit pas un crédit assez sérieux pour l'entreprendre sans aide. Le même étrange goût les avoit liés, il y avoit longtemps, Canillac et lui; et le Palais-Royal, où ils se voyoient assez souvent du temps du feu roi, les rassembloit fort ordinairement ailleurs. Brancas s'adressa donc à lui et lui parla avec confiance. L'habitude les unissoit plus que l'amitié; d'estime, ils se connoissoient trop pour en avoir l'un pour l'autre. Canillac avoit les mêmes vues pour un autre qu'il aimoit véritablement, mais dont il n'est pas encore temps de parler; il fut donc fâché de celles de Brancas, embarrassé de son ouverture et du secours qu'il lui demandoit, résolu de l'amuser et de le tromper pour ne pas croiser les vues qu'il avoit pour un autre. La belle-fille, en attendant les bons offices de Canillac, ne s'endormoit pas; elle étoit venue à bout de tonneler d'Aguesseau, procureur général, qu'elle se doutoit bien qui seroit consulté, et, sûre de lui, pressoit son beau-père, qui à son tour tourmentoit Canillac. Avant d'aller plus loin, il faut expliquer le fait.

Louis XIII érigea la terre de Villars en duché simple en septembre 1627, en faveur de Georges de Brancas, qui les fit enregistrer en juillet suivant au parlement d'Aix. Il étoit frère cadet de l'amiral de Villars, qui traita de la réduction de Rouen et d'une partie de la Normandie avec Henri IV, pour l'amirauté qu'avoit le second maréchal de Biron, et à d'autres conditions encore, en 1594, et qui fut tué l'année suivante, de sang-froid, près de Dourlens en Picardie, où il avoit été battu et pris par les Espagnols. Il n'avoit point été marié. Georges, son frère, fut lieutenant général de Normandie et gouverneur du Havre-de-Grâce. Il avoit épousé une sœur du premier maréchal d'Estrées, et il obtint, en 1652[1], de Louis XIII, des lettres d'érection du duché de Villars en pairie, et mourut chez lui en Provence, en janvier 1657, à quatre-vingt-neuf ans sans avoir fait enregistrer nulle part ses lettres de pairie. Louis-François, son fils aîné, un mois après la mort de son père, les fit enregistrer au parlement d'Aix. C'étoit un petit bossu qui ne se montra guère, qui s'enterra dans sa province, qui mourut en 1679, et qui étoit frère du comte de Brancas, chevalier d'honneur de la reine mère, si connu par la singularité de ses distractions, qui mourut en 1681 à soixante-trois ans, et qui de la fille de Garnier, trésorier des parties casuelles, ne laissa que la princesse d'Harcourt et la duchesse de Brancas, qu'il fit épouser au fils aîné de son frère et de la fille de Girard, sieur de Villetaneuse, procureur général de la chambre des comptes de Paris. C'est cette duchesse de Brancas si mal-

---

1. La date de 1652 est donnée par le manuscrit de Saint-Simon, mais il y a évidemment erreur, puisque Louis XIII était mort en 1643. D'après le *Dictionnaire de Moreri*, les lettres patentes qui confirmèrent l'érection de 1627 sont datées de juillet 1651 et par conséquent du règne de Louis XIV.

heureuse, dont on a raconté en son temps la singulière séparation d'avec son mari, le duc de Brancas dont il s'agit ici, et qui pour son pain se fit dame d'honneur de Madame, comme on l'a dit ici en son temps. Par ces érections la dignité de duc étoit certaine et héréditaire, l'ancienneté fort disputée, parce que l'enregistrement n'en avoit été fait qu'au parlement d'Aix, et celle de pair nulle par la même raison, inconnue aux pairs et à la cour des pairs. Cela faisoit donc un duché fort boiteux et une pairie en idée, un duc à qui aucun ne cédoit, par conséquent exclus de toute cérémonie. C'est donc de cet état d'embarras et d'exclusion que le père et le fils, et plus qu'eux encore la belle-fille voulut sortir par de nouvelles lettres d'érection en duché-pairie, enregistrées au parlement de Paris.

Canillac ne répondoit point aux empressements avec lesquels Brancas réclamoit son service : outre la raison secrète qui retenoit Canillac, sa liaison avec Brancas n'étoit qu'habitude. Il falloit à l'un un encens, une soumission, une admiration perpétuelle à son babil doctrinal, politique, satirique, envieux et sentencieux, et à sa singulière morale. C'étoit à quoi la vivacité et la liberté de Brancas ne s'étoient pu ployer. Il s'aperçut enfin qu'il le menoit sans dessein de le servir. Piqué contre lui, il ne se contint plus de brocards, en divertit M. le duc d'Orléans et sa compagnie les soirs. Il y dit un jour du babil doctrinal de Canillac en sa présence, qu'il avoit une perte de morale continuelle, comme les femmes ont quelquefois des pertes de sang; et la compagnie à rire, et M. le duc d'Orléans aussi. Canillac en colère lui reprocha la futilité de son esprit et son incapacité d'affaires et de secret, et qu'en un mot il n'étoit qu'une caillette. « Cela est vrai, répondit Brancas en riant; mais la différence qu'il y a entre moi et toi, c'est qu'au moins je suis une caillette gaie et que tu es une caillette triste; j'en fais juge la compagnie. » Voilà M. le duc d'Orléans et tout ce qui étoit avec lui aux éclats, et Canillac dans une fureur qui lui sortit

par les yeux et qui lui mastica la bouche. Aussi ne l'a-t-il
jamais pardonné au duc de Brancas, qui tous les jours le
désoloit et lui en donnoit de nouvelles. Tout cela pourtant
ne faisoit pas son affaire : il fallut avouer à son fils et à sa
belle-fille, qui le pressoient sans cesse, où il en étoit avec
Canillac, et se tourner de quelque autre côté. Ils pensèrent
à moi comme à celui qu'ils craignoient davantage et dont
ils espéroient davantage aussi s'ils pouvoient me gagner,
parce que je ne les tromperois pas, parce que je suivois ce
que je voulois bien entreprendre, et par le poids que me
donneroit en leur affaire l'éloignement connu où j'étois de
l'accroissement du nombre des pairs. Le duc et la duchesse
de Villars s'étoient toujours entretenus bien avec la duchesse
de Brancas. Celle-ci étoit l'amie la plus intime et de tous les
temps de la maréchale de Chamilly, qui, à une vertu peu
commune dans tous les temps de sa vie, joignoit toutes les
qualités les plus aimables de l'esprit, du cœur et de la plus
sûre et agréable société, et qui étoit depuis longtemps amie
intime de Mme de Saint-Simon, par conséquent la mienne,
et nous voyoit fort souvent ; ce fut la voie qu'ils prirent.

La duchesse de Brancas par la maréchale étoit aussi de
nos amies, mais non assez pour nous parler ; nous ne connoissions point du tout la belle-fille, ou plutôt assez pour
n'avoir aucun commerce, et je n'avois jamais parlé au père
ni au fils, pour ainsi dire. La maréchale se chargea de nous
parler, et le fit efficacement. Je considérai que M. de Brancas n'étoit pas moins duc pour l'être d'une manière bizarre ;
que son ancienneté pouvoit embarrasser ; qu'il valoit mieux
s'en défaire par de nouvelles lettres, et un nouveau rang de
duc et pair qui le remît dans l'ordre naturel et commun,
que de laisser subsister des prétentions et une exclusion de
toutes cérémonies éternelle. Je consentis donc à y travailler
à cette condition, mais de laquelle je voulus me bien assurer par celui qu'elle regardoit. C'étoit le fils, parce que, le
père s'étant démis de son duché, il n'étoit plus susceptible

de la pairie comme il étoit arrivé au maréchal de Tallard. Nous prîmes donc un jour chez la maréchale de Chamilly, où le duc et la duchesse de Villars se trouvèrent avec Mme de Saint-Simon et moi. Là se fit l'explication et la convention nette et précise. Villars convint que tout ce qu'il désiroit étoit d'être fait duc et pair par de nouvelles lettres enregistrées au parlement de Paris, tant pour couper racine à toute prétention d'ancienneté, que parce que le parlement de Paris ne connoît point d'enregistrement d'érections de ces dignités des autres parlements, mais seulement les siennes. Qu'à ce titre, il prendroit la queue de tous les pairs au parlement, et de plus celle de tous les ducs en toutes cérémonies et actes, spécialement en l'ordre du Saint-Esprit, le cas lui arrivant, et ne prendroit ni ne prétendroit jamais en aucun acte, cérémonie, occasion quelconque, autre rang parmi les ducs que celui de la date du rang nouveau desdites nouvelles lettres, et de sa réception au parlement de Paris. Cela fut bien et clairement énoncé par moi, répété par la maréchale de Chamilly, prononcé de même par Villars, distinctement et correctement approuvé et consenti par lui, qui m'en donna sa foi et sa parole d'honneur positive et me la réitéra, de manière que j'eus honte de lui faire l'affront de la lui demander par écrit. Et voilà la sottise des honnêtes gens droits et vrais avec ceux qui ne sont rien moins, et desquels ils ne peuvent se figurer une infamie solennelle. J'ai eu depuis tout loisir de m'en repentir.

Ce qui m'empêcha de parler d'écrit fut qu'il me pria d'expliquer à M. le duc d'Orléans ces conditions; qu'il me donna sa parole que lui et son père les stipuleroient eux-mêmes en ma présence à ce prince, et qu'ils consentoient que la foi et la parole qu'ils me donnoient de s'y tenir devinssent publiques. Un homme d'honneur est aisément trompé par qui n'en a point, et qui s'en joue. Ces paroles reçues, je ne pensai plus qu'à m'acquitter de l'engagement qu'elles m'avoient fait prendre. Je représentai au régent la convenance de mettre à flot des gens engravés d'une manière singulière, dont il aimoit le père, et dont la mère, dame d'honneur de Madame, méritoit sa considération et ses grâces, les tirer de prétention et d'exclusion perpétuelle par une grâce très-grande à la vérité, mais qui ne changeoit point leur extérieur et ne blessoit personne. Je fus surpris de la résistance que j'éprouvai du régent. Il s'amusoit des pointes que faisoit le duc de Brancas et de ses saillies, mais au fond il le méprisoit; il faisoit encore moins de cas de son fils et de sa belle-fille, à qui peut-être il n'avoit jamais parlé, et il comptoit pour fort peu la vertu et la piété de la duchesse de Brancas; il sentoit le ridicule à l'égard du sujet, en sorte que j'eus toutes les peines imaginables à en venir à bout à force de bras. Je lui expliquai la condition, sans laquelle M. le duc d'Orléans n'eût jamais accordé chose si forte contre son sens et son goût. Le père et le fils non-seulement y consentirent en sa présence, mais la lui demandèrent. Elle fut rendue publique en même temps que la grâce sitôt que je l'eus emportée; eux l'avouèrent par augmentation de droit, puisque les nouvelles lettres portant nouvelle érection du duché et de la pairie abolissoient les anciennes et les anéantissoient, et le rang nouveau que leur enregistrement et la réception du duc de Villars opéra, fixa à leur date le rang nouveau du nouveau duc et pair, tant au parlement qu'en tous autres actes, assemblées et cérémonies d'État, de cour et publiques. Quoique les infâmes suites de ce service, de cette grâce, et de la foi et parole si solennellement données et réitérées, portées au régent par eux-mêmes, et de leur aveu devenues publiques, dépassent les temps que je me suis prescrit pour ces Mémoires, je ne laisserai pas d'avoir lieu de les placer en leur temps. Le duc de Villars ne perdit point de temps pour son enregistrement, et il fut reçu le 7 septembre, dernier jour du parlement.

Ce même jour avant sa réception, Effiat alla de bon matin au palais avec une lettre de jussion dans sa poche pour l'enregistrement des charges de surintendant des bâtiments et de grand maître des postes. Lui et son ami le premier président qui ne songeoit qu'à tirer de l'argent du régent en se rendant difficile, mais ne s'en vouloit pas tarir la source, avoient trouvé que le jeu avoit duré assez longtemps pour faire montre de l'autorité du parlement sur chose qui n'intéressoit ni le public ni personne en particulier. Il assembla donc les chambres sur-le-champ, et prit son temps qu'il y en avoit encore peu des enquêtes arrivés, dont il étoit moins le maître, et qu'il avoit fort échauffés contre cet édit. Il le proposa en aplanissant les prétendues difficultés, en faisant craindre de s'exposer au dégoût des lettres de jussion, et en maintenant leur rare autorité par de misérables modifications à l'édit, qui ne faisoient rien aux charges ni à leurs fonctions. L'édit passa ainsi à la grande pluralité des voix, et la lutte pour cette affaire demeura enfin finie. M. le duc d'Orléans empêcha les princes du sang et les bâtards de se trouver à l'enregistrement ni à la réception du duc de Villars, de peur de commise. Son oncle l'abbé de Brancas, qui avoit la tête fort dérangée, se jeta dans la rivière vers ce même temps. Des bateliers le retirèrent, mais il mourut quelques heures après.

Le cardinal Ferrari, jacobin, que sa vertu et son rare savoir avoit élevé à la pourpre, et l'avoit honorée, et fort employé dans les principales affaires, mourut à Rome.

La sœur aînée de M. de Nevers, qui avoit épousé le prince de Chimay, grand d'Espagne et chevalier de la Toison d'or, mourut aussi sans enfants à Paris.

Torcy vendit quatre cent mille livres sa charge de chancelier de l'ordre, avec permission de continuer à le porter, à son beau-frère l'abbé de Pomponne, qui obtint en même temps un brevet de retenue de trois cent mille livres dessus.

Les galions arrivèrent à Cadix, chargés de trente millions d'écus sans les fruits et les pacotilles. Ce fut une grande et agréable nouvelle, et en général pour tous les commerçants de l'Europe. L'arrivée du jésuite Lafitau dans la chaise de poste du cardinal de La Trémoille fit plus de bruit encore parmi un certain monde. Le secret et la promptitude de son voyage, les mesures mystérieuses qu'il affecta ici, la promptitude avec laquelle il repartit pour Rome six ou sept jours après, firent faire bien des raisonnements. La suite montra que ce n'étoit qu'un fripon qui s'étoit voulu faire de fête, et qui ne fit que leurrer et tromper. Longtemps depuis le cardinal de Rohan m'a conté que ce drôle-là entretenoit une fille dans une espèce de faubourg de Rome, chez laquelle il donnoit très-bien à souper à ses amis du temps que ce cardinal étoit à Rome. Il se moquoit de ses supérieurs pour les mœurs, mais il les courtisoit pour leur doctrine et leurs vues. Il avoit beaucoup d'intrigues qui à la fin le firent évêque de Sisteron, où il ne fut pas moins effronté en tous genres. Le cardinal de Rohan n'eut pas honte depuis tout cela de lui faire prêcher un carême à la cour, ni lui d'écrire un volume de mensonges les plus grossiers et les plus reconnus contre l'exacte et simple vérité du voyage de l'abbé Chevalier à Rome, écrit par lui-même.

Chamarande, dont j'ai quelquefois fait mention, perdit le seul fils qui lui restoit; et le comte de Beuvron mourut en même temps fort jeune, sans alliance, perdant le sang jusque par les pores, maladie fort peu connue des médecins. Il avoit reporté en Espagne la Toison de Sezanne son oncle, où il l'avoit obtenue, et le maréchal d'Harcourt lui avoit fait donner la lieutenance générale de Normandie et le gouvernement du vieux palais de Rouen qu'il avoit. Le régent en laissa la disposition au maréchal d'Harcourt, qui les donna à un autre de ses enfants.

Mme de Lussan, de laquelle j'ai eu lieu de parler en son temps, mourut fort vieille. Je n'ai point su si elle étoit devenue moins friponne, fausse, et doucereuse impudente qu'elle avoit vécu. Une autre belle âme qui alla paroître fort subitement devant Dieu, fut celle de l'abbé Servien, fils du surintendant et reste de tous les Servien, duquel j'ai parlé quelquefois.

Mme de Manneville mourut en même temps d'un cancer. Elle étoit fille de M. et de Mme de Montchevreuil, les grands amis de Mme de Maintenon, et avoit une pension du roi de six mille livres.

Les dames et les gens du bel air regrettèrent fort d'Angennes, qui mourut de la petite vérole. La duchesse d'Olonne en mourut aussi, pour s'en être enfermée mourant de peur avec son mari, qui ne le méritoit guère de la façon dont il vivoit avec elle. Elle étoit fille du premier mariage de Barbezieux, jeune, bien faite, aimable, vertueuse et pleine de ses devoirs. Ce fut grand dommage.

J'avois profité d'une quinzaine de vacances du conseil de régence pour m'aller amuser à la Ferté et en d'autres campagnes, lorsque la petite vérole parut à M. le duc de Chartres. Il me fâchoit fort de couper un si court intervalle, mais on m'en pressa tant que je vins passer un jour franc à Paris pour voir M. [le duc] et Mme la duchesse d'Orléans. J'allai donc au Palais-Royal le lendemain que je fus arrivé. Je trouvai M. le duc d'Orléans dans son grand appartement qui me parut touché de mon voyage. Comme je causois seul avec lui, on lui annonça le duc de Noailles; je voulus dire quelque chose, M. le duc d'Orléans m'interrompit pour me dire qu'il lui avoit donné heure, et en même temps le duc de Noailles entra et se tint en dedans sur la porte. « Oh! pour cela, monsieur, repris-je tout haut pour que Noailles n'en perdît rien, je fais cinquante lieues pour avoir l'honneur de vous voir, je m'en retourne demain; nous étions en train de causer, vous n'avez qu'à renvoyer M. de Noailles, il est bon pour attendre. » M. le duc d'Orléans et moi étions demeurés assis sans bouger. Il fit signe avec un peu d'embarras au duc de Noailles, qui sortit sur-le-champ et ferma la porte sur lui. La conversation fut presque toute d'affaires étrangères. Il y en avoit une sur le tapis importante, qui regardoit la négociation de la France avec l'Angleterre et la Hollande, sur laquelle il se leva, et me dit : « J'ai peur qu'on nous entende là dedans, car la porte étoit du côté de son bureau ; allons-nous-en dans ce cabinet. » Nous étions dans ce salon, sur la rue Saint-Honoré, il me mena dans un cabinet qui le joignoit et qui donnoit sur la même rue ; et ferma la porte sur moi. Je ne connoissois point ce cabinet, c'étoit une des pièces du petit appartement des soupers. La conversation y continua près d'une heure. Sortant de là nous trouvâmes dans le salon le duc de Noailles, le maréchal d'Huxelles l'un auprès de l'autre, et cinq ou six seigneurs qui s'y étoient amassés, mais qui se tenoient éloignés de la porte du cabinet d'où nous sortions. Je pris là congé de M. le duc d'Orléans pour le reste de la vacance, et j'allai de là au maréchal d'Huxelles, à qui je parlai malicieusement à l'oreille de la matière et de l'entretien que je venois d'avoir, et lui à moi de même, et je regardois cependant le duc de Noailles qui devenoit de toutes les couleurs. Je fis et reçus civilité de tout ce qui étoit là, et je passai devant le duc de Noailles sans le saluer, qui se rangea et me fit une grande révérence.

De bonne heure, après dîner, j'allai chez Mme la duchesse d'Orléans qui me reçut fort bien. M. le duc d'Orléans m'avoit demandé si je ne la verrois pas, et même témoigné qu'il le désiroit ; il étoit en peine qu'elle ne fût fâchée contre moi de notre requête. Elle ne me la parut point du tout. Elle sortoit de chez M. le duc de Chartres. Mes deux fils avoient eu la petite vérole l'année précédente, et le cadet en avoit été longtemps à l'extrémité. Je m'étois servi du frère du Soleil, jésuite, apothicaire du collège, fort habile, et n'avois point voulu de médecins. Je m'en étois si bien trouvé que j'avois fort conseillé à M. [le duc] et à Mme la duchesse d'Orléans d'en user de même si M. le duc de Chartres avoit la petite vérole. Ils me crurent et cela réussit à souhait. Ce frère du

Soleil étoit excellent par science, par expérience et par une attention infinie à ses malades, et habile pour toutes les maladies, avec une simplicité et une douceur qui le faisoit [aimer]; c'étoit aussi un humble et fort bon religieux. La guérison de M. le Duc, de M. le prince de Conti et de M. le duc de Chartres de la petite vérole produisit une très-impertinente nouveauté. Leurs maisons firent chanter des *Te Deum* dans leurs paroisses à Paris et encore ailleurs, ce qui ne s'étoit jamais fait encore que pour les choses publiques ou pour le rétablissement de la santé des rois et des reines, encore après un grand péril, et très-rarement de leurs enfants; mais [tout] tomboit en pillage, tellement qu'après cet exemple des princes du sang, il n'y eut point de particulier qui ne fît après la même entreprise. On l'a souffert, et fait encore chanter des *Te Deum* qui veut et où on veut.

Le maréchal de Montrevel, dont le nom ne se trouvera guère dans les histoires, ce favori des sottes, des modes, du bel air, du maréchal de Villeroy et presque du feu roi, duquel il avoit tiré plus de cent mille livres de rente en bienfaits, dont il jouissoit encore, et qui n'a pu être nommé que pour ce à quoi il avoit le moins de part, une figure qui le fit vivre presque toute sa vie aux dépens des femmes, une grande naissance et une valeur brillante[1], par delà, quoi que ce puisse être, mourut escroc de ses créanciers, n'ayant rien vaillant que trois mille louis qu'on lui trouva, et force vaisselle et porcelaines. Il avoit les misères des femmes qui l'avoient fait subsister, et il ne craignoit rien tant qu'une salière renversée. Il se préparoit à aller en Alsace. Dînant chez Biron, depuis duc, pair et maréchal de France, une salière se répandit sur lui. Il pâlit, se trouva mal, dit qu'il étoit mort; il fallut sortir de table et le mener chez lui. On ne put lui remettre le peu de tête qu'il avoit. La fièvre le

---

1. Cette phrase assez obscure veut dire que, *par delà* les qualités qui viennent d'être citées, le maréchal de Montrevel n'avait *quoi que ce puisse être*.

prit le soir, et il mourut quatre jours après, n'emportant de
regrets que ceux de ses créanciers. Il n'avoit point eu d'enfants de deux femmes qu'il avoit épousées, bien sucées, et
fort mal vécu avec elles. Il laissa la dernière veuve qui étoit
Rabodanges, veuve d'un Médavy-Grancey, chef d'escadre,
dont elle avoit deux filles : Mmes de Flavacourt et de Hautefeuille qui a bien fait parler d'elle.

Le prince de Fürstemberg, qui avoit toujours laissé sa
femme et ses filles à Paris, mourut en Allemagne. Il y avoit
des années infinies qu'il y étoit retourné, et n'en étoit plus
sorti. Il avoit toute la confiance de l'électeur de Saxe; et
lorsque ce prince fut élu roi de Pologne, il le laissa gouverneur de son électorat avec toute autorité, qu'il y a conservée
toute sa vie. Il étoit fort riche, mais en Allemagne les filles
n'héritent point.

Le prince de Robecque ne jouit pas longtemps du régiment
des gardes wallones qu'il avoit eu à la disgrâce du duc
d'Havré. Il mourut assez subitement et assez jeune, sans enfants de la fille du comte de Solre. Son frère le comte d'Esterres hérita de sa grandesse, prit son titre, et obtint sa
Toison. Il servoit en France. Les gardes wallones furent
données au marquis de Risbourg.

La duchesse d'Albe épousa en ce même temps l'abbé de
Castiglione qu'elle avoit emmené d'ici retournant à Madrid.
J'ai assez parlé d'eux à l'avance pour me contenter de dire
ici que le pape lui permit de conserver des pensions considérables qu'il avoit sur des bénéfices, et qu'en faveur de ce
mariage, le roi d'Espagne le fit grand de la première classe,
et lui donna une place de gentilhomme de sa chambre, dont
aucun n'avoit plus nul exercice depuis longtemps. Il prit le
nom de duc de Solferino.

CHAPITRE III.

Louville envoyé secrètement en Espagne. — Sa commission très-importante et très-secrète. — Incapacité surprenante du duc de Noailles. — Jalousie extrême du maréchal d'Huxelles. — Craintes et manéges intérieurs d'Albéroni en Espagne. — Insolence de l'inquisition sur les deux frères Macañas.—Cardinal Acquaviva chargé, au lieu de Molinez, des affaires d'Espagne à Rome. — La peur qu'Albéroni et Aubenton ont l'un de l'autre les unit. — Giudice ôté d'auprès du prince des Asturies et du conseil. — Popoli fait gouverneur du prince des Asturies; sa figure et son caractère. — Mécontentement réciproque entre l'Espagne et l'Angleterre. — Fourberie d'Albéroni pour en profiter. — Les Anglois, en peine du chagrin du roi d'Espagne sur leur traité avec l'empereur, le lui communiquent, et en même temps les propositions que leur fait la France, et leur réponse. — Malignité contre le régent pour le brouiller avec le roi d'Espagne. — Adresse de Stanhope pour se défaire de Montéléon en Angleterre, et gagner Albéroni, qui passe tout aux Anglois. — Albéroni, gagné par la souplesse de Stanhope, donne carte blanche aux Anglois pour signer avec eux une alliance défensive. — Embarras et craintes diverses de Bubb, secrétaire et seul ministre d'Angleterre à Madrid. — Prétention des Anglois insupportable pour le commerce, qu'Albéroni ne leur conteste seulement pas. — Bassesses et empressement pour les Anglois. — Crainte d'Albéroni des Parmesans, qu'il empêche de venir en Espagne. — Louville à Madrid; en est renvoyé sans pouvoir être admis. — Il en coûte Gibraltar à l'Espagne. — Impostures d'Albéroni sur Louville. — Le régent et Albéroni demeurent toujours piqués l'un contre l'autre du voyage de Louville.

La négociation entre la France et l'Angleterre prenoit quelquefois une face plus riante. Toutes deux désiroient y attirer l'Espagne par des vues différentes. Le régent en sut profiter pour ménager à l'Espagne la restitution actuelle de Gibraltar, qui étoit la chose du monde qui l'intéressoit davantage. Gibraltar ne laissoit pas d'être à charge au roi d'Angleterre bien comme il étoit avec les Barbaresques, et fort supérieur en marine à l'Espagne. Avec le Port-Mahon, Gibraltar lui étoit inférieur en usage et en importance à la dépense et à la consommation qu'il lui en coûtoit. Il consentit donc à le rendre à l'Espagne moyennant des riens qui ne valent pas s'en souvenir; mais comme il ne vouloit pas s'exposer aux cris du parti qui lui étoit contraire, il exigea un grand secret et une forme. Pour le secret, il voulut que rien de cela passât par Albéroni, ni par aucun ministre espagnol ni anglois, mais directement du régent au roi d'Espagne par un homme de confiance du choix du régent, et de condition à être admis à parler au roi d'Espagne tête à tête. La forme fut que cet homme de confiance du régent seroit chargé de sa créance, d'une lettre touchant l'affaire du traité, c'est-à-dire d'un papier de ces riens demandés par le roi d'Angleterre prêt à être signé, et d'un ordre positif du roi d'Angleterre, écrit et signé de sa main, au gouverneur de Gibraltar de remettre cette place au roi d'Espagne à l'instant que l'ordre lui seroit rendu, et de se retirer avec sa garnison, etc., à Tanger. Pour l'exécution, un général espagnol devoit marcher subitement à Gibraltar sous prétexte des courses de sa garnison; et sous celui d'envoyer sommer le gouverneur, lui porter l'ordre du roi d'Angleterre, et en conséquence être reçu et mis en possession de la place. La couleur étoit foible, mais c'étoit l'affaire du roi d'Angleterre.

Le duc de Noailles étoit alors dans la grande faveur et vouloit tout faire. Il ne faut pas être glorieux. Je ne sus rien de tout cela que du second bond et par Louville avant que le régent m'en eût rien dit, qui ne m'en parla qu'après. Noailles avec qui seul le choix se fit, dont le maréchal d'Huxelles fut outré, crut faire merveilles de proposer Louville, comme ayant eu longtemps autrefois toute la confiance du roi d'Espagne, et le connoissant mieux qu'aucun

autre qu'on y pût envoyer. Sans être habile, je me serois
défié du roi d'Angleterre proposant une pareille mécanique.
Il ne pouvoit ignorer avec quel soin et quelle jalousie la
reine et Albéroni tenoient le roi d'Espagne enfermé, inaccessible à qui que ce pût être, et que le moyen certain
d'échouer étoit d'entreprendre de lui parler à leur insu, ou
malgré eux et sans eux. Quant au choix, de tout ce qu'il y
avoit en France, Louville étoit à mon avis le dernier sur
qui il dût tomber. Plus il avoit été bien avec le roi d'Espagne
et avant dans sa confiance, plus son arrivée feroit-elle peur
à la reine et à Albéroni, et plus mettroient-ils tout en usage
pour ne pas laisser rapprocher un homme dont ils craindroient tout pour leur crédit et leur autorité. Je le dis à
Louville qui n'en disconvint pas, mais qui se contenta de
me répondre que dans sa surprise il n'avoit osé refuser, et
que, de plus, s'il réussissoit à percer, l'acquisition de Gibraltar étoit si importante qu'il y auroit bien du malheur si
elle ne lui valoit de rapporter ce qui lui étoit dû de ses pensions d'Espagne, qui étoit pour lui un gros objet. Être choisi
et parti ne fut presque que la même chose. Il eut pourtant
loisir de me le venir dire, et raisonner avec moi, et de me
venir trouver le lendemain encore, et de me conter que
M. le duc d'Orléans lui ayant parlé avec bonté et avec confiance sur ce dont il le faisoit porteur, en présence du seul
duc de Noailles, les avoit promptement renvoyés chez le
duc de Noailles qui lui devoit faire et donner ses expédi-
tions.

Le duc de Noailles l'emmena donc dans sa bibliothèque,
l'y promena, lui parla de ses livres, puis de son administration des finances, chercha des louanges tant qu'il put.
Louville, qui devoit partir le surlendemain, et qui n'étoit
averti que de la veille, mouroit d'impatience. A la fin il
l'interrompit pour le ramener à son fait. Ce ne fut pas sans
peine, ni sans essuyer encore d'autres disparates entièrement étrangères à leur sujet. Enfin il fallut prendre la

plume. Noailles se mit à vouloir faire la lettre de M. le duc
d'Orléans au roi d'Espagne. Au bout de quelques mots,
pauses longues et un peu de conversation, puis une ligne ou
deux, et pause encore, puis ratures et renvois. Elle ne fut
pas à moitié qu'il voulut la refondre; c'étoit son terme favori. Il la fondit et refondit si bien qu'elle demeura fondue,
et qu'il n'en resta rien. Louville petilloit. A la fin il lui proposa de la lui laisser faire. Il l'écrivit tout de suite. Noailles
y mit des points et des virgules, et ne trouva rien d'omis ni
à changer. Après il voulut travailler à l'instruction; même
cérémonie. Louville la fit tout de suite sur son bureau. Tout
cela dura plus de quatre heures. C'en étoit trois plus qu'il
ne falloit. Cette aventure ne m'apprit rien de nouveau. Celle
de Fontainebleau, lorsque Bolingbroke y vint pour la paix
particulière de la reine Anne, et qui a été racontée en son
temps, m'avoit bien prouvé la parfaite incapacité du duc de
Noailles d'écrire sur la moindre affaire, avec tout son esprit
et son jargon, et les plumes d'autrui dont avec tant d'art il
sait se faire honneur, et les donner pour siennes.

Quand la lettre fut signée du régent le lendemain matin,
en présence de Louville, en prenant congé de lui, il lui ordonna de voir le maréchal d'Huxelles, de lui porter l'instruction à signer, qui ne disoit pas un mot de l'affaire,
mais seulement de la conduite pour voir et parler au roi
d'Espagne, etc. Louville eut beau représenter l'inutilité
d'une visite où sûrement il seroit mal reçu, Noailles qui
vouloit tout faire, mais qui en même temps craignoit tout
le monde, insista croyant par là ménager le maréchal
d'Huxelles; il fallut donc y aller, et ce fut en sortant de chez
lui que Louville revint chez moi. Il fut reçu comme un
chien dans un jeu de quilles; ce fut son expression. Le maréchal, fronçant le sourcil, lui dit qu'il n'avoit qu'à lui souhaiter bon voyage; qu'il n'avoit rien [à] lui dire; qu'il ne
pouvoit parler de ce qu'il ne savoit point; qu'il n'avoit rien à
mander dans ce pays-là; lui tourna le dos et le laissa. Il fut

enragé de se voir passer la plume par le bec, s'en prit à Louville qu'il crut avoir brassé toute cette intrigue, et ne le lui a jamais pardonné. Je soupçonne que le duc de Noailles ne fut pas fâché d'en laisser tomber la haine sur Louville, et que le timide et jaloux maréchal aima mieux s'en prendre à l'un qu'à l'autre. Le projet étoit que Louville, prenant la route détournée du pays de Foix et de l'Aragon, arrivât dans Madrid sans que personne eût pu avoir le moindre vent de son voyage. Je ne sais si le maréchal d'Huxelles se tint bien obligé au secret, qui malgré toutes les précautions de Louville fut très-mal gardé.

Les soupçons du roi d'Espagne contre Albéroni se fortifioient. La reine se contentoit de l'exhorter à souffrir avec patience, lui se plaignoit de sa mollesse, de sa complaisance pour le roi, de ne pas surmonter les défiances continuelles d'un esprit foible et irrésolu, capable de se livrer à qui s'en voudroit emparer pour en faire un mauvais usage. Il trouvoit la reine indolente, haïssant la peine et les affaires, ne cherchant que son repos. Il l'exhortoit à ne pas souffrir qu'on les exclût l'un et l'autre du gouvernement des affaires, et à craindre, parmi cette confusion de nations et de langues qui inondoient la cour d'Espagne, la cabale suivie et dissimulée des Espagnols qui vouloient tout rappeler à leur ancien gouvernement. Il l'avertissoit que, si elle cessoit d'avoir l'autorité dans les affaires, elle ne devoit plus compter sur aucun crédit ni considération dans le monde, ni sur aucun respect de ses sujets. Les désordres étoient au dernier point en Espagne, les peuples accablés d'impôts, les seigneurs dans la crainte et le mépris, la noblesse à la mendicité; ni troupes, ni finances, ni marine, ni commerce, et personne qui pût remédier à tant de maux, et la maison d'Autriche attentive avoit encore force partisans. Albéroni vantoit ses projets, et se vantoit de tout raccommoder s'il étoit soutenu à les exécuter. En se louant il décrioit le cardinal del Giudice, et avoit persuadé à la reine qu'il étoit très-dangereux à laisser auprès du prince des Asturies.

On se souviendra de l'affaire de Macañas, qui a été racontée en son temps. Son frère, qui étoit dominicain, fut mis en prison par l'inquisition, qui refusa au roi d'Espagne de lui en remettre le procès; et en même temps ce tribunal déclara par un décret Macañas hérétique, et le cita à comparoître dans quatre-vingt-dix jours. C'étoit un nouvel attentat, après celui du refus du procès de son frère. Macañas depuis le décret que Giudice fit contre lui dans Marly, et qui le retint si longtemps à Bayonne sans pouvoir rentrer en Espagne, étoit en pays étrangers connu pour être ministre du roi d'Espagne. Ce prince et la reine s'en voulurent prendre à Giudice comme grand inquisiteur et mobile de procédés si insolents, et le chasser. Albéroni leur fit peur de la conjoncture, et de le faire passer pour un martyr; c'est qu'il craignit que Rome ne s'en prît à lui-même, et que, quelque haine qu'il eût contre Giudice, il avoit encore plus d'affection à son chapeau qu'il craignit d'éloigner, mais il lui donna un autre dégoût. Il fit décharger Molinez du soin des affaires d'Espagne à Rome, comme trop vieux et incapable de les conduire, et les fit donner au cardinal Acquaviva. Giudice haïssoit fort toute cette maison, et le cardinal Acquaviva en particulier qu'il regardoit comme l'ami d'Albéroni, et le promoteur de son chapeau.

Aubenton, quoique appuyé directement du pape, et personnellement honoré de toute sa confiance et d'un commerce particulier de lettres avec lui, se sentit trop foible contre Albéroni qui n'étoit qu'un avec la reine, laquelle n'aimoit point les jésuites, et n'en avoit jamais voulu d'aucun pour confesseur. Albéroni, de sa part, craignoit doublement Aubenton, qui avoit la confiance du roi d'Espagne, jusqu'à lui renvoyer quelquefois des affaires à lui seul, et il ne le redoutoit pas moins pour son chapeau à Rome. Cette frayeur réciproque relia ensemble deux ambitieux qui ne connurent jamais que l'autorité et la fortune. Le cardinal del Giudice fut la victime de leur ralliement. La première nouvelle qu'il en eut fut par un billet de Grimaldo qui, sous le nom de secrétaire d'État, l'étoit moins que secrétaire d'Albéroni, dont il avoit ordre d'exécuter et d'expédier tous les ordres. Par ce billet, le cardinal eut ordre de se retirer d'auprès du prince des Asturies, auquel sa place de grand inquisiteur ne lui laissoit pas le loisir de donner tous les soins nécessaires. Moins surpris que touché, il répondit avec soumission. Il demanda en même temps la permission d'écrire au pape pour se démettre aussi de sa charge de grand inquisiteur, qu'il obtint aussitôt. Après quoi il offrit de se retirer dans la ville qu'il plairoit au roi de lui prescrire, où il y auroit tribunal d'inquisition, jusqu'à ce que la réponse du pape lui permît de sortir d'Espagne. Au milieu d'une disgrâce si marquée, il n'étoit pas si détaché qu'il ne continuât d'assister au conseil, où il n'avoit plus depuis longtemps que le vain nom de premier ministre. Cela ne dura que quelques jours ; il reçut un nouveau billet de Grimaldo qui, par ordre du roi, lui ordonnoit de s'abstenir de se trouver au conseil. En même temps le duc de Popoli fut nommé gouverneur du prince des Asturies.

Popoli étoit un seigneur napolitain, frère du feu cardinal Cantelmi, archevêque de Naples. J'ai parlé de lui lorsqu'il passa à Versailles, et que le roi lui promit l'ordre du Saint-Esprit qu'il lui envoya depuis, et lorsqu'il fut fait par le roi d'Espagne, à très-bon marché, capitaine général et général de l'armée de Catalogne, qu'il laissa au maréchal de Berwick qui fit le siége de Barcelone. Il se déshonora partout sur le courage, sur l'avarice, sur l'honneur, sur tous chapitres, ce qui ne l'empêcha pas d'être grand d'Espagne, chevalier de la Toison, grand maître de l'artillerie, capitaine des gardes du corps de la compagnie italienne, enfin gouverneur du prince, quoiqu'il eût empoisonné sa femme, héritière de la branche aînée de leur maison, dont par là il avoit eu tous les biens, belle, aimable, jeune, qui étoit fort bien avec la reine dont elle étoit dame du palais, et qui ne donnoit point de prise sur sa conduite. Personne ne doutoit de ce crime, et lorsque j'ai été en Espagne, j'en ai ouï parler à la reine comme d'une chose certaine, dont elle avoit horreur. Je crois pourtant qu'il ne le commit que depuis qu'il fut mis auprès du prince des Asturies, ou fort peu avant, et que lors la chose n'étoit pas si avérée. D'ailleurs Popoli avoit grand air et grande mine, la taille et le visage mâle et agréable des héros, beaucoup d'esprit, d'art, de manége; suprêmement faux et dangereux, avec tout le langage, les grâces, les façons, les manières du maréchal de Villeroy, à un point qui surprenoit toujours. Quoique Italien, il n'aimoit point Albéroni; il fraya toujours avec la cabale espagnole, dont il ne se cachoit pas.

L'alliance défensive traitée entre l'Espagne et l'Angleterre s'étoit refroidie par la signature de celle de cette dernière couronne avec l'empereur. L'Espagne crioit contre la mauvaise foi des Anglois, et ne doutoit pas que le traité qu'ils venoient de conclure ne fût contraire à ses intérêts, et aux plus essentiels articles de la paix d'Utrecht. Les Anglois se plaignoient avec hauteur des vexations que leurs marchands souffroient sans cesse de l'Espagne; ce qui désoloit tout commerce. Ces plaintes mutuelles retomboient sur Albéroni, depuis longtemps chargé seul de cette négociation; mais lui se crut assez habile pour profiter de cette situation, prit un air de franchise et de disgrâce avec le secrétaire que l'Angleterre tenoit pour tout ministre à Madrid. Il lui dit que les mauvais serviteurs du roi d'Espagne l'avoient tellement décrié dans son esprit foible, défiant, incertain, irrésolu, comme gagné par les Anglois, qu'il n'osoit plus ouvrir la bouche de rien qui les regardât, et gémissoit devant ce secrétaire sur le préjudice que ces pernicieux discours causoient aux intérêts du roi d'Espagne. Le but de cette feinte étoit de se rendre cher aux Anglois, en les persuadant qu'il s'exposoit pour eux à déplaire au roi d'Espagne ; gagner du temps et attendre les événements ; observer la conduite de la Hollande ; profiter du désir de cette république d'établir son commerce avec l'Espagne ; enfin traiter avec elle seule, ou avec l'Angleterre seule, ou avec toutes les deux, suivant qu'il trouveroit jour et convenance. Il fut une nuit trouver Riperda chez lui, par ordre de la reine, pour le presser d'entrer en traité. Sur quoi cet ambassadeur de Hollande pressoit ses maîtres de ne pas manquer une occasion si favorable, [et] les assura qu'ils obtiendroient toutes conditions les plus favorables qui les pourroient conduire à chasser d'Espagne les François sans retour.

Bubb, secrétaire d'Angleterre à Madrid, étoit de son côté fort en peine des fâcheuses impressions que le traité de l'empereur avec le roi de la Grande-Bretagne avoit fait sur l'esprit du roi d'Espagne, lorsqu'il reçut ordre de rendre compte au roi d'Espagne, par Albéroni, de tous les points de ce traité, de lui en communiquer même la copie, et pour comble de bonne foi de leur part, de lui communiquer aussi les offres que la France leur faisoit pour un traité de ligue défensive avec eux, même le projet de la France, et la réponse que le roi d'Angleterre y avoit faite. Stanhope, qui vouloit se réserver le premier mérite d'une telle confiance, adressa à Bubb, par le même courrier, une lettre de sa main pour Albéroni pleine de toutes les expressions qui pouvoient le flatter davantage, et de toutes celles qu'il crut les plus propres à flatter le roi d'Espagne. Sa malignité contre la France n'y oublia pas qu'elle y sollicitoit avec empressement la confirmation du traité d'Utrecht, le seul qui pût faire peine personnellement au roi d'Espagne ; et relevoit l'attention obligeante du roi son maître à éluder la demande de M. le duc d'Orléans, et l'industrie à tourner la réponse d'une manière qui fût agréable au roi d'Espagne. Stanhope qui, comme on l'a vu, vouloit se défaire de Montéléon, qu'il trouvoit trop éclairé et trop habile, profita de l'occasion contre un homme qu'il savoit n'être ni créature d'Albéroni, ni fort lié avec lui, et qui avoit toujours fort publiquement témoigné qu'il étoit persuadé que l'intérêt de l'Espagne étoit d'être toujours unie avec la France. Ainsi Stanhope l'attaqua sans ménagement par la même lettre, et y exagéra son étonnement de voir un ambassadeur d'Espagne solliciter, de concert avec la France, la confirmation du traité d'Utrecht, pendant que le roi d'Angleterre évitoit d'en parler, uniquement par l'attention qu'il avoit aux intérêts personnels du roi d'Espagne. Quelque satisfaction qu'Albéroni eût de cette dépêche, il fut encore plus sensible à l'ordre que Bubb reçut en même temps d'accuser le cardinal del Giudice d'avoir favorisé les intérêts du Prétendant, et de demander formellement au roi d'Espagne d'éloigner ce cardinal et ses adhérents, et de choisir des ministres habiles et intègres.

Malgré tant de satisfaction, Albéroni joua la comédie : il contrefit l'homme éreinté sur les Anglois par ses ennemis auprès du roi d'Espagne, auquel il n'osoit plus en parler, et quand il crut avoir assez joué, il promit, comme par effort pour le bien, de se hasarder encore une fois là-dessus auprès de son maître, et de donner promptement sa réponse. Il la fit bientôt en effet : il dit à Bubb que l'engagement pris entre l'empereur et le roi d'Angleterre de se garantir mutuellement, non-seulement les États dont ils se trouvoient en possession actuelle, mais encore ceux qu'ils pourroient acquérir dans la suite, avoit fait faire de sérieuses réflexions au roi d'Espagne, qui trouvoit cet article directement contre ses intérêts. Bubb ne put bien excuser cet endroit du traité, mais il avoit affaire à un homme qui vouloit être persuadé en faveur des Anglois. Il demanda donc à Bubb si ce traité portoit exclusion de toute autre alliance. Bubb répondit que non, et cita pour preuve le traité actuellement sur le tapis entre la France et l'Angleterrre. Il se trouvoit en même temps embarrassé de n'avoir point d'instruction ni de pouvoir pour traiter avec l'Espagne. Albéroni le tira de peine en lui disant que Stanhope lui offroit par sa lettre de traiter, et qu'il l'avoit offert verbalement à Montéléon. C'étoit le matin qu'ils conféroient; le soir du même jour Giudice eut ordre de se retirer absolument d'auprès du prince des Asturies; et le premier ministre, satisfait du dernier coup porté à ce cardinal par les Anglois, avertit Bubb que le roi d'Espagne étoit disposé à signer une alliance défensive avec le roi de la Grande-Bretagne. Quelque désir qu'en eût ce secrétaire, il se trouvoit arrêté faute d'instruction et de pouvoir; mais Albéroni, plus pressé que lui encore, répondit sur sa question de la nature du traité pour en écrire : *telle alliance défensive qu'il plaira au roi d'Angleterre.* Enfin il lui dit qu'il écriroit lui-même à Stanhope, et promit à Bubb qu'eux deux seuls en Espagne auroient la connoissance de cette négociation, et que Montéléon n'en seroit point instruit. Il ajouta que ce seroit au roi d'Angleterre à choisir ceux de ses ministres qu'il voudroit admettre dans la confidence de ce secret. Albéroni compta bien intéresser par là ce secrétaire. Tout ministre employé dans une cour met sa gloire à y faire des traités, et son dégoût à se voir enlever une négociation qu'il a entamée. Celui-ci écrivit tout de son mieux pour qu'on lui envoyât instruction et pouvoirs, et n'oublia rien de ce qu'il put représenter de flatteur pour le roi d'Angleterre, tant sur les avantages du commerce que sur la médiation qui lui pouvoit résulter un jour entre l'empereur et l'Espagne sur les affaires d'Italie, et se faire considérer par ces deux puissances. Il pressa l'envoi de ce qu'il demandoit au nom du ministre seul confident de Leurs Majestés Catholiques, et envoya la lettre d'Albéroni avec cette dépêche par le même courrier extraordinaire qui lui avoit apporté celles dont on vient de parler.

Dans cette situation agréable, Bubb ne laissoit pas d'être mal à son aise. Il se défioit des Espagnols et des François, beaucoup plus encore des Hollandois. Ceux-ci se faisoient un mérite de leur refus d'entrer dans le traité de l'empereur et de l'Angleterre, et publioient qu'ils n'y entreroient jamais, et rien ne flattoit plus le roi d'Espagne, qui regardoit ce traité comme un obstacle à ses vues de recouvrer un jour ce qu'il avoit perdu en Italie. Bubb sentoit aussi tout le poids de l'affaire du commerce dont il étoit chargé, que le traité entre l'empereur et l'Angleterre rendoit plus difficile. Il étoit fatigué des plaintes continuelles des marchands anglois et de la lenteur et de l'indécision de la cour de Madrid. Il n'attendoit aucun succès de la proposition qu'Albéroni lui avoit faite de faire examiner et décider les plaintes des marchands par des commissaires nommés de part et d'autre, et il se laissoit entendre qu'il falloit profiter pour finir ces affaires de la conjoncture présente de traiter une alliance avec l'Espagne, ou renoncer à tout commerce, fixer un temps à l'Espagne de faire justice aux Anglois, et après l'expiration de ce terme déclarer tout commerce interdit. Les négociants veulent toujours que leur intérêt particulier soit la règle de l'État, et ne connoissent de bien public que leur gain particulier.

Bubb craignoit là-dessus la compagnie de la mer du Sud établie à Londres, et [qu'elle] n'eût le crédit de lui attirer des ordres qui troublassent sa négociation. Elle prétendoit que la mesure d'Angleterre, qui lui étoit plus avantageuse que celle d'Espagne, servît de règle à la cargaison de leurs vaisseaux, et l'ordre commun entre toutes les nations est que la mesure de la charge d'un vaisseau soit toujours celle du lieu où il aborde. Cette prétention étoit insupportable ; Bubb la jugeoit telle, et l'artifice en sautoit aux yeux ; ainsi il souhaitoit avec impatience que tous les points sur le traité de l'*asiento*, qui étoient encore en dispute, fussent incessamment réglés et signés. Sa crainte fut vaine. Albéroni avoit encore plus d'envie d'avancer que lui-même. Il ne fit pas la plus légère attention à cette clause, et il assura Bubb que le roi d'Espagne avoit donné ses ordres pour la signature du traité, qui seroient incessamment exécutés, et qui le furent en effet. Albéroni étoit trop content de la disposition des Anglois et du plaisir qu'ils lui avoient fait de s'intéresser à le défaire du cardinal del Giudice, pour leur donner aucun prétexte de changer. Il écrivit donc à Stanhope, dans les termes les plus forts, pour lui témoigner la reconnoissance que le roi d'Espagne conserveroit toujours de la confiance avec laquelle le roi d'Angleterre lui avoit fait communiquer les propositions et les négociations de la France, et la tendre amitié que Sa Majesté Catholique auroit toujours personnellement pour Sa Majesté Britannique. Il blâma Montéléon, condamna l'alliance qu'il avoit proposée, comme n'étant qu'une simple ratification du traité d'Utrecht, faite de concert avec la France, à qui cet ambassadeur d'Espagne étoit tout dévoué, crime irrémissible dans l'esprit de Stanhope, à qui il laissa la décision de tout.

Le fourbe se vantoit à ses amis qu'il ne vouloit qu'amuser les Anglois, et se donner le temps de voir la résolution que prendroient les Hollandois sur les instances qui leur étoient faites d'entrer dans le traité signé entre l'empereur et l'Angleterre. Il prétendoit savoir qu'ils en étoient si mécontents qu'ils espéroient que le parlement d'Angleterre feroit quelque jour un crime au roi Georges d'y avoir préféré ses intérêts personnels d'usurpation sur la Suède aux intérêts de la nation angloise. Comme il ne s'occupoit du dehors que pour sa fortune, il l'étoit encore plus du dedans. Il craignoit tout des Parmesans, pour qui la reine avoit de l'affection, et que quelqu'un d'eux n'enlevât sa faveur auprès d'une princesse légère et facile à se laisser conduire. Il empêcha, par le duc de Parme, qu'elle fît venir en Espagne le mari de sa nourrice et leur fils capucin, et s'assura par ce souverain qu'il n'en viendroit aucun autre qui pût lui faire ombrage auprès d'elle. Les vapeurs du roi donnoient de la crainte aux médecins. Ils en avoient aussi sur la santé du prince des Asturies; ainsi la reine régnoit en plein et en assurance, et Albéroni se sentoit plus puissant que jamais.

Ce fut dans ce point que Louville arriva à Madrid, et vint descendre et loger chez le duc de Saint-Aignan, qui fut dans une grande surprise, et qui n'en avoit pas eu le moindre avis. Un courrier fortuit, qui rencontra Louville à quelque distance de Madrid, le dit à Albéroni. On peut juger, aux soupçons et à la jalousie dont il étoit tourmenté, quelle fut pour lui cette alarme. Il n'ignoroit pas quel étoit Louville, le crédit qu'il avoit eu auprès du roi d'Espagne, la violence que Mme des Ursins et la feue reine lui avoient faite pour le lui arracher; aussi la frayeur qu'il conçut de cette arrivée inattendue fut-elle si pressante qu'il ne garda nulle mesure pour s'en délivrer. Il dépêcha sur-le-champ un ordre par un courrier à la rencontre de Louville, pour lui défendre d'approcher plus près de Madrid. Le courrier le manqua; mais un quart d'heure après qu'il eut mis pied à terre, il reçut un billet de Grimaldo, portant un ordre du roi d'Espagne de partir à l'heure même. Louville répondit qu'il étoit chargé d'une lettre de créance du roi, et d'une autre de M. le duc d'Orléans pour le roi d'Espagne, et d'une commission pour Sa Majesté Catholique, qui ne lui permettoit pas de partir sans l'avoir exécutée. M. de Saint-Aignan manda la même chose à Grimaldo. Sur cette réponse, un courrier fut dépêché à l'heure même au prince de Cellamare, avec ordre de demander le rappel de Louville, et de déclarer que le roi d'Espagne avoit sa personne si désagréable qu'il ne vouloit ni le voir, ni laisser traiter avec lui aucun de ses ministres. La fatigue du voyage, suivie d'une telle réception, causa dans la nuit une attaque de néphrétique à Louville, qui en avoit quelquefois, de sorte qu'il se fit préparer un bain, dans lequel il se mit sur la fin de la matinée.

Albéroni vint lui-même le voir chez le duc de Saint-Aignan, pour lui persuader de s'en aller sur-le-champ. L'état où on lui dit qu'il étoit ne put l'arrêter; il le vit malgré lui dans son bain. Rien de plus civil que les paroles, ni de plus sec, de plus négatif, de plus absolu que leur sens. Albéroni plaignit son mal et la peine de son voyage, auroit souhaité de l'avoir su pour le lui avoir épargné, et désiré pouvoir surmonter la répugnance du roi d'Espagne à le voir, du moins à lui permettre de se reposer quelques jours à Madrid; qu'il n'avoit pu rien gagner sur son esprit, ni s'empêcher d'obéir au très-exprès commandement qu'il en avoit reçu de venir lui-même lui porter ses ordres de partir sur-le-champ, et de les voir exécuter. Louville lui parut dans un état qui portoit avec soi l'impossibilité de partir. Il en admit donc l'excuse, mais en l'avertissant qu'elle ne pouvoit durer qu'autant que le mal, et que l'accès passé elle ne pourroit plus être admise. Louville insista sur ses lettres de créance qui lui donnoient caractère public pour exécuter une commission importante de la part du roi, neveu du roi d'Espagne, telle que Sa Majesté Catholique ne pouvoit refuser de l'entendre directement de sa bouche, et qu'il auroit lieu de regretter de n'avoir pas écoutée. La dispute fut vive et longue malgré l'état de Louville, qui ne put rien gagner. Il ne laissa pas de demeurer cinq ou six jours chez le duc de Saint-Aignan, et de le faire agir comme ambassadeur pour lui obtenir audience, quoique M. de Saint-Aignan, ami de Louville, ne laissât pas de se sentir du secret qu'il lui fit toujours, selon ses ordres, de l'objet de sa mission.

Louville n'osoit aller chez personne, de peur de se commettre; personne aussi n'osa le venir chercher. Il se hasarda pourtant, par curiosité, d'aller voir passer le roi d'Espagne dans une rue, et pour tenter si, en le voyant, il ne seroit pas tenté de l'entendre, en cas, comme il étoit très-possible, qu'on lui eût caché son arrivée. Mais Albéroni avoit prévu à tout. Louville vit en effet passer le roi, mais il lui fut impossible de faire que le roi l'aperçût. Grimaldo vint enfin signifier à Louville un ordre absolu de partir, et avertir le duc de Saint-Aignan que le roi d'Espagne étoit si en colère de l'opiniâtreté de ce délai, qu'il ne pouvoit lui répondre de ce qui arriveroit si le séjour de Louville étoit poussé plus loin, et qu'on ne se trouvât obligé à manquer aux égards qui étoient dus à tout ministre représentant, et plus qu'à tous à un ambassadeur de France. Tous deux virent bien que l'audience à espérer étoit une chose entièrement impossible; que, par conséquent, un plus long séjour de Louville n'étoit bon qu'à se commettre à une violence qui, par son éclat, brouilleroit les deux couronnes : ainsi au bout de sept ou huit jours Louville partit, et s'en revint comme il étoit allé. Albéroni commença à respirer de la frayeur extrême qu'il avoit eue. Il s'en consola par un essai de sa puissance qui le mit à couvert de plus craindre que personne approchât du roi d'Espagne sans son attache, ni qu'aucune affaire se pût traiter sans lui. Il en coûta Gibraltar à l'Espagne, qu'elle n'a pu recouvrer depuis. Telle est l'utilité des premiers ministres.

Celui-ci répandit en Espagne et en France que le roi d'Espagne avoit pris une aversion mortelle contre Louville, depuis qu'il l'avoit chassé d'Espagne pour ses insolences et ses entreprises; qu'il ne le vouloit jamais voir, et se tenoit offensé qu'il eût osé passer les Pyrénées; qu'il n'avoit ni commission ni proposition à faire; qu'il avoit trompé le régent en lui faisant accroire que, s'il pouvoit trouver un prétexte de reparoître devant le roi d'Espagne, ce prince en seroit ravi par son ancienne affection pour lui, et que, connoissant ce prince autant qu'il le connoissoit, il rentreroit bientôt dans son premier crédit, et feroit faire à l'Espagne tout ce que la France voudroit; qu'en un mot il n'étoit venu que pour essayer à tirer quelque chose de ce qui lui étoit dû des pensions qu'il s'étoit fait donner en quittant le roi d'Espagne, mais qu'il n'avoit pas pris le chemin d'en être sitôt payé. Il falloit être aussi effronté que l'étoit Albéroni pour répandre ces impostures. On n'avoit pas oublié en Espagne comment Mme des Ursins avoit fait renvoyer Louville; combien le roi d'Espagne y avoit résisté; qu'elle n'en avoit pu

venir à bout que par la France, et par ses intrigues avec
Mme de Maintenon contre le cardinal et l'abbé d'Estrées et
lui; et que le roi, affligé au dernier point, cédant aux ordres
donnés de France à Louville, lui avoit en partant doublé et
assigné ses pensions qui lui avoient été longtemps payées, et
donné de plus une somme d'argent et le gouvernement de
Courtray, qu'il n'a perdu que par les malheurs de la guerre
qui suivirent la perte de la bataille de Ramillies. A l'égard
de la commission, la nier étoit une impudence extrême, d'un
homme aussi connu que Louville, qui vient descendre chez
l'ambassadeur de France, qui dit avoir des lettres de créance
du roi et du régent, et une commission importante dont il
ne peut traiter que directement et seul avec le roi d'Espagne,
et pour l'audience duquel l'ambassadeur de France s'emploie
au nom du roi. Rien de si aisé que de couvrir Louville de
confusion, s'il avoit allégué faux, en lui faisant montrer ses
lettres de créance; s'il n'en eût point eu, il seroit demeuré
court, et alors n'ayant point de caractère, Albéroni auroit
été libre du châtiment. Que si, avec des lettres de créance,
il n'eût eu qu'un compliment à faire pour s'introduire et
solliciter son payement, Albéroni l'auroit déshonoré bien
aisément de n'avoir point de commission, après avoir tant
assuré qu'il étoit chargé d'une fort importante. Mais la
toute-puissance dit et fait impunément tout ce qu'il lui plaît.

Louville de retour, il fallut renvoyer au roi d'Angleterre
tout ce que Louville avoit porté en Espagne pour Gibraltar;
et cette affaire demeura comme non avenue, sinon qu'elle
piqua fort Albéroni contre le régent d'avoir voulu faire passer une commission secrète au roi d'Espagne à son insu, et
par un homme capable de le supplanter, et le régent contre
Albéroni qui avoit fait avorter le projet avec tant d'éclat, et
lui avoit osé faire sentir quelle étoit sa puissance, qui tous
deux ne l'oublièrent jamais, mais le régent par la nécessité
des affaires, et sans altération de sa débonnaireté. Albéroni,
qui n'étoit pas de ce tempérament, et qui, autrefois petit

domestique du duc de Vendôme, n'avoit pas été content du duc de Noailles pendant qu'il étoit en Espagne, prit contre lui une dose de haine de plus, parce qu'il sut que l'envoi de Louville avoit été concerté entre le régent et lui seul, et reçut comme une nouvelle injure une lettre d'amitié que le duc de Noailles lui avoit envoyée par Louville[1].

CHAPITRE IV.

Traité de l'*asiento* signé à Madrid avec l'Angleterre. — Montéléon dupe de Stanhope, jouet d'Albéroni. — Le roi d'Angleterre à Hanovre. — L'abbé Dubois va chercher Stanhope passant à la Haye, revient sans y avoir rien fait, repart aussitôt pour Hanovre. — Jugement des Impériaux sur la fascination du régent pour l'Angleterre. — Chétive conduite du roi de Prusse. — Il attire chez lui des ouvriers françois. — Aldovrandi, d'abord très-mal reçu à Rome, gagne la confiance du pape. — Nuage léger entre lui et Albéroni, lequel éclate contre Giudice, dont il ouvre les lettres, et en irrite le roi d'Espagne contre ce cardinal. — Étranges bruits publiés en Espagne contre la reine. — Albéroni les fait retomber sur Giudice. — La peur en prend à Cellamare, son neveu, qui abandonne son oncle. — Albéroni invente et publie une fausse lettre flatteuse du régent à lui, et se pare de ce mensonge. — Inquiétudes et jalousie d'Albéroni sur les François qui sont en Espagne. — Il amuse son ami Monti, l'empêche de quitter Paris pour Madrid, lui prescrit ce qu'il lui doit écrire sur la reine, pour le lui montrer et s'en avantager. — Son noir manége contre le régent auprès du roi d'Espagne. — Son extrême dissimulation. — Il veut rétablir la marine d'Espagne. — Ses manéges. — Belle leçon sur Rome pour les bons et doctes serviteurs des rois. — Attention de l'Espagne pour l'Angleterre sur le départ de la flotte pour les Indes, et des Hollandois pour l'Espagne sur leur traité à

---

1. Voy. les Mémoires de Louville, publiés sous le titre de *Mémoires secrets sur l'établissement de la maison de Bourbon en Espagne* (Paris, 1818, 2 vol. in-8).

faire avec l'Angleterre et la France. — Difficultés du dernier renvoyées aux ministres en Angleterre. — Scélératesses de Stairs. — Perfidie de Walpole. — Frayeurs et mesures d'Albéroni contre la venue des Parmesans. — Il profite de celles du pape sur les Turcs, et redouble de manéges pour son chapeau, de promesses et de menaces. — Giudice publie des choses épouvantables d'Albéroni, bien défendu par Aubenton et Aldovrandi. — Molinez fait grand inquisiteur d'Espagne. — Quel étoit le duc de Parme à l'égard d'Albéroni. — Idées bien confuses de ce prince. — Le pape s'engage enfin à donner un chapeau à Albéroni. — Impossibilité présente peu durable. — Avis d'Aldovrandi à Albéroni. — Aventure des sbires qui suspend d'abord, puis confirme l'engagement en faveur d'Albéroni. — Art et bassesse d'Acquaviva. — Raison de tant de détails sur Albéroni. — Acquaviva, par ordre d'Espagne, transfuge à la constitution. — Promesses, menaces, manéges d'Albéroni et d'Aubenton pour presser la promotion d'Albéroni. — Invectives atroces de Giudice et d'Albéroni l'un contre l'autre. — Fanfaronnades d'Albéroni, et sa frayeur de l'arrivée à Madrid du mari de la nourrice de la reine et de leur fils capucin. — Quels ces trois personnages. — Albéroni craint mortellement la venue d'un autre Parmesan; écrit aigrement au duc de Parme.

Rendu à lui-même par le départ de Louville, Albéroni n'eut rien de plus à cœur que de terminer au gré des Anglois toutes les difficultés qui restoient sur l'*asiento*. Le traité fut signé à Madrid le 27 juillet, mais comme l'affaire duroit depuis longtemps, il fut daté du 26 mai, et les ratifications du 12 juin qui furent aussitôt réciproquement fournies. Montéléon ignoroit parfaitement tout ce qui se passoit entre l'Angleterre et l'Espagne. Il en déploroit la lenteur, et de se voir réduit à poursuivre de misérables bagatelles lorsqu'il auroit pu traiter utilement. Il voyoit que le traité proposé par la France à l'Angleterre n'avançoit point, il se persuadoit que l'intelligence entre l'empereur et le roi de la Grande-Bretagne n'étoit pas si grande depuis l'opposition que la compagnie du Levant à Londres avoit mise à un emprunt que l'empereur y voulut faire de deux cent mille livres sterling sur la Silésie, et que le traité fait entre eux ne contenoit rien de préjudiciable à l'Espagne. Le roi d'Angleterre avoit passé en Allemagne en juillet. Il avoit laissé le prince de Galles régent sous le titre de gardien du royaume, et ce prince, changeant de matières à l'égard de la nation, cherchoit à lui plaire, mais sans cacher son désir de se venger de Cadogan, et de Bothmar, ministre unique pour Hanovre, à qui il attribuoit les mauvais traitements que le duc d'Argyle, son favori, avoit reçus du roi son père. Le prince traitoit Montéléon avec distinction et familiarité; et cela persuadoit cet ambassadeur qu'il étoit toujours sur le même pied en Angleterre, quoiqu'il ne reçût que rudesses, et pis encore de Methwin[1], qui tenoit la place de Stanhope pendant son absence à la suite du roi d'Angleterre à Hanovre. Ainsi Montéléon, avec tout son esprit et ses lumières, étoit la dupe de Stanhope qui le craignoit, et le jouet d'Albéroni qui ne l'aimoit point.

Châteauneuf, que nous avons vu ambassadeur en Portugal, à Constantinople, et sans caractère chargé d'affaires en Espagne, et avec réputation, étoit devenu conseiller d'État, et étoit lors ambassadeur à la Haye. Il avoit eu plusieurs conférences inutiles sur le traité avec Walpole, envoyé d'Angleterre, qui agissoit de concert avec le pensionnaire, et Duywenworde disoit qu'il n'auroit pouvoir de conclure et de signer que lorsque le Prétendant auroit passé les Alpes. Stanhope et Bernstorff, passant à la Haye pour aller à Hanovre, avoit dit que la France avoit plus besoin de l'alliance proposée que l'Angleterre; et ils avoient assuré les ministres de l'empereur qu'ils ne se relâcheroient point de leurs demandes, et ne feroient rien de contraire aux intérêts de l'empereur. Ils avoient les uns et les autres des conférences avec les députés des États généraux aux affaires secrètes, et les pressoient d'entrer dans l'alliance signée entre ces deux

---

1. Il s'agit probablement de Paul Methuen, qui avait négocié, en 1703, entre l'Angleterre et le Portugal le traité qui a donné à l'Angleterre une si grande influence dans le Portugal et les colonies portugaises.

puissances; mais la république, qui en craignoit un engagement et un renouvellement de guerre, éludoit toujours. L'abbé Dubois, qui n'avoit fondé toutes ses vues et toutes ses espérances de fortune que sur l'Angleterre, par le chausse-pied de son ancienne connoissance avec Stanhope qu'il traitoit de liaison et d'amitié pour se faire valoir, et qui pour cela avoit aveuglé M. le duc d'Orléans sur l'Angleterre, comme il a été expliqué en plus d'un endroit, saisit la conjoncture pour persuader son maître que deux heures de conversation avec son ancien ami avanceroient plus le traité que toutes les dépêches et que toutes les conférences qui se tenoient à la Haye. Il s'y fit donc envoyer secrètement pour aller parler à Stanhope à son passage. Le peu de conférences qu'il eut avec lui n'aboutit à rien. Il revint tout de suite bien résolu de ne quitter pas prise. Il prétexta qu'il avoit trouvé son ami si pressé de partir, et si détourné en même temps à la Haye, qu'ils n'avoient eu loisir de rien; mais que Stanhope le souhaitoit à Hanovre, où à tête reposée ils pourroient travailler à l'aise et en repos, et parvenir à quelque chose de bon.

Il n'en fallut pas davantage dans l'empressement où sa cabale avoit mis le régent pour ce traité. Il crut l'abbé Dubois de tout ce qu'il voulut lui dire, et à peine arrivé le fit repartir pour Hanovre. Les ministres impériaux, exempts des vues personnelles de Dubois et de la fascination de son maître, et qui voyoient de près et nettement les choses telles qu'elles étoient, admiroient l'empressement de la France à traiter avec l'Angleterre. Ils disoient que la France se trouvoit dans l'état le plus heureux et le plus indépendant, qu'elle n'avoit qu'à jouir de la paix, gagner du temps, voir le succès de la guerre de Hongrie, le cours des affaires domestiques de l'Angleterre, laquelle avoit beaucoup plus à souhaiter que la France de conclure un traité avec elle. Tel étoit le jugement sain de ministres qui voyoient clair, quoique si jaloux de la France. En même temps, il n'étoit faux avis et impostures les plus circonstanciées, pour les faire mieux passer, que Stairs n'écrivît sans cesse aux ministres d'Angleterre, piqué de ce que la négociation lui avoit été enlevée par ces mêmes ministres qui connoissoient son mauvais esprit et son venin contre la France, quoique ses protecteurs. Toutefois il faut dire que le triste état du Prétendant promettoit une prompte fin de la fermentation de son parti en Angleterre, que la victoire complète que le prince Eugène avoit remportée sur les Turcs à l'ouverture de la campagne faisoit regarder cette guerre comme devant être de peu de durée; que l'empire, accoutumé au joug de la maison d'Autriche, y étoit plus soumis que jamais; et que la France avoit à prendre garde de voir renaître la guerre par les intérêts de l'empereur sur l'Italie, et ceux de l'Angleterre sur le commerce, ennemie née de la France, lorsque ces deux monarques se trouveroient libres de toute crainte chez eux.

Le roi de Prusse, attentif à s'agrandir, mais léger, inconstant et timide, n'avoit osé remuer sur Juliers à la mort de l'électeur palatin. Il disoit qu'il n'y troubleroit point la branche de Neubourg tant qu'elle subsisteroit; mais il fit sonder le régent sur ce qu'il feroit en cas qu'elle vînt à s'éteindre, et s'il souffriroit que l'empereur en ce cas, suivant la résolution qu'il assuroit en être prise, s'emparât de ce duché. En même temps il faisoit faire à Vienne les plus fortes protestations d'attachement aux intérêts de l'empereur, et y nioit formellement qu'il eût aucune négociation avec la France. Cette conduite lui sembloit d'un grand politique. Il se brouilloit et se raccommodoit souvent avec ses alliés, avec le czar, avec le roi d'Angleterre son beau-père, et fut longtemps à se déterminer s'il l'iroit voir à Hanovre. Il regardoit la France comme prête à souffrir de grandes divisions par celles des princes du sang et bâtards, des pairs et du parlement, surtout par l'affaire de la constitution. Cette idée l'enhardit à s'attirer encore un plus grand nombre de François pour augmenter ses manufactures. Il donna donc ses ordres pour persuader à plusieurs ouvriers et autres de passer en Brandebourg, soit pour cause de religion ou pour d'autres; et il crut y réussir aisément dans un temps où les étrangers et les François même s'accordoient à dépeindre la France comme accablée de misère et sur le point d'une division générale.

Aldovrandi, d'abord mal reçu à Rome et fort blâmé, sut bientôt par son adresse et par ses amis, obtenir du pape d'être écouté, lequel avoit déclaré qu'il ne lui donneroit point d'audience. Il en eut une fort longue, dans laquelle il sut si bien manier l'esprit du pape qu'il se le rendit tout à fait favorable, et qu'il le vit depuis souvent et longtemps en particulier; mais il fut trompé dans l'espérance qu'il avoit conçue d'être incessamment renvoyé en Espagne. Il en avoit apporté deux lettres au pape de la main du roi et de celle de la reine, fort pressantes pour le chapeau d'Albéroni. Les prétextes de faire attendre longtemps ceux de l'espérance de qui Rome attend des services ne manquent pas à cette cour. Aldovrandi, pressé de retourner jouir des grands émoluments de la nonciature d'Espagne qui n'avoit pu jusqu'alors être rouverte depuis les différends entre les deux cours, et qui n'en espéroit la fin que de la promotion d'Albéroni, et qui par sa nonciature auroit avancé la sienne, s'employoit de toutes ses forces à le servir. Le duc de Parme, sur je ne sais quel fondement, se défioit de sa bonne foi là-dessus, et avoit donné la même défiance à Albéroni. Celui-ci, qui mettoit toujours la reine d'Espagne en avant au lieu de lui-même, se plaignit amèrement de l'ingratitude d'Aldovrandi pour cette princesse, mais il n'osa éclater de peur de pis. Il s'apaisa bientôt, et vit enfin que ses plaintes étoient très-mal fondées.

Il éclata de nouveau contre le cardinal del Giudice, et n'épargna aucun terme injurieux pour exagérer son ingratitude envers la reine, sans laquelle il ne seroit jamais rentré en faveur en Espagne à son retour de France, ni sorti de l'abîme où il étoit tombé. Il lui reprochoit la licence avec laquelle il tomboit sur le gouvernement; il publioit qu'il étoit si bien connu en France qu'on y prévoyoit généralement sa disgrâce. Il ouvroit les lettres de la poste de Madrid, et on crut qu'il le faisoit de sa propre autorité, à l'insu du roi d'Espagne. Il y trouva une lettre de l'ambassadeur de Sicile au roi son maître qui, lui rendant compte d'une longue conférence qu'il avoit eue avec Giudice, [disoit que] ce cardinal, après beaucoup de protestations d'attachement, l'avoit averti de ne faire aucun fond sur la cour de Madrid tant que le crédit d'Albéroni subsisteroit, parce que le duc de Parme dont il étoit ministre ne songeoit qu'à gagner et conserver les bonnes grâces de l'empereur, et par conséquent ne consentiroit jamais que l'Espagne fît aucun pas pour les princes d'Italie. Albéroni porta cette lettre au roi d'Espagne, qu'il eut la satisfaction de mettre fort en colère contre Giudice. Tant d'autorité n'empêchoit [pas] ses alarmes sur les François qui étoient à Madrid, bien plus fortes sur des Parmesans abjects que de fois à autre la reine vouloit faire venir. Il n'osoit lui montrer aucune opposition là-dessus, mais il redoubloit ses mesures auprès du duc de Parme pour rompre ces voyages par lui. La santé du roi d'Espagne menaçoit, son estomac étoit en grand désordre. Albéroni l'engagea à consulter un médecin sarde qui convint avec le premier médecin des remèdes qu'il falloit employer, en présence de la reine et d'Albéroni seuls. Ce mystère, joint aux propos scandaleux de Burlet sur la santé du prince des Asturies, en fit tenir des plus étranges, non-seulement aux gens du commun, mais aux plus élevés, jusqu'à publier que la reine travailloit à porter son fils aîné don Carlos sur le trône. Giudice, outré de sa disgrâce, dont il se prenoit uniquement à Albéroni, ne l'épargna pas en cette occasion, ni Albéroni le cardinal en mauvais offices et en accusations d'accréditer la licence et les mensonges des mauvais bruits. Cellamare, fils du frère du cardinal del Giudice, alarmé de tant d'éclats, eut peur pour lui-même. Il ne songea qu'à se conserver les bonnes grâces de la reine et celles d'Albéroni. Il les leur demanda avec tant d'empressement qu'Albéroni s'en fit un titre pour prouver l'ingratitude du cardinal, blâmée jusque par son neveu, qui avoit toujours passé pour un homme fort sage et fort éclairé.

Albéroni n'eut pas honte de répandre un mensonge insigne. La toute-puissance ne craint guère les démentis : il publia que M. le duc d'Orléans, en rappelant Louville, lui avoit expressément marqué qu'il ne l'auroit pas envoyé s'il l'eût cru désagréable au roi d'Espagne, et qu'incessamment il enverroit un autre homme chargé de communiquer des choses qui ne se pouvoient confier au papier. Un pareil envoi ne lui auroit été guère plus agréable. Il ne vouloit voir de la part de la France qui que ce soit capable d'éclairer ses actions, d'en rendre compte au régent, d'ouvrir les yeux au roi d'Espagne. Tout François lui étoit suspect. Il auroit voulu les chasser tous d'Espagne, surtout ceux qui étoient chargés de quelques commissions particulières pour la marine ou pour d'autres affaires. Il les traitoit de dévoués aux cabales, et disoit qu'ils prêtoient leurs maisons pour les rassembler. Sa jalousie et son extrême défiance ne s'assuroient pas même de ses plus intimes amis. Monti étoit de ce nombre et avoit eu toute sa confiance avant sa fortune. Il servoit en France et il étoit quelquefois chargé par lui de commissions particulières pour le régent. Monti crut avancer sa fortune s'il pouvoit aller en Espagne et profiter de son crédit. Il fut entretenu quelque temps dans cette espérance; Albéroni lui mandoit que personne ne serviroit mieux les deux cours que lui; mais cet amusement même l'importunoit, et il fit entendre à son ami qu'il n'y falloit plus penser. Il ne vouloit point de témoins de sa conduite; Monti lui étoit commode en France pour l'en informer. Il lui prescrivoit les thèmes de ses lettres pour louer la reine de sa fermeté, et d'en parler comme d'une héroïne qui, par son courage, établissoit son autorité par toute l'Europe. Il montroit ces lettres à la reine pour la piquer d'honneur, et faire retomber sur elle tout ce qu'il faisoit contre Giudice, dont il se plaignoit d'une manière atroce.

Le traitement fait à Louville étoit un affront à la France et personnel au régent, et le triomphe de l'insolence et de l'autorité d'Albéroni. L'équanimité avec laquelle le régent le souffrit ne put apaiser la haine que l'Italien avoit conçue d'une tentative qu'il se persuada faite uniquement contre lui. Il prit occasion du traité qui se négocioit entre la France et l'Angleterre, pour inspirer au roi d'Espagne les sentiments les plus sinistres de M. le duc d'Orléans, et pour les lui faire revenir par ceux de sa dépendance qui l'approchoient. Il assuroit que l'unique but du régent étoit de s'assurer de la couronne en cas de malheur en France; que tout lui paroissoit plausible et bon pour y parvenir; qu'il se ligueroit même avec le Turc s'il le jugeoit utile à ce dessein, ou à empêcher le roi d'Espagne de faire valoir les justes droits de sa naissance. Il n'osoit pourtant convenir que le roi d'Espagne les voulût soutenir, mais il avouoit quelquefois à ses confidents que la plus fine dissimulation étoit nécessaire sur un point si délicat, dont il falloit écarter aux Espagnols toute idée, qui, conçue par eux, pouvoit causer des mouvements dangereux, et se conduire comme si Leurs Majestés Catholiques ne vouloient jamais sortir de Madrid, attendre les événements, et compter que la décision de cette grande question dépendroit de l'Angleterre et de la Hollande. Persuadé en attendant, et cela avec raison, que l'Espagne devoit se rendre puissante par mer, il faisoit de grands projets de marine. Rien ne lui sembloit difficile, pourvu qu'il en fût chargé; il ne songeoit qu'à se rendre nécessaire; il y réussissoit pleinement auprès de la reine, par conséquent auprès du roi. Il se vantoit que les impressions qu'on avoit voulu lui donner à son égard n'avoient fait que mieux faire connoître son zèle et ses services; qu'il avoit tout crédit sur la reine; qu'il se moquoit de ceux qui prétendoient que Macañas entretenoit un commerce secret avec le roi d'Espagne. C'est qu'il savoit par la reine, pour qui le roi n'avoit point de secret, qu'Aubenton avoit pensé être perdu pour lui avoir seulement nommé le nom de Macañas, sans autre intention que de dire qu'il en avoit reçu une lettre par laquelle ce martyr des droits des rois d'Espagne, contre les entreprises de Rome, se recommandoit à ses bons offices. Belle leçon pour les magistrats en place et en devoir de soutenir les droits de leurs rois contre les usurpations continuelles des papes! Je dis des rois, car la France a eu aussi ses Macañas, et employés par le feu roi et ses ministres, qui n'ont pas eu un meilleur sort, sans compter le grand nombre qu'il y en a eu depuis le célèbre Gerson. Albéroni prétendoit avoir sauvé le confesseur, parce qu'il se le croyoit attaché, et se donnoit pour avoir résolu d'exterminer ses ennemis.

Au commencement de septembre, le roi d'Espagne fit avertir le roi d'Angleterre de sa résolution de faire partir, l'année suivante 1717, une flotte pour la Nouvelle-Espagne et lui promit de l'avertir plus particulièrement du mois qu'elle mettroit à la voile. Ainsi rien ne manquoit aux attentions de l'Espagne pour l'Angleterre, et à sa ponctuelle observation de leurs traités. Les Hollandois, qui de leur côté ménageoient l'Espagne, lui firent savoir qu'ils étoient disposés à signer une ligue défensive avec la France et l'Angleterre. Leur dessein étoit de témoigner par cet avis leur respect et leur confiance au roi d'Espagne, et de l'inviter à entrer dans ce traité. Il répondit qu'il ne s'en éloignoit pas, mais qu'il falloit, avant de s'expliquer, qu'il fût informé des conditions de cette alliance. L'abbé Dubois, qui regardoit la conclusion du traité avec l'Angleterre comme le premier grand pas à la fortune, qui par degrés le mèneroit à tous les autres, l'avoit pressé de toutes ses forces et de toute son industrie. Les deux principales difficultés étoient le canal de Mardick et le séjour du prétendant à Avignon. Le roi d'Angleterre ni Stanhope n'osèrent traiter à fond, à Hanovre, deux points qui intéressoient la nation angloise, et il fallut envoyer d'Iberville à Londres pour y régler principalement celui de Mardick avec les ministres anglois. Ceux-ci étoient persuadés que la victoire du prince Eugène étoit un nouvel aiguillon à la France de presser la conclusion du traité. Quelque bonne foi que M. le duc d'Orléans fît paroître dans toute la négociation, la malignité de Stairs n'en put convenir; l'imposture de cet honnête ambassadeur alla jusqu'à avertir les ministres d'Angleterre que le régent étoit d'intelligence avec les jacobites qui méditoient quelque entreprise; que le baron de Gœrtz, ministre du roi de Suède, nouvellement arrivé à la Haye, n'avoit été à Paris que pour la concerter; que Dillon, lieutenant général au service de France, qu'il avoit déjà mandé être chargé en France des affaires du prétendant, seroit chargé de l'exécution; et l'impudence étoit poussée jusqu'à donner ces avis, non comme de simples bruits, mais comme des certitudes. Walpole, envoyé d'Angleterre en Hollande, chargé de négocier pour faire entrer les États généraux dans ce traité, n'étoit pas mieux intentionné que Stairs. Il avoit ordre d'agir là-dessus de concert avec l'ambassadeur de France, et faisoit, à son insu, tout ce qui lui étoit possible pour le traverser. C'est à quoi les ministres impériaux travailloient à la Haye, de toute leur application. Ceux de Suède s'en plaignoient fort, persuadés qu'ils étoient qu'ils seroient abandonnés par la France, qui garantiroit Brême et Verden au roi d'Angleterre. Stairs, enfin, ne pouvant plus donner de soupçons sur M. le duc d'Orléans, excitoit les ministres d'Angleterre de tenir ferme à toutes leurs demandes, parce qu'il savoit que ce prince accorderoit tout plutôt que de ne pas conclure. Monteléon gardoit le silence, quoiqu'il pût aussi apporter quelques obstacles; il n'avoit plus les mêmes accès. Methwin lui paraissoit mal disposé pour l'Espagne. Il le remettoit sur toute affaire au retour du roi d'Angleterre sans nulle nécessité.

Albéroni, qui bravoit la haine publique en Espagne, ne put se résoudre à obéir à la duchesse de Parme qui lui ordonnoit de demander à la reine sa fille une pension ou quelque subsistance pour un homme du commun, pour qui elle avoit eu de la bonté à Parme, et qu'elle avoit voulu faire venir en Espagne plus d'une fois. Il craignit le danger de le rappeler dans sa mémoire. Toute son attention étoit à conserver tout son crédit sans partage et sans lutte, au moins jusqu'à ce qu'il fût parvenu au chapeau; et pour le hâter, à donner au pape une haute idée de son pouvoir, bien persuadé que les grâces de Rome ne sont consacrées qu'à ses besoins et aux services qu'il lui est important de tirer. Le pape étoit foible; il craignoit les Turcs. Il désiroit ardemment de hâter les secours maritimes d'Espagne. Albéroni en profita. Il fit représenter au pape qu'il ne devoit pas perdre de temps à se déterminer; qu'en différant, le printemps arriveroit avant qu'il y eût rien de réglé pour des succès qui pourroient immortaliser son pontificat; il lui fit sonner bien haut que tout en Espagne étoit uniquement entre les mains du roi et de la reine; qu'ils étoient affranchis de l'autorité que les tribunaux et les conseils avoient prises; que d'eux seuls dépendoient les ordres et les exécutions. Cela vouloit dire de lui uniquement, et que si le pape vouloit être servi et content, il falloit qu'Albéroni le fût aussi, et que le seul moyen que le pape fût satisfait étoit d'avancer la promotion d'Albéroni. Aubenton, totalement dévoué au pape, n'étoit attaché à Albéroni que par la crainte. Quelque confiance que le roi d'Espagne eût en son confesseur, il n'auroit pas eu la force de le soutenir contre la reine, si, conseillée par Albéroni, elle eût entrepris de le faire chasser. La princesse des Ursins lui en avoit donné une leçon, qu'il n'avoit pas oubliée, et Albéroni avoit aussi besoin de lui, parce que le pape, qui comptoit entièrement sur lui, ajoutoit foi à ce qu'il écrivoit; et ce qu'il mandoit à Rome étoit du style le plus propre [à] avancer la promotion d'un homme si zélé pour l'Église et si capable de servir puissamment le saint-siége dans les conjonctures difficiles où il se trouvoit.

Aldovrandi, intéressé pour soi-même dans l'avancement de la promotion d'Albéroni, pour retourner jouir de sa nonciature d'Espagne, et abréger son chemin à la pourpre, faisait valoir au pape le caractère d'Albéroni et son pouvoir peint d'une main que Sa Sainteté croyoit si fidèle. Une nouvelle qui courut alors par les gazettes jusqu'à Rome, et qui fit du bruit, troubla le triumvirat. C'étoit la prétendue brouillerie d'Albéroni et d'Aubenton, et qu'Albéroni alloit être chassé. Quoiqu'il n'y eût aucune apparence de vérité dans ce conte, l'impression qu'il fit à Rome devint très-importante pour Albéroni, qui se flattoit tellement de sa prochaine promotion alors, qu'il en recevoit des compliments avec une joie, en même temps avec un ridicule dont ses ennemis surent profiter. Il s'appliqua, lui et ses deux amis, à faire tomber ce bruit, et en démontrer à Rome le mensonge. Giudice, de son côté, que nulle considération ne pouvoit plus retenir, parce qu'il n'avoit plus rien à espérer ni à craindre, n'oublioit rien pour traverser la promotion d'Albéroni. Il protestoit qu'elle étoit injurieuse à la pourpre, au pape, à l'Église; il demandoit que le pape pour son propre honneur, consultât les évêques et les religieux d'Espagne, sur la vie, les mœurs, la conduite d'Albéroni, sûr que, sur leur témoignage, il rejetteroit pour toujours la pensée de promouvoir un sujet de tous points si indigne. Outre la religion et mille noirceurs sur lesquelles il l'attaquoit, il prétendoit qu'il trahissoit le roi d'Espagne, et qu'ayant été autrefois l'espion du prince Eugène en Italie, il entretenoit encore le même commerce avec lui, duquel il étoit largement payé. Aubenton redoubloit d'efforts à proportion, répondoit de tout en Espagne, au gré du pape, s'il vouloit hâter la promotion d'Albéroni, et mandoit à Aldovrandi qu'il se souvînt qu'il étoit chargé de l'affaire de Dieu, soit qu'il prétendît diviniser celle du premier ministre, ou qu'il y eût quelque autre mystère entre eux.

Giudice s'étoit démis de la charge de grand inquisiteur d'Espagne. Albéroni la fit donner à Molinez, moins pour récompenser sa fidélité et ses travaux, que pour laisser champ libre à Aquaviva à prendre le soin des affaires d'Espagne à Rome, parce qu'il comptoit sur ce cardinal qui avoit toute la confiance de la reine. On s'étoit d'autant plus pressé d'y pourvoir qu'on craignoit que Giudice ne rétractât sa démission du moment qu'il seroit hors de l'Espagne. Le duc de Parme en avoit averti; quoiqu'il n'aimât ni n'estimât Albéroni, il s'intéressoit au maintien de l'autorité d'un homme qui étoit son sujet et son ministre en Espagne. Il avoit par lui une part indirecte au gouvernement de cette monarchie, à laquelle par conséquent il s'intéressoit. Son grand objet étoit de l'engager à des tentatives pour recouvrer quelque partie de ce qu'elle avoit perdu en Italie, dont le temps lui paroissoit favorable pour y réussir par l'occupation de l'empereur en Hongrie, et la haine des princes d'Italie. Il sentoit bien aussi que l'Espagne étoit trop foible pour l'entreprendre sans secours, et qu'elle n'en pouvoit espérer que de la France; qu'il falloit donc ménager le régent pour l'engager à ce secours, mais en même temps ne pas abandonner les vues de retour, en cas de malheur en France. Des projets si contraires n'étoient pas aisés à concilier. Tous deux étoient persuadés que les François, fâchés de voir l'Espagne entre les mains d'un Italien, ne songeoient qu'à le faire chasser, et que Louville n'avoit été envoyé que pour cela à Madrid, quoique sous d'autres prétextes. Albéroni, qui connoissoit les dispositions du gouvernement de France à son égard, avoit pris son parti là-dessus, et n'en pressoit que plus vivement sa promotion pour s'acquérir un état solide, et se moquer après des ennemis de sa fortune.

Aldovrandi, qui des affres des prisons du château Saint-Ange, dont il avoit frisé la corde à Rome, étoit parvenu à faire goûter au pape les raisons de son voyage, et à entrer après dans sa confiance, s'étoit habilement servi de la connoissance qu'il avoit de son esprit, pour le conduire par degrés à la promotion d'Albéroni, et à rendre vaines les machines del Giudice et de ses autres ennemis. Il en obtint l'assurance, mais il manda à Albéroni qu'il n'y devoit pas compter tant qu'il n'y auroit comme alors qu'un seul chapeau vacant ; que l'attente ne seroit pas longue par l'âge et les infirmités de plusieurs cardinaux; que le pape craignoit trop l'empereur pour lui donner ce sujet de plainte, surtout d'empêcher que le roi d'Espagne ne donnât sa nomination à aucun Espagnol, et ne fît instance au pape de la remplir; qu'il falloit éviter la promotion des couronnes, et faire qu'il parût que la sienne vînt uniquement du pur mouvement du pape, pour cela presser l'arrivée du secours maritime pour le secours des États d'Italie contre les Turcs, et faciliter l'accommodement entre les cours de Rome et de Madrid, enfin garder sur toutes ces choses le plus profond secret. Ce qu'il ne cessoit point de lui répéter, c'étoit de cultiver la bonne intelligence avec Aubenton, estimé au dernier point du pape et des cardinaux Imperiali, Sacripanti, Albani, les trois non nationaux, les plus déclarés contre la France. Il y pouvoit ajouter Fabroni avec qui ce jésuite avoit fait seul la constitution *Unigenitus* avec l'art, la dextérité, le secret, et la violence sur le pape et tout Rome qui ont été racontés en leur lieu. Aldovrandi relevoit l'admiration du pape pour la reine, dont il espéroit tout pour le prompt secours maritime, qu'il étoit de la prudence d'Albéroni de maintenir; le pressoit de faire hiverner la flotte en Italie, et déploroit la situation du pape qui ne lui permettoit pas de faire ce qu'il vouloit. Toute affaire d'Espagne étoit subordonnée, ou passoit en faveur de cette promotion, qui étoit la surnageante et la plus capitale. Enfin Aquaviva et Aldovrandi représentèrent si fortement au pape qu'il n'obtiendroit rien d'Espagne en aucun genre que moyennant cette promotion, que Sa Sainteté qui s'étoit contentée de prendre là-dessus quelque engagement avec Aldovrandi en air de confidence, en prit un effectif avec Aquaviva, à qui il dit dans une audience qu'il pouvoit écrire positivement à Madrid qu'elle étoit déterminée à faire pour Albéroni ce que la reine lui demandoit, et qu'il n'étoit plus question que de la manière de l'exécuter.

La difficulté, on l'a déjà dit, c'est qu'il n'y avoit qu'un chapeau vacant que le pape destinoit à un sujet protégé par l'empereur. On croyoit qu'il regardoit Borromée dont la mère avoit épousé Ch. Albani, neveu du pape, qui prétendoit par là compenser la promotion de Bissy, faite pour la France. Il falloit de plus satisfaire la France en même temps que l'Espagne en élevant de son pur mouvement deux sujets à la pourpre, nationaux ou agréables aux couronnes, et ces ménagements demandoient la vacance de trois chapeaux. On consoloit le premier ministre par la considération de sept cardinaux de plus de quatre-vingts ans, et d'onze de plus de soixante-dix, sans ce qui pouvoit arriver à de plus jeunes. On l'assuroit qu'il y avoit tout à espérer pour lui de la chute des feuilles. On l'avertissoit surtout de faire accorder au pape la condition réciproque, qui étoit un engagement du roi d'Espagne de différer sa nomination de couronne, et d'être longtemps sans en parler après la promotion d'Albéroni.

Une aventure très-imprévue et fort subite pensa déconcerter des mesures si bien prises. Molinez, doyen de la rote, dont il étoit auditeur pour l'Espagne et chargé des affaires de cette couronne à Rome, logeoit, depuis longtemps qu'il y étoit seul ministre de cette couronne, dans le palais

qui lui appartenoit et qui étoit dans la place qui en avoit
pris le nom de place d'Espagne. Il s'y étoit fortifié d'un
nombre de braves à la solde d'Espagne contre les violences
des Impériaux qui menaçoient de s'emparer par force de ce
palais, comme appartenant à l'empereur. Molinez, déchargé
des affaires d'Espagne qui avoient été confiées au cardinal
Aquaviva, accoutumé à demeurer dans son propre palais,
étoit resté dans celui d'Espagne avec ses braves. Arriva la
victoire du prince Eugène qui transporta les Impériaux et le
peuple de Rome; ils promenèrent par les rues divers signes
de victoires, entre autres un char à la manière de ceux des
anciens triomphes. Cette machine, accompagnée des Impériaux, de beaucoup de peuple et des sbires, passa dans la
place et devant le palais d'Espagne. Soit que Molinez eût
peur qu'à la faveur de cette allégresse et de cette foule, on
entreprît de s'emparer du palais d'Espagne, ou qu'il prît
seulement ce passage devant sa porte pour une insulte, il fit
charger et dissiper tout cet accompagnement. Le pape qui
se faisoit gloire de retrancher aux ambassadeurs les franchises qui avoient fait tant de bruit autrefois, entra dans
une telle colère qu'il envoya sur-le-champ Aldovrandi au
cardinal Aquaviva lui dire de suspendre sa dépêche à Madrid, et de n'y rien mander de l'assurance qu'il lui avoit
donnée peu de jours auparavant.

Aquaviva sans s'étonner manda au pape par le même prélat que sa dépêche étoit écrite, qu'il l'enverroit sans y rien
changer, parce qu'il savoit que le pape seroit content. Il pria
Aldovrandi de savoir du pape quelle satisfaction il prétendoit. La négociation finit presque aussitôt qu'elle commença.
Le pape demanda que l'espèce de milice qui gardoit le palais
d'Espagne fût congédiée, et que les sbires pussent passer
librement dans la place d'Espagne; et Aquaviva, de son côté,
demanda que le pape fît respecter le palais d'Espagne
comme les autres palais de Rome, et qu'il fît passer les
sbires dans les quartiers des autres ministres étrangers, de

même que dans celui d'Espagne. Ces quatre conditions respectives furent accordées, et le pape confirma l'assurance qu'il avoit donnée pour Albéroni. Aquaviva fit valoir en Espagne le service qu'il avoit rendu à Albéroni, et d'avoir vendu cher ce qui dans le fond n'étoit rien, par ce qu'il savoit des intentions du roi d'Espagne sur les franchises. Ce cardinal faisoit pour soi en même temps que pour le premier ministre. Les Espagnols qui étoient à Rome murmuroient de sa facilité pour plaire au pape, aux dépens des affaires du roi d'Espagne. Don Juan Diaz, agent d'Espagne à Rome, étoit celui qui en parloit le plus haut. Aquaviva saisit ce moment pour demander qu'il fût rappelé, et que la reine lui écrivît en approbation de sa conduite de manière qu'il pût montrer sa lettre au pape. Tout son objet, disoit-il, étoit de servir Albéroni auprès du pape, pour quoi il falloit que lui-même fût soutenu. Il disoit qu'Aldovrandi méritoit là-dessus toute la protection du roi et de la reine, et qu'étant dans la première estime et confiance du pape, il auroit seul son secret pour négocier sur les différends d'entre les deux cours, et il insistoit pour aplanir les difficultés qui retardoient son retour et l'exercice de sa nonciature en Espagne; ainsi il le servoit dans cette cour de tout son pouvoir, comme il vantoit au pape l'empressement d'Albéroni à lui procurer à temps les secours maritimes qu'il désiroit avec impatience.

Si je m'arrête avec tant de détail à tous ces manéges et ces intrigues, c'est qu'ils me semblent curieux et instructifs par eux-mêmes. Ils montrent au naturel quel est un premier ministre tout-puissant, un roi qui s'en laisse enfermer et gouverner, ce que peut le but d'un chapeau, quelle est la confiance due à un confesseur jésuite, et la part que le prince doit laisser prendre à son épouse, surtout en secondes noces, en ses affaires. D'ailleurs les personnages de ce triumvirat ont fait tant de bruit dans le monde, et tant de personnages divers, que ce qui les regarde ne peut être indifférent à l'histoire. Pour Aquaviva, je n'en parle que par la nécessité de la liaison avec les trois principaux, dont deux sont devenus cardinaux, et le troisième mouroit d'envie de l'être, et l'a souvent bien espéré. Ces récits découvrent encore ce que c'est que d'admettre des prêtres dans les affaires et dans les conseils. Aquaviva fut averti par d'Aubenton qu'il se perdroit en Espagne s'il continuoit à penser et à agir comme il faisoit sur les affaires de France à l'égard de la constitution *Unigenitus*. Il reçut en même temps un ordre du roi d'Espagne de se conformer là-dessus à tout ce qui pouvoit plaire au pape. Il n'en fallut pas davantage à Aquaviva pour changer de camp contre ses propres lumières en matière de doctrine et pour rompre tout commerce avec le cardinal de Noailles. Telle est la morale et la foi de nos prélats d'aujourd'hui et de ceux qui veulent l'être. Je ne le dis pas sans [le] savoir et sans l'avoir vu et revu bien des fois.

Albéroni fidèle à ses vues et à ses maximes, et bien instruit de celles de Rome, ne s'appliquait qu'à bien persuader le pape qu'il étoit le seul ministre du roi d'Espagne, le seul à qui tout son pouvoir fût confié sans réserve, le seul à qui on pût s'adresser pour en recevoir des grâces. Ces principes bien établis et souvent réitérés, il vantoit ses intentions et son zèle, mais il protestoit que le tout seroit inutile, si le pape ne prenoit de promptes résolutions; il promettoit s'il étoit assisté, c'étoit à dire élevé à la pourpre, que le pape auroit avant la fin de mars à ses ordres une forte escadre bien équipée dans un port de l'État de Gênes, mais qu'il exigeoit aussi l'entière confiance du pape, et qu'il regarderoit comme offenses toutes démarches indirectes, toutes instances faites par d'autres voies que par lui; et pour colorer sa jalousie, il attribuoit ces démarches indirectes à l'ignorance de la forme et du système présent du gouvernement d'Espagne. Aubenton par ses lettres renchérissoit encore plus sur le grand et unique pouvoir résidant uniquement dans le premier ministre. Il assuroit le pape que le secours que Sa Sainteté désiroit, dépendoit absolument de lui, que le projet qu'il avoit fait pour l'envoyer seroit infailliblement exécuté s'il en usoit bien à son égard, c'est-à-dire s'il lui envoyoit la barrette. Mais aussi qu'elle ne devoit espérer ni secours contre les Turcs, ni accommodement des différends entre les deux cours, si elle ne donnoit à la reine d'Espagne la satisfaction qu'elle demandoit avec tant de désir et d'ardeur. Il faisoit entendre clairement à ses amis de Rome que c'étoit par ordre qu'il écrivoit si positivement, et il prétendoit en même temps donner par là une preuve de son intime union avec Albéroni, et démentir sur cela les bruits et les gazettes. Albéroni avoit bien des ennemis à Rome, et beaucoup de cardinaux indignés de la prostitution de leur pourpre à un sujet tel que lui. Giudice, qui publioit qu'il s'y en iroit bientôt, y remuoit contre lui toutes sortes de machines, et ne gardoit aucunes mesures sur sa personne dans ses discours ni dans ses lettres. Albéroni ripostoit avec le même emportement, et ne cessoit de l'accuser de la plus noire ingratitude envers la reine, d'assurer nettement que la cause de cette princesse et la sienne étoit la même, et que la conduite de Giudice étoit si décriée que Cellamare lui-même n'hésitoit pas là-dessus. Il avoit envoyé à Rome les copies des lettres que Cellamare lui avoit écrites sur la disgrâce de son oncle, et la bassesse de Cellamare avoit été au point d'avoir mandé à plusieurs personnes à Rome, que dans le naufrage de sa maison il avoit tâché de sauver sa petite barque en prenant le bon parti.

Giudice parloit et écrivoit d'Albéroni comme du dernier des hommes. Il se plaignoit aussi d'Aldovrandi, comme ayant parlé contre lui à Rome pour plaire à Albéroni. Ils se reprochoient réciproquement ingratitudes et perfidies, et avoient tous raison à cet égard. Le premier ministre chargeoit Giudice des fâcheux bruits répandus à Madrid contre la reine, et nouvellement d'avoir publié qu'elle avoit fait venir à Madrid l'argent venu par les derniers galions, pour en envoyer une grande partie à Parme. Quelque semblant qu'Albéroni fît d'être fermement certain que tout l'enfer déchaîné contre lui ne lui pourroit nuire, et de rehausser cette confiance d'un air de philosophie qui lui faisoit dire qu'il ne demeuroit chargé de tant d'envie et du poids des affaires que par attachement pour le roi et la reine et pour le bien de l'État, il craignoit mortellement tout ce qui pouvoit avoir accès auprès de la reine. Elle avoit enfin fait venir à Madrid le mari de sa nourrice et leur fils capucin. La nourrice étoit fine, adroite, et ne manquoit ni de sens ni de hardiesse. Son mari étoit un stupide paysan, leur fils un fort sot moine, mais pétri d'ambition, qui ne comptoit pas sur moins que gouverner l'Espagne. La reine, qui avoit souvent demandé au duc de Parme un musicien nommé Sabadini qu'elle avoit fort connu, en avoit écrit avec tant de volonté, que le duc de Parme lui promit de le faire partir dès que le prince électeur de Bavière seroit parti de Plaisance. Albéroni craignoit horriblement la présence de Sabadini, dont il avoit plusieurs fois rompu le voyage par le duc de Parme. Il lui écrivit donc aigrement sur sa foiblesse, et l'envoi du capucin et de son père, et mit tout en œuvre auprès de lui pour arrêter en Italie Sabadini, duquel il prenoit de bien plus vives alarmes.

CHAPITRE V.

[Albéroni] compte sur l'appui de l'Angleterre; reçoit avis de Stanhope d'envoyer quelqu'un de confiance veiller à Hanovre à ce qu'il s'y traitoit avec l'abbé Dubois. — Pensée des étrangers sur la négociation d'Hanovre. — Les Impériaux la traversent de toute leur adresse, et la Suède s'en alarme. — Affaires de Suède. — Pernicieuse haine d'Albéroni pour le régent. — Esprit de retour en France, surtout de la reine d'Espagne. — Sages réflexions d'Albéroni sur le choix, le cas arrivant. — Quel étoit M. le duc d'Orléans sur la succession à la couronne. — Affaire du nommé Pomereu. — Mme de Cheverny gouvernante des filles de M. le duc d'Orléans. — Livry obtient pour son fils la survivance de sa charge de premier maître d'hôtel du roi. — Effiat quitte le conseil des finances et entre dans celui de régence. — Honneurs du Louvre accordés à Dangeau et à la comtesse de Mailly par leurs charges perdues. — Origine de cette grâce à leurs charges. — Ce que c'est que les honneurs du Louvre. — Style de la république de Venise écrivant au Dauphin; d'où venu. — Entreprise de la nomination du prédicateur de l'Avent devant le roi. — M. de Fréjus officie devant le roi sans en dire un seul mot au cardinal de Noailles. — Abbé de Breteuil en tabouret, rochet et camail, près du prie-Dieu du roi, comme maître de la chapelle, condamné de cette entreprise comme n'étant pas évêque. — Quel fut le P. de La Ferté, jésuite. — L'abbé Fleury confesseur du roi. — Mort de la duchesse de Richelieu et de Mme d'Armenonville. — Mort et caractère du maréchal de Châteaurenaud. — Belle anecdote sur le maréchal de Coetlogon. — Mort de la duchesse d'Orval. — Mort de d'Aguesseau, conseiller d'État; son éloge. — Saint-Contest fait conseiller d'État, en quitte le conseil de guerre. — L'empereur prend Temeswar; perd son fils unique. — La duchesse de Saint-Aignan va trouver son mari en Espagne avec trente mille livres de gratification. — Mort, caractère et famille de M. d'Étampes. — Mort de la comtesse de Roucy. — Mort de Mme Fouquet; sa famille. — Force grâces au maréchal de Montesquiou, au grand prévôt, aux ducs de Guiche, de Villeroy, de Tresmes, et au comte de Hanau. — Le duc de La Force vice-président du conseil des finances. — Augmentation de la paye de l'infanterie. — Caractère de Broglio, fils et frère aîné des deux maréchaux de ce nom. — Le duc de Valentinois reçu au parlement, où les princes du sang ni bâtards n'assistent point. — Mariage du fils unique d'Estaing avec la fille unique de Mme de Fontaine-Martel, et la survivance du gouvernement de Douai. — Bonneval obtient son abolition en épousant une fille de Biron. — Dispute entre les grands officiers de service et le maréchal de Villeroy, qui, comme gouverneur du roi, prétend faire leur service et le perd. — Grande aigreur entre les princes du sang et bâtards sur les mémoires publiés par les derniers. — Étonnante apathie de M. le duc d'Orléans. — Ma façon d'être avec le duc du Maine et le comte de Toulouse.

La grande ressource d'Albéroni, à son avis, étoit l'appui qu'il se promettoit de l'Angleterre et de son commerce secret et direct avec Stanhope. Ce ministre l'avoit averti d'envoyer à la Haye quelqu'un de confiance pour veiller aux intérêts du roi d'Espagne, dans une crise où il s'agissoit d'un nouveau système pour l'Europe. On prétend qu'Albéroni fit part de l'avis au duc de Parme. Il ne se fioit à aucun Espagnol, et fit nommer Beretti Landi à l'ambassade de la Haye; mais comme en ce même moment Claudio Ré, que le duc de Parme tenoit à Londres en qualité de secrétaire, reçut ordre de ce prince de se rendre à Hanovre, on se persuada que c'étoit pour y être chargé de la confiance d'Albéroni, sous le prétexte de solliciter le roi d'Angleterre d'obtenir de l'empereur d'admettre à son audience l'envoyé de Parme, et de le détourner de presser le mariage de la princesse de Modène avec le prince Ant. de Parme, que le duc son frère disoit n'avoir pas moyen de l'apanager pour faire cette alliance. Le dessein d'Albéroni, en se rendant maître du négociateur pour l'Espagne, étoit de se réserver l'honneur de traiter et de finir à Madrid l'essentiel de la négociation.

Tout le monde avoit les yeux ouverts sur l'alliance qui se traitoit entre la France et l'Angleterre. Les étrangers la regardoient comme un sujet de division entre le roi d'Espagne et le régent; ils publioient qu'il y en avoit beaucoup déjà entre eux. L'empereur la craignoit dans la prévoyance que, lorsque les Anglois et les Hollandois seroient sûrs de la France, leur attachement à ses intérêts diminueroit beaucoup. Ainsi ses ministres la traversoient de tout leur possible. Il y avoit à Paris un baron d'Hohendorff fort attaché au prince Eugène, dont il avoit été aide de camp pendant la dernière guerre. Il se prétendoit autorisé de lettres de créance de l'empereur qu'il avoit même montrées du temps que Penterrieder étoit à Paris comme secrétaire de l'empereur, et véritablement chargé de ses affaires. Cet Hohendorff avoit même alors proposé au régent une alliance avec l'empereur, qui n'avoit pas eu de suite. Cet homme ne cessoit d'échauffer la vivacité de Stairs, d'ailleurs si contraire au traité, parce qu'il avoit été tiré de ses mains pour être porté à la Haye puis à Hanovre entre Stanhope et l'abbé Dubois, et parce qu'il haïssoit la France. Hohendorff lui disoit continuellement que le régent tromperoit les Anglois, et que le Prétendant ne sortiroit point d'Avignon. On excitoit d'un autre côté la Suède, à qui on persuadoit faussement que la France sacrifieroit ses intérêts au roi d'Angleterre, et lui garantiroit la possession de Brême et de Verden qu'il lui avoit usurpés, tellement que l'ambassadeur de Suède, qui, de tout temps, étoit attaché à la France, en prit des impressions qui lui firent tenir des discours peu mesurés. Les affaires du roi son maître prenoient une face plus riante. Ses ennemis avoient assemblé de grandes forces pour faire une descente dans la province de Schonen, et envahir après la Suède : le czar étoit à Copenhague en dessein de passer la mer, et de commander cette expédition. Il s'y brouilla avec le roi de Danemark, au point que l'entreprise fut différée au printemps, les troupes renvoyées et les dépenses inutiles, qui avoient été fort à charge au Danemark; le roi de Suède n'en put profiter. Il avoit des troupes, mais ni argent ni marine : il voulut acheter quelques vaisseaux en France et en Hollande, où étoit pour lors le baron de Gœrtz qui étoit chargé de ses finances, et qu'il y avoit envoyé. Il lui dépêcha donc un officier, et un autre au baron Spaar, son ambassadeur en France pour cet achat. Il envoya par cette voie ordre à Spaar de cultiver les bonnes dispositions de la France, de lui persuader qu'il vouloit la paix, et de presser le payement des subsides qu'elle lui donnoit. Il n'osoit même avec ses ministres s'expliquer qu'en termes généraux sur ses desseins secrets, tant les bruits dont on vient de parler lui faisoient craindre un trop entier engagement de la France avec l'Angleterre.

Quelque désir qu'eût l'Espagne de prendre avec cette dernière couronne des liaisons particulières, Albéroni ne vouloit faire avec elle de traité que totalement séparé et détaché de celui de la France. Les vues sur l'avenir, et sur lesquelles il évitoit soigneusement de s'expliquer, ne convenoient point avec une alliance commune. Persuadé que le régent ne lui pardonneroit pas, il ne cessoit d'assurer le roi et la reine d'Espagne qu'ils ne devoient jamais compter sur la bonne foi ni sur les paroles de ce prince. Il n'ignoroit pas que le génie et les désirs de cette princesse étoient entièrement tournés vers le trône de France en cas de malheur. Elle sentoit l'importance de cacher ce sentiment pour ne pas s'exposer à perdre le certain pour l'incertain, et [craignoit] ce que penseroient les Espagnols, et ce qu'ils diroient, si, après ce qu'ils avoient fait et souffert depuis quinze ans pour soutenir leur roi sur le trône, il les exposoit par son abandon à recevoir un nouveau roi de la main des Anglois et des Hollandois. Albéroni lui disoit que ces deux puissances disposeroient absolument des couronnes de France et d'Espagne, et que c'étoit pour cela que M. le duc d'Orléans n'oublioit rien pour les gagner. Albéroni néanmoins réfléchissoit quelquefois sur le danger qu'il y auroit pour le roi et pour la reine à changer de couronne, encore plus pour lui-même. Il se représentoit les François turbulents, volages, hardis; il étoit agité de la multitude des princes du sang capables avec le temps d'inquiéter le souverain, et qui deviendroient comme des chevaux indomptés et sans bride ni frein, si la minorité duroit : le parlement de Paris lui paroissoit devenu, comme autrefois, le correctif et le fléau de l'autorité royale. Il concluoit de ces réflexions que, si la monarchie d'Espagne pouvoit se rétablir, le roi d'Espagne auroit fort à balancer sur le choix d'un royaume qu'il acquerroit et qu'il gouverneroit très-difficilement, ou d'un autre dont il étoit en possession, qu'il pouvoit gouverner despotiquement et comme en dormant. En effet, il n'y a point de pays où la soumission soit plus entière qu'en Espagne, ni où la volonté et l'autorité du roi soit plus affranchies de toutes formes, ni plus à couvert de toute résistance.

Tandis qu'on étoit si intérieurement occupé en Espagne des futurs contingents, je puis dire avec la plus exacte vérité que c'est la chose dont M. le duc d'Orléans le fut toujours le moins. Il est des vraisemblances qui n'ont aucune vérité, et des vérités qui n'ont point de vraisemblances. Celle-ci est de ce nombre au premier degré, et je ne crois pas que, depuis qu'il est dans l'univers des monarchies héréditaires, aucun héritier collatéral immédiat s'en soit moins soucié, y ait moins pensé, qui ait plus sincèrement désiré que la succession ne s'ouvrît point; dirai-je tout, et le croira-t-on? qui ait été moins touché, plus embarrassé, plus importuné de porter la couronne. Jamais en aucun temps rien même d'indirect là-dessus; jamais quoi que ce soit sur cette matière dans aucun des conseils; et si quelquefois l'indispensable connexité des affaires étrangères l'ont amené dans le cabinet du régent entre deux ou trois de ses plus confidents, elle ne s'y traitoit précisément que par nécessité, simplement, courtement, même avec une sorte de contrainte sans parenthèses, sans rien d'inutile, comme on auroit raisonné sur la succession d'Angleterre ou de l'empereur. Les plus familiers connoissoient si bien M. le duc d'Orléans sur ce sujet, qu'il n'est arrivé à pas un d'eux de laisser échapper devant lui aucune sorte de flatterie là-dessus. Je suis peut-être celui avec qui cela a le plus été traité tête à tête avec lui à propos de sa conduite, des affaires étrangères, dont il me disoit tout ce qui ne passoit pas au conseil, à propos encore des finances et de la constitution. A la vérité il ne vouloit pas perdre son droit. Je l'y fortifiois même; mais il n'en étoit touché que du côté de son honneur et de sa sûreté, desquels il ne se pouvoit agir que le malheur ne fût arrivé, considérations qui au contraire le lui faisoient craindre. Alors nous nous en parlions comme de toute autre sorte d'affaire importante. Il ne se cachoit pas de moi ainsi tête à tête; et je le connoissois trop pour qu'il y eût réussi. Jamais je ne l'ai surpris en aucun chatouillement là-dessus, aucun air de joie, aucune échappée flatteuse, jamais [à] en prolonger le raisonnement. Je n'outrerai rien quand je dirai que cela alloit à l'insipidité et à une sorte d'apathie, que je sens qui m'auroit impatienté, si le fils de Mgr le duc de Bourgogne m'eût été moins tendrement et précieusement cher, et qu'il se fût agi de succéder à un autre.

On a vu plusieurs fois dans ces Mémoires que le feu roi avoit fait du lieutenant de police de Paris, une espèce de ministre secret et confident, une sorte d'inquisiteur dont les successeurs de La Reynie, par qui commencèrent ces fonctions importantes, mais obscures, étendirent beaucoup le champ pour se donner plus de relations avec le roi, et cheminer mieux vers l'importance, l'autorité, la fortune. Le régent, moins autorisé que le feu roi, et qui avoit plus de raisons que lui d'être informé et d'arrêter les intrigues, trouva dans cette place Argenson, qu'on a vu qui avoit su se faire valoir à lui de l'affaire du cordelier, amené par M. de Chalais, et en avoit, je crois, à bon marché, acquis les bonnes grâces. Argenson, qui avoit beaucoup d'esprit, et qui avoit désiré cette place comme l'entrée, la base et le chemin de sa fortune, l'exerçoit très-supérieurement, et le régent se servit de son ministère avec beaucoup de liberté. Le parlement, qui n'étoit attentif qu'à faire valoir partout son autorité, pour le moins comme en compétence avec celle du régent, souffroit avec impatience ce qu'il appeloit les entreprises de la cour. Il vouloit se dédommager du silence qu'il avoit été forcé de garder là-dessus sous le dernier règne, et reprendre aux dépens du régent tout ce qu'il avoit perdu sur les fonctions de la police, dont il est le supérieur. Le lieutenant de police lui en est comptable, jusque-là qu'il en reçoit les ordres, même les réprimandes à l'audience publique, debout et découvert à la barre du parlement, de la bouche du premier président ou de celui qui préside, qui ne l'appelle ni maître ni monsieur, mais nûment par son nom, quoique le lieutenant de police se soit trouvé les recevoir étant alors conseiller d'État. Le parlement voulut donc humilier d'Argenson qu'il haïssoit du temps du feu roi, donner au régent une dure et honteuse férule, préparer pis à son lieutenant de police, faire parade et preuve de son pouvoir, en effrayer le public, et s'arroger celui de borner celui du régent.

Argenson s'étoit souvent servi sous l'autre règne, et quelquefois depuis, d'un drôle intelligent et adroit, qui étoit fort à sa main, et qui se nommoit Pomereu, pour des découvertes, pour faire arrêter des gens, et quelquefois les garder chez lui quelque temps. Le parlement crut avec raison qu'en faisant arrêter cet homme sous d'autres prétextes, il trouveroit le bout d'un fil qui le conduiroit en bien des tortuosités curieuses et secrètes qui donneroient beau jeu à son dessein, et le pareroit en même temps lui-même de la protection de la sûreté publique, contre la tyrannie des enlèvements obscurs et des chartres privées. Il se servit pour cela de la chambre de justice pour y paroître moins, mais composée de ses membres, qui souffla si bien les procédures de peur d'être arrêtée en chemin, que le premier soupçon qu'on en put avoir fut d'apprendre que Pomereu étoit par arrêt de cette chambre dans les prisons de la Conciergerie, qui sont celles du parlement. Argenson, qui en eut l'avis tout aussitôt, alla au moment même trouver le régent, qui à l'instant fit expédier une lettre de cachet, avec laquelle il envoya main-forte pour tirer Pomereu de prison, si le geôlier faisoit la moindre difficulté de le remettre aux porteurs de la lettre de cachet, lequel n'en osa faire aucune. L'exécution fut si prompte que cet homme ne fut pas une heure dans la prison, et que ceux qui l'y avoient mis n'eurent pas le temps d'ouvrir un coffre de papiers, qui avoit été transporté avec lui à la Conciergerie, et qu'on eut grand soin d'emporter en l'en tirant. En même temps on écarta, et on mit à couvert tout ce qui pouvoit avoir trait à cet homme, et aux choses où il avoit été employé. On peut juger du dépit du parlement de se voir si hautement et si subitement enlever une proie dont il comptoit faire un si grand usage; il n'oublia donc rien pour émouvoir le public par ses plaintes et par ses cris contre un tel attentat à la justice. La chambre de justice députa au régent qui se moqua d'elle, en permettant gravement aux députés de faire reprendre leur prisonnier, mais sans leur dire un seul mot sur sa sortie de prison. Il étoit dans Paris en lieu où on ne craignoit personne. La chambre de justice sentit la dérision et cessa de travailler. Elle crut embarrasser le régent, mais c'eût été à leurs propres dépens. Cela ne dura qu'un jour ou deux. Le duc de Noailles alla leur parler; ils comprirent qu'il n'en seroit autre chose; que s'ils s'opiniâtroient on se passeroit d'eux, et qu'on auroit d'autres moyens d'exécuter ce qu'on [avoit] entrepris contre les gens d'affaires. Ils se remirent à travailler, et le parlement en fut pour sa levée de bouclier, et n'avoir montré que sa mauvaise volonté et en même temps son impuissance.

M. le duc d'Orléans nomma gouvernante de mesdemoiselles ses filles Mme de Cheverny dont le mari étoit déjà gouverneur de M. le duc de Chartres. Ils en étoient l'un et l'autre fort capables, et la naissance et les emplois précédents de Cheverny honorèrent fort ces places qu'ils voulurent bien accepter.

Livry, premier maître d'hôtel du roi, obtint pour son fils la survivance de sa charge, et de conserver un brevet de retenue de quatre cent cinquante mille livres qu'il avoit dessus.

Effiat, ravi d'abord d'être quelque chose, trouva enfin son mérite peu distingué par la vice-présidence du conseil des finances. Il n'y voulut plus demeurer, mais entrer dans celui de régence à la dernière place. M. le duc d'Orléans eut la pitoyable facilité de le lui accorder, à la grande satisfaction de ses bons amis le duc du Maine, le maréchal de Villeroy et le chancelier. Personne ne s'en douta que lorsque cela fut fait.

Ce prince, dont la facilité se pouvoit appeler un dévoiement, accorda les honneurs du Louvre leur vie durant à Dangeau et à la comtesse de Mailly, qu'ils avoient perdus avec leurs charges de chevalier d'honneur et de dame d'atours par la mort de la dernière Dauphine. Le feu roi les leur avoit donnés avec ces charges, n'y ayant lors ni reine ni Dauphine. C'en fut le premier exemple, qu'ils durent à Mme de Maintenon. Il n'y avoit jamais eu que chez la reine où ces charges donnassent ces honneurs, et encore fort nouvellement; et je doute même que cela ait été du temps de la reine mère, avant le mariage du roi son fils, tout au plus avant sa régence. Pour chez les Dauphines, il n'y en avoit point eu depuis la mort de François Ier jusqu'au mariage de Monseigneur; car la trop fameuse Marie Stuart, qui la fut un moment, garda et communiqua à François II, son mari, Dauphin, le nom et le rang de reine et de roi d'Écosse en l'épousant; d'où vient, pour le dire en passant, que la république de Venise a conservé de là l'usage, en écrivant à nos Dauphins, de les traiter à la royale, et de suscrire leur lettre *au roi dauphin*.

On a vu en son lieu, ici, à propos de Mme de Maintenon, qu'au mariage de Monseigneur elle voulut avoir une dame d'honneur de sa confiance; que pour cela on fit passer la duchesse de Richelieu, dame d'honneur de la reine, à Mme la Dauphine; que pour payer sa complaisance on fit présent au duc de Richelieu de la charge de chevalier d'honneur, avec permission dès lors de la vendre tout ce qu'il en pourroit trouver; que Mme de Maintenon voulut un titre pour se recrépir, et qui l'approchât de la Dauphine sans la contraindre pour le service; que pour cela il y eut pour le premier exemple deux dames d'atours : la maréchale de Rochefort pour l'être en effet, et Mme de Maintenon pour en avoir le nom. Ainsi le chevalier d'honneur et la première dame d'atours se trouvant avoir par eux-mêmes les honneurs du Louvre, Mme de Maintenon, à titre de seconde dame d'atours, les prit modestement, sous prétexte de l'éloignement des cours où tous les carrosses entrent de l'appartement qu'elle occupoit dès lors, et qu'elle n'a jamais changé, sur le palier du grand degré vis-à-vis celui du roi. Ces honneurs du Louvre ne sont rien autre chose que le privilége d'entrer dans son carrosse, ou en chaise avec des porteurs de sa livrée, dans la cour réservée où il n'entre que les carrosses et les porteurs en livrée des gens titrés. M. de Richelieu vendit bientôt après sa charge de chevalier d'honneur cinq cent mille livres à Dangeau. La charge étoit bien supérieure à celle de dame d'atours. Mme de Maintenon, toujours modeste, se piqua d'honneur sur les honneurs du Louvre qu'elle avoit, et les fit donner à Dangeau. Au mariage de Mgr le duc de Bourgogne, Mme de Dangeau étoit déjà une des favorites de Mme de Maintenon, qui la fit première dame du palais, rendre à son mari pour rien la charge de chevalier d'honneur qu'il avoit perdue à la mort de Mme la Dauphine, et donner celle de dame d'atours à la comtesse de Mailly, fille de son cousin germain, qu'elle avoit élevée chez elle comme sa nièce, et gardée jusqu'au mariage de M. le duc de Chartres, qu'elle la fit dame d'atours, pour le premier exemple d'une petite-fille de France, comme on l'a vu en son lieu. En même temps qu'elle fit rendre à Dangeau les honneurs du Louvre, sur son exemple à elle, elle les fit donner à la comtesse de Mailly. C'étoit une grâce de peu d'usage pour ces deux personnes. Dangeau étoit dans une grande vieillesse et hors de gamme par le total changement de la cour, ne sortoit presque plus de chez lui, ni sa femme non plus, très-pieuse et très-retirée ; et la comtesse de Mailly tombée tout à fait dans l'obscurité, et passant sa vie au fond de la Picardie, d'où elle ne revint que pour être dame d'atours de la reine, par l'intrigue de ses enfants, sans qu'elle y eût même pensé. Mais c'étoit pourtant une grâce qu'ils ne méritoient pas de M. le duc d'Orléans. Tous deux lui étoient fort opposés. Dangeau, avec toute sa fadeur et sa politique, ne peut se contenir là-dessus dans l'espèce de gazette qu'il a laissée, dont on parlera ailleurs. Il n'avoit jamais été de rien; mais son commerce et sa société à la cour du feu roi n'étoit qu'avec tout ce qui étoit le plus contraire à M. le duc d'Orléans. C'étoit plaire alors, et le bon air. Son attachement servile à Mme de Maintenon, et à tout ce qu'elle aimoit, celui de Mme de Mailly à cette tante, leur avoient fait épouser ses passions, desquelles après ils ne purent se défaire.

La fête de la Toussaint fit du bruit et des querelles. Le roi entend ce jour-là une grand'messe pontificale, vêpres et le sermon l'après-dînée. Celui qui le fait prêche l'Avent devant le roi, et c'est le grand aumônier qui nomme de droit les prédicateurs de la chapelle. Le cardinal de Rohan, qui n'ignoroit ni ne pouvoit ignorer l'interdiction des jésuites, en voulut nommer un, mais dont le nom pût soutenir l'entreprise. Il choisit le P. de La Ferté, frère du feu duc de La Ferté, dont la veuve étoit sœur de la duchesse de Ventadour; et le P. de La Ferté accepta sur la parole du cardinal de Rohan, sans voir ni faire rien dire au cardinal de Noailles. Ce cardinal apprit cette nouvelle aux derniers jours d'octobre, qui jusqu'alors avoit été tenue fort secrète. Il n'eut pas peine à comprendre que cette affectation de nommer un jésuite ne pouvoit avoir d'objet qu'une insulte, tant à sa personne qu'à sa qualité de diocésain. Rien n'étoit plus aisé que de la rendre inutile. Il avoit interdit les jésuites; il n'y avoit qu'à faire signifier au P. de La Ferté une interdiction personnelle de la messe, du confessionnal et de la chaire. Il usoit de son droit qui ne pouvoit lui être contesté, comme le cardinal de Rohan avoit usé du sien, mais avec entreprise contre l'interdiction générale de l'ordinaire[1], au lieu qu'il n'y auroit

---

1. Ce mot est en abrégé dans le manuscrit, et les anciens éditeurs ont lu l'*ordre*; il s'agit ici de l'interdiction prononcée par l'évêque diocésain, qu'on appeloit l'*ordinaire*.

eu rien à reprendre dans cette démarche très-régulière du cardinal de Noailles. Sa douceur si souvent déplacée, et mal employée, ne voulut pas faire cette manière d'éclat qui n'eût été que la suite forcée de celui qui étoit déjà fait, et il prit le mauvais parti de nommer un prédicateur pour la chapelle, au lieu du P. de La Ferté, dont il n'avoit pas le droit. Le cardinal de Rohan, ravi de lui voir prendre le change, et de n'avoir qu'à soutenir son droit, le maintint de façon qu'il fallut porter la chose devant M. le duc d'Orléans.

Le crédit, où le duc de Noailles étoit pour lors, l'eût emporté d'un mot, s'il avoit voulu le dire; mais dès la mort du roi tout étoit tourné en lui au personnel, mieux caché auparavant. Il n'avoit jamais perdu son grand objet de vue : il vouloit être premier ministre. Son crédit, la part que le régent lui donnoit de tout, et les commissions qu'il s'en attiroit pour tout, lui en augmentoient les espérances; il en vouloit ranger les obstacles de tous les côtés. Il frayoit déjà avec les cardinaux de Rohan et Bissy, et avec les jésuites; il n'avoit donc garde de les choquer pour un oncle dont il n'avoit plus besoin, et dont la cause lui pouvoit faire embarras, tandis qu'en ne disant mot, et lui laissant démêler cette affaire particulière sans s'en mêler, il se faisoit un mérite envers ceux qu'il cultivoit, qui pouvoit tourner en preuve qu'ils n'avoient rien à craindre de lui sur celle de la Constitution, par conséquent leur ôter l'envie de le traverser et de le barrer dans le chemin au premier ministère. A son défaut M. de Châlons, son autre oncle, intimement uni avec le cardinal son frère, mais qui, en affaires du monde, n'étoit pas grand clerc, alla nasiller coup sur coup au régent, qui emporté par ses plus vrais ennemis, Mme de Ventadour, le maréchal de Villeroy, Effiat, Besons, son P. du Trévoux, celui-ci sot et point méchant, et qu'il ménageoit et traitoit tous comme ses amis intimes, décida pour le P. de La Ferté, et le fit prêcher au scandale de tout le monde non confit en cabale de Constitution; car ceux même qui de bonne foi et sans vue de fortune étoient pour la Constitution détestèrent cette entreprise.

M. de Fréjus commença, à la même fête, tout petit garçon qu'il étoit encore, à montrer les cornes au cardinal de Noailles, et à vérifier la prophétie que le feu roi lui avoit faite, lorsqu'à force de reins il lui arracha l'évêché de Fréjus pour l'abbé Fleury : *qu'il se repentiroit de l'avoir fait évêque.* Le roi l'entendoit de ses mœurs et de sa conduite ; et véritablement alors, qui auroit pu l'entendre autrement ? M. de Fréjus dit pontificalement la grand'messe devant le roi sans en demander permission ni en faire la moindre civilité, suivant le droit et la coutume jusque-là non interrompue, au cardinal de Noailles, qui le sentit et le méprisa. L'après-dînée, à vêpres, la duchesse de La Ferté quêta à l'issue du sermon de son beau-frère. Ce fut une autre nouveauté de voir quêter une vieille femme ; mais elle voulut par là courtiser la sœur, et le triomphe du cardinal de Rohan sur toutes règles de discipline. Cette même messe fit une autre querelle. L'abbé de Breteuil, mort depuis évêque de Rennes, y parut sur un tabouret, en rochet et camail noir, joignant le prie-Dieu du roi à gauche en avant, comme maître de la chapelle, [charge] qu'il avoit achetée du cardinal de Polignac. Les aumôniers du roi, qui sont là debout en rochet avec le manteau noir par-dessus, se plaignirent de cette comparution de l'abbé de Breteuil, et traitèrent son tabouret et son camail d'entreprise, parce qu'il n'étoit pas évêque. Les plaintes en furent portées à M. le duc d'Orléans qui, perquisition faite, condamna l'abbé de Breteuil. Le cardinal de Rohan ne laissa pas de se trouver embarrassé de soutenir pendant tout l'Avent son entreprise, quoiqu'il en eût eu l'avantage. Il crut qu'après l'avoir remportée, le plus sage étoit le parti de la modération, mais sans y paroître à découvert. Huit jours après la Toussaint, le P. de La Ferté alla dire à M. le duc d'Orléans qu'il le supplioit de le dispenser de prêcher l'Avent devant le roi, parce qu'il ne vouloit point être un sujet de discorde entre le cardinal de Noailles et le cardinal de Rohan. M. le duc d'Orléans le prit au mot avidement, et lui dit qu'il l'en louoit fort, et qu'il le soulageoit beaucoup. Ce P. de La Ferté avoit été séduit au collége, et s'étoit fait jésuite malgré le maréchal son père, qui fit tout ce qu'il put pour l'en empêcher, et qui n'en parloit qu'avec emportement. Il étoit grand, très-bien fait, très-bel homme, ressembloit fort au duc de La Ferté son frère dont il avoit toutes les manières, et n'étoit point du tout fait pour être jésuite. Il étoit éloquent et savoit assez, beaucoup d'esprit et d'agrément; le jugement n'y répondoit pas. Il prêchoit bien sans être des premiers prédicateurs. On traîna un jour le duc de La Ferté à son sermon, dont après on lui demanda son avis : *L'acteur*, dit-il, *m'a paru assez bon, mais la pièce assez mauvaise.* Le P. de La Ferté ne s'étoit pas toujours bien accordé avec les jésuites; il ne fut pas, je crois, sans repentir de s'être laissé enrôler par eux. Sans ses vœux, il auroit été duc et pair à la mort de son frère, qui ne laissa point d'enfants. A la fin les jésuites et lui, lassés de lui et lui d'eux, le malmenèrent, puis le confinèrent à la Flèche où il vécut peu et tristement, et y mourut encore assez peu âgé. Le cardinal de Noailles interdit les trois maisons des jésuites de Paris, et ôta les pouvoirs au peu à qui il les avoit laissés.

En ce même temps l'abbé Fleury, qui avoit été sous-précepteur des trois princes fils de Monseigneur jusqu'à la fin de leur éducation, fut nommé confesseur du roi. Le maréchal de Villeroy ni M. de Fréjus n'y vouloient point de jésuite. L'emploi précédent, sans avoir eu part à la disgrâce de M. de Cambrai, l'y porta. Il avoit vécu à la cour dans une grande retraite et dans une grande piété toute sa vie, fort caché depuis que son emploi avoit cessé. Il n'avoit pris aucune part à l'affaire de la Constitution, parce qu'il ne songea jamais à être évêque, et que, n'étant point en place qui l'y obligeât, il aima mieux demeurer en paix à ses études. L'exacte et savante *Histoire ecclésiastique* qu'on a de lui, et ses excellentes et savantes préfaces en forme de discours au-devant de chacun des livres qui composent ce grand ouvrage, rendront à jamais témoignage de son savoir et de son amour pour la vérité. Il eut peine à consentir à son choix; il [ne] s'y détermina que par l'âge du roi, où il n'y avoit rien à craindre, et par le sien, qui lui donneroit bientôt prétexte de se retirer, comme il fit en effet avant qu'il pût avoir lieu de craindre son ministère, pendant lequel il ne parut que pour la pure nécessité.

Mme d'Armenonville mourut de la petite vérole, qui fit sur jeunes et vieux bien du ravage toute cette année. Peu de jours après la duchesse de Richelieu en mourut aussi sans enfants. Elle étoit fille unique du marquis de Noailles, frère du cardinal et de la duchesse de Richelieu, troisième femme du père de son mari. C'étoit une très-jeune femme, mais de vertu, d'esprit et de beaucoup de mérite, que le bel air de son mari n'avoit pas rendue heureuse.

Le maréchal de Châteaurenaud mourut à plus de quatre-vingts ans. C'étoit un fort homme d'honneur, très-brave, très-bon homme, et très-grand et heureux homme de mer, où il avoit eu de belles actions, que le malheur même de Vigo ne put ternir. Avec tout cela, il se peut dire qu'il n'avoit pas le sens commun. Son fils unique avoit épousé une dernière sœur du duc de Noailles, par où il avoit eu la survivance de la grande lieutenance générale de Bretagne qu'avoit son père. Trois jours avant sa mort, le duc de Noailles avoit furtivement obtenu et fait expédier sur-le-champ un brevet de retenue de cent vingt mille livres pour sa sœur, sur la charge de vice-amiral, qui jamais n'avoit été vendue, et qui fut présenté à Coetlogon, premier lieutenant général qui la demanda, qui ne s'attendoit à rien moins qu'à cette apparition, et qui n'en voulut pas payer un denier. C'étoit, aussi bien que Châteaurenaud, un des plus braves hommes et des meilleurs hommes de mer qu'il y eût. Sa douceur, sa justice, sa probité et sa vertu ne furent pas moindres. Il avoit acquis l'affection et l'estime de toute la marine, et plusieurs actions brillantes lui avoient fait beaucoup de réputation chez les étrangers. Il avoit du sens avec un esprit médiocre, mais fort suivi et appliqué. On fut honteux à la fin de cette espièglerie de brevet de retenue, pour n'en dire pis, et sans lui plus rien demander on lui donna la vice-amirauté. Le duc de Noailles rapporta le brevet de retenue à M. le duc d'Orléans, qui le jeta au feu, et fit donner les cent vingt mille livres aux dépens du roi, que le duc de Noailles fit payer à sa sœur en grand ministre qui ne négligeoit rien. Je dépasserai tout de suite le temps de ces Mémoires sur Coetlogon, en faveur de sa vertu et de la singularité du fait.

M. le Duc, devenu premier ministre sous les volontés de Mme de Prie, sa funeste maîtresse, et tous les deux sous la fatale tutelle des frères Pâris, fit, au premier jour de l'an 1724, une promotion de maréchaux de France et une de chevaliers de l'ordre, toutes deux fort ridicules. Il donna l'ordre à Coetlogon, aussi mal à propos qu'il ne le fit point maréchal de France, au scandale de la marine, de toute la France et de tous les étrangers qui le connoissoient de réputation. Coetlogon en fut vivement touché; mais, consolé par le cri public, il n'en fit aucune plainte, et s'enveloppa dans sa vertu et dans sa modestie. Quelques années après, étant fort vieux, il se retira dans une des maisons de retraite du noviciat des jésuites, où il ne pensa plus qu'à son salut par toutes sortes de bonnes œuvres. Alors d'Antin et le comte de Toulouse, qui avoit épousé la veuve de son fils, sœur du duc de Noailles, laquelle en avoit eu deux fils, songèrent à faire donner au cadet de ces deux petits-fils de d'Antin, tout jeune, la vice-amirauté de Coetlogon, pour, avec l'appui du comte de Toulouse, amiral, son beau-père, voler de là rapidement au bâton de maréchal de France. Ils le proposèrent à Coetlogon, ils lui offrirent tout l'argent qu'il en voudroit tirer; enfin ils lui montrèrent le bâton de maréchal de France, qu'il avoit si bien mérité. Coetlogon demeura inflexible, dit qu'il ne vendroit point ce qu'il n'avoit pas voulu acheter, protesta qu'il ne feroit point ce tort au corps de la marine de priver de leur fortune ceux que leurs services et leur ancienneté devoient faire arriver après lui. On sut cette généreuse réponse, moins par lui que par les gens qui lui avoient été détachés, et par les plaintes du peu de succès. Le public y applaudit et la marine en fut comblée. Peu après il tomba malade de la maladie dont il mourut.

Son neveu, car il n'avoit point été marié, touché de la privation pour sa famille de l'illustration que son oncle avoit si bien méritée, fit tant que le comte de Toulouse obtint du cardinal Fleury, premier ministre alors, le bâton de maréchal de France pour Coetlogon qui se mouroit, qui ne savoit rien de ce que faisoit son neveu, et qui n'en pouvoit plus jouir. Son confesseur lui annonça cet honneur. Il répondit qu'autrefois il y auroit été fort sensible; mais qu'il lui étoit entièrement indifférent dans ces moments, où il voyoit plus que jamais le néant du monde qu'il falloit quitter, et le pria de ne lui parler plus que de Dieu, dont il ne fit plus que s'occuper uniquement. Il mourut quatre jours après sans avoir pensé un instant à son bâton. Cette promotion singulière rappela celle de M. de Castelnau, et la fourberie du cardinal Mazarin que le cardinal Fleury s'applaudit d'avoir si bien imitée.

La duchesse d'Orval mourut à quatre-vingt-dix ans. Elle étoit belle-fille du célèbre Maximilien de Béthune, premier duc de Sully, et belle-sœur du fameux duc de Rohan. M. d'Orval fut chevalier de l'ordre en 1633, et duc à brevet en 1652. Il avoit été, dès 1627, premier écuyer de la reine Anne d'Autriche; et il étoit veuf de la fille du maréchal duc de La Force, duquel mariage le duc de Sully d'aujourd'hui est arrière-petit-fils. La duchesse d'Orval étoit Harville, sœur de Palaiseau.

D'Aguesseau, conseiller d'État et du conseil royal des finances du feu roi, et de celui des finances d'alors, mourut en même temps à quatre-vingt-deux ans; père du procureur général, qui tôt après fut fait chancelier. C'étoit un petit homme de basse mine, qui, avec beaucoup d'esprit et de lumières, avoit toute sa vie été un modèle, mais aimable, de vertu, de piété, d'intégrité, d'exactitude dans toutes les grandes commissions de son état par où il avoit passé, de douceur et de modestie, qui alloit jusqu'à l'humilité, et représentant au naturel ces vénérables et savants magistrats de l'ancienne roche[1] qui sont disparus avec lui, soit dans ses meubles et son petit équipage, soit dans sa table et son maintien. Sa femme étoit de la même trempe, avec beaucoup d'esprit. Il n'avoit aucune pédanterie; la bonté et la justice sembloient sortir de son front. Il avoit laissé en Languedoc, où il avoit été intendant, les regrets publics et la vénération de tout le monde. Son esprit étoit si juste et si précis que les lettres qu'il écrivoit des lieux de ses différents emplois disoient tout sans qu'on ait jamais pu faire d'extrait de pas une. Je fis tout ce que je pus pour obtenir sa place de conseiller d'État pour Le Guerchois, son gendre, intendant de Franche-Comté, mon ami particulier, depuis bien des années que lui et sa famille m'avoient si bien servi à Rouen dans le procès qu'on a vu en son lieu que j'y gagnai contre le duc de Brissac et la duchesse d'Aumont. Je n'en pus venir à bout, parce qu'en même temps Bâville, ce funeste roi de Languedoc plutôt qu'intendant, demanda à se démettre de sa place de conseiller d'État en faveur de Courson, son fils. M. le duc d'Orléans, qui vit la conséquence de l'exemple, et ne voulant pas le refuser, la donna à Saint-Contest, et celle que je demandois à Courson; mais je n'eus

---

1. Voy. la vie de ce magistrat écrite par son fils. Elle fait partie des *OEuvres du chancelier d'Aguesseau*. Il serait à souhaiter qu'on la publiât à part pour donner une idée de cette ancienne magistrature si bien louée par Saint-Simon.

pas longtemps à attendre. En même temps les conseillers d'État obligèrent Saint-Contest à quitter le conseil de guerre, pour n'y pas céder aux gens de qualité qui en étoient. On a vu en son temps la naissance de cette rare prétention lorsque La Houssaye, conseiller d'État et intendant d'Alsace, fut nommé en troisième pour le congrès de Bade, où il ne voulut pas céder au comte du Luc. On a vu en son lieu que le feu roi s'en moqua; mais il le souffrit, et nomma Saint-Contest, maître des requêtes alors et intendant de Metz, pour aller à Bade.

L'empereur fit, par le prince Eugène la conquête de Temeswar, en Hongrie, et perdit son fils unique âgé de sept mois.

La duchesse de Saint-Aignan alla trouver son mari en Espagne, pour lequel j'obtins une gratification qu'elle emporta. Elle fut de trente mille livres.

M. d'Étampes mourut dans un âge avancé. Il étoit riche, honnête homme et fort brave. Il avoit été chevalier d'honneur de Madame, puis capitaine des gardes de Monsieur, qui le fit chevalier de l'ordre en 1688 de la façon qu'on l'a raconté en son temps. Il étoit petit-fils du maréchal d'Étampes, et par ses grand'mères des maréchaux de Fervaques et Praslin. Son père étoit premier écuyer de Monsieur, frère de Louis XIII; et sa mère étoit fille de Puysieux, secrétaire d'État, et de sa seconde femme, Ch. d'Étampes-Valencey, dont un frère s'avisa, pour le premier de sa race, de se faire de robe, et fut conseiller d'État, qu'elle n'appeloit jamais que mon frère le bâtard, parce que son frère aîné étoit chevalier du Saint-Esprit, grand maréchal des logis et gouverneur de Montpellier et de Calais, un autre archevêque de Reims, un autre cardinal, et sa sœur mariée au maréchal de La Châtre. Cette Mme de Puysieux avoit un grand crédit sur la reine mère, et dans le monde une considération singulière. Elle maria son fils à la sœur du duc de La Rochefoucauld, favori de Louis XIV, et le ruina en dépenses extravagantes, entre autres à manger pour cent mille écus de collets de points de Gênes, qui étoient fort à la mode alors. Puysieux, mort chevalier de l'ordre, son frère l'évêque de Soissons, et Sillery père de Puysieux d'aujourd'hui, étoient ses petits-fils.

En même temps mourut la comtesse de Roucy, sans nous donner signe de vie ni de repentir. J'ai été trop de ses amis, et j'en ai été trop mal payé depuis, pour vouloir rien dire d'elle, d'autant que j'ai suffisamment exposé ma conduite et la sienne, et celle de son mari, dans l'éclat qu'ils jugèrent à propos de faire pour essayer vainement d'obtenir une charge de capitaine des gardes du corps.

Peu après mourut à Paris Mme Fouquet dans une grande piété, dans une grande retraite et dans un exercice continuel de bonnes œuvres toute sa vie. Elle étoit veuve de Nicolas Fouquet, célèbre par ses malheurs, qui, après avoir été huit ans surintendant des finances, paya les millions que le cardinal Mazarin avoit pris, la jalousie de MM. Le Tellier et Colbert, un peu trop de galanterie[1] et de splendeur, et trente-quatre ans de prison[2] à Pignerol, parce qu'on ne put lui faire pis malgré tout le crédit des ministres et l'autorité du roi, dont ils abusèrent jusqu'à avoir mis tout en œuvre pour le faire périr. Il mourut à Pignerol en 1680, à soixante-cinq ans, tout occupé depuis longues années de son salut. Lui et cette dernière femme, grand'mère de Belle-Ile, seroient maintenant bien étonnés de la monstrueuse et complète fortune qu'il a su faire, et par quels degrés il y est parvenu. Cette Mme Fouquet étoit sœur de Castille, père du père de Mme de Guise. Il s'appeloit Montjeu; étoit trésorier de l'épar-

---

1. Voy. notes à la fin du volume.
2. Fouquet fut arrêté à Nantes en 1661 (septembre) et mourut à Pignerol en 1680, comme le dit Saint-Simon quelques lignes plus loin; il n'a donc pas été trente-quatre ans prisonnier. Les précédents éditeurs avaient substitué *vingt-quatre ans* à trente-quatre ans. Cette correction, en altérant le texte, n'avait pas le mérite de l'exactitude chronologique, puisque la captivité de Fouquet n'a duré que dix-neuf ans.

gne, et sa mère étoit fille du célèbre président Jeannin. Il avoit acheté en 1657 du président de Novion, qui fut depuis premier président et ôté de place pour ses friponneries, la charge de greffier de l'ordre. On l'arrêta en même temps que M. Fouquet, et on lui ôta ses deux charges et le cordon bleu. Sa résistance à donner sa démission de celle de greffier de l'ordre la fit donner par commission à Châteauneuf, secrétaire d'État, qui l'eut longtemps de la sorte, jusqu'à ce que le titulaire, lassé de tant d'années d'exil, donna enfin sa démission. Je raconte en deux mots ces vieilleries, parce qu'elles sont pour la plupart oubliées, et que, par la postérité qui en reste, elles méritent qu'on s'en souvienne quelquefois.

M. le duc d'Orléans qui, sans distinction pour le moins, lâchoit tout à amis et plus encore à ennemis, que cela ne lui réconcilioit pas le moins du monde, donna au maréchal de Montesquiou, tout à M. du Maine, le commandement de Bretagne, et la commission d'en tenir les états qu'avoit le maréchal de Châteaurenaud; cent mille écus de brevet de retenue au grand prévôt sur sa charge fort inutilement; au duc de Villeroy, capitaine des gardes du corps, et au duc de Guiche, colonel du régiment des gardes, la survivance de leurs charges pour leurs fils aînés tout jeunes, et celle encore de leurs gouvernements. Le duc de Tresmes eut aussi pour son fils aîné la survivance de sa charge de premier gentilhomme de la chambre.

Il fit au comte de Hanau une grâce également étrange et préjudiciable à l'État. Ce comte, le premier de l'empire, et qui vivoit delà le Rhin avec une cour de souverain, dont il avoit les États et les richesses, avoit, pour un grand revenu et un vaste domaine de morceaux différents, des fiefs situés dans le pays Messin, qui étoient tous masculins, et tomboient, faute d'hoirs mâles, à la nomination du roi les uns, et les autres à celle de l'évêque de Metz; mais qui retomboient à celle du roi, par les difficultés qui avoient arrêté jusqu'alors la foi et hommage des évêques de Metz qui ne l'avoient pas rendue. Le comte de Hanau n'avoit point de garçons, mais une seule fille, à qui il voulut donner ses fiefs en la mariant à un prince de Hesse-Darmstadt. C'est à quoi M. le duc d'Orléans consentit le plus légèrement du monde, et lui fit promptement expédier tout ce qui étoit nécessaire pour la solidité. Il est vrai qu'il n'y avoit point d'ouverture de fief, puisque le comte d'Hanau étoit plein de vie, mais il n'y avoit qu'à attendre sans faire cette très-inutile grâce anticipée à un seigneur allemand pour marier sa fille à un autre Allemand, tous deux sujets de l'empire, tous deux delà Rhin, tous deux qui ne pouvoient jamais servir ou nuire, et laisser au roi à faire, à la mort du comte d'Hanau, de riches présents domaniaux qui se présentent si rarement à faire, pour récompenser des seigneurs françois dont tant se ruinent à son service, et se défaire de ces princes allemands avec qui [il faut] compter pour de grandes terres au milieu, pour ainsi dire, du royaume, qui y font des amis et des espions.

Le duc de La Force, qui grilloit d'être de quelque chose, et qui en étoit bien capable, intrigua si bien qu'il eut la place de vice-président du conseil des finances qu'avoit quittée le marquis d'Effiat, dont les appointements étoient de vingt mille livres de rente. Je lui représentai qu'il ne lui convenoit pas de se parer de la robe sale d'Effiat, d'être en troisième avec le maréchal de Villeroy et le duc de Noailles, et parmi un tas de gens de robe qui y faisoient tout, et qui ne le reconnoîtroient en rien, parce que Rouillé y étoit maître absolu sous le duc de Noailles, que la matière de ce conseil étoit sale de sa nature, odieuse presque en tout, dont les règles du déréglement, les formes, le jargon étoient fort dégoûtants. J'ajoutai qu'il n'y seroit de rien, par conséquent méprisé, ou que s'il vouloit se mêler de quelque chose, il se soulèveroit toute cette robe qui se croiroit dérobée par un intrus, et qui vivroit avec lui en conséquence, et donneroit une jalousie au duc de Noailles et un dépit de se voir éclairé, dont sûrement il le feroit rudement repentir dès qu'il le pourroit, parmi son sucre, son miel et ses caresses. J'ajoutai que de l'humeur dont le parlement se montroit sur tout, de la misère publique, du délabrement des finances, de la facilité du régent et [de] sa timidité trop reconnue, il en pourroit résulter des embarras fâcheux à qui se seroit mêlé des finances, et à lui plus qu'à pas un par la rage du parlement à notre égard; enfin que le temps des opérations de la chambre de justice, qu'il verroit suivies d'une grande déprédation des taxes par la facilité du régent, étoit encore grande raison de le déprendre du goût de cette place. Je ne me contentai pas de lui faire faire ces réflexions pour une fois. Je les réitérai plusieurs sans y gagner quoi que ce soit. L'affaire étoit presque faite, quand il m'en parla; à ce que je vis après, il s'étoit apparemment douté que je ne l'approuverois pas : aussi n'y voulus-je prendre aucune part, et elle s'acheva comme elle avoit été conduite. Quand M. le duc d'Orléans me l'apprit, à qui je n'en avois pas ouvert la bouche, je ne pus m'empêcher de montrer en gros mon sentiment. Quoiqu'il me parût en être bien aise, il finit par trouver que j'avois raison; mais à chose faite je me contentai de l'écorce, et ne voulus pas descendre au détail comme j'avois fait avec le duc de La Force. Il se trouva très-malheureusement dans la suite que je n'avois que trop bien rencontré.

Broglio, gendre du chancelier Voysin, qui du temps de sa toute-puissance dans les derniers temps du feu roi lui avoit fait donner un gouvernement et une inspection d'infanterie, étoit fils et frère aîné des maréchaux de Broglio, dont il fut toute sa vie le fléau. C'étoit un homme de lecture, de beaucoup d'esprit, très-méchant, très-avare, très-noir, d'aucune sorte de mesure, pleinement et publiquement déshonoré sur le courage et sur toute sorte de chapitres; avec cela effronté, hardi, audacieux, et plein d'artifices, d'intrigues et de manéges, jusque-là que son beau-père le craignoit, lui qui se faisoit redouter de tout le monde. Il se piquoit avec cela de la plus haute impiété et de la plus raffinée débauche, pourvu qu'il ne lui en coûtât rien, quoique fort riche. Je n'ai guère vu face d'homme mieux présenter celle d'un réprouvé que la sienne; cela frappoit. Un gendre de Voysin ne devoit pas être un titre pour entrer dans la familiarité de M. le duc d'Orléans, qui peut-être de tout le règne du feu roi ne lui avoit jamais parlé. Je ne sais qui le lui produisit, car sa petite cour obscure, qu'il appeloit ses roués et que le monde ne connoissoit point sous d'autre nom, me fut toujours parfaitement étrangère. Mais Broglio s'y initia si bien qu'il fut de tous les soupers, et que de là il se mit à parler troupes en d'autres temps au régent, sous prétexte de la connoissance que leur usage et son inspection lui en avoit donnée. Il s'ouvrit ainsi quelquefois le cabinet où on lui voyoit porter un portefeuille. De ce travail, qui dura quelque temps deux et trois fois la semaine, sortit une augmentation de paye de six deniers par soldat, avec un profit dessus pour chaque capitaine d'infanterie, qui coûtèrent au roi pour toujours sept cent mille livres par an. Il capta pour cela quelques gens du conseil de guerre qui n'osèrent s'y opposer, dans la certitude que Broglio n'eût rien oublié pour s'en faire un mérite dans les troupes à leurs dépens, mais dont presque tout ce conseil et le public entier cria beaucoup, dans un temps de paix et de désordre des finances qui ne pouvoient suffire aux plus pressants besoins.

Broglio comptoit bien se continuer du travail, et devenir par là un personnage, et il avoit persuadé le régent que les troupes l'alloient porter sur les pavois. Tous deux se trompèrent lourdement : M. le duc d'Orléans, par une augmentation fort pesante aux finances, qui ne se pouvoit plus rétracter, qui ne tint lieu de rien, et dont le [gros] des troupes ne s'aperçut seulement pas; Broglio en ce qu'il ne mit plus le pied dans le cabinet pour aucun travail, et qu'il demeura dans l'opprobre qu'il méritoit à tant de titres. Il fut enfin noyé tout à fait sous le ministère du cardinal Fleury, contre qui, en faisant sa tournée, il s'échappa en propos les plus licencieux. Le cardinal, qui en fut informé aussitôt, lui envoya ordre de revenir sur-le-champ, et, en punition de son insolence, lui ôta sa direction sans récompense, car il étoit devenu directeur de l'infanterie dont les appointements sont de vingt mille livres. Il demeura donc chez lui fort obscur à Paris, et fort délaissé. Quelque temps après il maria son fils à la fille de Bezwald[1], colonel du régiment des gardes suisses, et longtemps employé avec capacité en Pologne et dans le Nord, et voulut la clause expresse que son fils ne serviroit point, et que lui ni sa femme ne verroient jamais le roi, la reine ni la cour. Je pense que voilà le premier exemple d'une si audacieuse folie. Elle a été pleinement accomplie, et son fils a toujours vécu inconnu, et dans la dernière obscurité.

Le duc de Valentinois fut enfin reçu le 14 décembre au parlement. Les princes du sang ni bâtards ne s'y trouvèrent point; M. le duc d'Orléans le leur avoit fait promettre pour éviter tout inconvénient entre eux. Il donna à d'Antin la survivance de sa charge des bâtiments pour son second fils, que depuis son mariage on appeloit le marquis de Bellegarde.

M. d'Estaing maria son fils à la fille unique de Mme de Fontaine-Martel, qui étoit une riche et noble héritière, ce qui fut un mariage très-assorti. M. le duc d'Orléans, qui, pour les raisons si honnêtes qu'on a vues ailleurs, aimoit Mme de Fontaine-Martel et tout ce qui portoit le nom de M. d'Arcy, son beau-frère, et qui affectionnoit particulièrement M. d'Estaing, qui avoit fort servi sous lui, et qui étoit

---

1. On écrivait ordinairement ce nom *Bezenval* ou *Besenval* et on prononçait *Besval*. Le baron de Besenval, fils de celui dont il est ici question, a laissé de curieux Mémoires. Voy. la notice de M. Sainte-Beuve sur ce personnage.

un très-galant homme, leur donna sous la cheminée la survivance du gouvernement de Douai, qui est très-gros et qu'avoit M. d'Estaing.

Biron, aujourd'hui si comblé d'honneurs et de richesses, et son fils aussi de son côté, étoit fort pauvre alors, et chargé d'une grande famille. Je l'avois fait entrer, comme on l'a vu, dans le conseil de guerre. La nécessité pousse quelquefois à d'étranges choses : il s'étoit enrôlé parmi les roués, et soupoit presque tous les soirs chez M. le duc d'Orléans avec eux, où pour plaire il en disoit des meilleures. Par ce moyen, il obtint une des plus étranges grâces que M. le duc d'Orléans pût accorder et du plus pernicieux exemple. On a vu en son lieu la désertion de Bonneval aux ennemis de la tête de son régiment en Italie, et l'infâme cause de cette désertion. Il étoit homme de qualité, de beaucoup d'esprit, avec du débit éloquent, de la grâce, de la capacité à la guerre, fort débauché, fort mécréant, et le pillage n'est pas chose qui effarouche les Allemands. Avec ces talents il étoit devenu favori du prince Eugène, logé chez lui à Vienne, défrayé, et en faisant les honneurs, et lieutenant général dans les troupes de l'empereur. Soit esprit de retour, soit désir de se nettoyer d'une fâcheuse tare, soit dessein d'espionnage et de se donner moyen de se faire valoir chez l'empereur, il désira des lettres d'abolition, et d'oser revenir se remontrer dans sa patrie. Biron en profita pour lui faire épouser une de ses filles pour rien, lui pour son dessein du crédit de Biron. L'abolition fut promise, le mariage conclu, et Bonneval avec un congé pour trois mois de l'empereur vint consommer ces deux affaires. Le régent néanmoins voulut faire approuver l'abolition au conseil de régence. Je n'en pus avoir la complaisance. J'opinai contre, et appuyai longtemps sur les raisons de n'en jamais accorder pour pareil crime. Je ne fus pas le seul, mais peu s'y opposèrent, et en peu de mots. Ainsi Bonneval vit le roi, le régent et tout le monde. Biron me l'amena chez moi. Je n'ai point vu d'homme moins embarrassé. M. de Lauzun fit la noce chez lui. Dix ou douze jours après, Bonneval s'en retourna à Vienne, et n'a pas vu sa femme depuis, qui demeura toujours chez son père. La catastrophe unique de Bonneval n'est ignorée de personne. Il y aura peut-être occasion dans la suite d'en parler.

Le maréchal de Villeroy, à l'ombre de Mme de Ventadour sa bonne amie, de l'enfance du roi, et du peu d'assiduité et de soin que ce petit âge demandoit des grands officiers de son service, s'étoit peu à peu insinué à faire toutes leurs fonctions. Il étoit d'âge à se souvenir de ce qui s'étoit passé en pareil cas entre son père, gouverneur du feu roi, et les grands officiers de son service. Il prétendoit le leur ôter, et le faire tant que le roi auroit un gouverneur, quoique condamné par l'exemple de son père; mais c'étoit le temps des prétentions et des entreprises de toutes les espèces, et celui des *mezzo-termine* si chéris de la foiblesse ou de la politique de M. le duc d'Orléans, qui ôtoient toujours quelque chose à qui avoit droit et raison pour le donner à qui ne l'avoit pas, et perpétuoient les divisions et les querelles. Les grand chambellan et premiers gentilshommes de la chambre, grand maître et les deux maîtres de la garde-robe présentèrent donc là-dessus un mémoire à M. le duc d'Orléans, qui se trouva bien empêché d'avoir affaire des deux côtés à si forte partie, dont la plus nombreuse, bien sûre de son droit, ne voulut tâter d'aucun tempérament, et qui étoient pour abandonner leurs fonctions avec un grand éclat, mais garder soigneusement leurs charges. Le maréchal n'eut à leur opposer que ses grands airs, son importance, son entreprise, dont un homme comme lui ne pouvoit pas avoir le démenti. A la fin pourtant il l'eut, et tout du long, et sans réserve; et les grands officiers maintenus dans toutes leurs fonctions, même jusqu'à lui ôter leur service s'ils arrivoient après qu'il l'auroit commencé. Il fut outré, mais il fallut obéir à raison, droit et jugement, et n'en parler pas davantage.

L'année finit dans une grande aigreur et fort marquée entre les princes du sang et légitimés. Les deux mémoires que Davisard, avocat général du parlement de Toulouse, avoit faits pour les derniers étoient peu mesurés. Il se crut au temps du feu roi. Il travailla à la manière dont le P. Daniel avoit fabriqué son *Histoire de France*, dont on a parlé en son lieu. Il en parut deux mémoires coup sur coup. L'égalité étoit peu ménagée. C'étoit réponse au premier mémoire des princes du sang, qui, en attendant leur réplique, à laquelle on travailloit, se contraignirent peu en discours. M. le duc d'Orléans y fut mêlé de part et d'autre, pour s'autoriser de lui, parce qu'il avoit vu les mémoires avant le public, et il en fut fort embarrassé. Ce prince étoit peut-être le seul homme de tous les pays, et de tous les âges, qui, en sa place, le pût être de pareille affaire. Il avoit largement éprouvé qu'il n'avoit pas un plus cruel ennemi que le duc du Maine, qui, pour usurper l'autorité que lui donnoit la nature, n'avoit rien oublié pour le perdre, et pour le déshonorer par ce qu'il y a de plus horrible, de plus touchant, de plus odieux; qui lui avoit disputé cette autorité en pleine séance au parlement; et qui, tout particulier qu'il étoit redevenu, établi comme il se le trouvoit, dressoit manifestement autel contre autel contre lui. L'apothéose à laquelle il s'étoit élevé avoit révolté le ciel et la terre; ses artifices et les menées de Mme sa femme n'en avoient pu encore adoucir l'horreur.

Ce procès du bâtard contre le légitime, cette parité d'état et d'issue d'un double adultère public, ou d'une épouse reine, cette identité si entière entre des enfants sortis du sacrement et du crime, révoltoit encore la nature, et n'intéressoit pas moins le fils et la postérité de M. le duc d'Orléans que la branche de Bourbon. Ainsi justice, vérité, raison, religion, nature, intérêt de naissance, intérêt de pouvoir, intérêt d'honneur, intérêt de sûreté (déshonorerai-je tant de saintes raisons par un motif bien moins pur, mais si cher et si vif dans tous les hommes?) intérêt si puissant de vengeance, tout concouroit dans M. le duc d'Orléans d'être ravi de se voir enfin en état de briser un colosse sous lequel il avoit été si près d'être écrasé, et de pouvoir le mettre si facilement et si sûrement en miettes, avec la bénédiction de Dieu et l'acclamation de tous les ordres du royaume et de tout le monde en particulier, excepté une poignée d'affranchis ou de valets. Qui en sa place n'eût pas acheté bien cher le bonheur d'une telle position? Elle ne fit pas la plus légère sensation sur M. le duc d'Orléans; et pour comble de la plus incroyable apathie, un détachement de soi-même si prodigieux, et dont l'occasion auroit fait trembler les plus grands saints sur eux-mêmes, ne lui fut d'aucun mérite, ni pour ce monde, envers lequel il s'aveugla et se méprit si lourdement, ni pour l'autre vers lequel il ne fit pas la plus légère réflexion. Hélas! la main de Dieu étoit sur lui et sur le royaume; et il étoit dans cette affaire la proie et le jouet d'Effiat, et des autres gens de cette espèce que le duc du Maine avoit auprès de lui, dont il ne se défioit pas, tandis qu'il y étoit en garde contre ses plus éprouvés serviteurs.

Comme sur le parlement, j'avois pris le parti de ne lui jamais ouvrir la bouche sur les bâtards. L'intérêt de rang, et ce qui s'étoit passé entre M. du Maine et moi à la fin de l'affaire du bonnet sous le feu roi, me rendoit suspect, et après tout ce que nous nous étions dit dans d'autres temps l'un à l'autre, sur tout ce qui regardoit les bâtards, et en particulier M. du Maine à son égard, il étoit honteux et empêtré avec moi, et je n'avois plus rien à lui dire. Les princes du sang avoient été fort aises de notre requête contre les bâtards qui n'avoient osé s'en fâcher, mais qui l'étoient beaucoup. Je n'avois pas pris la peine d'en rien dire au duc du Maine après qu'elle fut présentée, quoique revenus ensemble comme on l'a vu sur un pied d'honnêteté. Pour le comte de Toulouse, auprès de qui j'étois toujours nécessairement au conseil, au premier qui se tint depuis la requête présentée je lui en fis civilité, et je le priai de se souvenir que ce n'étoit, même fort tard, que ce que j'avois toujours dit que nous ferions, à Mme la duchesse d'Orléans et à M. [le duc] et Mme la duchesse du Maine, du vivant du roi et depuis sa mort. Cela fut honnêtement reçu, et les manières entre lui et moi n'en furent pas depuis le moins du monde altérées; M. du Maine non plus; mais je profitois et devant et après la requête de ce que je n'étois jamais de son côté pour ne m'en point approcher. Lui quelquefois venoit avant qu'on se mît en place m'attaquer de politesse, et même encore depuis la requête, mais sans nous en parler. Chez eux je n'y allois jamais. Je le trouvois assez rarement chez Mme la duchesse d'Orléans, et la conversation nous alloit familièrement sans parler de rien de conséquence. J'y trouvois fort souvent M. le comte de Toulouse. Avec lui nous parlions de tout, excepté de nos affaires avec eux, et des leurs avec les princes du sang, mais jamais qu'entre Mme la duchesse d'Orléans, moi en tiers, rarement mais quelquefois la duchesse Sforze, qui ne nous fermoit pas la bouche. C'étoit de bonne heure les après-dînées où Mme la duchesse d'Orléans n'étoit visible qu'à nous. Il faut maintenant parler de ce qui se passa dans les derniers mois de cette année sur les affaires étrangères.

CHAPITRE VI.

Albéroni continue ses manéges de menaces et de promesses au pape pour hâter son chapeau; y fait une offre monstrueuse. — Sa conduite avec Aubenton. — Souplesse du jésuite. — Réflexion sur les entreprises de Rome. — Albéroni se soumet Aubenton avec éclat, qui baise le fouet dont il le frappe, et fait valoir à Rome son pouvoir et ses menaces. — Gesvres, archevêque de Bourges, trompé par le pape, qui est moqué et de plus en plus menacé et pressé par

Albéroni, qui fait écrire vivement par la reine d'Espagne jusqu'à se prostituer. — Triste situation de l'Espagne. — Abattement et politique du P. Daubenton, qui sacrifie à Albéroni une lettre du régent au roi d'Espagne. — Audacieux et pernicieux usage qu'en fait Albéroni. — Il fait au régent une insolence énorme. — Réflexion. — Albéroni, dans l'incertitude et l'embarras des alliances du régent, consulte Cellamare. — Efforts des Impériaux contre le traité désiré par le régent. — Conduite des Hollandois avec l'Espagne. — Conférence importante avec Beretti. — Caractère de cet ambassadeur d'Espagne. — Sentiment de Cadogan, ambassadeur d'Angleterre à la Haye, sur l'empereur. — Étrange réponse d'un roi d'Espagne au régent dictée par Albéroni, qui triomphe par des mensonges. — Albéroni profite de la peur des Turcs et de l'embarras du pape sur sa Constitution *Unigenitus*, pour presser sa promotion par menaces et par promesses. — Offres du pape sur le clergé des Indes et d'Espagne. — Monstrueux abus de la franchise des ecclésiastiques en Espagne. — Réflexion. — Le pape ébranlé sur la promotion d'Albéroni par les cris des Espagnols, raffermi par Aubenton. — Confiance du pape en ce jésuite. — Basse politique de Cellamare et de ses frères à Rome. — Cardinal de La Trémoille dupé sur la promotion d'Albéroni, pour laquelle la reine d'Espagne écrit de nouveau.—Sentiment d'Albéroni sur les alliances traitées par le régent. — Il consulte Cellamare. — Réponse de cet ambassadeur. — Manéges des Impériaux contre les alliances que traitoit le régent. — Altercations entre eux et les Hollandois sur leur traité de la Barrière, qui ouvrent les yeux à ces derniers et avancent la conclusion des alliances. — Beretti abusé. — L'Espagne veut traiter avec les Hollandois. — Froideur du Pensionnaire, qui élude.

Albéroni n'avoit proprement qu'une unique affaire, c'étoit celle de son chapeau, à laquelle toutes celles d'Espagne, dont il étoit entièrement le maître, étoient subordonnées, et ne se traitoient que suivant la convenance de l'unique. Ainsi, répondant aux avis qu'on a vu qu'Aldovrandi lui avoit donnés en lui mandant l'engagement que le pape avoit enfin pris de lui donner un chapeau, il lui manda que, sans l'accomplissement de cette condition, la reine d'Espagne ne consentiroit jamais à aucune de toutes les choses que le pape pourroit désirer, comme aussi, en recevant la grâce désirée, il promettoit en récompense que le pape ne seroit ni pressé ni inquiété de la part de l'Espagne sur la promotion des couronnes, la sienne à lui étant faite. Il alla plus loin, et ce plus loin fait frémir dans la réflexion de ce que peut un ecclésiastique premier ministre, et jusqu'à quel excès monstrueux la passion d'un chapeau le transporte : il offrit à ce prix une renonciation perpétuelle du roi d'Espagne au droit de nomination de couronne. En même temps il affectoit d'aimer et de louer Aubenton, parce qu'il le savoit bien avant dans l'estime et dans l'affection du pape. Ces sentiments toutefois dépendoient du besoin qu'il pouvoit avoir du confesseur, et de sa soumission entière pour lui, nonobstant le crédit et la confiance que sa place lui donnoit auprès du roi d'Espagne. Le jésuite en fit bientôt l'expérience. Il reçut une lettre du cardinal Paulucci, qui le pressoit de faire en sorte qu'en attendant l'accommodement des deux cours, le roi d'Espagne eût la complaisance de laisser jouir le pape de la dépouille des évêques qui viendroient à mourir. C'étoit un des points de contestation entre les deux cours, et contre lequel le conseil d'Espagne se seroit fort élevé, surtout ainsi par provision. A ce trait, pour le dire en passant, on reconnoît bien le chancre rongeur de Rome sur les États qui s'en laissent subjuguer. Le tribunal de la nonciature d'une part ôte aux évêques tout le contentieux, et toute leur autorité sur leur clergé, et sur les dispenses des laïques ; et d'autre part celui de l'inquisition leur enlève tout ce qui regarde la doctrine et les mœurs, et les soumet eux-mêmes à sa juridiction, en sorte qu'il ne leur reste que les fonctions manuelles ; et quant à l'argent, quel droit a le pape sur la dépouille des évêques morts, et de frustrer leurs héritiers et leurs créanciers ! Ce texte engageroit à un long discours, qui n'est pas de notre narration, mais qu'on ne peut s'empêcher de faire remarquer à propos de la folle prostitution de la France à l'égard de Rome, depuis la plaie que la Constitution *Unigenitus*, et les noires cabales qui l'ont enfantée et soutenue, y a portée dans le sein de l'Église et de l'État.

Aubenton, qui voyoit sans cesse le roi d'Espagne en particulier, lequel souvent lui parloit d'affaires, s'avisa de lui montrer cette lettre de Paulucci sans en avoir fait part à Albéroni. Celui-ci ne fut pas longtemps à le savoir. Bien moins touché pour l'intérêt du roi d'Espagne de cette sauvage proposition, que piqué de ce qu'Aubenton avoit osé en parler au roi d'Espagne à son insu, il fit donner au confesseur une défense sévère et précise de se plus mêler d'aucune affaire de Rome, et fit savoir à Rome, par le duc de Parme, que la reine avoit été très-piquée de voir que le pape se rétractoit sur plusieurs conditions concertées à Madrid avec Aldovrandi, et que, si les différends ne s'accommodoient promptement, le nonce ne seroit point reçu à la cour d'Espagne, laquelle n'enverroit au pape aucune sorte de secours contre les Turcs. Aubenton, sentant à qui il avoit affaire, enraya tout court. Il manda même à Rome que sans Albéroni il ne pouvoit rien, et que le moyen sûr de le perdre, et en même temps les affaires, étoit d'en tenter par lui sans le premier ministre. Aussi lui fut-ce une leçon, dont il sut profiter, pour ne hasarder plus de parler au roi de quoi que ce fût que de concert avec un premier ministre si jaloux et si maître. Tous deux avoient intérêt de protéger Aldovrandi à Rome pour profiter de son crédit. Ils le firent très-fortement au nom du roi et de la reine par Aquaviva. Le pape lui réitéra sa promesse pour dès qu'il pourroit disposer de trois chapeaux.

Acquaviva savoit que l'un des trois étoit destiné à l'archevêque de Bourges, et que le pape l'en avoit fait assurer, qui ne le fut pourtant qu'en 1719, avec les couronnes, et un an après Albéroni. Avec ces bonnes nouvelles, Acquaviva exhortoit Albéroni à presser l'envoi du secours promis pour avancer son chapeau sitôt que les trois vacances le pourroient permettre. Ce ne fut pas l'avis d'Albéroni, piqué de la remise de sa promotion à l'attente de la vacance de trois chapeaux. L'escadre espagnole étoit à Messine, le pape demandoit instamment qu'elle hivernât dans quelque port de la côte de Gênes, pour l'avoir plus tôt au printemps ; tout à coup elle fit voile pour Cadix. En même temps Albéroni accabla le pape de protestations de n'avoir jamais d'autres volontés que les siennes, et d'assurances que les vaisseaux pour hiverner à Cadix n'en seroient pas moins promptement au printemps dans les mers d'Italie; en même temps il dépeignoit la reine d'Espagne comme n'étant pas si docile, avec toutes les couleurs les plus propres pour faire tout espérer de son attachement naturel au saint-siége, de son affection pour la personne du pape, de la bonté de son cœur très-reconnoissant, et tout craindre de son pouvoir absolu en Espagne, si elle se voyoit amusée et moquée, sur quoi il n'y avoit point de retour à espérer. Ce portrait étoit vif quoique long; il étoit fait pour être vu du pape, et il n'y avoit rien d'oublié sur l'entière possession où Albéroni étoit de la confiance de la reine. Il obtint une lettre de sa main au cardinal Acquaviva, par laquelle elle lui ordonnoit de presser le pape de sa part de le promouvoir incessamment. Cette lettre faisoit valoir ses mérites envers le saint-siége, et assuroit que les résolutions importantes qui restoient encore à prendre pour la perfection de l'ouvrage commencé dépendoient de cette promotion. La reine s'abaissoit à dire qu'indépendamment de ce qu'elle étoit, et de l'intérêt qu'avoit le pape de lui accorder ce qu'elle lui demandoit avec tant d'instance, elle croyoit pouvoir se flatter qu'en considération d'une dame il sortiroit des règles générales. Enfin elle promettoit au pape et à sa maison une reconnoissance éternelle, et que le roi d'Espagne, content de la promotion d'Albéroni, garderoit le silence sur celle des couronnes. En envoyant cette lettre qui devoit être montrée au pape, le premier ministre, honteux de son impatience, faisoit entendre de grandes idées qu'il étoit chargé d'exécuter, dont la reine, prévoyant les suites, ne vouloit pas l'y exposer sans armes dans un pays où l'agitation étoit grande;

mais ces idées, il se gardoit bien d'en laisser rien entendre, sous prétexte que la matière étoit trop grave pour le papier.

Tout étoit dans le dernier désordre en Espagne, tout le monde crioit; personne ne pouvoit remédier à rien. Au fond tout trembloit devant un homme dont on jugeoit aisément que l'arrogance et la conduite feroient enfin sa perte, mais qui en attendant étoit maître absolu des affaires, des grâces, des châtiments, et de toute espèce, et qui n'épargnoit qui que ce fût. Toutes les avenues d'approcher du roi étoient absolument fermées. Aubenton seul étoit excepté; mais il sentoit si bien que sa place étoit en la main d'Albéroni qu'il n'écoutoit personne qui lui voulût parler d'affaires, qu'il renvoyoit tout à Albéroni; et comme il étoit de leur intérêt que personne ne pût aborder le roi qu'avec leur attache, le confesseur avoit promis au premier ministre de l'avertir de tout ce qu'il découvriroit. M. le duc d'Orléans, fort mécontent de la manière dont Louville avoit été chassé plutôt que renvoyé d'Espagne, sans avoir pu obtenir audience, ni même attendre d'être rappelé, en écrivit au roi d'Espagne; et comme il se plaignoit d'Albéroni, il ne voulut pas que sa lettre passât par lui, et la fit envoyer par le P. du Trévoux au P. Daubenton pour la remettre immédiatement au roi d'Espagne. Dès que le confesseur l'eut reçue il l'alla dire au premier ministre pour en avertir la reine. On peut juger de l'effet.

Albéroni s'emporta jusqu'aux derniers excès. Il cria à l'ingratitude parce qu'il avoit fait rendre une barque françoise prise à Fontarabie, et fait payer malgré le conseil de finance quelque partie des sommes dues aux troupes françoises qui avoient servi l'Espagne en la dernière guerre. Non content de ces clameurs, il écrivit une lettre à Monti remplie de plaintes amères sur celles que M. le duc d'Orléans avoit portées au roi d'Espagne par la voie du confesseur, avec ordre de la montrer à ce prince, et dans laquelle il eut l'audace de marquer que ce jésuite auroit été perdu sans la sage conduite qu'il avoit eue d'informer la reine de ce dont il étoit chargé. Les protestations d'attachement à Son Altesse Royale y étoient légères. Il le dépeignoit comme uniquement attentif aux événements qu'il envisageoit, et ce qu'Albéroni ne vouloit pas dire comme de soi parce qu'il étoit trop fort, il le prêtoit vrai ou faux aux ministres d'Angleterre et de Hollande qui étoient à Madrid, et qui disoient qu'en leur pays tout le monde étoit persuadé que M. le duc d'Orléans ne songeoit qu'à s'assurer de la couronne, et que, lorsque toutes les mesures seroient bien prises, la personne du roi ne l'embarrasseroit pas. Avant d'aller plus loin dans la lettre, qui n'admirera l'horreur de ce propos, et l'impudence sans mesure de ne l'écrire que pour le faire voir à M. le duc d'Orléans ? Remettons-nous en cet endroit les énormes discours semés, et de temps en temps renouvelés, avec tant d'art et de noirceur sur la mort de nos princes, leur germe, leurs sources, leurs appuis, leurs usages, et l'étonnante situation d'Effiat entre M. le duc d'Orléans et le duc du Maine, et d'Effiat chargé par M. le duc d'Orléans d'entretenir, comme on l'a vu, un commerce de lettres avec Albéroni qu'il connoissoit fort du temps qu'il étoit au duc de Vendôme, auquel Effiat étoit sourdement lié par le duc du Maine. Ajoutons que ce n'est pas de ce canal naturel dont Albéroni se sert pour faire montrer sa monstrueuse lettre à M. le duc d'Orléans, mais d'un étranger isolé qui ne tenoit à personne. Je m'en tiens à ces courtes remarques, et je continue le récit de cette lettre. Il la concluoit par déplorer le malheur de M. le duc d'Orléans, et gémir sur l'opinion qu'il prétendoit que le public avoit prise de lui. Que dire d'une pareille insulte d'un abbé Albéroni au régent de France, entée sur une autre, et du premier ordre, faite au roi de France et au régent, l'une et l'autre uniquement produites par l'intérêt particulier et la jalousie d'autorité du petit Albéroni?

Au milieu de cette incroyable audace, il se trouvoit éga-

lement embarrassé des alliances que formoit la France et
des moyens de les traverser. Tantôt il pensoit que l'Espagne
devoit se contenter d'observer ce qui se passeroit, tantôt il
blâmoit cette tranquillité, et vouloit, disoit-il, contre-miner
les batteries du régent. Quelquefois il le condamnoit de foiblesse de mendier de nouveaux traités et de nouvelles alliances avec les puissances étrangères; et dans ces incerti-
tudes il demandoit conseil au prince de Cellamare, auquel
il promettoit le plus profond secret, comme ne doutant pas
qu'étant dès avant la mort du feu roi ambassadeur d'Espagne à Paris, il ne fût bien instruit des dispositions du
royaume, sur lesquelles il fonderoit ses avis.

L'empereur étoit fort fâché de ces nouvelles liaisons que
la France étoit sur le point de former. Ses ministres dans
les Pays-Bas ne le dissimuloient point. Le même Prié, qu'on
a vu en son lieu si audacieux à Rome vis-à-vis du pape et
du maréchal de Tessé, alloit commander aux Pays-Bas au-
trichiens, dont le prince Eugène avoit le titre de gouverneur général; passant à la Haye pour se rendre à Bruxelles,
il fit tous ses efforts pour empêcher la conclusion du traité.
Les Hollandois en même temps n'oublioient rien pour flatter
le roi d'Espagne par Riperda, leur ambassadeur à Madrid,
et par leurs protestations à Beretti, ambassadeur d'Espagne
arrivé à la Haye vers le milieu d'octobre, de ne conclure
rien au préjudice du roi son maître avec Prié, qui étoit
alors à la Haye. Beretti leur dit qu'il ne doutoit pas que
Prié ne leur proposât de garantir à l'empereur non-seulement les États dont il étoit en possession, mais aussi ses
prétentions sur ceux qu'il n'avoit pas, et leur représenta
combien cette garantie offenseroit le roi d'Espagne; à quoi
ils répondirent que l'Angleterre, à qui ce prince accordoit
de si grands avantages, étoit entrée en cet engagement sans
que le roi d'Espagne eût témoigné en être blessé, et qu'ils
ne voyoient pas qu'il eût plus de sujet de se plaindre d'eux
s'ils suivoient l'exemple de l'Angleterre. Beretti leur distin-

gua la différence de position, en ce que l'empereur ne pouvoit, sans troupes et sans vaisseaux pour les transporter, forcer l'Angleterre à lui tenir une garantie que vraisemblablement elle ne promettoit que pour l'honneur du traité; au lieu que les Provinces-Unies, entourées de troupes impériales, seroient bien forcées de recevoir la loi lorsqu'elles se trouveroient obligées par leurs garanties à fournir leurs secours. Ce ministre ajouta que, si la Hollande ne faisoit que suivre l'exemple de l'Angleterre, l'Espagne n'avoit pas besoin de tenir un ambassadeur près d'eux, que celui qui résidoit à Londres devoit suffire.

Beretti étoit homme d'esprit, mais grand parleur, plein de bonne opinion de lui-même, attentif à se faire valoir des moindres choses, à faire croire en Espagne que personne ne réussissoit plus heureusement que lui en affaires, qu'on traitoit plus volontiers avec lui qu'avec nul autre par la réputation de sa probité, surtout d'en persuader Albéroni, auquel il mandoit que le Pensionnaire n'avoit ni estime ni confiance pour Riperda, ce qui étoit vrai, mais dans la crainte que le premier ministre ne voulût traiter avec cet ambassadeur à Madrid, et par conséquent lui enlever la négociation. Il mandoit que Cadogan, ministre d'Angleterre à la Haye, blâmoit les desseins chimériques de l'empereur, les tenoit contraires aux intérêts de cette couronne, dont les conseils, s'ils étoient écoutés à Vienne, y porteroient à faire une prompte paix avec le roi d'Espagne. Le mécontentement et l'agitation de l'Angleterre persuadoit à Cadogan qu'on y manquoit moins de volonté que de chef et de moyens pour faire une révolution; que la paix assurée avec la France éteignoit toutes ces espérances et tout péril de rébellion, ce qui pouvoit changer par les démarches que l'empereur, une fois délivré de la guerre du Turc, pourroit faire à l'égard de ses prétentions et porter de nouveau la guerre dans les États du roi d'Espagne. Il paroissoit aussi que, à mesure que le traité avançoit avec la France, le ministère anglois changeoit de sentiments et de maximes sur les affaires générales de l'Europe.

Cellamare remit dans ce temps-ci au régent la réponse du roi d'Espagne à sa lettre, qu'il avoit voulu faire passer par Aubenton, dont on vient de parler il n'y a pas longtemps. Albéroni, qui l'avoit dictée, faisoit dire au roi d'Espagne que tout ce qui avoit été exécuté à l'égard de Louville s'étoit fait par ses ordres; et que, pour ce qui étoit d'entretenir un commerce secret de lettres avec lui par la voie de son confesseur, il désiroit que les lettres qu'il voudroit désormais lui écrire fussent remises à son ambassadeur à Paris. Cette réponse fut un nouveau triomphe pour Albéroni. Il avoit de plus profité de la lettre de M. le duc d'Orléans pour vanter sa probité incorruptible que la France n'avoit pu corrompre; qu'elle lui avoit fait proposer de demander le payement de la pension de six mille livres, que le feu roi lui avoit autrefois donnée; c'est-à-dire que M. de Vendôme lui avoit obtenue, dont on murmura bien alors, et les arrérages qui en étoient dus, payement qu'il étoit bien sûr d'obtenir; que n'ayant pas voulu y entendre, on lui avoit vilainement jeté l'un et l'autre à la tête; qu'après cette tentative on avoit envoyé Louville à Madrid, avec ordre exprès (quel hardi mensonge!) de ne rien faire que par sa direction, et avec une lettre du régent pour lui; que sous ces fleurs étoit caché le dessein de remettre auprès du roi d'Espagne un homme insolent, capable de reprendre l'ancien ascendant qu'il avoit eu sur l'esprit du roi d'Espagne, et de le tenir en tutelle, après avoir détruit celui, qui étoit lui-même, que la cour de France regardoit comme le plus grand correctif des cabales. Il se plaignoit après de M. le duc d'Orléans, et plus encore du duc de Noailles à qui il attribuoit tout ce projet, et qu'il disoit avoir suffisamment connu dans des conjonctures critiques; mais ce ne pouvoit être que du temps qu'il étoit bas valet de M. de Vendôme. Enfin, il prétendoit que les François étoient au désespoir de voir que le roi d'Espagne vouloit être le maître de sa maison, c'étoit à dire franchement Albéroni.

La licence avec laquelle les Anglois et les Hollandois coupoient des bois de Campêche dans les forêts du roi d'Espagne aux Indes, et l'apportoient en Europe, lui donna des sujets d'en faire des plaintes, et fit découvrir beaucoup de grandes malversations des Espagnols mêmes, qui donnèrent lieu au premier ministre d'ouvrir toutes les lettres du nouveau monde pour en être mieux instruit. Il prétendit qu'il y en avoit quantité qui touchoient à la religion. Il ne manqua pas d'en faire sa cour au pape, et de se parer de son zèle à y remédier. En même temps il fit agir ses agents ordinaires près de lui, Aubenton par écrit, Acquaviva et Aldovrandi de vive voix, avec le même manége de promesses et de menaces qui ont déjà été vues, et alors d'autant plus de saison que le pape étoit averti que les Turcs, quoique maltraités en Hongrie, travailloient puissamment à un grand armement pour les mers d'Italie, dont il avoit conçu une grande frayeur de laquelle Albéroni espéroit tout pour avancer sa promotion. Le premier ministre se servit aussi du témoignage d'Aubenton pour assurer le pape de l'attachement du roi d'Espagne à la saine doctrine, et de sa soumission parfaite à son autorité. Ce mérite retomboit en plein sur Albéroni, et faisoit d'autant plus d'impression qu'il ajoutoit foi entière à ce jésuite, surtout encore sur cette matière, et qu'il croyoit, à cette occasion, avoir besoin d'appui contre la France. Tout cela fit que le pape ne voulut écouter rien contre Albéroni, ni contre Aubenton, même éloigna les accusations qui lui venoient en foule contre eux, persuadé qu'il ne falloit pas mécontenter des gens dont il avoit besoin dans la conjoncture où il se trouvoit alors.

Acquaviva en profitoit pour presser le pape, tant sur la promotion d'Albéroni, que pour accorder au roi d'Espagne les moyens de hâter le secours qu'il lui destinoit. Le pape se rendit plus traitable sur ce dernier article. Il résolut d'accorder un million d'écus sur le clergé des Indes, pour tenir lieu de l'imposition appelée *sussidio y escusado*[1], dont le roi d'Espagne vouloit le rétablissement à perpétuité, et ce million n'étoit payable qu'une fois; ainsi l'offre ne répondant pas à la demande, Acquaviva ne voulut pas s'en contenter, et le pape y ajouta un million cinq cent mille livres à lever sur le clergé d'Espagne. Il restoit une troisième affaire bien plus importante à régler : l'abus des franchises du clergé est porté en Espagne, et dans les pays subjugués par la tyrannie romaine et l'aveuglement grossier, [à un tel point] que tout ecclésiastique est exempt, jusque dans son patrimoine, de quelque sorte d'imposition que ce puisse être. Mais ce n'est pas tout, c'est qu'à un abus si énorme se joignoit, comme de droit, la plus parfaite friponnerie et le mensonge le plus avéré; tout le bien d'une famille se mettoit sur la tête d'un ecclésiastique qui lui donnoit sous main de bonnes sûretés; à ce moyen elle jouissoit de son bien à l'ombre ecclésiastique, et n'en payoit pas un sou d'aucune imposition. Ajoutez cela à la nécessité de recourir au pape pour obtenir des secours d'un clergé qui regorge des biens du siècle, et au pouvoir du tribunal de l'inquisition et de celui de la nonciature, qui anéantit totalement les évêques, et on verra, et encore en petit, jusqu'où va la domination romaine, quand on a la foiblesse et l'aveuglement de s'en laisser dompter.

On espéroit donc voir bientôt une fin à ce différend, mais on craignoit fort les traverses des Espagnols, surtout de l'arrivée à Rome du cardinal del Giudice, et ce Diaz, agent d'Espagne à Rome, qui crioit de toute sa force contre la promotion d'Albéroni. Les Espagnols ne pouvoient supporter de voir toutes les affaires de la monarchie entre les mains des Italiens, soit dans son centre, soit à Rome et ailleurs; et leurs cris, fondés sur l'indignité du personnage, l'honneur de la pourpre, le respect de l'Église, la réputation

---

1. Voy. t. XIII, p. 458, note.

du pape, portés jusqu'à lui par les ennemis d'Acquaviva et d'Aldovrandi, ne laissoient pas de l'ébranler beaucoup. Mais bientôt après les lettres d'Aubenton réparoient tout. Le pape si défiant ne se pouvoit défier de l'ambition ni de l'esclavage de ce jésuite, dans la pleine conviction où il lui avoit plu de s'établir du dévouement sans réserve d'Aubenton à sa personne et à son autorité; dont aucun autre attachement, ni sa place même, ne pouvoit affoiblir la plénitude, et c'étoit de ces témoignages dont Aldovrandi faisoit bouclier pour raffermir le pape sur cette promotion, et sur l'accommodement des différends avec l'Espagne. Ce prélat craignit de la part des neveux de Giudice qui étoient à Rome, et voulut agir auprès d'eux, mais il n'y trouva nul obstacle à vaincre. Cellamare leur aîné, sage et habile, mais bas courtisan, craignant pour sa fortune, leur avoit écrit de façon qu'il n'y eût rien à appréhender de leur part. Aldovrandi étoit en peine aussi que la France ne mît des obstacles, mais il fut rassuré par le cardinal de La Trémoille, qui lui promit de contribuer plutôt que de traverser, parce que le pape ne pouvoit refuser de donner un chapeau à la France, lorsqu'il en accorderoit un au premier ministre d'Espagne, ce que l'événement ne vérifia pas. Ainsi, tout s'aplanissant devant lui, le pape dans le besoin qu'il croyoit en avoir, lui faisoit faire souvent des compliments et des assurances d'une estime et d'une confiance qu'il n'avoit pas, et d'une reconnoissance de son zèle et de ses services aussi fictive. Aldovrandi demanda une nouvelle lettre de la main de la reine pour presser de nouveau cette promotion, et voulut qu'elle contînt des menaces contre quiconque la voudroit traverser. Albéroni soutenoit ces menées par ses promesses en maître absolu qu'il étoit, et par ses préparatifs. Il disposoit de l'argent venu par les galions, il abandonnoit le projet des travaux des ports de Cadix et du Ferrol, et il assuroit qu'il paroîtroit une flotte au mois de mars dans les mers d'Italie, telle qu'il ne s'en étoit point vu depuis Philippe II, si le pape prenoit le parti d'exécuter de sa part ce qu'il falloit pour cela, c'est-à-dire de lui envoyer la barrette.

Il ne s'expliquoit point sur la ligue qui se négocioit entre la France, l'Angleterre et la Hollande; il ne jugeoit pas que le roi d'Espagne fût encore en état de prendre aucun parti, et qu'il ne falloit laisser pénétrer rien de ce qu'il pouvoit penser. Il se contentoit de raisonner sur tout ce qui se passoit pour arriver à cette triple alliance, de conclure que l'Europe ne pouvoit subsister dans l'état où elle étoit, et de vouloir persuader que la situation du roi d'Espagne étoit meilleure que celle de toutes les autres puissances. Néanmoins il consulta Cellamare sur la conduite qu'il estimoit que le roi d'Espagne dût tenir dans la situation présente. Cet ambassadeur lui répondit que son sentiment étoit que le roi d'Espagne devoit vendre cher ce qu'il ne voudroit pas garder, supposé qu'il prît la résolution de l'abandonner (c'est-à-dire ses droits sur la couronne de France), ou de surmonter à quelque prix que ce fût les difficultés capables d'éloigner l'acquisition d'un bien qu'il désiroit. Il ajoutoit que, suivant le cours ordinaire du monde, beaucoup de gens désapprouvoient la ligue avec l'Angleterre dans le pays où il étoit, pendant que d'autres l'approuvoient. Le roi d'Angleterre eut beau assurer l'empereur qu'il n'y avoit aucun article dans ce traité qui fût préjudiciable aux intérêts de la maison d'Autriche, il ne put calmer ses soupçons. Ses ministres redoublèrent d'activité pour le traverser à mesure qu'ils le croyoient s'avancer, et le suspendirent quelque temps par les difficultés qu'ils eurent le crédit de faire former par quelques villes de Hollande, que les ambassadeurs de France, sincèrement secondés par celui d'Angleterre, eurent beaucoup de peine à surmonter.

La vivacité des Anglois en cette occasion déplut fort aux Impériaux. Ils étoient irrités contre les Hollandois par les différends sur le traité de la Barrière, où il survenoit toujours quelque nouvelle difficulté. Entre autres l'empereur se prétendoit dégagé du payement de un million cinq cent mille livres pour l'entretien des garnisons hollandoises dans les places des Pays-Bas, parce qu'il disoit que cette condition n'étoit établie que sur la supposition que le revenu de ces provinces étoit de deux millions d'écus, et qu'il n'alloit pas à huit cent mille par an. Ces altercations ne nuisirent point au traité, non plus que les manéges et les instances de Prié qui, partant de la Haye pour Bruxelles fort mécontent de son peu de succès, laissa échapper quelques menaces qui firent sentir aux Hollandois le besoin qu'ils avoient de se faire des amis et des protecteurs contre les entreprises et les chicanes de l'empereur, maître de les inquiéter par ces mêmes états qu'ils avoient eu tant de soin de lui procurer à la paix d'Utrecht.

Beretti mandoit en Espagne que la crainte de l'empereur, dont les Hollandois s'étoient environnés, les rendoit François. Il citoit le comte de Welderen et d'autres principaux des États généraux pour avoir dit qu'ils avoient été les dupes de l'empereur et des Anglois qui avoient augmenté : l'un ses États, les autres leur commerce, aux dépens de leur république. Il louoit le régent d'avoir si bien pris son temps pour le traité qu'il croyoit, avec bien d'autres, avoir coûté un million à la France, et qui dans la vérité n'avoit pas coûté un écu. Il maintenoit que ce traité n'empêcheroit pas la Hollande d'en faire un plus particulier avec l'Espagne parce que cela convenoit à leur intérêt ; qu'ainsi le traité ne coûteroit rien au roi d'Espagne parce qu'il étoit recherché des Hollandois, qui pour rien ne lui vouloient déplaire, au lieu qu'ils étoient recherchés par les François. Quoique trompé sur l'argent du traité, et sur ce que les Hollandois ne le concluroient point s'ils remarquoient que cette alliance fût trop suspecte à l'Espagne, il étoit dans le vrai sur l'opposition constante que la Hollande apportoit à l'union des deux monarchies sur la même tête, et il étoit persuadé que c'est ce qui l'avoit déterminée à traiter avec le régent. Il étoit peiné de n'être pas assez instruit des intentions de l'Espagne. Il craignoit que les ambassadeurs de France ne le fissent tomber dans quelque piége; et il croyoit remarquer que leur conduite avec lui étoit tendue à le tromper, du moins à l'empêcher de jeter quelque obstacle à la négociation qu'ils désiroient ardemment de conclure. Il les examinoit de près, et il remarqua qu'ils n'avoient point de portrait du roi chez eux, et qu'ils ne nommoient jamais son nom. Il se trouva bientôt fort loin de ses espérances et de celles qu'il avoit si positivement données.

Albéroni lui ordonna de déclarer au Pensionnaire que le roi d'Espagne étoit prêt à traiter avec la république, et de demander que les pouvoirs en fussent envoyés à Riperda, parce que c'étoit à Madrid que le roi d'Espagne vouloit traiter. Beretti se voyant enlever la négociation vit les personnages principaux de la république et leurs intentions avec d'autres yeux. Heinsius lui répondit, avec une froide joie des bonnes intentions du roi d'Espagne, que ses maîtres étant actuellement occupés à traiter avec la France, il falloit achever cet ouvrage, et laisser au temps à mûrir les affaires pour mettre plus sûrement la main à l'œuvre suivant que les conjonctures y seroient propres. Beretti lui voulut faire craindre les desseins de l'empereur. Le Pensionnaire ne disconvint pas que la conduite de Prié à la Haye n'eût ouvert les yeux, et changé dans plusieurs l'inclination autrichienne, mais il évita toujours d'approfondir la matière, d'où Beretti conclut qu'Heinsius vouloit faire le traité avec l'Espagne, non à Madrid, mais à la Haye.

CHAPITRE VII.

Le traité entre la France et l'Angleterre signé à la Haye, qui effarouche les ministres de la Suède. — Intrigue des ambassadeurs de Suède en Angleterre, en France et à la Haye, entre eux, pour une révolution en Angleterre en faveur du Prétendant. — Lettre importante d'Erskin au duc de Marr sur le projet inconnu du czar, mais par lui conçu. — Médecins britanniques souvent cadets des premières maisons. — Adresse de Spaar à pomper Canillac et à en profiter. — Gœrtz seul se refroidit. — Précaution du roi d'Angleterre peu instruit. — Il fait travailler à la réforme de ses troupes, et diffère de toucher aux intérêts des fonds publics. — Artifices du ministère d'Angleterre secondés par ceux de Stairs. — Fidélité de Gœrtz fort suspecte. — Le roi d'Angleterre refuse sa fille au prince de Piémont par ménagement pour l'empereur. — Scélératesse de Bentivoglio contre la France. — Nouveaux artifices pour presser la promotion d'Albéroni. — Acquaviva fait suspendre la promotion de Borromée au moment qu'elle s'alloit faire, et tire une nouvelle promesse pour Albéroni dès qu'il y auroit trois chapeaux vacants. — Défiances réciproques du pape et d'Albéroni, qui arrêtent tout pour quelque temps. — Le duc de Parme élude de faire passer à la reine d'Espagne les plaintes du régent sur Albéroni; consulte ce dernier sur ce qu'il pense du régent. — Sentiment du duc de Parme sur le choix à faire par le roi d'Espagne, en cas de malheur en France. — Insolentes récriminations d'Albéroni, qui est abhorré en Espagne, qui veut se fortifier par des troupes étrangères. — Crainte et nouvel éclat d'Albéroni contre Giudice. — Imprudence de ce cardinal. — Avidité du pape. — Impudence et hypocrites artifices d'Albéroni et ses menaces. — Réflexion sur le cardinalat. — Albéroni veut sacrifier Monteléon à Stanhope, et laisser Beretti dans les ténèbres et l'embarras; veut traiter avec la Hollande à Madrid; fait divers projets sur le commerce et sur les Indes; se met à travailler à la marine et aux ports de Cadix et du Ferrol. — Abus réformés dans les finances, dont Albéroni tire avantage pour hâter sa promotion, et redouble de manéges, de promesses, de menaces, d'impostures et de toutes sortes d'artifices pour y forcer le pape; [il est] bien secondé par Aubenton. — Son adresse. — La reine d'Espagne altière, et le fait sentir au duc et à la duchesse de Parme. — Peines de Beretti. — Heinsius veut traiter avec l'empereur avant de traiter avec l'Espagne. — Conditions proposées par la Hollande à l'empereur, qui s'opiniâtre au silence. — Manéges des Impériaux et de Bentivoglio pour empêcher le traité entre la France, l'Angleterre et la Hollande.

Cependant le traité entre la France et l'Angleterre fut signé à la Haye à la fin de novembre, mais secrètement, à condition qu'il n'en seroit rien dit de part ni d'autre pendant un mois, terme jugé suffisant pour laisser le temps aux Hollandois de prendre une dernière résolution sur la conclusion de cette alliance. Elle déplut particulièrement aux Suédois, qui par là se crurent abandonnés de la France. Le comte de Gyllembourg étoit ambassadeur de cette couronne en Angleterre. Le baron de Spaar avoit le même caractère en France; et le baron de Gœrtz, ministre d'État et chef des finances de Suède, étoit de sa part à la Haye. Dès qu'ils virent avancer le traité entre la France et l'Angleterre, ils crurent que la principale ressource du roi de Suède étoit d'exciter des troubles en Angleterre. Il y avoit longtemps que Gyllembourg le proposoit, et qu'il assuroit que les difficultés n'en étoient pas si grandes qu'on se le figuroit.

Spaar et Gœrtz se virent sur la frontière; le dernier vint faire un tour à Paris. Ils convinrent tous deux qu'il falloit profiter de la disposition générale de l'Écosse en faveur du Prétendant, et d'une grande partie de celles de l'Angleterre. Gœrtz retourné à la Haye fut de nouveau pressé par Gyllembourg, qui lui manda que les jacobites demandoient dix mille hommes, et qu'il croyoit que l'argent ne manqueroit pas. Gœrtz ignoroit les intérêts du roi de Suède là-dessus. On prétend que Spaar et lui étoient convenus de différer à lui rendre compte de ce projet jusqu'à ce qu'eux-mêmes y aperçussent plus de solidité. Ils ne pouvoient hasarder de l'en instruire par lettres, qui n'arrivoient jusqu'au roi de Suède qu'avec beaucoup de difficulté et de danger d'être interceptées. Il falloit donc trouver un homme sûr et capable de l'informer de tout le détail du projet pour en rapporter ses ordres. Spaar jeta les yeux sur Lenck à qui, de préférence à son propre neveu, il avoit fait donner le régiment d'infanterie qu'il avoit au service de France, quand il y fut fait officier général. Il falloit un prétexte pour ce voyage. Le régent étoit en peine de savoir les intentions du roi de Suède sur la paix du Nord. Spaar lui proposa d'envoyer Lenck en Suède, homme sûr et fidèle, et très-capable d'obliger le roi de Suède à répondre précisément sur les points dont le régent vouloit être éclairci. La conjoncture pressoit son départ. Les offres d'argent étoient considérables. Spaar apprit d'un des principaux jacobites qu'ils avoient fait passer trente mille pièces de huit en Hollande, c'étoit à la mi-octobre, et qu'il y en arriveroit autant incessamment; qu'ils offroient ces sommes au roi de Suède en attendant mieux, en peine seulement sur la manière de les lui faire accepter, et des moyens ensuite de [les] faire passer entre ses mains. Spaar leva ces difficultés, déjà prévues entre lui et Gœrtz, et proposa, comme ils en étoient convenus, de faire écrire une lettre à Gœrtz par le duc d'Ormond ou par le comte de Marr, contenant cette offre, et faire en même temps passer en Hollande les autres trente mille pièces de huit qu'ils disoient être prêtes. Le dessein des deux ministres de Suède étoit d'en acheter quelques vaisseaux en France, et de lever quelques matelots pour les équiper. Le roi de Suède leur en avoit demandé mille ou quinze cents, mais sans songer à l'entreprise d'Angleterre, dont il n'étoit pas informé. Ses ministres, persuadés de l'importance de l'expédition, y employèrent le banquier Hoggers, dont ils connoissoient la vivacité. Il s'étoit fait un prétexte d'armer quelques vaisseaux, par un traité avec le conseil de marine, pour apporter des mâts de Norwége dans les magasins du roi. Il avoit donc à Brest trois navires du roi qu'il prétendoit armer en guerre, et un quatrième de cinquante-huit pièces de canon qu'il avoit fait passer au Havre, où apparemment les trois autres le devoient aller joindre ; et ces quatre vaisseaux devoient être commandés par un officier du roi de Suède que Gœrtz devoit envoyer à Paris. La lettre du duc d'Ormond vint à Spaar pour Gœrtz, dont le premier crut que l'autre se contenteroit, quoique les termes ne fussent si fort les mêmes que ceux qui avoient été demandés ; et en même temps les assurances que les soixante mille pièces de huit seroient dans la fin de décembre remises à Paris, à la Haye ou à Amsterdam.

Le mécontentement conçu par le czar de ses alliés, et l'abandon en conséquence de la descente au pays de Schonen, fut un autre fondement d'espérance pour Spaar. Le czar avoit auprès de lui un médecin écossois qui étoit en même temps son confident et son ministre. Il faut savoir que dans toute la Grande-Bretagne la profession de médecin n'est au-dessous de personne, et qu'elle est souvent exercée par des cadets des premières maisons. Celui-ci étoit cousin germain du comte de Marr, et comme lui portoit le nom d'Erskin. Il écrivit à son cousin, que le roi Jacques III venoit de faire duc, que le projet de Schonen échoué, et le czar, brouillé avec ses alliés, ne vouloit plus rien entreprendre contre le roi de Suède ; qu'il désiroit sincèrement faire la paix avec lui ; qu'il haïssoit mortellement le roi Georges, avec qui il n'auroit jamais de liaison ; qu'il connoissoit la justice de la cause du roi Jacques ; qu'il s'estimeroit glorieux, après la paix faite avec le roi de Suède, de s'unir avec lui pour tirer de l'oppression et rétablir sur le trône de ses pères le légitime roi de la Grande-Bretagne ; qu'il étoit donc entièrement disposé à finir la guerre, et à prendre des mesures convenables à ses intérêts et à ceux de la Suède ; qu'il n'en devoit pas faire les premiers pas, puisqu'il avoit l'avantage de son côté, mais qu'il étoit facile de terminer cet accommodement par un ami commun et sincère, avant même que qui que ce soit eût loisir de le soupçonner; qu'il n'y avoit point de temps à perdre, ni laisser aux alliés du Nord le loisir de se raccommoder; qu'ayant un grand nombre de troupes, il étoit obligé de prendre incessamment un parti, mais aussi que cette circonstance rendoit la paix plus avantageuse au roi de Suède. Spaar fut informé de ces particularités par le duc de Marr, qui lui proposa en même temps d'envoyer à Erskin un homme affidé pour ménager l'accommodement. Spaar répondit qu'il confieroit seulement l'un et l'autre à Gœrtz, pour avoir son sentiment sur l'usage qu'on pouvoit faire des dispositions du czar et sur l'envoi proposé.

Cet ambassadeur voulut s'éclaircir des véritables sentiments de la France à l'égard de la Suède, et pour tâcher de les pénétrer alla voir Canillac. Il commença par le désabuser du bruit qui avoit couru que la Suède eût accepté la médiation de l'empereur à l'exclusion de celle de la France, puis tomba sur la pressante nécessité dont il étoit d'envoyer promptement un homme de confiance au roi de Suède, avec de l'argent et des offres de service. Canillac en convint, conseilla à Spaar d'en parler au régent, promit de l'appuyer. Spaar, encouragé par ce début, dit qu'il lui revenoit de toutes parts que le czar désiroit de faire la paix avec la Suède; que rien n'étoit plus important que de profiter de la dissension des alliés du Nord, et que de prévenir la réunion que d'autres pourroient procurer entre eux; qu'il croyoit donc qu'il seroit à propos que le régent fît passer sans délai un homme de confiance auprès du czar, pour lui offrir ses offices et sa médiation. Canillac convint encore de l'importance de la chose, mais ajouta qu'il ne savoit comment M. le duc d'Orléans pourroit, sans se commettre, envoyer ainsi vers un prince avec qui la France n'avoit jamais eu aucun commerce. L'ambassadeur répliqua que la liaison qui étoit entre la France et la Suède autorisoit et rendoit même très-naturelles toutes les démarches que le régent feroit. Il ajouta diverses représentations qui ne persuadèrent pas. Canillac demeura dans son sentiment qu'il étoit indispensable d'envoyer incessamment quelqu'un au roi de Suède, et qu'il ne voyoit pas comment le régent pouvoit envoyer vers le czar. Spaar, jugeant par là du peu d'empressement d'agir auprès du czar en faveur du roi de Suède, conclut à redoubler de soins pour profiter de la discorde de la ligue du Nord; qu'il étoit inutile de rien attendre de la France, mais qu'il falloit conserver les dehors avec elle, comme le roi de Suède le lui ordonnoit. Il espéra même que le régent, dépêchant Lenck au roi de Suède, lui donneroit une lettre de créance pour ce prince, lequel par ce moyen pourroit faire des offres au czar, comme proposées par la médiation et de la part de la France; que si elles étoient agréées l'utilité en seroit pour la Suède; si réfusées, le désagrément seroit pour la France. Spaar étoit persuadé que nul sacrifice ne devoit coûter pour obtenir la paix avec le czar, dont un des principaux avantages seroit l'expédition d'Angleterre; que cette paix devoit la précéder, et de laquelle le succès seroit assuré s'il devenoit possible d'engager le czar à fournir la moitié des vaisseaux et des troupes. Cette espérance le refroidit sur l'armement d'Hoggers. Il faisoit réflexion que, si jamais le régent découvroit que les vaisseaux vendus par le conseil de marine dussent servir à une pareille expédition, il les feroit arrêter immédiatement après que l'armement seroit achevé; et qu'en ce cas, outre le malheur d'être découverts, il en coûteroit encore au roi de Suède cinq cent mille livres en faux frais. Il ne voyoit pas le même inconvénient à faire partir les matelots que le roi son maître demandoit, et il se proposoit de les envoyer en Suède dès qu'il auroit touché le premier argent des sommes promises.

Le zèle des ministres de Suède pour le Prétendant n'avoit d'objet que l'intérêt du roi leur maître, par l'utilité qu'il pourroit retirer des mouvements de la Grande-Bretagne. Il fut donc embarrassé de la question, que lui fit faire le Prétendant, s'il lui seroit permis de passer et de séjourner aux

Deux-Ponts. Spaar considéra cette permission comme une déclaration inutile, et de plus très-nuisible aux intérêts de celui qui la demandoit. Il prévoyoit que le roi de Suède n'y consentiroit jamais. Il le représenta en vain à celui qui lui parloit; et sur ses instances réitérées, il promit d'en écrire à Gœrtz. Tous deux étoient pressés par Gyllembourg de déterminer le roi de Suède à l'entreprise. Il leur représentoit que les choses étoient parvenues au point qu'il falloit renoncer à Brême ou aux Hanovriens; que le succès en Écosse n'étoit pas difficile; que dix mille hommes suffiroient tant le mécontentement étoit général; qu'on ne demandoit qu'un corps de troupes réglées, auquel les gens du pays se joindroient; que s'il étoit transporté en mars dans la saison des vents d'ouest, et dans le temps qu'on y songeroit le moins, la révolte seroit générale; qu'il faudroit encore porter des armes pour quinze ou vingt mille hommes, ne pas s'embarrasser de chevaux, dont on trouveroit suffisamment dans le pays, surtout mettre peu d'Anglois dans la confidence. Avec ces précautions Gyllembourg prétendoit qu'on pouvoit s'assurer du succès dans un pays abondant, si disposé à la révolution que de dix personnes on pouvoit sûrement en compter neuf de rebelles. On promettoit de lui faire toucher soixante mille livres sterling quand il feroit voir un pouvoir du roi de Suède, et que ce prince assureroit les bien intentionnés de les assister. Ils avoient cependant peine à lui remettre un plan de leur entreprise. Ils craignoient d'en écrire le détail, de multiplier le secret, et de s'exposer s'il étoit découvert aux mêmes peines que tant d'autres avoient subies depuis un an. Néanmoins ils lui promirent de lui confier ce plan avant peu de jours, et l'un de ceux qui traitoient avec lui l'assura qu'ils n'avoient rien à craindre de la part du régent.

Malgré ces dispositions Gœrtz hésitoit de s'embarquer avec les jacobites, et quoiqu'il eût témoigné d'abord de l'empressement pour le projet comme le seul moyen de délivrer le roi de Suède de l'embarras de la ligue de ses ennemis, il avoit apparemment changé de vues. Il ne répondit pas seulement à la proposition qui lui avoit été faite d'agir par la voie d'Erskin; il prétendit avoir assez d'autres canaux dont il se pourroit servir utilement. Il promit cependant à Spaar de lui envoyer par Hoggers pour cent mille écus de lettres de change, immédiatement après qu'il auroit reçu les éclaircissements qu'il avoit demandés. Sa froideur ne ralentit point les jacobites. Ils firent assurer Spaar qu'ils avoient déjà remis des sommes assez considérables à Paris, qu'ils en remettroient encore de plus fortes, et ils n'oublièrent rien pour se bien assurer la Suède.

Le roi Georges et les siens, instruits en général des espérances que les jacobites fondoient sur les secours de la Suède, n'en étoient guère en peine. Néanmoins, au hasard de choquer les Anglois en allant contre leurs formes, le roi Georges expédia de Hanovre un ordre à Norris, amiral de l'escadre angloise dans la mer Baltique, de laisser à Copenhague six vaisseaux de guerre, sous prétexte d'assurer le commerce des Anglois contre les insultes des Suédois dans le nord. L'alliance entre la France et l'Angleterre étoit encore secrète, mais personne n'en doutoit. Le ministère anglois, quoique à regret, ne voulut pas attendre d'avoir la main forcée sur la réforme des troupes par le parlement, lorsqu'il apprendroit la signature du traité, et ils commencèrent à y travailler. Par la même raison ils vouloient réduire à cinq pour cent les intérêts qui se payoient sur les fonds publics, dont les fonds excédoient quarante millions sterling. Néanmoins ils eurent peine à se déterminer sur un point si capital, et malgré la certitude du traité fait avec la France, ils affectèrent de craindre le Prétendant.

Le roi de Suède étoit le seul dont ils pouvoient faire envisager les desseins; et Stairs, toujours à leur main pour le trouble, leur avoit mandé que ce prince s'étoit engagé par un traité à secourir le Prétendant. Mais les affaires de la

Suède n'étoient pas en état d'effrayer les Anglois. Il falloit leur montrer quelque autre puissance. Ainsi Stairs, à qui ces nouvelles ne coûtoient rien à inventer, répondit que l'empereur, très-irrité du traité, écouteroit les propositions du Prétendant pour se venger du roi d'Angleterre. Le roi de Prusse se plaignoit du roi Georges son beau-père, qui méprisoit sa légèreté. Gyllembourg pressoit toujours Spaar et Gœrtz d'informer de leurs résolutions le roi leur maître. Mais Gœrtz le secondoit mal. Sa fidélité étoit suspecte, et la manière dont il avoit déjà servi d'autres puissances favorisoit les soupçons. L'Angleterre, malgré ses agitations domestiques, étoit considérée comme ayant beaucoup de part aux affaires générales de l'Europe. Le roi de Sicile si attentif à ses intérêts recherchoit son amitié et son alliance. Il envoya le baron de Schulembourg qui servoit dans ses troupes, et neveu de celui qui venoit de défendre Corfou dont les Turcs avoient [levé] le siége, trouver le roi d'Angleterre à Hanovre sitôt qu'il y fut arrivé. On sut, après quelque temps de secret, que c'étoit pour traiter le mariage d'une fille de ce prince avec le prince de Piémont, mais que le roi d'Angleterre, qui ménageoit infiniment l'empereur, n'avoit pas voulu écouter une proposition qu'il savoit lui devoir être fort désagréable. Le roi de Sicile vivoit dans une grande inquiétude des dispositions de l'empereur à son égard. L'Italie étoit remplie d'Allemands qui pouvoient l'attaquer à tous moments. La paix de Hongrie pouvoit changer la face des affaires, il se trouvoit sans alliés, et quoique la France fût garante de la paix d'Utrecht, il n'en espéroit point de secours, parce qu'il croyoit le régent, son beau-frère, trop sage pour faire la guerre uniquement pour autrui.

Bentivoglio qui, pour avancer sa promotion et l'autorité romaine, ne cessoit d'exciter Rome aux plus violents partis, et de tâcher lui-même à mettre la France en feu par ses intrigues continuelles, chercha d'ailleurs à lui susciter des ennemis. Il vit chez lui Hohendorff. Ils s'expliquèrent confidemment sur le traité de [la] France avec l'Angleterre, qui étoit lors sur le point d'être signé. Hohendorff voulut douter que le pape consentît à la retraite du Prétendant d'Avignon, qui par sa demeure en cette ville romproit le traité, dont ce malheureux prince seroit mal conseillé de faciliter la conclusion. Il ajouta qu'il ne pouvoit croire que la France, pour l'en faire sortir, usât de violence contre le pape. Le nonce répondit, à ce qu'on prétend, qu'il étoit facile à la France de faire partir le Prétendant sans user de violence, en le menaçant de ne lui plus payer de pensions. Hohendorff auroit dû alors offrir que l'empereur y suppléât; mais il se contenta de conclure que ce prince étoit perdu s'il passoit en Italie. Le nonce en demeura persuadé. Il écrivit au pape que l'Église étoit intéressée à rompre une ligue que les ennemis du saint-siége et de la religion regardoient comme le plus solide fondement de leurs espérances. Ce n'étoit pas la première fois qu'il avoit prêté auprès du pape les plus malignes intentions au régent sur l'alliance qu'il vouloit faire avec les hérétiques, et sur la douceur qu'il témoignoit aux huguenots dans le royaume. Ils se revirent une seconde fois. Hohendorff dit au nonce qu'il alloit dépêcher un courrier à l'empereur, pour lui conseiller de contre-miner, par d'autres ligues, celle que la France venoit enfin de signer, que la plus naturelle seroit avec le pape pour la sûreté réciproque de leurs États, laquelle étant promptement déclarée, feroit penser la France à deux fois à ne pas donner à l'empereur un sujet de rupture, en attaquant Avignon; qu'il y avoit du temps pour négocier, puisque les ouvrages du canal de Mardick ne devoient être détruits que dans le mois de mai; enfin il s'avança d'assurer, sans consulter la volonté ni les finances de son maître, qu'il fourniroit de l'argent au Prétendant s'il étoit nécessaire, et pressa le nonce d'engager le pape de faire parler de cette affaire à l'empereur duquel elle seroit bien reçue.

Le nonce, craignant les reproches de Rome de s'être trop

avancé, prétendit s'être excusé de faire cet office, mais il y rendit compte de la proposition, l'accompagnant de toutes les raisons qui pouvoient engager le pape à la regarder comme avantageuse à la religion. Il continuoit, comme il avoit déjà fait souvent, à représenter au pape la ligue de la France avec les protestants comme l'ouvrage des ministres jansénistes, dans la vue d'établir en France le jansénisme, dont l'unique remède étoit de leur opposer une ligue entre le pape et le premier prince de la chrétienté, de mettre un frein aux entreprises des ennemis de la religion, et de rendre le gouvernement de France plus traitable quand il verroit ce qu'il auroit à craindre. Ce furieux nonce, si digne du temps des Guise, tâcha, mais inutilement, de persuader à la reine douairière d'Angleterre de préférer pour son fils ces espérances frivoles à la promesse que faisoit le régent de lui continuer les mêmes pensions que le feu roi lui avoit toujours données, s'il consentoit volontairement à se retirer d'Avignon en Italie. La reine, sans s'expliquer, pria le nonce d'insinuer au pape d'écrire de sa main à l'empereur en faveur de son fils, et de donner là-dessus des ordres pressants à son nonce à Vienne.

Le pape, persuadé de la gloire qu'un accommodement avantageux de ses différends avec l'Espagne donneroit à son pontificat, n'étoit pas moins touché de l'utilité qu'il croyoit trouver dans sa bonne intelligence avec le roi d'Espagne, pour établir en France les maximes et l'autorité de la cour de Rome. Aubenton, fabricateur de la constitution *Unigenitus*, et son homme de toute confiance, ne cessoit de l'assurer du respect, de l'attachement, de la soumission pour lui et pour le saint-siége du roi d'Espagne, dont il gouvernoit la conscience, de son honneur pour les jansénistes, et de tout ce qu'il se passoit en France là-dessus. En même temps ce jésuite, lié avec Albéroni, qu'il savoit maître de le chasser et de le conserver dans sa place, représentoit continuellement au pape la nécessité d'élever promptement à la pourpre un homme qui disposoit seul et absolument du roi et de la reine d'Espagne. Acquaviva et Aldovrandi agissoient avec la même vivacité.

Vers la fin de novembre, ce cardinal reçut une lettre de la main de la reine d'Espagne, pleine d'ardeur pour cette promotion. Il la fit voir au pape, et le pressa si vivement, que Sa Sainteté n'eut de ressource pour s'en débarrasser que de lui demander un peu de temps. Cela leur fit juger qu'il ne résisteroit pas longtemps. Tout de suite ils proposèrent à Albéroni, pour hâter et faciliter tout, et pour plaire aussi à Alexandre Albani, second neveu du pape, qui mouroit d'envie d'être envoyé en Espagne, par jalousie de son frère aîné, qui avoit eu pareille commission pour Vienne, de le demander pour aller terminer tous les différends des deux cours. Ils désiroient donc que le roi d'Espagne écrivît à Acquaviva pour le demander au pape; que cette lettre fût apportée par un courrier exprès, accompagnée de celle d'Albéroni et d'Aubenton, pour D. Alexandre, et ils représentoient qu'il étoit celui des deux neveux que le pape aimoit le mieux, qu'ils acquerroient à l'Espagne par ce moyen, comme Vienne s'étoit attaché son frère aîné. Aldovrandi, qui ne s'oublioit pas, désira que ses deux amis lui fissent quelque mérite auprès d'Alexandre, et souhaitoit pour son avancement faire avec lui le voyage d'Espagne. Ils jugeoient ces mesures nécessaires pour se mettre en garde contre beaucoup d'ennemis puissants qu'Aldovrandi avoit à Rome, dont Giudice se montroit le plus passionné. Acquaviva, qui le craignoit, assuroit qu'il traitoit secrètement avec la princesse des Ursins, ce qui ne pouvoit avoir d'objet que pour perdre la reine, et y employer peut-être le nom du prince des Asturies, sur la tendresse duquel Giudice comptoit beaucoup. Il ajoutoit qu'il falloit bien prendre garde à ceux qui approchoient de ce jeune prince, surtout des inférieurs, et se défier des artifices de Giudice, qui faisoit toutes sortes de bassesses pour se raccommoder avec le cardinal de La Trémoille, et se laver auprès de lui d'avoir eu part à la disgrâce de sa sœur.

Le pape, fortement pressé, avoit positivement promis un chapeau pour Albéroni, dès qu'il y en auroit trois vacants. Acquaviva n'osa en être content, et pressa de plus en plus. Le pape, qui sentoit l'embarras où la promotion d'Albéroni seul le jetteroit à l'égard de la France et de l'empereur qu'il craignoit bien davantage, répliqua que si les Allemands étoient mécontents, ils se porteroient aux dernières violences. Acquaviva, ne pouvant se servir de la peur en cette occasion, qui étoit le grand ressort pour conduire le pape, l'employa pour empêcher la promotion de Borromée, maître de chambre du pape et beau-frère de sa nièce, au moment qu'il alloit entrer au consistoire pour la faire. Le pape se défendit sur ce que le chapeau vacant le devoit dédommager de celui de Bissy, accordé au feu roi, du consentement de l'empereur et du roi d'Espagne. A la fin pourtant il se rendit et promit de suspendre la promotion de Borromée, et de nouveau encore de faire Albéroni dès qu'il y auroit trois chapeaux.

La conjoncture étoit favorable à Albéroni. Les préparatifs maritimes des Turcs étoient grands, la frayeur du pape proportionnée, qui n'attendoit de secours que de l'Espagne. Il tâchoit de le gagner par de belles paroles et des remercîments prodigués sur le secours de l'été précédent. Cette fumée ne faisoit aucune impression sur un Italien, savant dans les artifices de sa nation. Pour se procurer le secours que le pape désiroit, il en falloit donner les moyens, que le pape avoit lui-même offerts au roi d'Espagne sur le clergé d'Espagne et des Indes. Acquaviva en sollicitoit l'expédition ; mais l'irrésolution du pape éternisoit les affaires, celles même qui dépendoient de lui et qu'il souhaitoit le plus. Albéroni se plaignoit d'un retardement dont il sentoit personnellement le préjudice. Il assuroit que le secours seroit tout prêt si le pape vouloit finir les affaires d'Espagne ; mais que ne les finissant pas, l'armement devenoit impossible ; il s'étendoit sur tout ce qu'il avoit à souffrir de la part du roi et de la reine, qui le regardoient comme un agent de Rome, qui lui en reprochoient les lenteurs avec tant de sévérité, qu'il prévoyoit qu'ils lui défendroient bientôt de s'en plus mêler, comme ils avoient fait au P. Daubenton ; et là-dessus représentations et menaces, tous les ordinaires avec toutes les souplesses du confesseur pour les faire valoir. Ils avoient affaire à une cour où l'artifice est aisément démêlé. Le pape, mal prévenu pour Albéroni, se défia que son chapeau étant accordé, il seroit fertile en expédients pour éluder les promesses faites en vue de l'obtenir, et résolut de ne le donner que lorsque les affaires d'Espagne seroient entièrement terminées. Albéroni, qui pensoit le même du pape, déclaroit qu'elles le seroient à son entière satisfaction dans le moment même qu'il recevroit la nouvelle de sa promotion, et n'avoit garde de les finir auparavant, dans la défiance d'en être la dupe. Ce manége de réciproque défiance dura ainsi assez longtemps entre eux.

Le régent se plaignoit fort d'Albéroni ; il avoit même laissé entendre plusieurs fois au duc de Parme qu'il ne seroit pas fâché qu'il fît là-dessus quelques démarches auprès de la reine ; mais un duc de Parme se tenoit heureux et honoré qu'un de ses ministres gouvernât l'Espagne : ainsi il s'étoit réduit à avertir Albéroni de bien servir l'Espagne sans donner à la France des sujets de se plaindre de lui. Les instances du régent redoublèrent : elles firent dire au duc de Parme qu'elles approchoient de la violence, mais sans rien obtenir de lui qui ne vouloit point de changement dans le gouvernement d'Espagne. Il eut seulement plus de curiosité de savoir par Albéroni même ce qu'il pensoit et pouvoit pénétrer de plus particulier sur la personne, les vues, et ce qu'il appeloit les manéges de M. le duc d'Orléans ; mais, persuadé au reste que, quoi que ce prince pût penser et faire, le véritable intérêt du roi d'Espagne étoit de demeu-

rer sur son même trône; qu'il y auroit trop d'imprudence
de quitter le certain pour l'incertain, et que dans les événements qui pouvoient arriver, il risqueroit de perdre et la
France et l'Espagne, s'il vouloit faire valoir les droits de sa
naissance. Albéroni lui répondit que, sûr de sa propre conscience et probité, il ne pouvoit attribuer qu'à ses ennemis
les plaintes que faisoit le régent de sa conduite; qu'il avoit
toujours tâché de mériter ses bonnes grâces, et de maintenir la bonne intelligence entre les deux couronnes; il en
alléguoit les deux misérables preuves qu'on a vues plus
haut; qu'il ne pouvoit donc attribuer le mécontentement de
ce prince qu'à ce qui s'étoit passé à l'égard de Louville;
mais qu'il se plaignoit lui-même de ce que le régent s'étoit
laissé séduire par des gens malintentionnés, au point d'avoir
écrit des plaintes contre lui au roi d'Espagne.

Cet homme de bien et de si bonne conscience savoit qu'on
l'accusoit en France d'une intelligence trop particulière avec
les Anglois, et de les avoir trop favorisés dans leurs dernières conventions avec l'Espagne. Rien ne lui pouvoit déplaire davantage que cette accusation où l'avarice et l'infidélité, tout au moins la plus grossière ignorance ou malhabileté
étoient palpables. Il tâchoit donc de récriminer : il disoit
que ce n'étoit pas à la France à trouver à redire que l'Espagne, pour conserver la paix, fît beaucoup moins que ceux
qui sacrifioient le canal de Mardick pour être bien avec
l'Angleterre, duquel les ouvrages sont si importants, que le
ministre d'Angleterre à Madrid avoit dit tout haut dans
l'antichambre du roi d'Espagne, que la France auroit dû
faire la guerre pour le soutenir, et non pas une ligue pour
le détruire. Ainsi l'aigreur augmentoit tous les jours, et
Albéroni, parmi de fréquentes protestations du contraire,
aliénoit de tout son pouvoir l'esprit du roi d'Espagne contre
le régent : les discours les plus odieux et les raisonnements
les plus étranges se publioient sur M. le duc d'Orléans à
Madrid publiquement, et le premier ministre leur donnoit

cours et poids. Il sembloit qu'il eût dessein de se fortifier par des troupes étrangères : il fit demander au roi d'Angleterre la permission de lever jusqu'à trois mille hommes dans la Grande-Bretagne, Irlandois ou autres, avec promesse que ceux qui se trouveroient protestants ne seroient point inquiétés sur leur religion. Il étoit si abhorré en Espagne, que la mort de l'archiduc fit en même temps la joie du palais et la douleur de Madrid et de toute l'Espagne, excédée du gouvernement du seul Albéroni. Moins il y avoit de princes de la maison d'Autriche, moins le roi d'Espagne se croyoit d'ennemis, et moins les Espagnols comptoient avoir de libérateurs et de vengeurs.

Albéroni craignoit encore plus ses ennemis personnels que ceux qui ne l'étoient que pour le bien de l'État. Il étoit donc fort en peine de ce que feroit Giudice contre lui, quand il seroit arrivé à Rome. Ce cardinal, qui depuis sa disgrâce ne se possédoit plus, s'étoit échappé dans une harangue qu'il avoit faite à l'inquisition sur les intentions de la reine, et sur la captivité où elle retenoit le prince des Asturies, dont en même temps il fit l'éloge. Albéroni ne manqua pas d'exagérer à Rome l'ingratitude du cardinal, et tous les bienfaits qu'il avoit lui et les siens reçus de la reine. Il l'accusa de s'être opposé le plus fortement à recevoir Aldovrandi à Madrid, qui n'y auroit jamais été reçu sans la reine, laquelle seule avoit empêché l'éloignement de devenir plus grand entre les deux cours, comme Giudice le désiroit; et pour ne rien oublier de ce qui pouvoit établir sur ses ruines le crédit de la reine à Rome, c'est-à-dire le sien, il l'annonça comme un homme qui feroit l'hypocrite à Rome, qui ne paroîtroit occupé que de l'éternité, qui déploreroit les plaies que la religion souffroit en Espagne de sa disgrâce et de son absence, et qui publieroit toutes sortes de faussetés et d'artifices qu'il seroit facile au cardinal Acquaviva de dévoiler. Mais lorsque l'accommodement entre les deux cours, et la satisfaction personnelle du premier ministre à laquelle tout le reste tenoit, sembloit s'approcher de plus en plus, l'impatience du pape de se saisir en Espagne d'usurpations utiles, pensa tout renverser. Il vouloit s'approprier la dépouille des évêques, qui étoit un des points des différends entre les deux cours. On a vu qu'il l'avoit fait demander comme par provision par le P. Daubenton, en attendant que cet article fût réglé; on a vu aussi le mauvais succès de cette inique demande.

Le pape ne s'en rebuta pas : n'y pouvant plus employer Aubenton, il envoya un ordre direct à Giradilli, auditeur qu'Aldovrandi avoit laissé à Madrid, de faire pressamment la même demande, qui obéit par des instances si fortes et si réitérées, qu'il fut au moment d'être chassé de Madrid, dont Albéroni ne s'excusa que sur ce que cet homme étoit connu depuis longtemps pour être agent du cardinal Acquaviva. Le premier ministre jeta les hauts cris sur l'ingratitude de Rome pour la reine qui avoit tout fait pour cette cour. Il entra sur cela en de grands détails et en de grands raisonnements, couverts du prétexte du zèle pour la gloire et le service du pape et de la religion, qui en souffroient beaucoup. Il protestoit, en même temps, que ce n'étoit que par une vue si pure qu'il déploroit les retardements que cette cour apportoit à la grâce que la reine demandoit avec tant d'instance et depuis si longtemps, sa promotion, qui perdroit son nom et son mérite pour devenir justice, si elle n'étoit accordée que lors de celle des couronnes. Il prévoyoit, avec une grande douleur, que la reine, voyant le pape inflexible sur un point qui touchoit son honneur, se porteroit aux dernières extrémités si cette satisfaction qu'elle attendoit, et le roi aussi, avec la dernière impatience, se différoit plus longtemps. Cet homme détaché ne donnoit ces avis que par zèle pour le saint-siége; sans retour sur soi-même, en homme fidèlement attaché au pape, occupé de contribuer à sa gloire et à son repos; qu'un particulier comme lui étoit trop content des assurances du pape; que deux ou trois mois de plus ou de moins ne lui étoient rien ; qu'il désireroit faire de plus grands sacrifices ; mais qu'il n'osoit parler, parce que le roi et la reine lui reprocheroient qu'il ne songeoit qu'à ses intérêts particuliers, et comptoit peu leur honneur offensé. Il ajoutoit que, quelque puissante que fût la raison de l'honneur et de la réputation de têtes couronnées, l'impatience de la reine étoit fondée sur des raisons particulières et secrètes, qui n'étoient pas moins pressantes que celles du point d'honneur. Il les expliquoit à ses amis à Rome : il leur disoit que la reine envisageant le présent et l'avenir, que d'un côté elle voyoit la nécessité de donner un nouvel ordre au gouvernement de la monarchie, et de supprimer ces conseils qui ne se croyoient pas inférieurs à l'ancien aréopage, et en droit de donner des lois à leurs souverains ; d'un autre côté, elle considéroit la santé menaçante du roi d'Espagne par sa maigreur, ses vapeurs, sa mélancolie ; par conséquent le besoin qu'elle avoit d'un ministre fidèle à qui elle pût tout confier, lequel pour pouvoir lui donner ses conseils sans crainte, avoit besoin nécessairement d'un bouclier tel que la pourpre romaine, pour le mettre à couvert de ceux qu'il ne pourroit éviter d'offenser. Mais lorsqu'il écrivoit de la sorte, il avoit réduit tous les conseils à néant, dont il avoit pris, lui tout seul, les fonctions, les places, le pouvoir. Il n'avoit pas craint de le mander à tous les ministres que l'Espagne tenoit au dehors. avec défense de rendre aucun compte à qui que ce soit qu'à lui seul des affaires dont ils étoient chargés, et de ne recevoir ordre de personne que de lui, ainsi qu'il se pratiquoit dans tout l'intérieur de la monarchie.

Il voyoit aussi les choses de trop près pour pouvoir se flatter que la reine venant à perdre le roi, ce qui n'avoit alors qu'une apparence fort éloignée, les Espagnols qui abhorroient sa personne et le gouvernement étranger, qui n'aimoient guère mieux une reine italienne qui n'étoit pas la mère de l'héritier présomptif et nécessaire ; qui n'avoit eu aucun ménagement pour eux, et assez peu pour ce prince qui leur étoit si cher, se laissassent subjuguer une seconde fois par une reine et un ministre étrangers, qui n'auroient plus le nom du roi pour couverture, pour prétexte et pour bouclier. Il n'y avoit pas si longtemps que la minorité de Charles II étoit passée pour avoir oublié que les seigneurs, ayant don Juan à leur tête, firent chasser les favoris et les ministres confidents de la reine mère et régente, fille et sœur d'empereurs, par conséquent elle-même de la maison d'Autriche, le P. Nithard à Rome, Vasconcellos aux Philippines, et lui ôtèrent toute son autorité. Mais tout étoit bon à Albéroni pour leurrer le pape et l'amener au point où il vouloit le réduire, qui étoit de le déclarer cardinal sans plus de délai. Reste à voir ce que c'est qu'une dignité étrangère qui met à l'abri de tout, par conséquent qui permet et qui enhardit à entreprendre tout. C'étoit aussi l'usage qu'Albéroni se proposoit bien de faire de cette dignité après laquelle il soupiroit avec tant d'emportement, s'embarrassant très-peu d'ailleurs des succès de tant de négociations, dont les événements à venir étoient si importants à l'Espagne, et faisoient le principal et peut-être le seul objet du roi et de la reine d'Espagne.

Pour plaire à Stanhope il vouloit accorder le congé à Montéléon qui le demandoit, fatigué de n'être instruit de rien, du changement à son égard des ministres restés à Londres depuis le départ pour Hanovre, et d'être mal payé de ses appointements. Quoiqu'il aimât mieux Beretti son compatriote, il le laissoit sans aucune instruction à la Haye sur ce que la France y traitoit. L'abbé Dubois, qui, après avoir arrêté l'alliance à Hanovre, étoit venu à la Haye pour la conclure et la signer, et pour aider à Châteauneuf à y faire entrer les États généraux, assuroit Beretti qu'il n'y avoit rien dans ce traité que de conforme aux intérêts du roi d'Espagne ; lui et Châteauneuf l'avertissoient que la Hollande avoit résolu de faire avec l'empereur une alliance particulière; qu'il étoit à craindre que son exemple n'y entraînât les autres provinces de cette république; qu'ils devoient tous trois travailler de concert à la traverser; qu'il étoit nécessaire qu'il parlât fortement là-dessus aux bourgmestres d'Amsterdam et de Rotterdam. Beretti, qui étoit très-défiant, et qui étoit livré à lui-même parce qu'il ne recevoit aucune instruction d'Albéroni, comme on l'a remarqué, se figura que le but des ambassadeurs de France étoit de confirmer de plus en plus la validité des renonciations, d'employer toutes sortes de matériaux pour en consolider l'édifice, engager le roi d'Espagne dans l'alliance qu'ils étoient sur le point de signer avec l'Angleterre et la Hollande, et à donner lui-même par là une nouvelle approbation et une nouvelle force au traité d'Utrecht.

Dans une conjoncture qui lui sembloit si délicate, Beretti déplaisoit d'autant plus à Albéroni, qu'il lui demandoit des ordres précis que ce confident de la reine ne lui vouloit pas donner. Il lui reprochoit son inquiétude et sa curiosité. Il l'avertissoit de se régler sur l'indifférence que le roi et la reine d'Espagne témoignoient sur les alliances négociées par la France, de ne pas chercher à pénétrer au delà des instructions qu'on lui vouloit bien donner, de se souvenir que c'étoit à Madrid qu'ils vouloient traiter si la Hollande vouloit faire avec l'Espagne une alliance d'autant plus avantageuse que le roi avoit pris la résolution d'admettre désormais tous les étrangers au commerce des Indes, de ne faire aucunes représailles sur les marchandises embarquées en temps de paix, moyennant de leur part l'engagement réciproque de n'attaquer aucun vaisseau revenant des Indes, et si ce projet s'exécutoit, donner à tout commerçant étranger voix dans la junte générale que le roi établiroit à Cadix pour le commerce. Le projet étoit de supprimer en même temps la contractation de Séville et d'abolir l'indult[1], qu'on

---

1. Le mot *indult* a ici un sens particulier et désigne le droit que le roi

imposoit depuis longtemps sur les vaisseaux qui revenoient des Indes, au lieu duquel on établiroit un tarif certain sur les retours des flottes. Le dessein étoit aussi d'armer huit vaisseaux pour lesquels on attendoit les agrès de Hollande pour la fin de l'année, qui devoient partir en avril, de faire apporter tout le tabac à Cadix, vendu désormais sur le seul compte du roi, dont on faisoit espérer un profit du double, dont on verroit l'effet en 1718, et qu'en attendant on offroit déjà pour l'année 1717 une augmentation de trois cent mille écus. Albéroni se flattoit de rendre le commerce d'Espagne plus florissant que jamais par sa prévoyance, et par la plénitude d'autorité qui lui seroit confiée, et il commença à la fin de cette année 1716 à faire travailler aux ports de Cadix et du Ferrol en Galice dont la situation est admirable, sur lequel on avoit de grandes vues, et le lieu principal où on se proposoit de bâtir des vaisseaux.

Un autre projet proposé par le prince de Santo-Buono-Carraccioli, vice-roi du Pérou, homme de beaucoup d'esprit et de mérite, fut de démembrer de son commandement les provinces de Santa-Fé, Carthagène, Panama, Quito, la Nouvelle-Grenade, pour en faire le département d'un troisième vice-roi, résidant à Santa-Fé, et cela fut approuvé du roi d'Espagne. Le marquis de Valero, vice-roi du Mexique, donnoit aussi de grandes espérances ; il vouloit être regardé comme attaché à la reine. C'étoit de ce nom qu'Albéroni appeloit ses amis, et ce fut de ceux-là dont il tâcha de remplir les places subalternes lorsqu'il changea tous ces postes au commencement de 1717. Les abus étoient grands et les prétextes ne manquoient pas de faire les retranchements qu'il méditoit. Plusieurs conseillers du conseil des Indes trouvés en grandes fraudes, furent chassés, et plusieurs juntes de finances supprimées. Albéroni comptoit que de

d'Espagne prélevait sur les galions qui apportaient les produits de l'Amérique espagnole. La *contractation de Séville* était la chambre de commerce de cette ville.

ces dépenses épargnées, le roi d'Espagne tireroit plus de deux cent cinquante mille écus par an. Bien des gens se trouvoient intéressés dans ce bouleversement; ainsi Albéroni tirant un mérite de sa hardiesse à l'entreprendre, se fondoit en nouvelles raisons, toutes modestement résultantes du seul intérêt du service du roi, de le garantir de la vengeance de tant de gens si irrités, et ce moyen étoit unique, c'est-à-dire d'être promptement revêtu de la pourpre.

De là nouveaux ressorts et nouveaux manéges employés à Rome pour vaincre la lenteur du pape, qui de son côté vouloit des modifications à son gré sur ce qui avoit préliminairement été convenu sur les différends des deux cours avec Aldovrandi à Madrid, et remettre cette affaire à Rome à une congrégation. Le premier ministre et le confesseur, qui seuls s'en étoient mêlés, menacèrent à leur tour d'une junte sur ces affaires qui feroit voir au pape la différence de sa hauteur et de son opiniâtreté d'avec la conduite de deux hommes dévoués au saint-siége, et qui pour cela même, encourroient toute la haine de cette junte et de l'Espagne entière. Albéroni, que rien ne pouvoit détourner de son unique affaire, avoit soin de faire dire au pape qu'il ne craignoit aucune opposition à son chapeau de la part de la France; et comme les mensonges les plus grossiers ne coûtaient rien là-dessus ni à lui ni au P. Daubenton, il se vanta au pape de toute l'estime du régent, dont il le faisoit assurer souvent, et même lui avoit fait mander par le P. du Trévoux que Son Altesse Royale désiroit entretenir directement avec lui une secrète correspondance de lettres.

La confiance du pape et de la cour de Rome en Daubenton, sûre de son abandon à son autorité, à ses maximes par les effets, ne put être obscurcie par les efforts de Giudice, qui ne craignoit pas d'assurer le pape que ce fourbe le trompoit, et qu'il étoit capable de sacrifier son baptême à la conservation de sa place. Ce jésuite ne laissoit pas d'avoir moyen de faire passer à Rome ses sentiments particuliers, et par là ne craignoit point qu'il lui fût rien imputé de ce que Rome trouvoit contre ses maximes dans ce que le roi d'Espagne le chargeoit d'y écrire. Ainsi le pape insistant sur l'entière exemption de toute imposition de tous les biens patrimoniaux des ecclésiastiques d'Espagne, Aubenton lui fit savoir nettement que cet article ne s'obtiendroit jamais, non pas même avec aucun équivalent, parce que l'intention du roi d'Espagne n'étoit pas d'augmenter par là ses revenus, mais de soulager ses sujets à supporter les taxes qui grossissoient, et qui retomboient sur eux, à mesure que les ecclésiastiques, exempts d'en payer aucune, acquéroient des biens laïques. Aubenton revenoit après à dissuader le pape de mettre aucune de ces choses convenues à Madrid avec Aldovrandi en congrégation, et à le menacer de les voir renvoyer à une junte en Espagne, dont il verroit le terrible effet. Il ajoutoit que le retour d'Aldovrandi en Espagne étoit nécessaire, mais avec la grâce si instamment demandée, le chapeau d'Albéroni, si le pape vouloit obtenir toute sorte de satisfaction qui ne lui seroit donnée qu'à ce prix; que la reine, irritée de tant de délais, étoit capable de se porter à toutes sortes d'extrémités; que le ressentiment de se croire amusée et méprisée alloit en elle jusqu'à la fureur, sans qu'Albéroni, qui la voudroit calmer au prix de son sang, osât plus lui ouvrir la bouche, surtout depuis qu'ayant osé lui faire un jour quelque représentation, elle l'avoit fait taire et lui avoit dit qu'elle voyoit bien que six mois et un an de retardement ne lui faisoit rien, mais qu'un moment de retardement faisoit beaucoup à sa dignité et blessoit son honneur. C'étoit par de tels artifices qu'Albéroni comptoit persuader le pape de sa tranquillité sur le moment de sa promotion; qu'il ne la désiroit prompte que pour l'intérêt du pape, et que tout sujet qu'il enverroit à Madrid seroit sûr d'y réussir, s'il y trouvoit contente du pape la reine qui pouvoit tout.

Il est vrai qu'elle étoit altière et qu'elle s'offensoit fort aisément. Elle le fit vivement sentir à la duchesse de Parme sa mère, qui de son côté ne l'étoit pas moins. Il ne s'agissoit néanmoins que de bagatelles, mais la parfaite intelligence ne revint plus. Le duc de Parme, son oncle et son beau-père, en sentit un autre trait pour ne l'avoir pas avertie à temps du sujet de l'envoi du secrétaire Ré de Londres à Hanovre. Il se trouva plus flexible que la duchesse sa femme ; il s'excusa et dissipa cette aigreur.

Albéroni, qui avoit un commerce direct de lettres avec Stanhope, vouloit traiter avec l'Angleterre et la Hollande, laisser à Beretti le soin de débrouiller le plus difficile avec les États généraux, et se réserver la gloire d'achever à Madrid le traité avec Riperda. Beretti sentoit le poids de ce qu'on exigeoit de lui, et en représentoit toutes difficultés. Il savoit par le Pensionnaire même qu'il croyoit de l'intérêt de ses maîtres de traiter avec l'empereur avant de traiter avec l'Espagne, et Beretti le soupçonnoit de ne vouloir remettre la négociation à Madrid, que pour la retarder, et parce qu'il seroit plus maître de donner ses ordres à Riperda, que d'une négociation qui se traiteroit à la Haye ; mais l'empereur ne répondoit point à l'empressement de ce même Heinsius, et ne faisoit aucune réponse aux propositions que les États généraux lui avoient faites. La première étoit de modérer le nombre de troupes qu'ils devoient fournir pour la défense des Pays-Bas catholiques s'ils étoient attaqués ; ils étoient engagés par le traité de [la] Barrière à fournir en ce cas huit mille hommes de pied et quatre mille chevaux. Ils vouloient plus de proportion entre ces assistances et leurs forces, et des secours conformes aux conjonctures sans spécification. En second lieu ils demandoient qu'il plût à l'empereur de spécifier les princes qu'il prétendoit comprendre dans l'alliance ; et en troisième lieu l'observation exacte de la neutralité d'Italie. Enfin ils refusoient de s'engager dans ce qui pourroit arriver au delà des Alpes et dans la guerre contre les Turcs. Nonobstant le silence de l'empereur sur ces propositions, ses ministres étoient fort inquiets de l'alliance prête à conclure entre la France, l'Angleterre et la Hollande, et ils n'oublioient rien à la Haye ni même à Paris pour la traverser. Hohendorff continuoit à voir Bentivoglio, et quoique encore sans ordre de Vienne, il pressoit ce nonce d'insinuer au Prétendant de ne point sortir d'Avignon, dans l'opinion que cela dérangeroit ce qui avoit été concerté et causeroit une rupture. Le nonce l'espéroit de même, et goûtoit avec plaisir tous les avis qu'on lui donnoit des difficultés qui s'opposoient à la signature du traité, et sa rupture comme un moyen infaillible de ranger le régent au bon plaisir du pape sur l'affaire de la constitution.

CHAPITRE VIII.

1717. — Singularités à l'occasion du collier de l'ordre envoyé au prince des Asturies, et par occasion au duc de Popoli. — Caylus obtient la Toison. — Mort de Mme de Langeais. — Mort de Mlle de Beuvron. — Je prédis en plein conseil de régence que la constitution deviendra règle et article de foi. — Colloque curieux là même entre M. de Troyes et moi. — Le procureur général d'Aguesseau lit au cardinal de Noailles et à moi un mémoire transcendant sur la constitution. — Abbé de Castries, archevêque de Tours, puis d'Alby, entre au conseil de conscience. — Son caractère. — Abbaye d'Andecy donnée à une de mes belles-sœurs. — Belle prétention des maîtres des requêtes sur toutes les intendances. — Mort et caractère de l'abbé de Saillant. — Je fais donner son abbaye, à Senlis, à l'abbé de Fourilles. — Mort de Mme d'Arço. — Paris égoût des voluptés de toute l'Europe. — Mort du chancelier Voysin. — Prompte adresse du duc de Noailles. — D'Aguesseau, procureur général, chancelier. — Singularité de son frère. — Ma conduite avec le régent et avec le nouveau chancelier. — Joly de Fleury procureur général. — Le duc de Noailles administrateur de Saint-Cyr avec Ormesson sous lui. — Famille et caractère du chancelier d'Aguesseau. — Réponse étrange du chancelier à une sage question du duc de Grammont l'aîné.

L'année 1717 commença par une bagatelle fort singulière : Le feu roi avoit voulu traiter en fils de France les enfants du roi d'Espagne qui, par leur naissance, n'en étoient que petits-fils ; et les renonciations intervenues pour la paix d'Utrecht n'avoient rien changé à cet usage dont les alliés ne s'aperçurent pas, et dont les princes, que les renonciations du roi d'Espagne regardoient, ne prirent pas la peine de s'apercevoir non plus. Suivant cette règle, tous les fils du roi d'Espagne portèrent, comme fils de France, le cordon bleu en naissant, et depuis la mort du roi, le roi d'Espagne, qui avoit toujours les pensées de retour bien avant imprimées, fut très-soigneux de maintenir cet usage d'autant plus que la France y entroit par l'envoi de l'huissier de l'ordre, qui à chaque naissance d'infant partoit aussitôt pour lui porter le cordon bleu. Cette première cérémonie se fait sans chapitre et sans nomination : le prince n'est chevalier que lorsqu'il reçoit le collier. Le roi n'étoit point encore chevalier ni le prince des Asturies. Le roi, son père, dès que ce prince approcha de dix ans, demanda pour lui le collier avec instance ; il n'y eut pas moyen de le faire attendre jusqu'au lendemain du sacre du roi qu'il reçut lui-même le collier. Le régent manda donc tous les chevaliers de l'ordre dans le cabinet où se tenoit le conseil de régence aux Tuileries. Le roi, au sortir de sa messe, vint s'asseoir dans son fauteuil du conseil au bout de la table, et ne se couvrit point. M. le duc d'Orléans se tint debout et découvert à sa droite, et tous les chevaliers de même sans ordre le long de la table des deux côtés ; les officiers commandeurs au bas bout de la table, vis-à-vis du roi. M. le duc d'Orléans proposa d'envoyer deux colliers au roi d'Espagne avec une commission pour les conférer, l'un au prince des Asturies, l'autre à son gouverneur le duc de Popoli à qui le feu roi avoit promis l'ordre et le permis de le porter en attendant qu'il eût le collier.

Cela fut appuyé de l'exemple d'Henri IV qui n'étant pas encore sacré ni chevalier de l'ordre, et qui même ne le portoit pas parce qu'il étoit encore huguenot, donna une commission au maréchal de Biron, chevalier de l'ordre, et le premier de son parti, pour recevoir et donner le collier de l'ordre à son fils qui fut depuis amiral, maréchal et duc et pair de France, et décapité à Paris, dernier juillet 1602, et donner en même temps le cordon bleu à Renaud de Beaulne archevêque de Bourges, depuis de Sens, à qui six mois auparavant le roi avoit donné la charge de grand aumônier de France, qu'il avoit ôtée avec le cordon bleu qui y est attaché à Jacques Amyot relégué dans son diocèse d'Auxerre, et qui s'étoit montré grand ligueur. Ainsi le cardinal de Bouillon n'a pas été le premier à qui cette charge et le cordon bleu qui y est joint aient été ôtés. Ce fut en faveur du même Amyot, qui étoit fils d'un artisan et que son esprit, son savoir et son éloquence avoit fait précepteur des enfants d'Henri II, qu'Henri III, en créant l'ordre du Saint-Esprit, attacha à la charge de grand aumônier de France qu'Amyot avoit lors celle de grand aumônier de l'ordre, sans preuves, parce qu'il n'en pouvoit faire, ce qui a toujours subsisté depuis. Le maréchal de Biron, en vertu de la commission d'Henri IV, fit cette cérémonie dans l'église collégiale de Mantes, le dernier décembre 1591. Henri IV fit dans l'église abbatiale de Saint-Denis son abjuration publique, le dimanche 25 juillet 1593, entre les mains du même Renaud de Beaulne, archevêque de Bourges, qui dit tout de suite la messe pontificalement et le communia ; il fut sacré le premier dimanche de carême, 27 février 1594, et reçut le lendemain le collier de l'ordre du Saint-Esprit, et Clément IX, Aldobrandin, le voyant maître de Paris et de tout le royaume, lui donna l'absolution, le 17 septembre 1595.

Le régent ne voulut pas tenir cette assemblée sans le roi, et y voulut suivre la moderne manière que le feu roi avoit introduite dans les chapitres, où en faveur de ses ministres officiers de l'ordre, qui, à l'exception du seul chancelier de l'ordre, y sont debout et découverts, tandis que tous les chevaliers sont assis en rang et couverts, n'en tenoit plus que debout et découvert lui-même. Ainsi le roi fut découvert, et il ne fut assis qu'à cause de son âge; non qu'il puisse y avoir de proportion entre le roi et ses sujets, mais parce que, depuis que l'ordre a été institué, les rois ne se sont jamais assis ni couverts aux chapitres, qu'ils n'y aient fait en même temps asseoir et couvrir tous les chevaliers ; c'est aussi ce qui se pratiqua de tout temps jusqu'à cette heure dans tous les chapitres de l'ordre de la Jarretière et de celui de la Toison d'or. Ce dernier ordre fut donné en ce temps-ci par le roi d'Espagne à Caylus que nous avons vu être allé servir en Espagne après son combat avec le fils aîné du comte d'Auvergne.

Mme de Langeais mourut le premier jour de cette année à Luxembourg à Paris, où elle avoit un appartement. Elle étoit sœur du feu maréchal de Navailles et avoit quatre-ving-neuf ans. Son mari s'appeloit Cordouan. Le huguenotisme avoit fait ce mariage. Elle avoit été longtemps en Hollande ; elle revint se convertir et eut six mille livres de pension.

Le maréchal d'Harcourt perdit Mlle de Beuvron, sa sœur, fille d'esprit, de mérite et de conduite, qui avoit de la considération, et qui s'étoit retirée depuis assez longtemps dans un couvent en Normandie.

Quoique l'affaire de la constitution n'entre point dans ces Mémoires par les raisons que j'en ai alléguées, il s'y trouve certains faits qui me sont particuliers, ou qui me sont connus, qui y doivent trouver place comme il est déjà arrivé quelquefois, parce que j'ai lieu de douter qu'ils la trouvent dans l'histoire de cette fameuse affaire, dont les auteurs les auront pu aisément ignorer. Quoiqu'elle se traitât dans le cabinet du régent avec Effiat, le premier président, les gens du roi, divers prélats, l'abbé Dubois, le maréchal d'Huxelles, il ne laissoit pas d'en revenir quelquefois au conseil de régence dans quelques occasions. M. de Troyes s'y signaloit toujours en faveur de la constitution, et des prétentions de Rome, en pénitence apparemment d'y avoir été toute sa vie fort opposé. Il rendoit compte de tout au nonce Bentivoglio. Je ne sais à son âge quel pouvoit être son but. Un des premiers jours de ce mois-ci de janvier, il fut question de la constitution au conseil de régence. Je ne m'étendrai pas sur quoi, parce que je n'ai pas dessein de m'arrêter à cette matière. Je voyois un grand emportement pour exiger une soumission aveugle sans explication et sans réplique, et que ce parti d'une obéissance sans mesure alloit toujours croissant.

Je ne fus pas de l'avis de M. de Troyes; il s'anima; nous disputâmes tous deux; il s'abandonna tellement à ses idées que je lui répondis brusquement que dans peu la constitution feroit une belle fortune, parce que je voyois que de proche en proche elle parviendroit bientôt à devenir dogme et article de foi : là-dessus voilà M. de Troyes à s'exclamer à la calomnie, et que je passois toujours le but; de là à s'étendre pour montrer que la constitution ne pouvoit jamais devenir ni dogme, ni règle, ni article de foi; qu'à Rome cela n'étoit entré dans la tête de personne, et que le cardinal Tolomeï qui avoit été toute sa vie jésuite, et de jésuite avoit été fait cardinal, s'étoit moqué avec dérision quand on lui avoit touché cette corde. Quand il eut bien crié, je regardai tout le conseil, et je dis : « Messieurs, trouvez bon que je vous prenne tous ensemble et chacun en particulier à témoin de tout ce que je viens de prédire sur la fortune de la constitution, de tout ce que M. de Troyes a répondu, combien il s'est étendu à prouver qu'il est impossible par sa nature qu'elle puisse jamais être proposée en article, dogme, ou règle de foi, et qu'on s'en moque à Rome, et de me permettre de vous faire souvenir de ce qui se passe ici aujourd'hui quand la constitution aura fait enfin cette fortune comme je vous répète que cela ne tardera point à arriver. » M. de Troyes cria de nouveau à l'absurdité : pour n'en pas faire à deux fois, au bout de six mois, et même moins, je fus prophète.

Le dogme, la règle de foi pointèrent. Les grands athlètes de la constitution l'établirent dans leurs discours et dans leurs écrits, et en peu de temps la prétention en fut portée jusqu'où on la voit parvenue. Dès que cette opinion commença à se montrer à découvert avec autorité, je ne manquai pas de faire souvenir en plein conseil de régence de ma prophétie, et des exclamations de M. de Troyes; puis, me tournant vers lui, je lui dis avec un souris amer : « Vous m'en croirez, monsieur, une autre fois! Oh bien, ajoutai-je, nous en verrons bien d'autres. » Personne ne dit mot, ni le régent non plus. Je ne vis jamais homme si piqué ni si embarrassé que M. de Troyes, qui rougit furieusement, et qui la tête basse ne répondit pas un seul mot. Ces deux scènes firent chacune quelque bruit en leur temps; elles ne tenoient en rien au secret du conseil, je ne me contraignis pas de les rendre, ni plusieurs du conseil de régence non plus. M. le duc d'Orléans ne le trouva point mauvais : il fit semblant, ou crut en effet que j'allois trop loin comme M. de Troyes, et fut ou fit le semblant d'être fort surpris quand ma prophétie se vérifia. M. le cardinal de Noailles avoit des audiences de M. le duc d'Orléans assez fréquentes; les prétentions de l'abbé Dubois ne l'avoient pas encore culbuté : la petite vérole dont Paris étoit plein se mit dans l'archevêché, et l'obligea d'en sortir, parce que M. le duc d'Orléans qui voyoit le roi presque tous les jours ne vouloit aucun commerce avec le moindre soupçon de mauvais air. La duchesse de Richelieu, veuve en premières noces de M. de Noailles, frère du cardinal, étoit demeurée en liaison intime avec lui, et fort bien avec tous les Noailles : elle avoit bâti une fort belle maison au bout du faubourg Saint-Germain, qui est aujourd'hui revenue par ricochet aux Noailles : elle y offrit retraite au cardinal qui l'accepta.

Étant chez elle il me proposa un rendez-vous dans son cabinet avec le procureur général qui avoit envie, et lui aussi, que j'entendisse la lecture d'un mémoire qu'il venoit d'achever sur l'affaire de la constitution, et qui n'étoit pas à portée de m'en parler lui-même, parce que les affaires du roi m'avoient refroidi avec lui. J'eus en effet quelque peine à consentir. Enfin je me laissai aller au cardinal, et le rendez-vous fut pris chez la duchesse de Richelieu où il logeoit, pour le surlendemain trois heures après midi. Je m'y rendis, la porte fut bien fermée. Nous étions tous trois seuls, et la lecture dura deux heures. L'objet du mémoire étoit de montrer qu'il n'y avoit aucun moyen de recevoir une bulle qui étoit aussi contraire que l'étoit la constitution *Unigenitus* à toutes les lois de l'Église, et aux maximes et usages du royaume, fondées sur les libertés de l'Église gallicane, qui elles-mêmes ne sont que l'observation des canons et des règles établies de tout temps dans l'Église universelle, et qui n'ont été maintenues dans leur intégrité que dans l'Église de France contre les entreprises de la cour de Rome. Outre l'érudition qui sans affectation étoit répandue dans tout le mémoire, et la beauté de la diction sans recherche d'éloquence, il étoit admirable par le tissu d'une chaîne de preuves dont les chaînons sembloient naître naturellement les uns des autres, qui portoient les preuves de tout le contenu du mémoire dans un ordre qui en faisoit la clarté, et dans un degré qui en formoit une évidence à laquelle il étoit impossible de se refuser. Il étoit d'ailleurs contenu dans toutes les bornes que la primauté de Rome sur toutes les églises pouvoit justement exiger, et dans le respect dû à la dignité et à la personne du pape. La conclusion étoit de lui renvoyer sa bulle après avoir jusqu'alors tenté et cherché inutilement quelque moyen de la pouvoir recevoir, uniquement guidés dans tout le travail qui s'étoit fait là-dessus à marquer la bonne volonté, le désir et le respect pour le saint-siége et pour le pape. Je fus charmé de cette pièce, et je montrai au procureur général dans toute l'étendue de l'impression qu'elle m'avoit faite. Le cardinal de Noailles n'en fut pas moins satisfait. Nous raisonnâmes ensuite avant de nous séparer. Mais le malheur étoit que la religion et la vérité n'étoient pas le gouvernail de cette malheureuse affaire, comme ni l'une ni l'autre n'en avoient été la source du côté de Rome et de ceux qui s'étoient employés à la demander, à la fabriquer, à la soutenir, et à la conduire pour leur ambition au point où nous la voyons, aux dépens de la religion, de la vérité, de la justice, de l'Église et de l'État, de tant de savantes écoles, et de tant d'illustres corps d'ecclésiastiques et de réguliers, enfin d'un peuple immense de saints et de savants particuliers.

L'abbé de Castries, premier aumônier de Mme la duchesse de Berry, et fort bien avec elle et avec Mme la duchesse d'Orléans, qui aimoit fort son frère et sa belle-sœur, qui étoient, comme on l'a vu plus d'une fois, à elle, fut nommé à l'archevêché de Tours. J'y contribuai aussi avec force, et je ne comprends pas pourquoi il en fut besoin au secours de ces deux princesses. Il étoit bien fait et avoit un esprit extrêmement aimable, sage et doux, et fort sûr dans le commerce. Lui et son frère chez qui il demeuroit avoient beaucoup d'amis, et il étoit désiré dans les meilleures compagnies. Cela choqua tellement le feu roi depuis qu'on l'eut infatué de noms inconnus, et de crasse de séminaires pour être maîtres des nominations, et après des évêques, que l'abbé de Castries ne put jamais le devenir. Il fut peu à Tours qui étoit lors fort pauvre quoique un grand siége. Il fut sacré par le cardinal de Noailles avec qui il étoit fort bien, et aussitôt après il entra au conseil de conscience où des deux places destinées à des évêques il n'y en avoit qu'une de remplie par le frère du maréchal de Besons, lors archevêque de Bordeaux. Les chefs de la constitution crièrent beaucoup du consécrateur et de la place. Leurs aboiements n'empêchèrent pas qu'Albi ayant vaqué peu de temps après, ce riche archevêché lui fût donné, en sorte qu'il n'alla jamais à Tours. Longues années depuis il a eu l'ordre du Saint-Esprit, et vit encore fort vieux et adoré dans son diocèse, où il a toujours très-assidûment résidé, tout occupé des devoirs de son ministère. Je fis donner en même temps la petite abbaye d'Andecy à une sœur de Mme de Saint-Simon, religieuse de Conflans près Paris, fort sainte fille, mais qui n'étoit pas faite pour en gouverner une plus grande. Lorsque j'allai le lui apprendre, elle s'évanouit, puis refusa, et ce ne fut qu'à peine qu'on la lui fit accepter. Elle en tomba fort malade et la fut longtemps. Peu de religieuses deviennent abbesses de la sorte.

Boucher, fils d'un secrétaire du chancelier Boucherat, qui s'y étoit fort enrichi, étoit beau-frère de M. Le Blanc, dont la diverse fortune a depuis fait tant de bruit dans le monde. Ils avoient épousé les deux sœurs; Le Blanc pointoit fort auprès de M. le duc d'Orléans. Il en obtint l'intendance d'Auvergne pour son beau-frère, qui étoit président en la cour des aides. Rien de si plaisant que le scandale que les maîtres des requêtes en prirent, et que l'éclat qu'ils osèrent en faire. C'étoit le temps de tout prétendre et de tout oser. Aussi firent-ils les hauts cris d'une place qui leur étoit dérobée, comme si, pour être intendant, il falloit être maître des requêtes, et qu'on n'en eût jamais fait que de leur corps. Ils députèrent au chancelier pour écouter et porter leurs plaintes au régent. Tous deux se moquèrent d'eux et tout le monde aussi.

L'abbé de Saillant mourut médiocrement vieux. Il étoit frère de Saillant, lieutenant général, lieutenant-colonel du régiment des gardes, et commandant à Metz et dans les trois évêchés. C'eut été un honnête homme s'il avoit eu des mœurs. La débauche, l'agrément de l'esprit et la sûreté du commerce lui avoient acquis des amis considérables, le maréchal de Luxembourg entre autres intimement, qui à force de bras lui avoit procuré quelques abbayes. Il en avoit une assez bonne dans Senlis. Je logeois alors dans une maison des jacobins, rue Saint-Dominique, dont la vue étoit sur leur jardin, où j'avois une porte. Le devant de la maison voisine étoit occupé par Fourilles, capitaine aux gardes, qui étoit aveugle, et s'étoit retiré avec un cordon rouge. Je le voyois tous les jours se promener deux et trois heures dans ce jardin des jacobins, conduit par son fils, qui étoit abbé sans ordres ni bénéfices, et qui lui lisoit pendant toute la promenade. Tous deux avoient l'esprit orné, et le père en avoit beaucoup. Cette assiduité me toucha. Je m'informai doucement du jeune homme, car il n'avoit pas vingt ans. Il m'en revint du bien, et qu'il ne quittoit pas son père, à qui il lisoit presque toute la journée. Je ne les connoissois point ni personne de leurs amis; jamais ils n'étoient venus chez moi, pas un de la famille, jamais je n'avois parlé à aucun. Je me mis dans la tête de faire donner cette abbaye de Senlis à un si honnête fils, j'en fis l'histoire à M. le duc d'Orléans, et je l'obtins. Jamais gens plus étonnés qu'ils le furent quand je le leur allai dire. Je me fis un vrai plaisir d'avoir fait récompenser cette piété, et j'eus lieu dans la suite d'en être encore plus content par l'honnête et sage conduite de l'abbé, et par leur reconnoissance.

Mme d'Arco mourut à Paris, où elle donnoit à jouer tant qu'elle pouvoit. Elle s'appeloit étant fille Mlle Popuel, étoit fort belle, et avoit été longtemps maîtresse déclarée, en Flandre, de l'électeur de Bavière, dont elle avoit eu le chevalier de Bavière. Son mari étoit frère du maréchal d'Arco, qui commandoit en chef les troupes de Bavière, et dont il a été fait ici mention quelquefois dans les guerres précédentes.

Le goût, l'exemple et la faveur du feu roi avoit fait de

Paris l'égout des voluptés de toute l'Europe, et le continua longtemps après lui. Outre les maîtresses du feu roi, ses bâtards, ceux de Charles IX, car j'en ai vu une veuve et sa belle-fille, ceux d'Henri IV, ceux de M. le duc d'Orléans, à qui sa régence a fait une immense fortune, les deux branches des deux frères Bourbons, Malause et Busset, les Vertus bâtards du dernier duc de Bretagne, les bâtardes des trois derniers Condé, et jusqu'aux Rothelin, bâtards de bâtards, c'est-à-dire d'un cadet de Longueville, desquels bâtards d'Orléans le dernier est mort de mon temps, et Mme de Nemours sa sœur bien plus tard encore ; Rothelin, dis-je, qui dans ces derniers temps ont osé se croire quelque chose, et l'ont presque persuadé par l'audace d'une couronne de prince du sang qu'ils ont arborée depuis qu'elles sont toutes tombées dans le plus surprenant pillage ; outre ce peuple de bâtards françois, Paris a ramassé les maîtresses des rois d'Angleterre et de Sardaigne, et deux de l'électeur de Bavière, et les nombreux bâtards d'Angleterre, de Bavière de Savoie, de Danemark, de Saxe, et jusqu'à ceux de Lorraine, qui tous y ont fait de riches, de grandes et de rapides fortunes, y ont entassé des ordres, des grades plus que prématurés, une infinité de grâces et de distinctions de toutes sortes, plusieurs des honneurs et des rangs les plus distingués, dont pas un d'eux n'eût été seulement regardé dans aucun autre pays de l'Europe ; enfin jusqu'aux plus infâmes fruits des plus monstrueux incestes et les plus publics, d'un petit duc de Montbéliard, déclarés solennellement tels par le conseil aulique de Vienne, rejetés comme tels par tout l'empire et de toute la maison de Würtemberg, lesquels toutefois ont eu l'audace d'y vouloir faire les princes, et y ont trouvé l'appui d'autres prétendus princes, qui avec l'usurpation du rang, et une naissance légitime et françoise, ne sont pas plus princes qu'eux : de tant d'écumes que la France seule s'est trouvée capable de recevoir, et entre toutes les nations de l'Europe, d'honorer et d'illustrer par-dessus sa première noblesse qui a eu la folie d'y concourir et d'y applaudir la première, il faut pourtant avouer qu'un bâtard d'Angleterre et un autre de Saxe ont rendu de grands services à l'État en commandant glorieusement les armées.

La veille de la Chandeleur nous soupions plusieurs en liberté chez Louville. Un moment après qu'on eut servi le fruit, on vint parler à l'oreille de Saint-Contest, conseiller d'État, qui sortit de table aussitôt. Son absence fut courte; mais il revint si occupé, en nous promettant de nous apprendre de quoi, que nous ne songeâmes plus qu'à sortir de table. Quand nous fûmes rentrés autour du feu, il nous dit la nouvelle. C'est que le chancelier Voysin, soupant chez lui avec sa famille, se portant bien, avoit été tout d'un coup frappé d'une apoplexie, et étoit tombé à l'instant comme mort sur Mme de Lamoignon, Voysin comme lui, et qu'en un mot il n'en avoit pas pour deux heures. En effet, il ne vécut guère au delà, et la connoissance ne lui revint plus. J'ai assez fait connoître ce personnage pour n'avoir rien à y ajouter. La femme de Saint-Contest étoit Le Maistre, de cette ancienne et illustre magistrature de Paris, et sœur de la mère d'Ormesson et de la femme du procureur général sur lequel Saint-Contest porta aussitôt ses désirs. Après ce récit, il nous quitta pour aller l'avertir. Il trouva toute la maison couchée et endormie; en sorte qu'il y retourna le lendemain de bonne heure, et tira le procureur général de son lit. Celui-ci compta si peu que cette grande place pût le regarder, qu'il ne s'en donna pas le moindre mouvement; il s'habilla tranquillement, et s'en alla avec sa femme à sa grand'messe de paroisse à Saint-André des Arcs.

Le duc de Noailles, averti le soir ou dans la nuit, ne négligea pas une si grande occasion de s'avancer vers la place de premier ministre, qui ne cessa jamais de faire l'objet le plus cher de tous ses vœux. De tout temps il étoit ami du procureur général. Le mérite solide du père, la réputation brillante du fils, n'avoient pu échapper aux Noailles qui les avoient tous fort cultivés. Le duc de Noailles ne pouvoit avoir un chancelier plus à son point. Il se persuada de plus qu'il gouverneroit cet esprit doux, incertain, qui se trouveroit comme un aveugle au milieu du bruit et des cabales, et qui se sentiroit heureux qu'un guide tel que le duc de Noailles voulût le conduire. Plein de cette idée qui ne le trompa point, il alla trouver M. le duc d'Orléans comme il sortoit de son lit, et venoit se mettre sur sa chaise percée, l'estomac fort indigeste, et sa tête fort étourdie du sommeil et du souper de la veille, comme il étoit tous les matins en se levant, et du temps encore après. Le duc de Noailles fit sortir le peu de valets qui se trouvèrent là, apprit à M. le duc d'Orléans la mort du chancelier, et dans l'instant bombarda la charge pour d'Aguesseau. Tout de suite il le manda au Palais-Royal, où il se tint jusqu'à son arrivée pour plus grande précaution. Dans cet intervalle, Larochepot, Vaubourg et Trudaine, conseillers d'État, le premier gendre, les deux autres beaux-frères de Voysin, vinrent rapporter les sceaux au régent, qui mit la cassette sur sa table et les congédia avec un compliment. Le messager qui avoit été dépêché à d'Aguesseau ne le trouvant point chez lui, le fut chercher à sa paroisse. Il vint sur-le-champ au Palais-Royal comme M. le duc d'Orléans venoit d'achever de s'habiller, qui avoit demandé son carrosse. D'Aguesseau trouva le duc de Noailles avec M. le duc d'Orléans dans son cabinet, qui, avec les compliments flatteurs dont on accompagne toujours de pareilles grâces, lui déclara celle qu'il lui faisoit. Fort peu après, il sortit de son cabinet, et prenant d'Aguesseau par le bras, il dit à la compagnie qu'ils voyoient en lui un nouveau et très-digne chancelier, et tout de suite, faisant porter la cassette des sceaux devant lui, il alla monter en carrosse avec la cassette et le chancelier. Il le mena aux Tuileries, en fit l'éloge au roi, puis lui présenta la cassette des sceaux sur laquelle le roi mit la main pour la remettre à d'Aguessau, tandis que M. le duc d'Orléans la tenoit.

D'Aguesseau l'ayant reçue de la sorte fut modeste à l'affluence des compliments ; il s'y déroba le plus tôt qu'il put, et s'en alla chez lui avec la précieuse cassette, où tout étoit plein de parents et d'amis en émoi du message de M. le duc d'Orléans, qui, dans l'occurrence de la vacance, avoit fait grand bruit à Saint-André des Arcs et dans tous les quartiers voisins. D'Aguesseau, dans sa surprise, ne vit qu'un étang, et ne se remit que dans son carrosse en allant chez lui seul avec les sceaux. Après les premières bordées qu'il fallut essuyer en y arrivant, il monta chez son frère, espèce de philosophe voluptueux, de beaucoup d'esprit et de savoir, mais tout des plus singuliers. Il le trouva fumant devant son feu en robe de chambre. « Mon frère, lui dit-il en entrant, je viens vous dire que je suis chancelier. » L'autre se tournant : « Chancelier, dit-il ; qu'avez-vous fait de l'autre ? — Il est mort subitement cette nuit. — Oh bien ! mon frère, j'en suis bien aise ; j'aime mieux que vous le soyez que moi. » C'est tout le compliment qu'il en eut. Le duc de Noailles en reçut de beaucoup de gens. Il étoit visible qu'il avoit fait le chancelier, et il étoit bien aise que personne n'en doutât. J'appris cette nouvelle de bonne heure dans la matinée.

J'allai l'après-dînée au Palais-Royal ; M. le duc d'Orléans n'étoit pas remonté de chez Mme la duchesse d'Orléans ; j'y descendis par les cabinets. Je le trouvai au chevet de son lit où elle étoit pour quelque migraine. Il me parla tout aussitôt de la nouvelle du jour. Comme la chose étoit faite, je suivis ma maxime de n'y rien opposer. Je lui dis qu'il ne pouvoit choisir pour cette grande place de magistrat plus savant, plus lumineux, plus intègre, ni dont l'élévation dût être plus approuvée. J'ajoutai seulement que son âge fâcheroit beaucoup de gens qui par le leur n'auroient plus d'espérance, et que je souhaitois que d'Aguesseau oubliât qu'il avoit passé sa vie jusqu'alors dans le parlement, et tout ce dont il s'y étoit imbu, pour ne se souvenir que des devoirs de son office et de sa reconnoissance. L'engouement où la flatterie des applaudissements à ce choix l'avoient mis l'empêcha de sentir le poids de cette parole dont il eut lieu de se souvenir depuis. Dans cet enthousiasme il me demanda avec une sorte d'inquiétude comment j'étois avec lui. J'avois dès le matin pris mon parti dans la seule vue du bien des affaires. Je répondis qu'il pouvoit se souvenir qu'avant la mort du roi, je lui avois proposé, et souvent pressé de chasser Voysin quand il seroit le maître, et de donner les sceaux au bonhomme d'Aguesseau; que le plaidoyer de son fils dans notre procès de préséance contre M. de Luxembourg lui avoit acquis mon cœur et mon estime; que sans commerce par la différence de notre genre de vie, et celle de notre demeure, ces mêmes sentiments étoient demeurés en moi; qu'il étoit vrai qu'ils s'étoient changés en froideur très-marquée depuis l'affaire du bonnet, et ce qui s'étoit passé à l'égard du parlement; mais que dans l'espérance que d'Aguesseau deviendroit en tout chancelier de France, et qu'il se dépouilleroit de ses premiers préjugés, je vivrois avec lui sur ce pied-là pour le bien des affaires, et que, dès ce même jour, j'irois lui faire mes compliments. Je l'exécutai en effet; dont M. le duc d'Orléans me parut fort soulagé et fort aise, et le nouveau chancelier infiniment touché. Sa charge de procureur général fut en même temps donnée à Joly de Fleury, premier avocat général, et le duc de Noailles, qui ne négligeoit pas les moindres choses, se fit donner l'administration des biens de la maison de Saint-Cyr comme une chose de convenance qu'avoit le chancelier Voysin, et prit pour s'en mêler directement sous lui d'Ormesson, maître des requêtes alors, frère de la nouvelle chancelière.

Un chancelier doit être un personnage, et dans une régence il ne se peut qu'il n'en soit un. Celui-là l'a été si longtemps, puisqu'il vit encore, et a été si battu de la fortune dans cette grande place qui sembleroit en être le port et l'asile, que tant de raisons m'engagent à passer sur la règle que je me suis faite de ne m'étendre point sur ceux qui sont encore au monde dans le temps que j'écris.

Il naquit le 26 novembre 1668; avocat général, 12 janvier 1691, à vingt-deux ans et demi; procureur général, 19 novembre 1700 à trente-deux ans; chancelier et garde des sceaux de France, 2 février 1717, à quarante-six ans. Le père de son père étoit maître des comptes, il est bon de n'aller pas plus loin. Ce maître des comptes maria pourtant sa fille au père de MM. d'Armentières et de Conflans, tous deux gendres de Mme de Jussac dont j'ai parlé ailleurs et du bailli de Conflans, avec la petite terre de Puyseux qu'ils en ont encore, et les sœurs du chancelier ont été mariées, longtemps avant qu'il le fût, la cadette à M. Le Guerchois, mort conseiller d'État sans enfants, l'autre à M. de Tavannes, père et mère de M. de Tavannes, lieutenant général et commandant en Bourgogne et chevalier de l'ordre, et de l'archevêque de Rouen, grand aumônier de la reine, ci-devant évêque-comte de Châlons, dont par brevet il a conservé le rang.

D'Aguesseau, de taille médiocre, fut gros, avec un visage fort plein et agréable, jusqu'à ses dernières disgrâces, et toujours avec une physionomie sage et spirituelle, un œil pourtant bien plus petit que l'autre. Il est remarquable qu'il n'a jamais eu voix délibérative avant d'être chancelier, et qu'on se piquoit volontiers au parlement ne ne pas suivre ses conclusions, par une jalousie de l'éclat de la réputation qu'il avoit acquise, qui prévaloit à l'estime et à l'amitié. Beaucoup d'esprit, d'application, de pénétration, de savoir en tout genre, de gravité et de magistrature, d'équité, de piété et d'innocence de mœurs, firent le fonds de son caractère. On peut dire que c'étoit un bel esprit et un homme incorruptible, si on en excepte l'affaire des Bouillon, qui a été racontée (t. VIII, p. 401); avec cela doux, bon, humain, d'un accès facile et agréable, et dans le particulier de la gaieté et de la plaisanterie salée, mais sans jamais blesser personne; extrêmement sobre, poli sans orgueil, et noble sans la moindre avarice, naturellement paresseux, dont il lui étoit resté de la lenteur. Qui ne croiroit qu'un magistrat orné de tant de vertus et de talents, dont la mémoire, la vaste lecture, l'éloquence à parler et à écrire, la justesse jusque dans les moindres expressions des conversations les plus communes, avec les grâces de la facilité, n'eût été le plus grand chancelier qu'on eût vu depuis plusieurs siècles? Il est vrai qu'il auroit été un premier président sublime, il ne l'est pas moins que, devenu chancelier, il fit regretter jusqu'aux d'Aligre et aux Boucherat. Ce paradoxe est difficile à comprendre, il se voit pourtant à l'œil depuis trente ans qu'il est chancelier, et avec tant d'évidence que je pourrois m'en tenir là ; mais un fait si étrange mérite d'être développé. Un si heureux assemblage étoit gâté par divers endroits qui étoient demeurés cachés dans sa première vie, et qui éclatèrent tout à la fois sitôt qu'il fut parvenu à la seconde. La longue et unique nourriture qu'il avoit prise dans le sein du parlement l'avoit pétri de ses maximes et de toutes ses prétentions, jusqu'à le regarder avec plus d'amour, de respect et de vénération que les Anglois n'en ont pour leurs parlements, qui n'ont de commun que le nom avec les nôtres; et je ne dirai pas trop quand j'avancerai qu'il ne regardoit pas autrement tout ce qui émanoit de cette compagnie, qu'un fidèle bien instruit de sa religion regarde les décisions sur la foi des conciles œcuméniques. De cette sorte de culte naissoient trois extrêmes défauts qui se rencontroient très-fréquemment : le premier, qui étoit toujours pour le parlement, quoi qu'il pût entreprendre contre l'autorité royale, ou d'ailleurs au delà de la sienne, tandis que son office, qui le rendoit le supérieur et le modérateur des parlements et la bouche du roi à leur égard, l'obligeoit à les contenir quand il passoit leurs bornes, surtout à leur imposer avec fermeté, quand ils attentoient à l'autorité du roi.

Son équité et ses lumières lui montroient bien l'égarement du parlement à chaque fois qu'il s'y jetoit, mais de le réprimer étoit plus fort que lui. Sa mollesse, secondée de cette sorte de culte dont il l'honoroit, étoit peinée, affligée de le voir en faute; mais de laisser voir qu'il y fût tombé étoit un crime à ses yeux, dont il gémissoit de voir souiller les autres, et dont il ne pouvoit se souiller lui-même. Il mettoit donc tous ses talents à pallier, à couvrir, à excuser, à donner des interprétations captieuses à éblouir sur les fautes du parlement, à négocier avec lui d'une part, avec le régent d'autre, à profiter de sa timidité, de sa facilité, de sa légèreté pour tout émousser, tout énerver en lui, en sorte qu'au lieu d'avoir en ce premier magistrat un ferme soutien de l'autorité royale, et un vrai juge des justices, on en tiroit à peine quelque bégayement forcé qui affoiblissoit encore le peu à quoi il avoit pu se résoudre à peine, et qui donnoit courage, force et hauteur au parlement; et si quelquefois il s'est expliqué avec lui en d'autres termes, ce n'étoit qu'après un long combat, et toujours bien plus foiblement qu'il n'étoit convenu de le faire.

Un second inconvénient étoit l'extension de ce culte particulier du parlement à tout ce qui portoit robe, je dis jusqu'à des officiers de bailliages royaux. Tout homme portant robe devoit selon lui imposer le dernier respect, quoi qu'il fît; on ne pouvoit s'en plaindre qu'avec la dernière circonspection. Les plaintes n'étoient pas écoutées sans de longues preuves juridiquement ordonnées; avec cela même elles étoient rejetées avec grand dommage pour le plaignant, si grand qu'il fût, si elles n'étoient appuyées de la dernière évidence; alors cela lui paroissoit bien fâcheux. Il se tournoit tout entier à sauver l'honneur de la robe, comme si la robe en général étoit déshonorée parce qu'un fripon en étoit revêtu pour son argent. Il proposoit des compositions, des accommodements, et si les plaignants étoient d'une certaine espèce, des désistements pour s'en rapporter à lui; enfin il avoit recours à des longueurs ruineuses qui pouvoient équivaler à des dénis de justice, et toujours l'homme de robe en sortoit au meilleur marché, et surtout le plus blanc qu'il pouvoit, et le plus légèrement tancé. Dans cet esprit, il ne comprenoit pas comment on pouvoit se porter à casser un arrêt du parlement. Il employoit pour l'éviter tous les mêmes manéges, et ce n'étoit qu'après la plus belle défense qu'il souffroit que l'affaire fût portée au bureau des cassations. Ce bureau, composé par lui comme tous les autres du conseil, n'ignoroit pas son extrême répugnance. On peut croire qu'il savoit la ménager, et qu'il falloit des raisons bien claires pour les engager à porter la cassation au conseil, qui à son tour n'avoit pas moins de ménagement que le bureau. Si malgré tout cela l'évidence l'entraînoit, le chancelier, qui ne pouvoit se résoudre à prononcer le blasphème de casser, inventa le premier une autre formule, et prononçoit que l'*arrêt seroit comme non avenu*, encore n'étoit-ce pas sans quelque péroraison de défense, ou de gémissement; or, on voit que cela attaque clairement la justice distributive.

Un autre mal sorti de la même source, c'étoit un attachement aux formes, et jusqu'aux plus petites, si littérale, si précise, si servile que toute autre considération, même de la plus évidente justice, disparoissoit à ses yeux devant la plus petite formalité. Il y étoit tellement attaché, comme à l'âme et à la perpétuité des procès qui sont la source de l'autorité et des biens de la robe, qu'il ne tint pas à lui qu'il ne les introduisît au conseil des dépêches, où jamais on n'en avoit ouï parler, bien loin de s'y arrêter. L'absurdité étoit manifeste. Ce conseil n'est établi que pour juger des différends qui ne peuvent rouler sur des formes, ou des procès qu'il plaît au roi d'évoquer à sa personne, et qu'il juge lui tout seul, parce que là ceux qui en sont n'ont que voix consultative. Il faudroit donc que le roi fût instruit de la forme comme un procureur, ou qu'il jugeât à l'aveugle sur celle des gens qui la sauroient. Or ces gens-là l'ignorent comme nous l'ignorions tous, ou l'ont oubliée comme les secrétaires d'État qui y rapportent, ou du moins qui y opinent quand il y entre un autre rapporteur, et qui n'ont ni le temps ni la volonté de les rapprendre. Le chancelier fit en deux ou trois occasions la tentative d'alléguer les formes au conseil des dépêches; quoique bien avec lui, je l'interrompis autant de fois, je combattis sa tentative, et à chaque fois elle demeura inutile avec un grand regret de sa part qu'il montra fort franchement.

Le long usage du parquet lui avoit gâté l'esprit. Il étoit étendu et lumineux, et orné d'une grande lecture et d'un profond savoir. L'état du parquet est de ramasser, d'examiner, de peser et de comparer les raisons des deux et des différentes parties, car il y en a souvent plusieurs au même procès, et d'étaler cette espèce de bilan, pour m'exprimer ainsi, avec toutes les grâces et les fleurs de l'éloquence devant les juges, avec tant d'art et d'exactitude qu'il ne soit rien oublié d'aucune part, et qu'aucun des nombreux auditeurs ne puisse augurer de quel avis l'avocat général sera avant qu'il ait commencé à conclure. Quoique le procureur général, qui ne donne ses conclusions que par écrit, ne soit pas exposé au même étalage, il est obligé au même examen, à la même comparaison, au même bilan, dans son cabinet, avant de se déterminer à conclure. Cette continuelle habitude pendant vingt-quatre années à un esprit scrupuleux en équité et en formes, fécond en vues, savant en droit, en arrêts, en différentes coutumes, l'avoit formé à une incertitude dont il ne pouvoit sortir, et qui, lorsqu'il n'étoit point nécessairement pressé par quelque limite fixe, prolongeoit les affaires à l'infini. Il en souffroit le premier; c'étoit pour lui un accouchement que se déterminer; mais malheur à qui étoit dans le cas de l'attendre. S'il étoit pressé, par exemple, par un conseil de régence où une affaire se devoit juger à jour pris, il flottoit errant jusqu'au moment d'opiner, étant de la meilleure foi jusque-là tantôt d'un avis, tantôt de l'avis contraire, et opinait après, quand son tour arrivoit, comme il lui venoit en cet instant. J'en rapporterai en son lieu un exemple singulier entre mille autres.

Sa lenteur et son irrésolution s'accordoient merveilleusement à ne rien finir. Un autre défaut y contribuoit encore, c'est qu'il étoit le père des difficultés. Tant de choses diverses se présentoient à son esprit, qu'elles l'arrêtoient. Je l'ai dit du duc de Chevreuse, je le répète ici de ce chancelier, il coupoit un cheveu en quatre. Aussi étoient-ils fort amis. Ce n'étoit pas qu'il n'eût l'esprit fort juste, mais la moindre difficulté l'embarrassoit, et il en cherchoit partout avec le même soin que d'autres en mettent à les lever. Ses meilleurs amis, les affaires qu'il affectionnoit, n'en étoient pas plus exempts que les autres, et ce goût des difficultés devint une plaie pour tout ce qui avoit à passer par ses mains. La vieille duchesse d'Estrées-Vaubrun, qui brilloit d'esprit et qui étoit intimement de ses amies, fut un jour pressée de lui parler pour quelqu'un. Elle s'en défendoit par la connoissance qu'elle avoit de ce terrain si raboteux. « Mais, madame, lui dit ce client, il est votre ami intime. — Il est vrai, répondit-elle ; il faut donc vous dire quel est M. le chancelier : c'est un ami travesti en ennemi. » La définition étoit fort juste. A tant de défauts essentiels, qui pourtant ne venoient pour la plupart que de trop de lumières et de vues, de trop d'habitude du parquet, de la nourriture qu'il avoit uniquement prise dans le parlement, et qui bien [loin] d'attaquer l'honneur et la probité n'étoient grossis que par la délicatesse de conscience, il s'en joignit d'autres qui ne venoient que de sa lenteur naturelle et de trop d'attachement à bien faire : il ne pouvoit finir à tourner une déclaration, un règlement, une lettre d'affaires tant soit peu importante. Il les limoit et les retouchoit sans cesse. Il étoit esclave de la plus exacte pureté de diction, et ne s'apercevoit pas que cette servitude le rendoit très-souvent obscur, et quelquefois inintelligible. Son goût pour les sciences couronnoit tous ces inconvénients. Il aimoit les langues, surtout les savantes, et il se plaisoit infiniment à toutes les parties de la physique et de la mathématique. Il ne laissoit pas encore d'être métaphysicien. Il avoit pour toutes ces sciences beaucoup d'ouverture et de talent; il aimoit à les creuser, et à faire chez lui à huis clos des exercices sur ces différentes sciences avec ses enfants et quelques savants obscurs. Ils y prenoient des points de recherches pour l'exercice suivant, et cette sorte d'étude lui faisoit perdre un temps infini, et désespéroit ceux qui avoient affaire à lui, qui alloient dix fois chez lui sans pouvoir le joindre à travers les fonctions de son office et les amusements de son goût. C'étoit précisément pour les sciences qu'il étoit né. Il est vrai qu'il eût été un excellent premier président, mais à quoi il eût été le plus propre, c'eût été d'être uniquement à la tête de toute la littérature, des Académies, de l'Observatoire, du Collége royal, de la librairie, et c'est où il auroit excellé. Sa lenteur sans incommoder personne, et ses faciles difficultés n'auroient servi qu'à éclaircir les matières, et son incertitude, indépendante alors de la conscience, n'eût tendu qu'à la même fin. Il n'auroit eu affaire qu'à des gens de lettres et point au monde, qu'il ne connut jamais, et dont, à la politesse près, il n'avoit nul usage. Il seroit demeuré éloigné du gouvernement et des matières d'État, où il fut toujours étranger jusqu'à surprendre par une ineptie si peu compatible avec tant d'esprit et de lumières.

En voilà beaucoup, mais encore un coup de pinceau. Le duc de Grammont l'aîné, qui avoit beaucoup d'esprit, m'a conté que se trouvant un matin dans le cabinet du roi à Versailles, tandis que le roi étoit à la messe, et tête à tête avec le chancelier, [il] lui demanda dans la conversation si depuis qu'il étoit chancelier, avec le grand usage qu'il avoit des chicanes et de la longueur des procès, il n'avoit jamais pensé à faire un règlement là-dessus qui les abrégeât et en arrêtât les friponneries. Le chancelier lui répondit qu'il y avoit si bien pensé qu'il avoit commencé à en jeter un règlement sur le papier, mais qu'en avançant il avoit réfléchi au grand nombre d'avocats, de procureurs, d'huissiers que ce règlement ruineroit, et que la compassion qu'il en avoit eue lui avoit fait tomber la plume de la main. Par la même raison il ne faudroit ni prévôts ni archers qui arrêtent les voleurs, et qui les mettent en chemin certain du supplice, dont par cette raison la compassion étoit encore plus grande. En deux mots, c'est que la durée et le nombre des procès fait toute la richesse et l'autorité de la robe, et que par conséquent il les faut laisser pulluler et s'éterniser. Voilà un long article; mais je l'ai cru d'autant plus curieux qu'il fait mieux connaître comment un homme de tant de droiture, de talents et de réputation, est peu à peu parvenu, par être sorti de son centre, à rendre sa droiture équivoque, ses talents pires qu'inutiles, à perdre toute sa réputation, et à devenir le jouet de la fortune.

CHAPITRE IX.

Infamie du maréchal d'Huxelles sur le traité avec l'Angleterre. — Embarras et mesures du régent pour apprendre et faire passer au conseil de régence le traité d'Angleterre. — Singulier entretien, et convention plus singulière, entre M. le duc d'Orléans et moi. — Le traité d'Angleterre porté et passé au conseil de régence. — Étrange malice qu'en opinant j'y fais au maréchal d'Huxelles. — Conseil de régence où la triple alliance est approuvée. — Je m'y oppose en vain à la proscription des jacobites en France. — Brevet de retenue de quatre cent mille livres au prince de Rohan, et survivance à son fils de sa charge des gens d'armes. — Le roi mis entre les mains des hommes. — Présent de cent quatre-vingt mille livres de pierreries à la duchesse de Ventadour. — Survivance du grand fauconnier à son fils enfant. — Famille, caractère et mort de la duchesse d'Albret. — Survivances de grand chambellan et de premier gentilhomme de la chambre aux fils, enfants, des ducs de Bouillon et de La Trémoille, lequel obtient un brevet de retenue de quatre cent mille livres. — Survivance de la charge des chevau-légers au fils, enfant, du duc de Chaulnes, et une augmentation de brevet de retenue jusqu'à quatre cent mille livres. — Survivance de la charge de grand louvetier au fils d'Heudicourt — Survivance inouïe d'aumônier du roi au neveu de l'abbé de Maulevrier. — Étrange grâce pécuniaire au premier président. — Quatre cent mille livres de brevet de retenue à Maillebois sur sa charge de maître de la garde-robe. — Mort de Callières. — Abbé Dubois secrétaire du cabinet du roi avec la plume. — Il procure une visite de M. le duc d'Orléans au maréchal d'Huxelles. — Abbé Dubois entre dans le conseil des affaires étrangères par un rare *mezzo-termine* qui finit sa liaison avec Canillac. — Comte de La Marck ambassadeur auprès du roi de Suède. — J'empêche la destruction de Marly. — J'obtiens les grandes entrées. — Elles sont après prodiguées, puis révoquées. — Explication des entrées.

Le traité entre la France et l'Angleterre, signé, comme on l'a dit, à la Haye, étoit demeuré secret dans l'espérance d'y faire accéder les Hollandois; mais ce secret, qui commençoit à transpirer, ne put être réservé plus longtemps au seul cabinet du régent. Il fallut bien, avant qu'il devînt public, en faire part au conseil de régence, et auparavant au maréchal d'Huxelles, qui devoit le signer et en envoyer la ratification. C'étoit l'ouvrage de l'abbé Dubois et son premier grand pas vers la fortune. Il avoit tellement craint d'y être traversé qu'il avoit obtenu du régent de n'en faire part à personne ; mais je n'ai jamais douté que le duc de Noailles et Canillac, alors ses croupiers, n'en fussent exceptés. Huxelles, jaloux au point où il l'étoit des moindres choses, étoit outré de voir l'abbé Dubois dans toute la confiance, et traiter à Hanovre, puis à la Haye, à son insu de tout ce qu'il s'y passoit. Au premier mot que le régent lui dit du traité il le fut encore davantage, et n'écouta ce qu'il en apprit que pour le contredire. Le régent essaya de le persuader ; il n'en reçut que des révérences, et [Huxelles] s'en alla bouder chez lui. L'affaire pressoit, et l'abbé Dubois, pour sa décharge, vouloit la signature du chef du conseil des affaires étrangères, [à cause] du caractère et du poids que bien ou mal à propos Huxelles avoit su s'acquérir dans le monde. Le régent le manda, l'exhorta, se fonda en raisonnements politiques. Huxelles silencieux, respectueux, ne répondit que par des révérences, et forcé enfin de s'expliquer sur sa signature, il supplia le régent de l'excuser de signer un traité dont il n'avoit jamais ouï parler avant qu'il fût signé à la Haye, et quoi que le régent pût faire et dire, raisons, caresses, excuses, tout fut inutile, et le maréchal s'en retourna chez lui.

Effiat lui fut détaché, qui rapporta que, pour toute réponse, le maréchal lui avoit déclaré qu'il se laisseroit plutôt couper la main que de signer. Le régent, pressé par l'intérêt de l'abbé Dubois, et parce que la nouvelle du traité transpiroit de jour en jour, prit une résolution fort étrange à sa foiblesse accoutumée : il envoya d'Antin, qu'il instruisit du fait, dire au maréchal d'Huxelles de choisir, ou de signer, ou de perdre sa place, dont le régent disposeroit aussitôt en faveur de quelqu'un qui ne seroit pas si farouche que lui. Oh! la grande puissance de l'orviétan! cet homme si ferme, ce grand citoyen, ce courageux ministre qui venoit de déclarer deux jours auparavant qu'on lui couperoit plutôt le bras que de signer, n'eut pas plutôt ouï la menace, et senti qu'elle alloit être suivie de l'effet, qu'il baissa la tête sous son grand chapeau qu'il avoit toujours dessus, et signa tout court sans mot dire. Tout cela avoit trop duré pour être ignoré des principaux de la régence. Le maréchal de Villeroy m'en parla avec dépit. Il étoit piqué aussi du secret qui lui avoit été fait tout entier; et moi, sans vouloir entrer dans le mécontentement commun avec un homme aussi mal disposé pour M. le duc d'Orléans, je ne lui cachai point que j'étois sur ce traité dans la même ignorance. Dubois et les siens me craignoient sur l'Angleterre. Il avoit pris ses précautions contre la confiance que le régent avoit en moi, en sorte qu'alors même, ce prince ne m'avoit point parlé du traité, et que depuis que j'avois su qu'il y en avoit un de signé, je ne lui en avois pas aussi ouvert la bouche. L'affaire du maréchal d'Huxelles fit du bruit, et lui fit grand tort dans le monde. Ou il ne falloit pas aller si loin, ou il falloit avoir la force d'aller jusqu'au bout, et ne se pas déshonorer en signant à l'instant de la menace. Cette aventure le démasqua si bien qu'il n'en est jamais revenu avec le monde. La signature faite, il fut question de montrer le traité au conseil de régence, et de l'y faire approuver. Pas un de ceux qui le composoient n'en avoit su que ce qu'il en avoit appris par le monde; c'est-à-dire qu'il y en avoit un. Cela n'étoit pas flatteur; aussi M. le duc d'Orléans y craignit-il des oppositions et du bruit. Il passa donc la matinée du jour qu'il devoit parler du traité l'après-dînée au conseil de régence à mander séparément l'un après l'autre tous ceux qui le composoient, à le leur expliquer, à les arraisonner, les caresser, s'excuser du secret, en un mot les capter et s'en assurer.

Je fus mandé comme les autres. Je le trouvai seul dans son cabinet sur les onze heures. Dès qu'il m'aperçut : « Au moins, me dit-il en souriant avec un peu d'embarras, n'allez pas tantôt nous faire une pointe sur ce traité d'Angleterre dont on parlera au conseil. » Et tout de suite il me le conta avec toutes les raisons dont il put le fortifier. Je lui répondis que je savois depuis quelques jours, comme bien d'autres qui l'avoient appris par la ville, qu'il y avoit un traité signé avec l'Angleterre; qu'il jugeoit bien que j'ignorois ce qu'il contenoit, puisqu'il ne m'en avoit point parlé; que par conséquent j'étois hors d'état d'approuver et de désapprouver ce qui m'étoit inconnu. J'ajoutai que, pour pouvoir l'un ou l'autre avec connoissance, il faudroit avoir examiné le traité à loisir et les difficultés qui s'y étoient rencontrées, voir l'étendue des engagements réciproques, les comparer, examiner encore l'effet du traité par rapport à d'autres traités, en un mot un travail à tête reposée pour bien peser et se déterminer dans une opinion ; que n'ayant rien de tout cela, et ce qu'il m'en disoit ainsi en courant, et au moment qu'il alloit être porté au conseil, n'étoit pas une instruction dont on pût se contenter; qu'ainsi je ne pouvois rien dire ni pour ni contre, et que je me contenterois de me rapporter d'une chose qui m'étoit inconnue, à son avis, de lui qui en étoit parfaitement instruit. Ce propos, à ce qu'il me parut, le soulagea beaucoup. Il m'étoit arrivé plus d'une fois de m'opposer fortement à ce qu'il vouloit faire passer, en matière d'État aussi bien qu'en d'autres. Un jour que j'avois disputé sur une matière d'État qui entraînoit chose qu'il vouloit faire passer, et que je l'avois emporté au contraire un matin au conseil de régence, j'allai l'après-dînée chez lui. Dès qu'il me vit entrer (et il étoit seul) : « Eh! avez-vous le diable au corps, me dit-il, de me faire peter en la main une telle affaire? — Monsieur, lui répondis-je, j'en suis bien fâché, mais de toutes vos raisons pas une ne valoit rien. — Eh! à qui le dites-vous? reprit-il; je le savois bien; mais devant tous ces gens-là je ne pouvois pas dire les bonnes, » et tout de suite me les expliqua. « Je suis bien fâché, lui dis-je, si j'avois su vos raisons, je me serois contenté de vos raisonnettes. Une autre fois, ayez la bonté de me les expliquer auparavant, parce que, quelque attaché que je vous sois, sitôt que je suis en place assis au conseil, j'y dois ma voix à Dieu et à l'État, à mon honneur et à ma conscience, c'est-à-dire à ce que je crois de plus sage, de plus utile, de plus nécessaire en matières d'État et de gouvernement, ou de plus juste en autres matières, sur quoi ni respect, ni attachement, ni vue d'aucune sorte ne doit l'emporter. Ainsi, avec tout ce que je vous dois et que je veux vous rendre plus que personne, ne comptez point que j'opine jamais autrement que par ce qui me paroîtra. Ainsi, lorsque vous voudrez faire passer quelque chose de douteux ou de difficile, où vous ne voudrez pas tout expliquer, ayez la bonté de me dire auparavant le fait et vos véritables raisons, ou s'il y a trop de longueur et d'explication, de m'en faire instruire; alors, possédant bien la matière, je serai de l'avis que vous désirerez, ou si le mien ne peut s'y ranger, je vous le dirai franchement. Par l'arrêt même intervenu sur la régence, vous avez pouvoir d'admettre et d'ôter qui il vous plaira au conseil de régence, à plus forte raison d'en exclure pour une fois ou pour plusieurs; ainsi, quand bien instruit, je ne pourrai me rendre à ce que vous affectionnerez à faire passer, dites-moi de m'abstenir du conseil le jour que cette affaire y sera portée, et non-seulement je n'en serai point blessé, mais je m'en abstiendrai sous quelque prétexte, en sorte qu'il ne paroisse point que vous l'ayez désiré. Je ne dirai mot sur l'affaire à qui du conseil m'en pourra parler, comme moi l'ignorant ou n'étant pas instruit, et je vous garderai fidèlement le secret. » M. le duc d'Orléans me remercia beaucoup de cette ouverture, me dit que c'étoit là parler en honnête homme et en ami, et, puisque je le voulois bien, qu'il en profiteroit. On verra dans la suite qu'en effet il en profita quelquefois; mais pour ce traité il ne le voulut pas faire, il craignit que cela ne parût affecté, et se contenta comme il put de l'avis que je venois de lui déclarer.

L'après-dînée nous voilà tous au conseil, et tous les yeux sur le maréchal d'Huxelles, qui avoit l'air fort embarrassé et fort honteux. M. le duc d'Orléans ouvrit la séance par un discours sur la nécessité et l'utilité du traité, qu'il dit à la fin au maréchal d'Huxelles de lire. Le grand point entre plusieurs autres, étoit la signature sans les Hollandois. Le maréchal lut à voix basse et assez tremblante; puis le régent lui demanda son avis. « De l'avis du traité, » répondit-il entre ses dents, en s'inclinant. Chacun dit de même. Quand ce vint à moi, je dis que, dans l'impossibilité où je me trouvois de prendre un avis déterminé sur une affaire de cette importance dont j'entendois parler pour la première fois, je croyois n'avoir point de plus sage parti à prendre que de m'en rapporter à Son Altesse Royale, et me tournant tout court au maréchal d'Huxelles que je regardai entre deux yeux, « et aux lumières, ajoutai-je, de M. le maréchal qui est à la tête des affaires étrangères, et qui sans doute a apporté tous ses soins et toute sa pénétration à celle-là. » Je ne pus me refuser cette malice à cet étui de sage de la Grèce et de citoyen romain. Chacun me regarda en baissant incontinent les yeux, et plusieurs ne purent s'empêcher de sourire, et de m'en parler au sortir du conseil.

J'ai retardé le récit de celui-ci, qui fut tenu du vivant de Voysin qui y assista, pour n'en faire pas à deux fois de celui qu'on verra bientôt pour consentir à la triple alliance, c'est-à-dire lorsque la Hollande entra enfin en tiers dans celle dont on vient de parler. Dans le premier, on nous avoit bien parlé de la condition de la sortie du Prétendant d'Avignon pour se retirer en Italie. Cela étoit dur ; mais dès que le parti étoit pris de s'unir étroitement avec le roi d'Angleterre, il étoit difficile qu'il n'exigeât pas cette condition après ce qui s'étoit tenté en Écosse, et il ne l'étoit pas moins de n'y pas consentir si on vouloit établir la confiance. Mais ce qui fut dès lors promis de plus, et qui nous fut déclaré au conseil de la triple alliance, roula sur la proscription des ducs d'Ormond et de Marr, et de tous ceux qui étant jacobites déclarés se tenoient en France ou y voudroient passer. Le régent s'engageoit à faire sortir les premiers de toutes les terres de la domination de France, et de n'y en souffrir aucun des seconds. A quelque distance que ce conseil fût tenu de celui dont on vient de parler, il n'en étoit qu'une suite prévue et désirée même dès lors. Le régent n'en prévint personne, parce qu'il n'y craignoit point d'avis contraire. J'y résistai à l'inhumanité de cette proscription. J'alléguai des raisons d'honneur, de compassion, de convenance sur une chose qui, ne roulant que sur quelques particuliers dont le chef et le moteur étoit bien loin en Italie, ne pouvoit nuire à la tranquillité du roi d'Angleterre, ni lui causer aucune inquiétude. Je fus suivi de plusieurs, de ceux surtout qui opinoient après moi, et il n'y avoit que le chancelier et les princes légitimés et légitimes; mais plusieurs de ceux qui avoient opiné revinrent à mon avis.

Le régent, dont la parole étoit engagée là-dessus dès le premier traité par l'abbé Dubois, parla après nous, loua notre sentiment, regretta de ne pouvoir le suivre, laissa sentir un engagement pris, fit valoir la nécessité de ne pas chicaner sur ce qui ne regardoit que des particuliers, et sur le point de terminer heureusement une bonne affaire, de ne jeter pas inutilement des soupçons dans des esprits ombrageux si susceptibles d'en prendre. Chacun vit bien ce qui étoit; on baissa la tête, et la proscription passa avec le reste, dont pour l'honneur de la couronne, et par mille considérations, j'eus grand mal au cœur. L'abbé Dubois ne tarda pas à revenir triomphant de ses succès, et à en venir presser les fruits personnels. Pour flatter le roi d'Angleterre et se faire un mérite essentiel auprès de lui et de Stanhope, il avoit usé, sur la proscription des jacobites, de la même adresse qui lui avoit si bien réussi à livrer son maître à l'Angleterre. Quelques jours après ce conseil, je ne pus m'empêcher de reprocher à ce prince cette proscription comme une inhumanité d'une part, et une bassesse de l'autre; et à lui faire une triste comparaison de l'éclatante protection que le feu roi avoit donnée aux rois légitimes d'Angleterre jusqu'à la dernière extrémité de ses affaires, dans laquelle même ses ennemis n'avoient pas osé lui proposer la proscription à laquelle Son Altesse Royale s'engageoit dans un temps de paix et de tranquillité. A cela il me répondit qu'il y gagnoit autant et plus que le roi d'Angleterre, parce que la condition étant réciproque, il se mettoit par là en assurance que l'Angleterre ne fomenteroit point les cabales et les desseins qui se pouvoient former contre lui dans tous les temps; qu'elle l'avertiroit au contraire de tout ce qu'elle en pourroit découvrir; et qu'elle ne protégeroit ni ne recevroit aucuns de ceux qui seroient contre lui. A cette réponse je me tus, parce que je reconnus l'inutilité de pousser cette matière plus loin, où je n'eus pas peine à reconnoître l'esprit et l'impression de l'abbé Dubois. Le Prétendant partit en même temps d'Avignon, fort à regret, pour se retirer en Italie.

On apprit de Vienne un événement fort bizarre. Le comte de Widisgratz, président du conseil aulique, et le comte de Schomborn, vice-chancelier de l'empire et coadjuteur de Bamberg, se battirent en duel. Je n'en ai su ni la cause ni les suites; mais cela parut une aventure fort étrange pour des gens de leur âge, et dans les premiers postes des affaires de l'empire et de la cour de l'empereur. Le comte de Konigseck, après quelque séjour à Bruxelles, arriva à Paris avec le caractère d'ambassadeur de l'empereur.

M. le duc d'Orléans fit en ce temps-ci plusieurs grâces, de quelques-unes desquelles il auroit pu se passer, ou [à] gens fort inutiles, ou à d'autres qu'elles ne lui gagnèrent pas. Le maréchal de Matignon avoit acheté autrefois du comte de Grammont le gouvernement du pays d'Aunis, qu'il avoit eu à la mort de M. de Navailles, qui avoit en même temps celui de la Rochelle qu'on en sépara alors. Le maréchal de Matignon en avoit obtenu la survivance pour son fils, de M. le duc d'Orléans. Marcognet, gouverneur de la Rochelle, mourut, qui en avoit dix-huit mille livres d'appointements. Le maréchal de Matignon prétendit que ce gouvernement devoit être rejoint au sien. M. le duc d'Orléans y consentit, et crut en être quitte à bon marché de réduire à six mille francs les appointements de dix-huit mille livres qu'avoit Marcognet. Bientôt après il se laissa aller à en donner aussi la survivance au même fils du maréchal, et finalement d'augmenter le brevet de retenue du maréchal de cent mille francs. Il en avoit eu un du feu roi de cent trente mille livres; ainsi il fut en tout de deux cent trente mille livres, qui est tout ce qu'il en avoit payé au comte de Grammont.

En finissant de travailler avec le chancelier et les cardinaux de Noailles et de Rohan, le régent dit au dernier, qui n'y songeoit seulement pas ni son frère non plus, qu'il donnoit au prince de Rohan quatre cent mille livres de brevet de retenue sur son gouvernement de Champagne, et à son fils la survivance de sa charge de capitaine des gens d'armes. La vérité est que les deux frères en firent des excuses au monde, comme honteux de recevoir des grâces du régent à qui ils étoient tout en douceur, et avoient toujours été diamétralement contraires, ne le furent pas moins, et tournèrent doucement son bienfait en dérision.

En mettant le roi entre les mains des hommes, M. le duc d'Orléans donna pour plus de soixante mille écus de pierreries de la succession de feu Monseigneur à la duchesse de Ventadour, qui n'en fut pas plus touchée de reconnoissance que les Rohan, et qui ne lui étoit pas moins opposée, comme ce prince ne l'ignoroit pas ni d'elle ni d'eux. Ces grâces pouvoient aller de pair avec celles qu'il avoit si étrangement prodiguées à La Feuillade.

Il en fit une au grand fauconnier des Marais, homme obscur qu'on ne voyoit jamais ni lui ni pas un des siens; qui ouvrit la porte à tous les enfants pour les survivances de leur père, en donnant celle du grand fauconnier à son fils, qui n'avoit pas sept ans, sans que personne y eût seulement pensé pour lui. On ne croiroit pas que ce fût par un raffinement de politique. Noailles, Effiat et Canillac avoient enfilé les mœurs faciles du régent à la servitude du parlement. L'abbé Robert étoit un des plus anciens et un des plus estimés conseillers clercs de la grand'chambre, et il étoit frère du défunt père de la femme de des Marais. Le régent crut par là avoir fait un coup de partie qui lui dévoueroit l'abbé Robert et tout le parlement. Ces trois valets, qui le trahissoient pour leur compte, le comblèrent d'applaudissements, et il les aimoit beaucoup, tellement que je le vis dans le ravissement de cette gentillesse, sans avoir pu gagner sur moi la complaisance de l'approuver. On ne tardera pas à voir si j'eus tort, et comment on se trouve de jeter les marguerites devant les pourceaux.

En conséquence d'une grâce si bien appliquée, il n'en put refuser deux pour des enfants à la duchesse d'Albret. Elle étoit fille du feu duc de La Trémoille, cousin germain de Madame, qui l'avoit toujours traité comme tel avec beaucoup d'amitié, et Monsieur avec beaucoup de considération. Sa fille avoit passé sa première jeunesse avec Mme la duchesse de Lorraine et avec M. le duc d'Orléans, qui avoient conservé les mêmes sentiments pour elle. Elle se mourait d'une longue et cruelle maladie, et c'étoit la meilleure femme du monde, la plus naturelle, la plus gaie, la plus vraie, la plus galante aussi, mais qu'on ne pouvoit s'empêcher d'aimer. Elle demanda en grâce à M. le duc d'Orléans de lui donner la consolation avant de mourir de voir la survivance de grand chambellan à son fils aîné, et celle de premier gentilhomme de la chambre de son frère à son neveu. Elle obtint l'une et l'autre, mais je ne sais par quelle raison la dernière ne fut déclarée qu'un peu après sa mort, qui suivit de près ces deux grâces. Le fils de M. de La Trémoille avoit neuf ans, et le père eut en même temps quatre cent mille livres de brevet de retenue.

Après la survivance des gens d'armes, celle des chevau-légers ne pouvoit pas se différer. M. de Chaulnes et tous les siens l'avoient méritée par le contradictoire de la conduite des Rohan à l'égard de M. le duc d'Orléans. Ce prince la lui accorda donc pour son fils qui n'avoit pas douze ans, et une augmentation de cent quatre-vingt mille livres à son brevet de retenue, qui devint par là de quatre cent mille livres.

Le robinet étoit tourné : Heudicourt, vieux, joueur et débauché qui n'avoit jamais eu d'autre existence que sa femme, morte il y avoit longtemps, et qui elle-même n'en avoit aucune que par Mme de Maintenon, obtint pour son fils, mauvais ivrogne, la survivance de sa charge de grand louvetier.

Enfin l'abbé de Maulevrier, dont j'ai quelquefois parlé, imagina une chose inouïe. On a vu qu'après avoir vieilli aumônier du feu roi, il avoit enfin été nommé à l'évêché d'Autun qu'il avoit refusé par son âge. Il étoit demeuré aumônier du roi. Il en demanda hardiment la survivance pour son neveu, et il l'eut aussitôt sans la plus petite difficulté.

Le premier président, qui vouloit jouer le grand seigneur par ses manières et par sa dépense, étoit un panier percé, toujours affamé. Encouragé par l'aventure de la survivance du grand fauconnier, tout valet à tout faire qu'il fût toute sa vie du duc du Maine, au su du public et en particulier de M. le duc d'Orléans, eut l'effronterie de faire à ce prince la proposition que voici. Le feu roi lui avoit donné un brevet de retenue de cinq cent mille livres, et comme rien n'étoit cher de ce qui convenoit aux intérêts du duc du Maine, ce cher fils lui obtint peu après une pension de vingt-cinq mille livres. Ainsi le premier président, qui par son brevet de retenue avoit sa charge à lui pour le même prix qu'elle lui avoit coûté, en eut encore le revenu comme s'il ne l'avoit point payée. La facilité du régent et sa terreur du parlement firent imaginer au premier président de demander au régent de lui faire payer les cinq cent mille livres de son brevet de retenue, en conservant toutefois sa pension, et il l'obtint sur-le-champ. Ainsi il acheva d'avoir sa charge pour rien, et eut vingt-cinq mille livres de rente pour avoir la bonté de la faire. M. et Mme du Maine et lui en rirent bien ensemble. Le reste du monde s'indigna de l'avidité de l'un et de l'excès de la foiblesse de l'autre. Il n'y eut que les trois affranchis du parlement, Noailles, Canillac et d'Effiat, qui trouvèrent cette grâce fort bien placée. Il n'y eut pas jusqu'à Maillebois à qui M. le duc d'Orléans donna un brevet de quatre cent mille livres sur sa charge de maître de la garderobe.

Callières mourut, et ce fut dommage. J'ai parlé ailleurs de sa capacité et de sa probité. Il étoit secrétaire du cabinet et avoit la plume. L'abbé Dubois, qui vouloit dès lors aller à tout, mais qui sentoit qu'il avoit besoin d'échelons, voulut cette charge avec la plume, quoique peu convenable à un conseiller d'État d'Église. Désirer et obtenir fut pour lui la même chose. Il songea aussi à se fourrer dans le conseil des affaires étrangères, comme ces plantes qui s'introduisent dans les murailles et qui enfin les renversent. Il en sentit la difficulté par la jalousie et le dépit qu'en auroit le maréchal d'Huxelles, et par l'embarras de ceux de ce conseil avec lui, depuis cette belle prétention de conseillers d'État si bien soutenue. Il n'étoit pas encore en état de montrer les dents. Pour faire sa cour au maréchal d'Huxelles, qui de honte boudoit et ne sortoit de chez lui que pour le conseil depuis son aventure du traité d'Angleterre, Dubois fit entendre à son maître qu'ayant fait faire au maréchal ce qu'il vouloit, il ne falloit pas prendre garde à la mauvaise grâce ni à la bouderie; que c'étoit un vieux seigneur qui avoit encore sa considération; qu'il se disoit malade; qu'il étoit bon d'adoucir l'amertume d'un homme qui étoit à la tête des affaires étrangères, et dont on avoit besoin, parce qu'on ne pouvoit pas toujours lui cacher tout; et que ce seroit une chose fort approuvée dans le monde, et qui auroit sûrement un grand effet sur le maréchal, s'il vouloit bien prendre la peine de l'aller voir. Il n'en fallut pas davantage à la facilité du régent pour l'y déterminer. Il alla donc chez le maréchal d'Huxelles, et comme la visite n'avoit pour but que de lui passer la main sur le dos, en quoi M. le duc d'Orléans étoit grand maître, il l'exécuta fort bien, et le maréchal, assez sottement glorieux pour être fort touché de cet honneur, se reprit à faire le gros dos. Après ce préambule l'abbé Dubois fut déclaré du conseil des affaires étrangères.

Il alla incontinent chez tous ceux qui en étoient leur protester qu'il n'avoit aucune prétention de préséance. Pour cette fois, il disoit vrai. Il ne vouloit qu'entrer en ce conseil, sans encourir leur mal-grâce, pour les rares et modernes prétentions de gens dont il ne comptoit pas de demeurer le confrère. Mais ils s'alarmèrent. Les *mezzo-termine*, si favoris du régent, furent cherchés pour accommoder tout le monde. Il offrit à l'abbé d'Estrées, à Cheverny et à Canillac des brevets antidatés, qui les feroient conseillers d'État avant l'abbé Dubois, moyennant quoi ils le précéderoient sans que les conseillers d'État pussent s'en plaindre. Cela étoit formellement contraire au règlement du conseil de 1664, qu'on a toujours suivi depuis, qui fixe le nombre des conseillers d'État à trente, savoir : trois d'Église, trois d'épée, et vingt-quatre de robe. Ce nombre alors se trouvoit rempli. Les conseillers d'État ne s'accommodoient point de cette supercherie, ils vouloient une préséance nette. Ces trois seigneurs du conseil des affaires étrangères trouvoient encore plus mauvais de ne précéder l'abbé Dubois que par un tour d'adresse. Néanmoins il leur en fallut à tous passer par là, et Canillac reçut le los, qu'il avoit mérité dès la mort du roi, de l'avoir emporté avec le duc de Noailles sur moi pour la robe, comme je l'ai raconté dans son temps, quand on fit les conseils.

Ce qu'il y eut d'admirable pendant le cours de cette belle négociation, qui dura plusieurs jours, fut que les gens de qualité, à qui la cabale de M. et de Mme du Maine avoit eu soin avec tant d'art, toujours entretenu, de faire prendre les ducs en grippe, se montrèrent, en cette occasion, qui les touchoit si directement, les très-humbles serviteurs de la robe, tant ils montrèrent de sens, de jugement et de sentiment. La jalousie du grand nombre qui ne pouvoit pas trouver place dans les conseils se reput avec un plaisir malin de la mortification des trois du conseil des affaires étrangères, sans faire aucun retour sur eux-mêmes. Je ne dissimulerai pas que j'en pris un peu aussi de voir cette bombe tomber à plomb sur Canillac, par la raison que je viens d'en dire. Il en fut outré plus que pas un des deux autres, et au point que ce fut l'époque du refroidissement entre lui et l'abbé Dubois, qui bientôt après vola assez de ses ailes pour se passer du concours de Canillac, à qui la jalousie, jointe à ce premier refroidissement, en prit si forte qu'elle le conduisit à une brouillerie ouverte avec l'abbé Dubois, qui, à la fin, comme on le verra en son temps, lui rompit le cou et le fit chasser. C'est peut-être le seul bien qu'il ait fait en sa vie.

Le comte de La Marck fut nommé en ce temps-ci ambassadeur auprès du roi de Suède, et ce fut un très-bon choix. C'est le même dont j'ai parlé plus d'une fois, et qui bien longtemps après a été ambassadeur en Espagne, et y a été fait grand d'Espagne et chevalier de la Toison d'or. Il étoit chevalier du Saint-Esprit en 1724.

Je me souviens d'avoir oublié chose qui mérite qu'on s'en souvienne pour la singularité du fait, et que je vais rétablir de peur qu'elle ne m'échappe encore. Une après-dînée, comme nous allions nous asseoir en place au conseil de régence, le maréchal de Villars me tira à part, et me demanda si je savois qu'on alloit détruire Marly. Je lui dis que non, et en effet je n'en avois pas ouï parler, et j'ajoutai que je ne pouvois le croire. « Vous ne l'approuvez donc pas, » reprit le maréchal. Je l'assurai que j'en étois fort éloigné. Il me réitéra que la destruction étoit résolue, qu'il le savoit à n'en pouvoir douter et que, si je la voulois empêcher, je n'avois pas un moment à perdre. Je répondis, [lors] qu'on se mettoit en place, que j'en parlerois incessamment à M. le duc d'Orléans. « Incessamment, reprit vivement le maréchal, parlez-lui-en dans cet instant même, car l'ordre en est peut-être déjà donné. »

Comme tout le conseil étoit déjà assis en place, j'allai par derrière à M. le duc d'Orléans, à qui je dis à l'oreille ce que je venois d'apprendre, sans nommer de qui; que je le suppliois, au cas que cela fût, de suspendre jusqu'à ce que je

lui eusse parlé, et que j'irois le trouver au Palais-Royal
après le conseil. Il balbutia un peu, comme fâché d'être
découvert, et convint pourtant de m'attendre. Je le dis en
sortant au maréchal de Villars, et je m'en allai au Palais-
Royal, où M. le duc d'Orléans ne disconvint point de la
chose. Je lui dis que je ne lui demanderois point qui lui
avoit donné un si pernicieux conseil. Il voulut me le prouver
bon par l'épargne de l'entretien, le produit de tant de conduites d'eau, de matériaux et d'autres choses qui se ven-
droient, et le désagrément de la situation d'un lieu où le roi
n'étoit pas en âge d'aller de plusieurs années, et qui avoit
tant d'autres belles maisons à entretenir avec une si grande
dépense, dont aucune ne pouvoit être susceptible de destruction. Je lui répondis qu'on lui avoit présenté là des raisons
de tuteur d'un particulier, dont la conduite ne pouvoit ressembler en rien à celle d'un tuteur d'un roi de France; qu'il
falloit avouer la nécessité de la dépense de l'entretien de
Marly, mais convenir en même temps que sur celles du
roi c'étoit un point dans la carte, et s'ôter en même temps
de la tête le profit des matériaux, qui se dissiperoit en
dons et en pillage; mais que ce n'étoit pas ces petits objets
qu'il devoit regarder, mais considérer combien de millions
avoient été jetés dans cet ancien cloaque pour en faire un
palais de fées, unique en toute l'Europe en sa forme, unique encore par la beauté de ses fontaines, unique aussi par
la réputation que celle du feu roi lui avoit donnée; que c'é-
toit un des objets de la curiosité de tous les étrangers de
toutes qualités qui venoient en France; que cette destruction retentiroit par toute l'Europe avec un blâme que ces
basses raisons de petite épargne ne changeroient pas; que
toute la France seroit indignée de se voir enlever un orne-
ment si distingué; qu'encore que lui ni moi pussions n'être
pas délicats sur ce qui avoit été le goût et l'ouvrage favori
du feu roi, il devoit éviter de choquer sa mémoire, qui par
un si long règne, tant de brillantes années, de si grands

revers héroïquement soutenus, et l'inespérable fortune d'en être si heureusement sorti, avoit laissé le monde entier dans la vénération de sa personne; enfin qu'il devoit compter que tous les mécontents, tous les neutres même, feroient groupe avec l'ancienne cour pour crier au meurtre; que le duc du Maine, Mme de Ventadour, le maréchal de Villeroy ne s'épargneroient pas de lui en faire un crime auprès du roi, qu'ils sauroient entretenir pendant la régence, et bien d'autres avec eux lui inspirer de le relever contre lui quand elle seroit finie. Je vis clairement qu'il n'avoit pas fait la plus légère réflexion à rien de tout cela. Il convint que j'avois raison, me promit qu'il ne seroit point touché à Marly, et qu'il continueroit à le faire entretenir, et me remercia de l'avoir préservé de cette faute. Quand je m'en fus bien assuré : « Avouez, lui dis-je, que le roi en l'autre monde seroit bien étonné s'il pouvoit savoir que le duc de Noailles vous avoit fait ordonner la destruction de Marly, et que c'est moi qui vous en ai empêché. — Oh! pour celui-là, répondit-il vivement, il est vrai qu'il ne le pourroit pas croire. » En effet, Marly fut conservé et entretenu; et c'est le cardinal Fleury qui, par avarice de procureur de collége, l'a dépouillé de sa rivière, qui en étoit le plus superbe agrément.

Je me hâtai de donner cette bonne nouvelle au maréchal de Villars. Le duc de Noailles qui, outre l'épargne de l'entretien et les matériaux dont il seroit à peu près demeuré le maître, étoit bien aise de faire cette niche à d'Antin, qui avoit osé défendre son conseil du dedans du royaume de ses diverses entreprises, fut outré de se voir arracher celle-ci. Pour n'en avoir pas le démenti complet, il obtint au moins, et bien secrètement de peur d'y échouer encore, que tous les meubles, linges, etc., seroient vendus. Il persuada au régent, embarrassé avec lui de la rétractation de la destruction de Marly, que tout cela seroit gâté et perdu quand le roi seroit en âge d'aller à Marly, qu'en le vendant, on tireroit fort gros et un soulagement présent; et que dans la suite le roi le meubleroit à son gré. Il y avoit quelques beaux meubles, mais comme tous les logements et tous les lits des courtisans, officiers, grands et petits, garde-robes, etc., étoient meublés des meubles, draps, linges, etc. du roi, c'étoit une immensité, dont la vente fut médiocre par la faveur et le pillage, et dont le remplacement a coûté depuis des millions. Je ne le sus qu'après que la vente fut commencée, dont acheta qui voulut à très-bas prix; ainsi je ne pus empêcher cette très-dommageable vilenie.

Parmi une telle prodigalité de grâces, je crus en pouvoir demander une, qui durant le dernier règne avoit [été] si rare et si utile, et par conséquent si chère : ce fut les grandes entrées chez le roi, et je les obtins aussitôt. Puisque l'occasion s'en offre, il est bon d'expliquer ce que sont les différentes sortes d'entrées, ce qu'elles étoient du temps du feu roi, et ce qu'elles sont devenues depuis. Les plus précieuses sont les grandes, c'est-à-dire d'entrer de droit dans tous les lieux retirés des appartements du roi, et à toutes les heures où le grand chambellan et les premiers gentilshommes de la chambre entrent. J'en ai fait remarquer ailleurs l'importance sous un roi qui accordoit si malaisément des audiences, et qui étoient toujours remarquées, à qui, avec ces entrées, on parloit tête à tête, toutes les fois qu'on le vouloit, sans le lui demander, et sans que cela fût su de tout le monde; sans compter la familiarité que procuroit avec lui la liberté de le voir en ces heures particulières. Mais elles étoient réglées par l'usage, et elles ne permettoient point d'entrer à d'autres heures qu'en celles qui étoient destinées pour elles. Depuis que je suis arrivé à la cour jusqu'à la mort du roi, je ne les ai vues qu'à M. de Lauzun, à qui le roi les rendit lorsqu'il amena la reine d'Angleterre et qu'il lui permit de revenir à la cour, et à M. de La Feuillade le père. Les maréchaux de Boufflers et de Villars les eurent longtemps après, par les occasions qui ont été ici marquées en leur temps. C'étoient les seuls qui les eussent par eux-mêmes. Les charges qui les donnent sont : grand chambellan, premier gentilhomme de la chambre, grand maître de la garde-robe, et le maître de la garde-robe en année ; les enfants du roi, légitimes et bâtards, et les maris et les fils de ses bâtardes. Pour Monsieur et M. le duc d'Orléans, ils ont eu de tout temps ces entrées, et comme les fils de France, de pouvoir entrer et voir le roi à toute heure, mais ils n'en abusoient pas. Le duc du Maine et le comte de Toulouse avoient le même privilége, dont ils usoient sans cesse, mais c'étoit par les derrières.

Les secondes entrées, qu'on appeloit simplement les entrées, étoient purement personnelles ; nulle charge ne les donnoit, sinon celle de maître de la garde-robe à celui des deux qui n'étoit point d'année. Le maréchal de Villeroy les avoit parce que son père avoit été gouverneur du roi ; Beringhen, premier écuyer ; le duc de Béthune, par l'occasion que j'en ai rapportée ailleurs. De petites charges les donnoient aussi, qui, n'étant que pour des gens du commun, en faisoient prendre à de plus distingués pour profiter de ces entrées, et ces charges sont les quatre secrétaires du cabinet restées dans le commun, et les deux lecteurs du roi. Dangeau et l'abbé son frère avoient acheté, puis revendu quelque temps après une charge de lecteur et en avoient conservé les entrées. Celles-là étoient appelées au lever longtemps après les grandes, quelque temps avant les autres, mais au coucher elles ne sortoient qu'avec les grandes, d'ailleurs fort inférieures aux grandes dans toute la journée, mais fort commodes aussi les soirs quand on vouloit parler au roi. On a vu dans son lieu quel parti le duc de Béthune en tira, et que sans ce secours il n'auroit jamais été duc et pair. M. le Prince eut ces entrées-là au mariage de M. le Duc avec Mme la Duchesse fille du roi.

Les dernières entrées sont celles qu'on appelle de la chambre ; toutes les charges chez le roi les donnent. Le comte d'Auvergne les avoit ; je n'en ai point vu d'autres ; on ne s'avisoit guère de les désirer. Elles étoient appelées au lever un moment avant les courtisans distingués; d'ailleurs nul privilége que le botter du roi. On appeloit ainsi lorsqu'il changeoit d'habit en allant ou en revenant de la chasse ou de se promener; et à Marly tout ce qui étoit du voyage y entroit sans demander. Ailleurs, qui n'avoit point d'entrées en étoit exclus. Le premier gentilhomme de la chambre avoit droit, et en usoit toujours, d'y faire entrer quatre ou cinq personnes au plus à la fois, à qui il le disoit, ou qui le lui faisoient demander par l'huissier, pourvu que ce fût gens de qualité ou de quelque distinction. Enfin les entrées du cabinet étoient le droit d'y attendre le roi, quand il y entroit après son lever, jusqu'à ce qu'il y eût donné l'ordre pour ce qu'il vouloit faire dans la journée, et de lui faire là sa cour, et quand il revenoit de dehors, où il ne faisoit qu'y passer pour aller changer d'habit; hors cela ces entrées-là n'y entroient point. Les cardinaux et les princes du sang avoient les entrées de la chambre et celles du cabinet, et toutes les charges en chef. Je ne parle point des petites de service nécessaire qui avoient ces différentes entrées, dont le long et ennuyeux détail ne donneroit aucune connoissance de la cour. Outre ces entrées il y en avoit deux autres, auxquelles pas un de ceux qui par charge ou personnellement avoient celles dont on vient de parler, n'étoit admis : c'étoit les entrées de derrière, et les grandes entrées du cabinet. Je n'ai vu personne les avoir que le duc du Maine et le comte de Toulouse, qui avoient aussi toutes les autres, et MM. de Montchevreuil et d'O, pour avoir été leurs gouverneurs, qui les avoient conservées; Mansart, et après lui M. d'Antin, par la charge des bâtiments. Ces quatre-là entroient quand ils vouloient dans les cabinets du roi par les derrières, les matins, les après-dînées quand le roi ne travailloit pas, et c'étoit la plus grande familiarité de toutes et la plus continuelle, et dont ils usoient journellement; mais jamais en aucun lieu où le roi habitât ils n'entroient que par les derrières, et n'avoient aucune des autres entrées dont j'ai parlé auparavant, sinon que ceux qui avoient celles du cabinet les y trouvoient, parce que en entrant par derrière ils y pouvoient être en tout temps, sans pouvoir aussi sortir que par derrière. Avec ces entrées ils se passoient aisément de toutes les autres. Les grandes entrées du cabinet n'avoient d'usage que depuis que le roi sortoit de souper jusqu'à ce qu'il sortît de son cabinet pour s'aller déshabiller et se coucher. Ce particulier ne duroit pas une heure. Le roi et les princesses étoient assis, elles toutes sur des tabourets, lui dans son fauteuil; Monsieur y en prenoit un familièrement aussi, parce que c'étoit dans le dernier particulier. Mme la dauphine de Bavière n'y a jamais été admise, et on a vu en son lieu que Madame ne l'y a été qu'à la mort de Mme la dauphine de Savoie. Il n'y avoit là que les fils de France debout, même Monseigneur et les bâtards et bâtardes du roi, et les enfants et gendres des bâtardes; MM. de Montchevreuil et d'O, et des moments quelques-uns des premiers valets de chambre, et rarement Fagon quelques instants. Chamarande avoit cette entrée comme ayant été premier valet de chambre du roi, en survivance de son père dont il avoit conservé toutes les entrées. Aussi, quoique lieutenant général fort distingué, et fort aimé et considéré dans le monde, qu'il y eût un temps infini que son père avoit vendu sa charge dont lui n'avoit été que survivancier, et qu'il eût été premier maître d'hôtel de Mme la dauphine de Bavière, il ne pût jamais aller à Meudon, parce que en ces voyages ceux qui en étoient avoient l'honneur de manger avec Monseigneur; mais quelquefois il étoit de ceux de Marly, parce que le roi n'y mangeoit qu'avec les dames. Pour revenir au cabinet des soirs, les dames d'honneur des princesses qui étoient avec le roi, ou la dame d'atours de celles qui en avoient, et les dames du palais de jour de Mme la dauphine de Savoie se tenoient dans le premier cabinet, où elles voyoient passer le roi dans l'autre et repasser pour s'aller coucher. La porte d'un cabinet à l'autre demeuroit ouverte, et ces dames s'asseyoient entre elles comme elles vouloient, sur des tabourets hors de l'enfilade. Il n'y avoit que les princes et les princesses qui avoient soupé avec le roi, et leurs dames, qui entrassent par la chambre; tous les autres entroient par derrière où par la porte de glaces de la galerie. A Fontainebleau seulement, où il n'y avoit qu'un grand cabinet, les dames des princesses étoient dans la même pièce qu'elles avec le roi; celles qui étoient duchesses, et la maréchale d'Estrées depuis qu'elle fut grande d'Espagne, étoient assises en rang, joignant la dernière princesse. Toutes les autres, et la maréchale de Rochefort aussi, dame d'honneur de Mme la duchesse d'Orléans, étoient debout, quelquefois assises à terre, dont elles avoient la liberté, et la maréchale comme elles, à qui on ne donnoit point là de carreau pour s'asseoir, comme les femmes des maréchaux de France non ducs en ont chez la reine, où pourtant, je ne sais pourquoi, elles aiment mieux demeurer debout. Ce n'est qu'aux audiences et aux toilettes qu'elles en peuvent avoir, jamais à la chapelle; au dîner et au souper, toujours debout; et elles y vont sans difficulté.

Je fus le premier qui obtins les grandes entrées. D'Antin, qui n'avoit plus l'usage des siennes, les demanda après comme en dédommagement, et les eut. Bientôt après, sur cet exemple et par même raison, elles furent accordées à d'O. On les donna aussi à M. le prince de Conti, seul prince du sang qui ne les eût pas, parce qu'il étoit le seul prince du sang qui ne sortît point de Mme de Montespan. Cheverny et Gamaches, qui les avoient chez le Dauphin père du roi, dont ils étoient menins avant qu'il fût Dauphin, les eurent aussi; et peu à peu la prostitution s'y mit, comme on vient de la voir aux survivances et aux brevets de retenue. On verra dans la suite que l'abbé Dubois, devenu cardinal et premier ministre, profita de cet abus pour en faire rapporter les brevets à tous ceux qui en avoient. Il n'en excepta que le duc de Berwick pour les grandes, et Belle-Ile pour les premières, qui ne les avoient eues que bien depuis. Il s'étoit alors trop tyranniquement rendu le maître de M. le duc d'Orléans pour que je ne les perdisse pas avec tous les autres. De ce règne-ci les entrées par derrière ont disparu ; et les soirées du roi, qui se passent autrement que celles du feu roi, n'ont plus donné lieu à ces grandes entrées du cabinet des soirs. Les autres ont subsisté dans leur forme ordinaire. Je parlerois ici de ces justaucorps à brevet, que peu à peu M. le duc d'Orléans donna à qui en voulut, sans s'arrêter au nombre, et les fit par là tomber tout à fait, si je ne les avois-ici expliqués ailleurs [1].

CHAPITRE X.

Mariage de Mortagne avec Mlle de Guéméné. — Mariage du duc d'Olonne avec la fille unique de Vertilly. — Mariage de Seignelay avec Mlle de Walsassine. — Princes du sang pressent vivement leur jugement, que les bâtards tâchent de différer. — Requête des pairs au roi à fin de réduire les bâtards à leur rang de pairs et d'ancienneté entre eux. — Grand prieur assiste en prince du sang aux cérémonies du jeudi et vendredi saints chez le roi. — Plusieurs jeunes gens vont voir la guerre en Hongrie. — M. le prince de Conti, gouverneur de Poitou, entre au conseil de régence et en celui de la guerre. — M. le Duc prétend que, lorsque le conseil de guerre ne se tient pas au Louvre, il se doit tenir chez lui, non chez le maréchal de Villeroy. — Il est condamné par le régent. — Pelletier-Sousy entre au conseil de régence et y prend la dernière place. — Mme de Maintenon malade fort à petit bruit. — Mort, fortune et caractère d'Albergotti. — Sa dépouille. — Fin et effets de la chambre de justice. — Triple alliance signée à la Haye, qui déplaît fort à l'empereur, qui refuse d'y entrer. — Mouvements de Beretti

1. Voy. notes à la fin du t. XIII ; p. 466.

pour empêcher un traité entre l'Espagne et la Hollande. — Conversation importante chez Duywenworde, puis avec Stanhope. — Mesures de Beretti contre l'union de la Hollande avec l'empereur, et pour celle de la république avec l'Espagne. — Motifs du traité de l'Angleterre avec la France, et du désir de l'empereur de la paix du Nord. — Divisions en Angleterre et blâme du traité avec la France. — Menées et mesures des ministres suédois et des jacobites. — Méchanceté de Bentivoglio à l'égard de la France et du régent. — Étranges pensées prises à Rome de la triple alliance. — Instruction et pouvoir d'Aldovrandi retournant de Rome en Espagne. — Manéges d'Albéroni pour avancer sa promotion. — Son pouvoir sans bornes; dépit et jalousie des Espagnols. — Misères de Giudice. — Vanteries d'Albéroni. — Il fait de grands changements en Espagne. — Politique et mesures entre le duc d'Albe et Albéroni. — Caractère de Landi, envoyé de Parme à Paris. — Vives mesures d'Albéroni pour détourner les Hollandois de traiter avec l'empereur, et les amener à traiter avec le roi d'Espagne à Madrid. — Artificieuses impostures d'Albéroni sur la France. — Il se rend seul maître de toutes les affaires en Espagne. — Fortune de Grimaldo. — Giudice s'en va enfin à Rome. — Mesures d'Albéroni avec Rome. — Étranges impressions prises à Rome sur la triple alliance. — Conférence d'Aldovrandi avec le duc de Parme à Plaisance. — Hauteur, à son égard, de la reine d'Espagne. — L'Angleterre, alarmée des bruits d'un traité négocié par le pape entre l'empereur et l'Espagne, fait là-dessus des propositions à Albéroni. — Sa réponse à Stanhope. — Son dessein. — Son artifice auprès du roi d'Espagne pour se rendre seul maître de toute négociation. — Fort propos du roi d'Espagne à l'ambassadeur de Hollande sur les traités avec lui et l'empereur.

Mortagne, chevalier d'honneur de Madame, dont j'ai parlé quelquefois, avoit une espèce de maison de campagne dans le fond du faubourg Saint-Antoine, où il demeuroit le plus qu'il pouvoit. M. de Guéméné, qui n'aimoit point à marier ses sœurs ni ses filles, et qui ne se corrigeoit point par l'exemple de ses sœurs qui s'étoient enfin mariées sans lui, avoit une de ses filles dans un couvent tout voisin de la maison de Mortagne, lequel avoit fait connoissance avec elle, et pris grande pitié de ses ennuis et de la voir manquer de tout. Il y suppléa par des présents, et l'amitié s'y mit de façon qu'ils eurent envie de s'épouser. Les Rohan jetèrent les hauts cris, car Mortagne, qui étoit un très-galant homme, et qui avoit servi avec distinction, s'appeloit Collin, et n'étoit rien du tout du pays de Liége, comme on l'a dit ici en son lieu. Mortagne ne s'en offensa point. Il leur fit dire que ce n'étoit que par compassion du misérable état de cette fille qui manquoit de tout, qui se désespéroit d'ennui et de misère, et qui avoit trente-cinq ans, qu'il la vouloit épouser; qu'il leur donnoit un an pour la pourvoir; mais que s'ils ne la marioient dans l'année, il l'épouseroit aussitôt après. Ils ne la marièrent point. Ils comptèrent empêcher que Mortagne l'épousât, il se moqua d'eux. La fille fit des sommations respectueuses, et ils se marièrent publiquement dans toutes les règles. Ils ont très-bien vécu ensemble, car il étoit fort honnête homme, et sa femme se crut en paradis. Il en vint une fille, que le fils aîné de Montboissier, capitaine des mousquetaires noirs après Canillac, son cousin, a épousée.

Le duc d'Olonne épousa aussi la fille unique de Vertilly, maréchal de camp, qui avoit été major de la gendarmerie, fort honnête homme et officier de distinction, frère cadet d'Harlus, qui avoit été deux campagnes de suite brigadier de la brigade où étoit mon régiment, desquels j'ai parlé dans les temps. Cette fille étoit riche. C'étoient de bons gentilshommes de Champagne.

Seignelay, troisième fils de M. de Seignelay, ministre et secrétaire d'État, mort dès 1690, quitta le petit collet et se maria à la fille de Walsassine, officier général de la maison d'Autriche dans les Pays-Bas. Il la perdit bientôt après n'en ayant qu'une fille, que Jonsac, fils aîné de celui dont on a vu le combat avec Villette, a épousée. Seignelay se remaria à une fille de Biron avant la fortune de ce dernier.

Tout s'aigrissoit de plus en plus entre les princes du sang et les bâtards. Les premiers vouloient un jugement, et en pressoient le régent tous les jours; les bâtards ne cherchoient qu'à gagner du temps. Les pairs, tout déplorables qu'ils fussent par leur conduite, s'étoient déjà engagés, comme on l'a vu, à se soutenir contre les entreprises sans nombre et sans exemple qu'ils en avoient essuyés sous le poids du dernier règne. Je vis le régent fort peiné de l'empressement journalier des princes du sang, et en même temps fort embarrassé à s'en défendre. Nous ne crûmes donc pas devoir différer de présenter au roi une requête précise, et sa copie au régent, dont le tissu étoit mesuré en termes, mais très-fort sur la chose, et dont voici les conclusions : « A ces causes, sire, plaise à Votre Majesté en révoquant et annulant l'édit du mois de juillet 1714, et la déclaration du 5 mai 1694, en tout son contenu, ensemble l'édit du mois de mai en 1711, en ce qu'il attribue à MM. le duc du Maine et comte de Toulouse et à leurs descendants mâles le droit de représenter les anciens pairs aux sacres des rois, à l'exclusion des autres pairs de France, et qui leur permet de prêter serment au parlement à l'âge de vingt ans. » C'est-à-dire demander précisément qu'ils fussent réduits en tout et partout au rang des autres pairs de France, et parmi eux à celui de leur ancienneté d'érection et de leur première réception au parlement. Après qu'elle eut été rédigée, examinée et approuvée, elle fut signée dans une assemblée générale que nous tînmes chez l'évêque duc de Laon, en l'absence de M. de Reims, qui la signa comme d'autres absents par procuration expresse. Sitôt qu'elle fut signée, MM. de Laon et de Châlons, avec six pairs laïques, allèrent la présenter au roi, auprès duquel le maréchal de Villeroy les introduisit en arrivant; et le roi prit civilement la requête des mains de M. de Laon, qui en deux mots lui dit de quoi il s'agissoit. Il ne répondit rien, car il ne répondit jamais aux princes du sang ni aux bâtards en recevant leurs requêtes. En même temps que ces huit pairs partirent pour se rendre aux Tuileries, l'évêque duc de Langres et les ducs de La Force, de Noailles et de Chaulnes s'en allèrent au Palais-Royal, où M. le duc d'Orléans les attendoit; et les fit entrer en arrivant dans son cabinet, où il les reçut avec ses grâces accoutumées et peu concluantes. Peu de faux frères osèrent se montrer tels en cette occasion. Le duc de Rohan, jamais d'accord avec personne ni avec lui-même, en fut un. Les ducs d'Estrées et Mazarin étoient des excréments de la nature humaine, à qui le reste des hommes ne daignoit parler. Estrées ne parut jamais parmi nous; Mazarin fut mis par les épaules, littéralement, dehors dans une de nos assemblées chez M. de Laon, et depuis cette ignominie sans exemple qu'il mérita tout entière, il n'osa plus s'y présenter. D'Antin se trouvoit dans une situation unique, qui engagea à la considération de ne lui en point parler. Le prince de Rohan devoit trop aux amours de Louis XIV, et avoit trop d'intérêt au désordre, à l'usurpation, à l'interversion de tout ordre, de toute règle, de tout droit pour pouvoir demander à faire rendre justice et à faire compter raison et vertu. Le duc d'Aumont s'étoit si pleinement déshonoré par sa conduite dans l'affaire du bonnet, et si à découvert dans la conférence de Sceaux, comme on l'a vu dans son lieu, que presque aucun de nous ne lui parloit, et qu'il lui coûta peu de mettre, en ne signant point, la dernière évidence aux infamies qu'il avoit dès lors découvertes.

Je ne sais dans quel esprit M. le duc d'Orléans permit une chose fort étrange qui, dans les vives circonstances où on en étoit sur les querelles de rang et les requêtes au roi là-dessus, n'étoit bonne qu'à les échauffer de plus en plus, et à tenter les princes du sang de quelque parti violent. A la connoissance que j'avois de M. le duc d'Orléans, de son humble et respectueuse déférence pour l'audace et les vices effrénés du grand prieur, il ne put lui résister, et pour s'excuser à soi-même, il voulut peut-être se faire accroire que ce trait pourroit enrayer la presse extrême que les princes du sang lui faisoient de juger, dans la défiance que cela leur feroit naître qu'il ne leur seroit pas favorable. Non content de laisser servir le grand prieur à la cène, il lui permit tacitement ce que M. de Vendôme et lui n'avoient jamais ni eu ni osé demander du temps du feu roi, qui fut d'être assis pendant le sermon de la cène avec les princes du sang, le dernier en même rang et honneurs qu'eux. Sur les plaintes qui en furent portées au régent, il montra le trouver mauvais, et promit d'y donner ordre. Il pouvoit dès lors l'empêcher, puisqu'il y étoit. Le lendemain, vendredi saint, le grand prieur parut à l'office du jour à la chapelle en même place et honneurs. M. le duc d'Orléans dit après qu'il l'avoit oublié, mais il ne laissa pas d'ordonner au grand maître des cérémonies de l'écrire sur son registre. Il protesta seulement que cela n'arriveroit plus, et se moqua ainsi des princes du sang, sans nécessité aucune que de complaire à l'insolence d'un audacieux qui sentoit bien à qui il avoit affaire. Je ne voulus pas seulement prendre la peine de lui en parler : c'étoit l'affaire des princes du sang encore plus que la nôtre.

La paix profonde, qui avoit toutes sortes d'apparences de durer longtemps, donna lieu à plusieurs jeunes gens qui n'avoient encore pu voir de guerre, de demander la permission de l'aller chercher en Hongrie. La maison de Lorraine, si foncièrement attachée à celle d'Autriche, en donna l'exemple par le prince de Pons et le chevalier de Lorraine, son frère, qui l'obtinrent, et partirent aussitôt. M. du Maine crut devoir écouter le désir du prince de Dombes, qui l'obtint de même. Alincourt, fort jeune, second fils du duc de Villeroy, y alla aussi, et quelques autres; mais ce zèle des armes devint contagieux. On commença à se persuader qu'à ces âges-là on ne pouvoit se dispenser de suivre cet exemple; ce qui obligea avec raison le régent à défendre que personne lui demandât plus d'aller en Hongrie, et qu'il fit une défense générale d'y aller. M. le prince de Conti voulut faire comme les autres. Il se laissa apaiser par de l'argent. Il acheta de La Vieuville le médiocre gouvernement de Poitou, que M le duc d'Orléans fit payer pour lui par le roi, en mettre les appointements sur le pied des grands gouvernements, et en même temps il le fit entrer au conseil de régence. Quelques jours après, il y fit entrer Pelletier de Sousi, qui n'y venoit que les jours de finance. Quoique très-ancien conseiller d'État, il prit la dernière place après MM. de Troyes, Torcy et Effiat, qui ne l'étoient point, sans que les conseillers d'État en murmurassent. Ce haut et bas de leur part, je ne l'ai point compris, et sitôt après tant de bruit à l'occasion de l'entrée de l'abbé Dubois dans le conseil des affaires étrangères. M. le prince de Conti entra aussi au conseil de guerre, qui se tenoit chez le maréchal de Villars. M. le Duc, qui n'y fut point, le trouva mauvais, et prétendit que, lorsqu'il ne se tenoit point au Louvre, ce devoit être chez lui à l'hôtel de Condé. M. le duc d'Orléans se moqua de cette prétention, et, pour la rendre ridicule, il alla lui-même au conseil de guerre qui se tint chez le maréchal de Villars quelques jours après.

Mme de Maintenon, oubliée et comme morte dans sa belle et opulente retraite de Saint-Cyr, y fut considérablement malade, sans que cela fût presque su, ni que cela fît la moindre sensation sur ceux qui l'apprirent.

Albergotti fut trouvé presque mort le matin par ses valets entrant dans sa chambre, et ne vécut que peu d'heures après. Il avoit des attaques d'épilepsie qu'il cachoit avec grand soin, et il s'en joignit d'apoplexie. Il étoit neveu de Magalotti, Florentin comme lui, qui avoit été capitaine des gardes du cardinal Mazarin, et qui mourut lieutenant général et gouverneur de Valenciennes, duquel j'ai parlé en son temps. Le maréchal de Luxembourg, ami intime de Magalotti, avoit fait d'Albergotti comme de son fils, ce qui l'avoit mis dans les meilleures compagnies de la cour et de l'armée, et l'avoit fort lié avec tout ce qui l'étoit avec M. de Luxembourg, par conséquent avec M. le Duc et M. le prince de Conti, et avec toute la cabale de Meudon, car il savoit s'échafauder et aller de l'un à l'autre. Pour le faire connoître en deux mots, c'étoit un homme digne d'être confident et instrument de Catherine de Médicis. C'est montrer tout à la fois quel étoit son esprit et ses talents, quels aussi son cœur et son âme. Le maréchal de Luxembourg et ses amis, et M. le prince de Conti s'en aperçurent les premiers. Il les abandonna pour M. de Vendôme lors de son éclat avec eux. Albergotti sentit de bonne heure qu'il pointoit à tout. Ses mœurs étoient parfaitement homogènes aux siennes. Il se dévoua à lui pour la guerre, et par lui à M. du Maine, pour la cour. Ceux qu'il déserta le trouvèrent si dangereux qu'ils n'osèrent se brouiller ouvertement avec lui, mais ce fut tout. C'étoit un grand homme sec, à mine sombre, distraite et dédaigneuse, fort silencieux, les oreilles fort ouvertes et les yeux aussi. Obscur dans ses débauches, très-avare et amassant beaucoup; excellent officier général pour les vues et pour l'exécution, mais fort dangereux pour un général d'armée et pour ceux qui servoient avec lui. Sa valeur étoit froide et des plus éprouvées et reconnue, avec laquelle toutefois les affronts les plus publics et les mieux assenés ne lui coûtoient rien à rembourser et à laisser pleinement tomber en faveur de sa fortune. On a vu en son lieu celui qu'il essuya de La Feuillade après le malheur de Turin; et on en pourroit citer d'autres aussi éclatants, sans qu'il en ait jamais fait semblant même avec eux, ni qu'il en soit un moment sorti de son air indifférent et de son silence, à propos duquel je dirai, comme une chose bien singulière, que Mlle d'Espinoy m'a conté que Mme sa mère le menant une fois de Paris à Lille, où elle alloit avec ses deux filles pour ses affaires, personne de ce qui étoit du voyage, ni elles-mêmes, lui dans leur carrosse, ne lui entendirent proférer un seul mot depuis Paris jusqu'à Lille. Il eut l'art de se mettre bien avec tous ceux de qui il pouvoit attendre, et sur un pied fort agréable avec le roi, et le plus honnêtement qu'il pouvoit avec le gros du monde, quoiqu'il n'ignorât d'être haï, et qu'on se défioit beaucoup de lui. Il devint ainsi lieutenant général commandant des corps séparés, chevalier de l'ordre et gouverneur de Sarrelouis. Il avoit outre cela douze mille livres de pension. A cette conduite on peut juger qu'il ne s'étoit jamais donné la peine de s'approcher de M. le duc d'Orléans. Pendant le dernier Marly du roi nous fûmes surpris, Mme de Saint-Simon et moi, de le voir entrer dans sa chambre. Jamais il ne nous avoit parlé. Il y revint trois ou quatre fois de suite avec un air aisé. J'entendis bien, et elle aussi, à quoi nous devions cet honneur. Nous le reçûmes honnêtement, mais de façon qu'il sentît que nous ne serions pas ses dupes. Nous ne le revîmes plus depuis. Il n'étoit point marié, et ne fut regretté de personne. Son neveu eut son régiment royal-italien, qui valoit beaucoup, et Madame fit donner le gouvernement de Sarrelouis au prince de Talmont.

Enfin, quelques jours avant la semaine sainte, le chancelier alla le matin à la chambre de justice la remercier et la finir. Elle avoit duré un an et quelques jours, et coûta onze cent mille francs. Lamoignon s'y déshonora pleinement, et Portail y acquit tout l'honneur possible. Cette chambre fit beaucoup de mal et ne produisit aucun bien. Le mal fut les friponneries insignes, les recélés, les fuites, et le total discrédit des gens d'affaires à quoi elle donna lieu; le peu ou point de bien par la prodigalité des remises qui furent faites sur les taxes, et les pernicieux manéges pour les obtenir. Je ne puis m'empêcher de répéter que je voulois, comme on l'a vu en son lieu, qu'on fît en secret ces taxes par estime fort au-dessous de ce à quoi elles pouvoient monter; les signifier aux taxés en secret, les uns après les autres; les leur faire payer à l'insu de tout le monde et à l'insu les uns des autres, mais en tenir des registres bien sûrs et bien exacts; leur faire croire que, par considération pour eux, on ne vouloit pas les peiner, encore moins les décrier, en leur faisant des taxes publiques; mais qu'il falloit aussi que, en conservant leur honneur et leur crédit, le roi fût aidé. Par cette voie, on le leur auroit laissé tout entier, puni leurs rapines, perçu pour le roi tout ce qui auroit été payé, et ôté toute occasion de frais et de modération de taxes, et de dons sur leur produit, parce que les taxes mêmes auroient été ignorées, par où il se seroit trouvé qu'en taxant, sans proportion, moins qu'on ne fit et sans frais, il en seroit entré infiniment plus dans les coffres du roi qu'il n'y en entra par la chambre de justice. Je voulois en même temps que de ces taxes on payât de la main à la main tous les brevets de retenue existant, quels qu'ils fussent, avec bien ferme résolution de n'en accorder jamais; en payer tous les régiments et toutes les charges militaires, et les principales charges de la cour, même les charges de présidents à mortier, et d'avocats et procureur général du parlement de Paris; rendre toutes ces charges libres, n'en plus laisser vendre aucune ni un seul régiment, et les réserver à toujours en la disposition gratuite du roi, à mesure de leurs vacances. J'y comprenois aussi les gouverneurs généraux et particuliers, et leurs lieutenances. Je parlois sans intérêt, je n'avois ni charge, ni régiment, ni gouvernement de province, ni brevet de retenue. Aussi M. le duc d'Orléans goûta-t-il beaucoup cette proposition; mais le duc de Noailles, se voyant à la tête des finances, en voulut tout le pouvoir et le profit, flatter la robe, et, par un mélange utile à ses affaires de terreur et de débonnaireté, devenir l'effroi, l'espérance ou l'amour de la gent financière qui a des branches fort étendues dans tous les trois états du royaume. Ainsi il lui fallut tout l'appareil d'une chambre de justice, après quoi il ne fut plus question d'un emploi si utile. La facilité inconcevable du régent avoit déjà donné les survivances et les brevets de retenue à pleines mains, sans choix ni distinction quelconque, et voulut continuer cette aveugle prodigalité, comptant ne donner rien et s'attacher tout le monde. Il se trouva qu'il en donna tant que personne de cette multitude ne lui sut aucun gré d'avoir eu ce que tant d'autres en obtenoient sans peine, et que, honteux lui-même de n'avoir rien laissé à disposer au roi, il eut l'imprudence d'autoriser l'ingratitude, en disant qu'il seroit le premier à lui conseiller de ne laisser subsister aucune de ces grâces. On le craignit un temps; mais la rumeur devint si grande, par la multitude des intéressés, qu'on n'osa enfin y toucher.

Enfin, après bien des négociations et des délais, les États généraux se déterminèrent à accéder au traité fait entre la France et l'Angleterre, et le firent signer pour eux à la Haye, le 4 janvier : c'est ce qu'on nomma la triple alliance défensive. Beretti pressoit toujours le pensionnaire Heinsius d'une ligue particulière avec l'Espagne. Heinsius le remettoit jusqu'à ce qu'on vît finir de façon ou d'autre la négociation avec la France, et Beretti attribuoit ces remises à la crainte de déplaire à l'empereur. Cependant, de concert avec le Pensionnaire, il s'adressa au président de semaine, qui lui promit de porter sa proposition à l'assemblée des États généraux, et lui fit espérer qu'elle y seroit bien reçue. Beretti comptoit mal à propos sur l'opposition de la France, quoiqu'il fût certain que l'intérêt et le dessein de cette couronne fussent de faciliter l'alliance de l'Espagne avec les Provinces-Unies, et qu'il n'y eût de puissance en Europe que l'empereur à qui elle pût déplaire. Il ne s'en cachoit pas, ni de son chagrin de la triple alliance. L'Angleterre et la Hollande le pressoient d'y entrer. Il rejeta la proposition des Hollandois avec tant de mépris, que Heinsius, si passionné autrichien toute sa vie, ne pût s'empêcher d'en montrer son dépit à Beretti. A Stanion, chargé des affaires d'Angleterre à Vienne, le prince Eugène répondit qu'il ne voyoit pas l'utilité dont il seroit à l'empereur d'entrer dans un traité qui ne tendoit qu'à confirmer Philippe V sur le trône d'Espagne. La conséquence en étoit si visible que Beretti changea d'avis, et se persuada enfin que la France désiroit que le roi d'Espagne entrât au plus tôt en alliance avec l'Angleterre et la Hollande, non dans la vue des intérêts de l'Espagne, mais de ceux de M. le duc d'Orléans.

Beretti, faute d'instructions de Madrid, n'avoit osé donner au président de semaine un mémoire, selon la coutume, et s'étoit contenté de lui parler. Nonobstant ce défaut de forme, sa proposition avoit été envoyée aux Provinces, et Beretti cherchoit à découvrir les sentiments des personnages principaux. Un jour qu'il alla voir le baron de Duywenworde, il y rencontra le comte de Sunderland, qui venoit d'Hanovre, où le roi d'Angleterre étoit encore. Beretti n'osoit parler devant ce tiers. Duywenworde le tira bientôt de peine. Il dit à Sunderland que le roi d'Espagne proposoit une ligue à sa république; qu'il ne doutoit pas que ce ne fût conjointement avec l'Angleterre, par la liaison qui devoit toujours unir ces deux puissances; et il déclara qu'à cette condition il y concourroit de tout son pouvoir. Beretti répondit que si l'alliance étoit faite avec ces deux puissances, elle en seroit d'autant plus agréable au roi son maître. On s'expliqua de part et d'autre sur l'objet qu'elle devoit avoir. Sunderland et Duywenworde dirent tous deux que le traité avec la France en devoit être le modèle, et la tranquillité de l'Europe le but. Ils ajoutèrent, sans que Beretti s'y attendît, que la garantie s'étendroit seulement sur les États que l'empereur possédoit actuellement; que leurs maîtres avoient pris une ferme résolution de ne pas souffrir que ce prince, déjà trop puissant, s'étendît davantage, qu'il seroit temps qu'il abandonnât ses chimères, et qu'il fît la paix avec le roi d'Espagne; que le bruit couroit qu'elle se négocioit par l'entremise du pape. Là-dessus Sunderland décria fort la foiblesse de cette entremise, l'attachement des parents du pape pour l'empereur; et soutint que, quand même le pape auroit agi en médiateur équitable, l'empereur seroit toujours maître de lui manquer de parole, et qu'il n'en seroit pas de même à l'égard de l'Angleterre et de la Hollande, dont la médiation seroit beaucoup plus sûre et plus juste;

que leur intention étoit de mettre l'Europe en repos; et que le roi d'Espagne en feroit l'épreuve, s'il vouloit se fier à ces deux puissances.

Stanhope, venant d'Hanovre à la Haye, précéda de peu de jours le passage du roi d'Angleterre; il tint à Beretti le même propos. Il s'étendit sur la nécessité de l'union de l'Espagne avec l'Angleterre, sur les malheurs de la dernière guerre qui avoit désolé l'Espagne, dans laquelle il s'étoit trouvé; sur l'ancienne maxime des Espagnols de paix avec l'Angleterre; sur les sentiments du roi d'Angleterre, qui répondoient à ceux du roi d'Espagne; enfin jusqu'à trouver dans ces deux princes une conformité de caractère, et il parla comme Sunderland sur la prétendue négociation du pape. Il promit que, si le roi d'Espagne avoit confiance en lui, il travailleroit de manière qu'il en seroit satisfait; que l'Angleterre forceroit l'empereur à convenir de ce qui seroit juste, ensuite à tenir les conventions faites; que la succession de Parme et de Plaisance seroit assurée à la reine d'Espagne et à don Carlos à l'infini; que les droits du roi d'Espagne sur Sienne seroient maintenus; qu'elle empêcheroit la maison d'Autriche de s'emparer de la Toscane. Enfin Stanhope promit tout ce qui pouvoit plaire le plus au roi et à la reine d'Espagne, où Beretti embellit et augmenta le compte qu'il en rendit. Beretti soupçonna que les ambassadeurs de France, qui étoient à la Haye, n'eussent part à la façon dont Stanhope s'étoit expliqué sur la succession de Parme qui touchoit si personnellement et si sensiblement la reine d'Espagne, pour l'engager, par cet intérêt, à faire entrer le roi son mari dans la triple alliance, par conséquent à confirmer encore plus, en faveur des renonciations, les dispositions faites par le traité d'Utrecht. Il crut voir, par des traits échappés dans la conversation à Stanhope, que l'union entre la France et l'Angleterre n'étoit pas aussi sincère ni aussi étroite de la part des Anglois que le monde se la figuroit. Il étoit confirmé dans cette pensée sur ce que Stanhope s'étoit particulièrement attaché à lui montrer qu'il faisoit une extrême différence, pour la solidité des alliances, entre celle de la France et celle que l'Angleterre contracteroit avec l'Espagne; et que, pour lui faire sentir l'importance de cette confidence, il lui avoit demandé un secret sans réserve à l'égard de tout François, Hollandois et Anglois, et il lui offroit d'entretenir avec lui une correspondance régulière après son retour en Angleterre, d'où il le remit à lui répondre sur la permission qu'il demanda pour le roi d'Espagne de lever trois mille Irlandois.

Beretti, avec ces notions et ces mesures prises, se mit à travailler du côté d'Amsterdam à empêcher les États généraux de presser l'empereur d'entrer dans la ligue. Il les savoit disposés à lui garantir les droits et les États qu'il possédoit en Italie, ce qui étoit fort contraire aux intérêts du roi d'Espagne. Il sut qu'Amsterdam vouloit éloigner cette garantie; c'en étoit assez pour éloigner l'empereur d'entrer dans le traité, et il étoit de l'intérêt du roi d'Espagne de profiter de cette conjoncture pour presser la république de se déterminer sur la proposition qu'il lui avoit faite, qui d'ailleurs étoit mécontente de l'infidélité des Impériaux sur l'exécution du traité de la Barrière. Mais il lui fallut essuyer les longueurs ordinaires du gouvernement de ce pays.

L'Angleterre étoit toujours menacée de forts mouvements. Le nombre des jacobites y étoit toujours grand, nonobstant l'abattement de ce parti; c'est ce qui pressa Georges de se rendre à Londres, sans s'arrêter en Hollande, et ce qui lui fit conclure son traité avec la France, bien persuadé que sa tranquillité au dedans dépendoit de cette couronne, et de la retraite du Prétendant au delà des Alpes. Penterrieder avoit été dépêché de Vienne à Hanovre pour le traverser. Il n'en étoit plus temps à son arrivée. Il fallut se contenter de l'assurance positive qu'il ne contenoit aucun article contraire aux intérêts de la maison d'Autriche, et d'écouter l'applaudissement que se donnoit le roi d'Angleterre des avantages, tant personnels que nationaux, qu'il en tiroit. Penterrieder avoit ordre aussi de travailler à la paix du Nord. L'empereur s'intéressoit à sa conclusion pour tirer facilement des troupes qui étoient employées à cette guerre, pour en grossir les siennes en Hongrie, où il n'étoit plus question que d'ouvrir la campagne de bonne heure.

Le roi d'Angleterre protesta de son désir, en représentant les difficultés infinies qui naissaient des intérêts et des jalousies des confédérés, et sur ce qu'il ignoroit encore ce que les ministres de Suède lui préparoient en Angleterre. La division y étoit grande, non-seulement entre les deux partis toujours opposés, mais dans le dominant, mais entre les ministres, mais dans la famille royale. Le gros blâmoit le traité avec la France, qui désunissoit l'Angleterre, contre son véritable intérêt, d'avec l'empereur. Il le trouvoit inutile, parce [que], ne leur pouvant être bon que par des conditions avantageuses pour le commerce, il n'y en étoit pas dit un mot. La considération du repos de leur royaume ne les touchoit point. Ils disoient que l'Angleterre ne pouvoit demeurer unie qu'autant qu'on lui présenteroit un objet qui lui fît craindre la désunion; que le prétendant étoit cet objet qui, disparaissant, dissiperoit les craintes, dont la fin donneroit lieu aux passions particulières de faire plus de mal que les guerres du dehors. Ainsi ils trouvoient mauvais qu'il y eût une stipulation de secours de la France si l'Angleterre en avoit besoin; parce que, si c'étoit en troupes, la nation n'en vouloit point chez elle d'étrangères; si en argent, le royaume n'en manque pas, et il lui étoit honteux d'en recevoir d'un autre. C'est qu'encore que le parti dominant, qui étoit les whigs, eût toujours été déclaré pour la maison d'Autriche, il s'étoit laissé gagner par le roi Georges et par ses ministres allemands uniquement occupés de la grandeur de la maison d'Hanovre en Allemagne : changement d'autant plus étonnant que le ministère whig souhaitoit peu auparavant que le roi d'Espagne voulût revenir contre ses renonciations, et que l'esprit du parti fût encore le même. Ses adversaires, ravis de les voir divisés, demeuroient spectateurs tranquilles des scènes qui se préparoient à l'ouverture, et pendant les séances du parlement, et dressoient cependant leurs batteries pour déconcerter celles de la cour qui vouloit conserver ses troupes dans la paix la plus profonde, que les torys vouloient faire réformer comme contraires à la liberté de l'Angleterre et fort à charge par la dépense. Ces dispositions achevoient de persuader Georges de l'utilité de son traité avec la France, et de la nécessité de cultiver et de fortifier tant qu'il pourroit cette alliance. Stairs eut ordre de dire que son maître la regardoit comme un prélude à des affaires bien plus importantes et bien plus étendues. Stairs eut ordre aussi d'observer infiniment les démarches du baron de Gœrtz, qui étoit alors à Paris, que le roi d'Angleterre regardoit comme un de ses plus grands ennemis, dont il commençoit à découvrir les intrigues et celles des autres ministres de Suède.

Gyllembourg, envoyé de Suède en Angleterre, qui voyoit de près le mécontentement et les mouvements qui y étoient, persuadé qu'il étoit de l'intérêt de son maître de profiter de ces divisions, suivit avec chaleur les projets qu'il avoit formés pour exciter des troubles en Angleterre, et procurer par là une diversion, la plus favorable que le roi de Suède pût espérer. Il négocioit donc en même temps deux affaires, dont la première, qu'il ne cachoit point, pouvoit contribuer au succès de l'autre, qui devoit être secrète. La première étoit un traité qu'il vouloit faire avec des négociants anglois, pour leur faire porter des blés en Suède et y prendre du fer en échange. Il communiquoit cette affaire à Gœrtz, et tout ce qu'il faisoit aussi pour la seconde, qui étoient les mesures qu'il prenoit avec les jacobites; mais il craignoit, pour le secret d'une affaire si importante, la pénétration de la Hollande, où on savoit jusqu'aux moindres démarches des ministres étrangers. Il étoit averti par ses amis des mesures qu'il falloit prendre et du temps à transporter des troupes suédoises et de l'artillerie sur les côtes d'Écosse ou d'Angleterre. Ils demandoient dix vaisseaux de guerre pour escorter les bâtiments de transport. Il étoit impossible de tenter d'en acheter en Angleterre sans s'exposer à être découvert ; et pour les bâtiments de transport, le danger n'en étoit pas moindre, si on en tiroit un trop grand nombre d'Angleterre en Hollande. L'expédient pour ces derniers fut d'avertir que le roi de Suède feroit vendre dans un certain temps les prises faites par ses sujets dans la mer Baltique, d'engager sous ce prétexte plusieurs négociants de se rendre à Gottembourg, qui y feroit ces emplettes en même temps que leur échange de blé pour du fer. Quelques officiers de marine, qui entroient dans le projet, croyoient, par les raisons de leur métier, que le mois de janvier seroit le plus favorable pour ce transport, et supputoient qu'un bâtiment de trois cents tonneaux pouvoit porter trois cents hommes, et les chevaux à proportion ; mais ils représentoient la nécessité d'appeler en Suède quelques officiers anglois qui connussent les côtes, pour conduire l'expédition. On étoit alors au mois de janvier. On a vu que le roi, étant à Hanovre, avoit ordonné à l'escadre angloise qui étoit à Copenhague d'y demeurer. L'amirauté d'Angleterre, piquée que cela eût été fait sans elle, avoit fait des représentations sur ce séjour, comme contraire au bien de la nation, et avoit en même temps fait disposer des lieux pour y faire hiverner vingt-cinq des plus grands navires d'Angleterre ; par conséquent nulle apparence que de quelques mois cette couronne eût aucun navire en mer.

La difficulté de l'argent étoit la principale. Mais celui qui dirigeoit le projet de la part des Anglois, étant revenu à Londres vers le 15 janvier, dit à Gyllembourg que, sur un ordre du comte de Marr, il avoit fait délivrer en France à la reine douairière d'Angleterre vingt mille pièces pour les Suédois, qu'il avoit fait demander au même comte en quel endroit il feroit payer le reste de la somme; que les amis étoient fort inquiets du bruit qui couroit de la mésintelligence entre le baron Spaar et Gœrtz, et qu'ils avoient appris avec plaisir que Gyllembourg devoit passer en Hollande pour conférer avec Gœrtz. Le compte de ce qui avoit été payé montoit lors à vingt-cinq mille pièces. Gyllembourg en demanda dix mille avant son départ, et une lettre du frère du médecin du czar, pour s'en servir en cas de besoin. On lui promit une bonne somme lorsqu'il passeroit en Hollande; mais Gyllembourg et ceux de l'entreprise étoient également inquiets de l'ordre reçu de remettre l'argent à la reine d'Angleterre en France, au lieu de le remettre à Gyllembourg, suivant le premier plan, et de tirer une quittance signée de lui. Ils craignoient surtout la France, et l'étroite intelligence qui étoit entre le roi d'Angleterre et le régent, qui lui donneroit non-seulement tous les secours promis dans les cas stipulés, mais tous les avis de tout ce qu'il pourroit découvrir pour sa conservation sur le trône.

Bentivoglio, toujours porté au pis sur le régent, et à tout brouiller en France, prétendoit que la fin secrète du traité avec l'Angleterre étoit de former et fortifier en Allemagne le parti protestant contre le parti catholique, et qu'il ne s'agissoit pas seulement de détruire en Angleterre la religion catholique, qu'on devoit regarder désormais comme bannie de ce royaume, mais d'enlever à la maison d'Autriche la couronne impériale, et de la mettre sur la tête d'un protestant. Il menaçoit déjà Rome de suivre le sort des catholiques de l'empire, et de devenir la proie des protestants. Après avoir ainsi intimidé le pape, il l'exhortoit à s'unir plus étroitement que jamais à l'empereur dont l'intérêt devenoit celui de la religion, et, pour avoir lui-même part à ce grand ouvrage, il entretenoit souvent le baron d'Hohendorff, fourbe plus habile que le nonce, et qui lui faisoit accroire que, touché de ses lumières, de son zèle et de ses projets, il envoyoit exactement à Vienne tous les papiers qu'il lui communiquoit. Cette ressource d'union à l'empereur étoit encore la seule que Bentivoglio faisoit envisager à Rome pour soutenir en France l'autorité apostolique, et pour engager le pape aux violences, dont par lui-même Sa Sainteté étoit éloignée. Il l'assuroit que les liaisons seules qu'il pourroit prétendre [étoient] avec les princes catholiques, dans une conjoncture où tous les remèdes palliatifs qu'on n'avoit cessé d'employer malgré ses instances, s'étoient tous tournés en poison contre la saine doctrine et l'autorité de la cour de Rome [1]. Ceux qui la gouvernoient étoient persuadés que sa seule ressource pour sauver son pouvoir, et suivant son langage la religion en France, étoit une liaison parfaite entre le pape et le roi d'Espagne, et le seul moyen d'y conserver la saine doctrine, et la loi de nature. Aubenton étoit exactement instruit de ces sentiments, sur le fidèle et entier dévouement duquel le pape comptoit entièrement. Ce jésuite et Albéroni étoient en même temps avertis par Rome que la triple alliance qui venoit d'être signée ne tendoit qu'au préjudice du roi d'Espagne, et à maintenir la couronne de France dans la ligne d'Orléans; et l'engagement réciproque de maintenir aussi la couronne d'Angleterre dans la ligne protestante étoit traité d'infâme, dont la conclusion étoit que le roi d'Espagne agiroit prudemment de prendre des liaisons avec les Allemands. Telles étoient les dispositions de Rome quand Aldovrandi en partit pour retourner en Espagne. Il eut ordre de passer à Plaisance pour y faciliter le succès de sa négociation par les avis et le crédit du duc de Parme.

L'instruction d'Aldovrandi étoit fort singulière : il emportoit des brefs qui accordoient au roi d'Espagne une imposition annuelle de deux cent mille écus sur les biens ecclésiastiques d'Espagne et des Indes, avec pouvoir d'augmentation

---

1. Cette phrase a été changée et en partie supprimée dans les éditions précédentes.

suivant le besoin, à proportion de ce que ces mêmes biens payoient déjà pour le tribut appelé *sussidio y excusado*. Les ecclésiastiques d'Espagne s'y opposoient au point de tenir à Rome pour cela un chanoine de Tolède appelé Melchior Guttierez, qui pesoit fort au cardinal Acquaviva. Le grand objet du pape étoit d'obtenir l'ouverture de la nonciature à Madrid, depuis si longtemps fermée, et de faire admettre Aldovrandi en qualité de nonce. Il lui enjoignit donc de garder précieusement les brefs d'imposition sur les biens ecclésiastiques, et de ne les délivrer qu'après son admission à l'audience en qualité de nonce, et lui permit en même temps de les délivrer avant de prendre le caractère de nonce, si on insistoit là-dessus. Acquaviva, qui le découvrit, en avertit le roi d'Espagne, et dans la connoissance qu'il avoit du peu de stabilité des résolutions du pape, conseilla de commencer par se faire remettre ces brefs. La promotion d'Albéroni en étoit un autre article que les défiances mutuelles rendoient difficile. Le pape, de peur qu'on ne se moquât de lui après la promotion faite, n'y vouloit procéder qu'après l'accommodement conclu. Albéroni, qui avoit la même opinion du pape, ne vouloit rien finir avant d'être fait cardinal. Pour sortir de cet embarras, Aldovrandi fut chargé de déclarer que, lorsque le pape sauroit, par un courrier qu'il dépêcheroit en arrivant, que les ordres dont il étoit porteur étoient du goût du roi d'Espagne, il feroit aussitôt la promotion d'Albéroni, avant même d'en savoir davantage, ni l'effet de la parole que le roi d'Espagne auroit donnée. Aldovrandi, quelque bien qu'il fût avec Albéroni et Aubenton, y désira des précautions contre ses ennemis; Acquaviva, qui avoit le même intérêt, y manda d'être en garde contre tout ce qui viendroit des François, sur le compte de ce nonce, qu'ils haïssoient comme trop attaché, à leur gré, au parti du roi d'Espagne, à l'égard des événements qui pouvoient arriver en France, avec force broderies, pour appuyer cet avis.

Albéroni avoit déclaré que non-seulement le neveu du

pape, mais que qui que ce fût qu'il voulût envoyer à Madrid, y pouvoit être sûr d'une réception agréable, et du succès des ordres dont il seroit chargé, si sa promotion étoit faite; mais que, s'il arrivoit les mains vides, il n'auroit qu'à s'en retourner aussitôt, et qu'Aldovrandi même n'y seroit pas souffert, quand bien il se réduiroit à demeurer comme un simple particulier sans aucun caractère. Il disoit et il écrivoit qu'il n'y avoit pas moyen d'adoucir une reine irritée par tant de délais trompeurs, qu'il rappeloit tous; il insistoit, comme sur un mépris et un manque de parole insupportables, sur la promotion du seul Borromée, que le pape vouloit faire, et qui étoit dévoué et dépendant de la maison d'Autriche; qu'il donneroit la moitié de son sang, et qu'il n'eût jamais été parlé de sa promotion, tant il prévoyoit de malheurs de cette source; qu'Aubenton étoit exclu d'ouvrir la bouche sur quoi que ce fût qui regardât Rome; qu'il prévoyoit qu'il recevroit incessamment la même défense. Il se prévaloit ainsi de la timidité du pape pour en arracher par effroi ce qu'il désiroit avec tant d'ardeur, et protestoit en même temps de sa reconnoissance, de sa résignation parfaite aux volontés du pape, en y mêlant toujours la crainte des ressentiments d'une princesse vive, dont il tournoit toujours les éloges à faire valoir la confiance dont elle l'honoroit, et son crédit supérieur à toutes les attaques. Sa faveur, en effet, étoit au plus haut point. Il avoit dissipé, anéanti, absorbé tous les conseils; lui seul donnoit tous les ordres, et c'étoit à lui seul que ceux qui servoient au dedans et au dehors les demandoient, et les recevoient. La jalousie étoit extrême de la part des Espagnols qui, grands et petits, se voyoient exclus de tout, et voyoient tous les emplois entre les mains d'étrangers, qui ne tenoient en rien à l'Espagne, et qui n'étoient attachés qu'à la reine et à Albéroni, pour leur fortune et leur conservation.

Giudice ne pouvoit se résoudre à quitter la partie, et quoique accablé des plus grands dégoûts, il ne pouvoit renoncer à l'espérance de se rétablir auprès du roi d'Espagne ; il se vouloit persuader et encore plus au pape, qu'il sacrifioit les peines de sa demeure à Madrid à Sa Sainteté et à sa religion, et lui mandoit sans ménagements de termes tout ce qu'il pouvoit de pis contre Albéroni, Aubenton et Aldovrandi qu'il lui reprochoit de croire plutôt que de consulter le clergé séculier et régulier d'Espagne sur ce qu'il pensoit d'eux, lequel étoit pourtant le véritable appui de l'autorité pontificale dans la monarchie. A la fin ne pouvant plus tenir avec quelque honneur, il résolut de partir, et prit en partant des mesures pour se procurer la faveur du roi de Sicile, et une conférence avec lui en passant.

Albéroni se moquoit de lui publiquement. Il vantoit la forme nouvelle du gouvernement, et les merveilles qu'il avoit déjà opérées dans les finances et dans la marine. Campo Florido, que si longtemps après nous avons vu ici ambassadeur d'Espagne et chevalier du Saint-Esprit, fut fait président des finances ; don André de Paëz, président du conseil des Indes, qui fut fort diminué, et dont encore tous les créoles furent chassés. Le comte de Frigilliana, grand d'Espagne, père d'Aguilar, desquels j'ai parlé plus d'une fois, fut démis de la présidence du conseil d'État, mais on en laissa les appointements à sa vieillesse. Le conseil des Indes, sans la signature duquel celle du roi ne servoit à rien aux Indes, reçut défense de plus rien signer, et celle du roi seul y fut substituée. Le conseil de guerre, dont la présidence fut laissée au marquis de Bedmar, grand d'Espagne et chevalier du Saint-Esprit, de qui j'ai aussi parlé, sans autorité, et le conseil réduit à quatre membres de robe qui ne s'y pouvoient mêler que des choses judiciaires. S'il s'agissoit de faire le procès à des officiers généraux, ils furent réservés au roi d'Espagne ou aux officiers généraux qu'il y commettroit. Les appointements des grands emplois furent fort réduits. Par exemple ceux du président du conseil de Castille ou du gouverneur, qui étoient de vingt-deux mille écus, furent fixés à quinze mille. Les secrétaires du *despacho*[1] furent réduits de dix-huit mille à douze mille écus, et eux exclus de toutes places de conseillers dans les conseils ; le nombre des commis fort réduit, et eux uniquement fixés à leur emploi dans leur bureau. Il joignit en une les deux places de secrétaire de la police et des finances, fit d'autres changements dans les subalternes, et abolit l'abus introduit par le conseil de Castille dans les provinces et dans les villes qui lui payoient quatre pour cent de toutes les sommes qu'elles étoient obligées d'emprunter jusqu'au remboursement de ces sommes.

Albéroni faisoit beaucoup valoir la sagesse et l'utilité de tout ce qu'il faisoit dans l'administration du gouvernement. Il n'en laissoit rien ignorer au duc de Parme, même fort peu des affaires. Quoiqu'il se sentît plus en état de protéger son ancien maître qu'en besoin d'en être protégé, son nom et cette liaison ne lui étoient pas inutiles auprès de la reine d'Espagne. Pour les affaires de Rome, il ne lui en cachoit aucune. Les deux points que cette cour désiroit le plus d'obtenir de l'Espagne étoient que l'escadre promise contre les Turcs se rendît dans le 15 avril, au plus tard, dans les mers de Corfou, et qu'Aldovrandi en arrivant en Espagne y rouvrît la nonciature avec toutes les prérogatives de ses prédécesseurs. Le duc de Parme, intéressé particulièrement à lui plaire, pressoit Albéroni de tout faciliter sur ces deux articles, et pour lui marquer l'intérêt qu'il prenoit en lui, il lui donnoit en ami des conseils pour éviter de nouvelles plaintes du régent. Sa pensée étoit qu'il y avoit des gens auprès de ce prince qui pour leur intérêt particulier cherchoient à le brouiller avec l'Espagne. Enfin, pour aider de tout son pouvoir Albéroni à Paris, il en rappela son envoyé Pichotti qui s'étoit déchaîné contre ce premier ministre, et y envoya l'abbé Landi qui étoit si bien dans son esprit qu'il auroit été

---

1. On a déjà vu plus haut que ce mot désignait la secrétairerie d'État.

précepteur du prince des Asturies sans les réflexions personnelles que la reine fit sur ce choix.

Landi étoit doux et insinuant. Il avoit de l'esprit et des lettres. Il étoit mesuré et de bonne compagnie, mais il avoit été bibliothécaire du cardinal Imperiali, qui étoit une école à devenir aussi passionné autrichien que mauvais françois. Albéroni encore alors ministre public du duc de Parme à Madrid, quoique premier ministre d'Espagne, étoit le confident secret de la reine à l'égard de sa maison, comme sur le gouvernement de l'État, et des chagrins réciproques. Elle et la duchesse sa mère étoient aisées à s'offenser, et le duc de Parme, plus liant et plus doux, étoit souvent embarrassé entre l'une et l'autre, pour des bagatelles domestiques, dont Albéroni l'aidoit à se tirer. Tous deux avoient intérêt à vivre ensemble dans une étroite amitié, et Albéroni avoit soin de lui rendre compte des affaires dont il étoit occupé, et souvent encore des projets qu'il formoit.

Un de ceux qu'il avoit le plus à cœur étoit d'empêcher les Hollandois de faire avec l'empereur une alliance défensive, et de les amener à en conclure une avec le roi d'Espagne, que, pour sa vanité, il vouloit traiter lui-même à Madrid. Il se réjouissoit d'espérer que la triple alliance brouilleroit l'Europe, principalement si elle étoit suivie d'une ligue avec l'empereur. Il ordonnoit à Beretti de déclarer nettement que l'Espagne prendroit ses mesures, si les Provinces-Unies traitoient effectivement avec l'empereur. Quelque médiocre cas qu'il fît de Riperda, il le ménageoit par l'intérêt commun d'attirer la négociation à Madrid, lequel de son côté exagéroit les plaintes de l'Espagne, comme si elle eût cru le traité avec l'empereur entamé, et il se répandit avec ses maîtres en reproches, en avis et en menaces sur leur conduite avec l'Espagne, qui, comptant sur leur amitié, n'avoit pris des mesures avec aucune puissance, et avoit envoyé quatre vaisseaux à la mer du Sud pour en chasser les Français. Beretti eut ordre en même temps de protester contre l'alliance que les États généraux feroient avec l'empereur, et de prendre d'eux son audience de congé dans le moment que la négociation seroit commencée. Albéroni y mêloit ses plaintes particulières; il disoit que le roi d'Espagne auroit raison de lui reprocher la partialité qu'il avoit toujours témoignée pour la Hollande, et les conseils qu'il lui avoit toujours donnés de préférer son alliance à toute autre. Il ajoutoit que leur conduite alloit confirmer des bruits fâcheux répandus contre les principaux du gouvernement, accusés de s'être laissé gagner par trois millions distribués entre eux par la France, pour traiter avec elle, comme elle avoit fait pour acheter la paix d'Utrecht. Il demandoit pourquoi des ministres infidèles n'étoient pas punis, et c'étoit pour éviter un tel inconvénient que le roi d'Espagne vouloit traiter à Madrid, comme quelques particuliers de Hollande, dans la vue de se procurer les mêmes avantages, vouloient traiter à la Haye; que toute idée de négociation s'évanouiroit si la république traitoit avec l'empereur.

Beretti eut ordre de s'expliquer dans les termes les plus forts, et de bien faire entendre que le silence que le roi d'Espagne avoit gardé sur la triple alliance, c'étoit qu'il n'avoit aucun sujet de s'opposer à des traités entre des puissances amies; mais que de leur en voir faire un avec le seul ennemi qu'il eût, ce traité ne pouvoit avoir d'objet que le préjudice et le dommage de la couronne d'Espagne. Il étoit pourtant vrai que cette prétendue tranquillité d'Albéroni sur la triple alliance n'étoit que feinte. Il disoit que les vues et les agitations du régent étoient trop publiques pour être ignorées; qu'en son particulier, il n'avoit qu'à se louer des nouvelles assurances de l'amitié et de la confiance la plus intime, que le régent lui avoit données par le marquis d'Effiat et par le P. du Trévoux, avec les plus fortes protestations de la parfaite opinion de sa probité; mais qu'elles ne le rassuroient pas contre les brouillons dont il étoit environné, quelque attention qu'il voulût prendre pour le rendre content de sa conduite. Telles étoient les impostures et les artificieuses vanteries d'Albéroni.

Toujours inquiet de tous les avis qui pouvoient venir au roi d'Espagne, il fit donner un ordre positif à tous les ministres au dehors de ne plus écrire par la voie du conseil d'État, mais d'adresser à Grimaldo toutes les dépêches. Encore les voulut-il sèches, et que le véritable compte des affaires lui fût adressé par des lettres particulières à lui-même. Grimaldo avoit été présenté au duc de Berwick, en Espagne, pour être son secrétaire espagnol. Il ne le prit pas, parce que lui-même ne savoit pas un mot d'espagnol alors. Orry, qui savoit la langue, le prit, et s'en accommoda fort, par conséquent la princesse des Ursins. Ce fut où Albéroni le connut du temps qu'il étoit en Espagne valet du duc de Vendôme, et après qu'il l'eut perdu, résident, puis envoyé de Parme. Mme des Ursins chassée, Grimaldo demeura obscur dans les bureaux, d'où il fut tiré par Albéroni, à mesure qu'il crût en puissance. Il en fit son principal secrétaire confident pour les affaires. Ce fut lui avec qui je traitai en Espagne, et que j'y trouvai le seul ministre avec qui le roi dépêchoit. Il n'avoit point pris de corruption de ses deux maîtres. Si je parviens jusqu'au temps d'écrire mon ambassade, j'aurai beaucoup d'occasion de parler de lui.

Enfin le cardinal del Giudice, ne pouvant plus tenir en Espagne, en partit le 22 janvier sans avoir pu obtenir la permission de prendre congé du roi et de la reine. Il alla par la Catalogne s'embarquer à Marseille, pour se rendre à Rome par la Toscane.

Le délai opiniâtre de la promotion d'Albéroni excita les plaintes les plus amères du roi et de la reine d'Espagne, et les avis les plus fâcheux à Aldovrandi en chemin vers l'Espagne. Les agents qu'il y avoit laissés désespéroient qu'on l'y laissât rentrer, et du départ de l'escadre. Le premier ministre vouloit intimider le pape comme le plus sûr moyen d'accélérer sa promotion, mais il n'avoit garde de se brouiller avec celui dont il attendoit uniquement toute sa solide grandeur, qu'il ne se pouvoit procurer par aucun autre. Il sentoit aussi que le roi d'Espagne avoit besoin de ménager les favorables dispositions du pape pour lui, qui disoit souvent à Acquaviva qu'il le regardoit comme l'unique soutien de la religion prête à périr en France, uniquement pour l'intérêt particulier du régent, contradictoire à celui du roi d'Espagne, tant il étoit bien informé par Bentivoglio et ses croupiers.

Acquaviva ne cessoit donc d'exhorter le roi d'Espagne de former une liaison étroite avec le pape pour le bien de la religion. Il disoit que les François n'avoient pas souffert moins impatiemment que les Allemands le long séjour d'Aldovrandi à Rome, dans le désir pour l'intérêt personnel du régent, que la discorde eût duré entre les cours de Rome et de Madrid ; qu'on voyoit enfin à découvert que la triple alliance étoit moins contraire à l'empereur qu'au roi d'Espagne ; que le pape en avoit fait porter ses plaintes au régent, et chargé son nonce d'engager les cardinaux de Rohan et de Bissy et les évêques qui avoient le plus de crédit d'appuyer ses remontrances, même les admonitions que Sa Sainteté étoit obligée de lui faire. Elle ne se contenta point de ce que le cardinal de La Trémoille lui put dire sur la triple alliance. Elle vouloit rassembler plusieurs sujets de plaintes. L'abandon du Prétendant en eût été un en forme si elle n'eût pas compris tous les princes catholiques de l'Europe. Le pape se réduisit à la compassion, et à faire assurer la reine sa mère qu'il ne l'abandonneroit point, que ses États lui seroient ouverts, et qu'il souhaitoit de l'y pouvoir recevoir et traiter d'une manière qui répondît à son rang et à sa condition. Rome étoit généralement persuadée que la triple alliance avoit pour premier objet de priver le roi d'Espagne de ses droits ; on y disoit tout haut que trois rois y étoient sacrifiés pour deux injustes successions, l'une

contre la loi divine, l'autre contre la loi de nature. Le pape
en étoit persuadé. Il déploroit l'état de la religion en France,
car la religion à Rome, l'infaillibilité du pape et toutes les
prétentions de cette même cour n'y sont qu'une seule et
même chose. Le pape disoit souvent à Acquaviva qu'il ne
voyoit d'appui pour elle que le roi d'Espagne, et qu'il espéroit aussi que ce seroit par la même main que Dieu la rétabliroit en France dans sa pureté avec les droits de la nature.
Aldovrandi avoit ordre de s'expliquer plus clairement sur
cette matière importante lorsqu'il seroit arrivé à la cour
d'Espagne. Il avoit reçu les instructions et les pouvoirs nécessaires pour terminer les différends des deux cours à leur
satisfaction commune. Le pape, désireux de lier une étroite
union avec le roi d'Espagne, et persuadé que le grand point
des différends étoit les biens patrimoniaux mis sous le nom
d'ecclésiastiques pour les affranchir de tout par l'immunité
ecclésiastique et les contributions du clergé des Indes, avoit
laissé pouvoir à Aldovrandi d'étendre les facultés qu'il lui
avoit données, et de se relâcher autant qu'il le verroit nécessaire pour la satisfaction de la cour d'Espagne, et de se bien
concerter avec le duc de Parme, en passant à Plaisance pour
assurer le succès de sa commission.

Ce nonce exposa donc ses instructions au duc de Parme;
ils convinrent que, puisque le pape ne vouloit point accorder l'imposition perpétuelle sur le clergé, le roi d'Espagne
devait se contenter d'une imposition à temps, fondé sur
l'exemple des premières de cette sorte, qui peu à peu s'é-
toient augmentées, et étoient enfin devenues perpétuelles,
comme ces nouvelles seroient conduites par même voie à
même fin; surtout d'éviter que cette affaire fût remise à une
junte, toujours plus occupée de durer et de former des difficultés que de les aplanir, et de se tirer de l'exemple des
congrégations par dire que le pape n'en avoit fait une là-
dessus que pour s'autoriser contre l'opinion de plusieurs
qui ne vouloient point d'accommodement. A l'égard du prin-

cipal moyen, qui étoit de choses secrètes que le nonce se réservoit à lui-même, et qui très-vraisemblablement regardoit la succession possible de France, il est incertain si Aldovrandi les confia au duc de Parme, mais on sut certainement que ce prince n'oublia rien pour convaincre Albéroni de la nécessité de répondre aux bonnes dispositions du pape, de former avec lui des liaisons stables et perpétuelles, et qu'en général il y avoit lieu d'espérer encore plus pour l'avenir.

Le personnel d'Albéroni ne fut pas oublié dans ces conférences. Aldovrandi proposa au duc de Parme de commettre quelque personne d'autorité à Rome pour y solliciter la promotion d'Albéroni, qui ne dépendoit, suivant les assurances du nonce, que du succès de l'accommodement; et s'il pouvoit en arivant à Madrid promettre positivement au pape la conclusion des différends entre les deux cours, la promotion se feroit à l'arrivée du courrier qu'il dépêcheroit à Rome. Ensuite le duc de Parme pensa à soi; il étoit fort inquiet d'une prétendue négociation qu'on disoit que le pape conduisoit entre l'Espagne et l'empereur. Un petit prince tel que lui avoit fort à se ménager pour ne pas irriter une puissance telle que celle de l'empereur, et ne pas perdre sa considération en Italie en perdant son crédit en Espagne. Il avoit recours aux conseils d'Albéroni pour se conduire dans une conjoncture si délicate. Il comptoit également sur son appui et sur celui de la reine d'Espagne, dont il craignit les bizarreries et la facilité à se fâcher, qu'elle faisoit souvent sentir au duc et même à la duchesse de Parme qui de son côté n'étoit pas moins impérieuse que la reine sa fille. Son prodigieux mariage, qui lui avoit fait oublier sa double bâtardise du pape Innocent III[1] et de l'empereur Charles-

---

1. Le manuscrit de Saint-Simon porte Innocent III; mais c'est une erreur évidente pour Paul III. En effet, Pierre-Louis Farnèse, premier duc de Parme et Plaisance, était fils naturel du pape Paul III. Octave Farnèse, fils et héritier de Pierre-Louis, épousa Marguerite, fille naturelle de Charles-Quint. Ainsi s'explique la double bâtardise dont parle Saint-Simon.

Quint, lui fit trouver fort étrange que le duc de Parme eût osé sans sa participation écouter des propositions de mariage pour le prince Antoine son frère avec une fille du prince de Lichstenstein et deux millions de florins de dot. Le duc de Parme eut beaucoup de peine à l'apaiser et n'osa achever ce mariage.

Les ministres d'Angleterre étoient alarmés aussi de ces bruits d'un traité ménagé par le pape entre l'empereur et le roi d'Espagne. Le roi d'Angleterre vouloit conserver son crédit en Espagne, pour s'autoriser en Angleterre. Stanhope écrivit confidemment à Albéroni que les ambassadeurs de France lui avoient parlé à la Haye des bruits de ce traité; il lui mandoit que si le roi d'Espagne désiroit effectivement de faire la paix avec l'empereur, l'Angleterre et la Hollande lui offriroient non-seulement leur médiation, mais encore leur garantie du traité, engagement que la foiblesse, le caractère et l'éloignement du pape ne lui pouvoient laisser prendre, et que les deux nations exécuteroient aisément. Il offroit encore les mesures nécessaires pour empêcher l'empereur de s'emparer des États du grand-duc. Albéroni répondit que le roi d'Espagne étoit très-sensible à ces propositions, qu'il ne croyoit pas que le pape eût entamé rien à Vienne, que Sa Majesté Catholique ne s'éloigneroit jamais de contribuer à mettre l'équilibre dans l'Europe, et qu'en toutes occasions elle donneroit des marques de sa modération.

Albéroni vouloit voir de quelle manière Stanhope s'expliqueroit sur cette réponse générale. Beretti avoit déjà donné le même avis du prétendu traité par le pape, mais sans parler des ambassadeurs de France, circonstance essentielle en toute affaire où l'Espagne prenoit quelque intérêt. Albéroni disoit que le principal embarras pour le roi d'Espagne étoit à l'égard des futurs contingents, véritable centre où tendoient toutes les lignes qu'on tiroit de tous les côtés, qu'il ne se mettoit point en peine des alliances, parce que Riperda l'assuroit que les Hollandois n'en feroient point avec l'empereur; que le roi d'Espagne savoit que les Anglois vouloient s'allier avec lui, et que, comme il savoit aussi qu'il n'y avoit rien de la prétendue négociation du pape à Vienne, il vouloit mûrement examiner les conditions et les engagements à prendre et à demander dans les traités à conclure avec l'Angleterre et la Hollande. Beretti étoit lors celui de tous ceux que l'Espagne employoit au dehors qui avoit le plus la confiance d'Albéroni; il en eut ordre de dresser un projet le plus convenable qu'il jugeroit pour servir de règle à la négociation que l'Espagne vouloit faire avec la Hollande et l'Angleterre. Albéroni y vouloit un grand secret et la diriger lui-même. Il avoit persuadé à Leurs Majestés Catholiques que cette négociation ayant une liaison nécessaire avec les événements qui pouvoient arriver en France, il n'y avoit que lui seul qui dût en avoir la confiance; qu'il falloit se défier de tout Espagnol, qui tous auroient des motifs particuliers de se conduire contre les intentions et l'intérêt du roi d'Espagne.

Ce prince ennuyé de la lenteur des États généraux à se déterminer sur l'alliance qu'il leur avoit fait proposer et des bruits qui couroient de leur dessein de traiter avec l'empereur, dit à leur ambassadeur qui le suivoit à sa promenade dans les jardins du Retiro, qu'il ne pouvoit comprendre l'empressement que ses maîtres témoignoient de s'allier avec le seul ennemi qu'il eût, sans se souvenir de toutes les démarches qu'il avoit faites pour les convaincre de son amitié, jusqu'à se porter aveuglément à tout ce qu'ils avoient voulu; et comme les expressions latines lui étoient familières, il ajouta celles-ci : *Patientia fit tandem furor.* Riperda venoit alors de recevoir des ordres de sa république qui protestoit de son intention d'entretenir une vraie bonne intelligence avec le roi d'Espagne, et de lui donner en toutes occasions des témoignages de leur respect. Il s'en servit dans sa réponse qui apaisa le roi d'Epagne.

CHAPITRE XI.

Le roi d'Angleterre à Londres. — Intérieur de son ministère. — Ses mesures. — Gyllembourg, envoyé de Suède, arrêté. — Son projet découvert. — Mouvement causé par cette action parmi les ministres étrangers et dans le public. — Mesures du roi d'Angleterre et de ses ministres. — L'Espagne, à tous hasards, conserve des ménagements pour le Prétendant. — Castel-Blanco. — Le roi de Prusse se lie aux ennemis du roi d'Angleterre. — Les Anglois ne veulent point se mêler des affaires de leur roi en Allemagne. — Gœrtz arrêté à Arnheim et le frère de Gyllembourg à la Haye, par le crédit du Pensionnaire. — Sentiment général des Hollandois sur cette affaire. — Leur situation. — Entrevue du Prétendant, passant à Turin, avec le roi de Sicile, qui s'en excuse au roi d'Angleterre. — Cause de ce ménagement. — Réponse ferme de Gœrtz interrogé en Hollande. — L'Angleterre et la Hollande communiquent la triple alliance au roi d'Espagne. — Soupçons, politique et feinte indifférence de ce monarque. — Mauvaise santé du roi d'Espagne. — Burlet, premier médecin du roi d'Espagne, chassé. — Craintes de la reine d'Espagne et d'Albéroni. — Ses infinis artifices pour hâter sa promotion. — Clameurs de Giudice contre Aldovrandi, Albéroni et Aubenton. — Angoisses du pape entraîné enfin. — Il déclare Borromée cardinal seul et sans ménagement pour Albéroni. — Mesures et conseils d'Acquaviva et d'Alexandre Albani à Albéroni. — Nouveaux artifices d'Albéroni pour hâter sa promotion, ignorant encore celle de Borromée. — Albéroni fait travailler à Pampelune et à la marine; fait considérer l'Espagne; se vante et se fait louer de tout; traite froidement le roi de Sicile; veut traiter à Madrid avec les Hollandois. — Journées uniformes et clôture du roi et de la reine d'Epagne. — Albéroni veut avoir des troupes étrangères; hait Montéléon. — Singulière et confidente conversation de Stanhope avec Montéléon. — Dettes et embarras de l'Angleterre. — Mesures contre la Suède. — Conduite d'Albéroni à l'égard de la Hollande. — Le Pensionnaire fait à Beretti une ouverture de paix entre l'empereur et le roi d'Espagne. — L'Angleterre entame une négociation à Vienne pour la paix entre l'empereur et le roi d'Espagne. —

Lettre de Stanhope à Beretti, et de celui-ci à Albéroni. — Son embarras. — Ordres qu'il en reçoit et raisonnement. — Vues et mesures de commerce intérieur et de politique au dehors d'Albéroni. — Angoisses du roi de Sicile éconduit par l'Espagne. — Venise veut se raccommoder avec le roi d'Espagne.

Le roi d'Angleterre, en arrivant à Londres, avoit donné ses premiers soins à réunir ses principaux ministres qui ne songeoient qu'à s'entre-détruire. Towsend avoit promis d'accepter la vice-royauté d'Irlande, et d'y demeurer trois ans si le roi ne le rappeloit auparavant; Methwen avoit été fait second secrétaire d'État. Le département du sud lui avoit été donné, quoique ce fût celui du premier, pour laisser le nord à Stanhope et le soin des affaires d'Allemagne, qui touchoient le roi d'Angleterre bien plus que toutes les autres par rapport à ses États patrimoniaux. Le parlement avoit été prorogé jusqu'au 20 février (vieux style), pour avoir le temps de disposer la nation à la conservation des troupes, dont on ne seroit pas venu à bout si les ministres qui venoient de découvrir le projet des ministres de Suède n'eussent fait alors éclater la conspiration. Gyllembourg, envoyé de Suède, fut arrêté dans sa maison à Londres, le 9 février à dix heures du soir. Vingt-cinq grenadiers posés à sa porte eurent ordre d'empêcher que personne pût lui parler : on rompit ses cabinets et ses coffres; ses papiers furent enlevés sans inventaire et sans scellé; on répandit dans le public que le complot avoit été découvert par trois lettres que Gœrtz écrivoit à Gyllembourg, avec ses réponses, et le chiffre dont ils se servoient; qu'on y avoit vu le projet d'une descente à faire en Écosse; que Gœrtz avoit déjà touché cent mille florins en Hollande, depuis dix mille livres sterling à Paris; que Gyllembourg avoit reçu vingt mille livres sterling à Londres.

Presque tous les ministres étrangers qui étoient à Londres sentirent les conséquences de cet arrêt pour leur propre sûreté, et s'assemblèrent chez Montéléon, ambassadeur d'Espagne, pour en délibérer. Ils convinrent que le droit des gens étoit violé, principalement par l'enlèvement des papiers de l'envoyé de Suède; mais n'ayant point d'ordres de leurs maîtres, chacun craignit de prendre un engagement, et ils conclurent à attendre les éclaircissements que le gouvernement d'Angleterre avoit promis de donner. Montéléon, moins content du ministère d'Angleterre qu'il ne l'avoit été autrefois, fut moins discret; il discourut sur ce que le projet paroissoit peu vraisemblable, qu'il y auroit peut-être quelque idée particulière de Gyllembourg sans rien de réel ni de concerté; que le roi d'Angleterre avoit un pressant intérêt d'engager la nation angloise à déclarer la guerre au roi de Suède, et à contribuer à l'entretien des troupes et à l'armement des vaisseaux; que ce ne seroit pas la première fois qu'une conjuration, révélée au parlement au commencement de ses séances, auroit produit des effets merveilleux pour les volontés de la cour. Ces propos, qu'il croyoit tenir sûrement à des amis dans un intérêt commun, lui attirèrent une espèce de reproche des ministres d'Angleterre, et Stanhope lui dit qu'il étoit fâché qu'il eût désapprouvé ce qui s'étoit passé à l'égard de l'envoyé de Suède, mais qu'ils espéroient qu'il changeroit de sentiment quand il en sauroit le motif. En attendant de satisfaire la curiosité générale, les ministres d'Angleterre laissoient répandre que les ducs d'Ormont et de Marr, chargés de conduire le débarquement, étoient déjà dans le royaume. Sur ces bruits et sur les preuves que le gouvernement promettoit de publier incessamment, tout devenoit facile au roi, et il armoit sans peine trente navires, dont quinze étoient destinés pour la mer Baltique.

Quelques protestations d'intelligence et d'amitié qu'il y eût entre les cours de Londres et de Madrid, cette dernière ne laissoit pas d'avoir des ménagements pour le Prétendant. Le marquis de Castel-Blanco, dont le nom étoit Rojas, et qui étoit des Asturies, avoit épousé une fille du duc de Melfort. Il s'étoit dévoué au Prétendant pour lequel il avoit dépensé de grandes sommes qu'il avoit rapportées des Indes. Le Prétendant l'avoit fait duc en sortant d'Avignon, et le roi d'Espagne y avoit consenti avec la condition du secret, jusqu'au rétablissement de ce prince sur le trône de ses pères : ainsi, l'union n'empêchoit pas le roi d'Espagne de regarder comme très-possible une révolution en Angleterre, et peut-être prochaine, ce que bien des gens dans Londres pensoient aussi. Le gouvernement, appliqué à faire connoître le crime de Gyllembourg, désiroit d'en faire un exemple en sa personne, et consulta des juges pour savoir si le caractère public empêchoit qu'on lui pût faire son procès. L'animosité étoit pareille à l'intérêt du roi, comme duc d'Hanovre, de faire déclarer la guerre à la Suède par les Anglois, et à celui de ses ministres blâmés par le parti opposé, comme d'une violence extravagante, et dont les découvertes ne répondoient ni à l'éclat ni à l'attente du public.

Le roi d'Angleterre, qui prévoyoit des suites, augmenta les troupes qu'il entretenoit pour la conservation de ses États en Allemagne : ce n'étoit pas qu'il eût rien [à] y craindre de la part du roi de Suède, qui avoit perdu tout ce qu'il y possédoit, et [étoit] très-pauvrement renfermé dans ses anciennes bornes. Mais le roi de Prusse, gendre du roi d'Angleterre, piqué de sa froideur et de ses mépris, étoit devenu son plus mortel ennemi. Il s'unissoit étroitement avec le czar qui étoit irrité au dernier point contre le roi d'Angleterre. Le roi de Prusse vouloit la paix avec la Suède, pourvu que le Danemark, son allié, y fût compris. Il sentoit que l'intervention de la France en étoit la voie la plus sûre. Il craignoit en même temps l'union nouvellement resserrée entre l'Angleterre et le régent, et il tâchoit de l'affoiblir, en avertissant ce dernier de la liaison intime dont le roi d'Angleterre se vantoit d'être avec l'empereur; et prioit le régent de faire ses réflexions là-dessus. Le czar, personnellement piqué contre le roi d'Angleterre, ne se pressoit point de tenir la parole qu'il avoit donnée de faire sortir ses troupes du pays de Mecklenbourg, et toutes ces considérations éloignoient les Anglois de se mêler des affaires de leur roi en Allemagne, où ils jugeoient qu'il en auroit beaucoup sur les bras, et leur persuadoient de laisser à Bernstorff, seul auteur de la violence exercée contre Gyllembourg, le soin de tirer son maître de l'engagement où il l'avoit jeté mal à propos. Les ministres anglois pensoient à peu près de même, et abandonnoient Bernstorff; et les amis du roi de Suède, qui en avoit beaucoup à Londres, l'exhortoient à distinguer le roi et la nation, et de déclarer dans un manifeste qu'il ne considéroit que le duc d'Hanovre dans ce qui s'étoit passé, dont il appeloit aux deux chambres du parlement.

Quoique la Hollande n'approuvât point cette violence, Heinsius, toujours attaché au roi d'Angleterre par ses anciennes liaisons, avoit eu le crédit aux États généraux de faire arrêter le baron de Gœrtz, ministre du roi de Suède, à Arnheim, et le frère de Gyllembourg, à la Haye. Slingerland, au contraire, traitoit l'action de Londres d'attentat au droit des gens, et, parlant à Beretti, blâma Stanhope d'avoir, dans sa lettre circulaire aux ministres étrangers résidant à Londres, marqué que la révolte seroit appuyée d'un secours de troupes, parce que, les troupes ne marchant que sur les ordres du souverain, c'étoit avouer que l'envoyé de Suède étoit autorisé de son maître, et rendre ainsi l'affaire personnelle au roi de Suède, rendre innocent son envoyé, n'agissant que sur ses ordres, et ne laisser plus de doute à l'attentat au droit des gens. On croyoit en Hollande que ce qui avoit le plus engagé le roi d'Angleterre à demander aux États généraux de faire arrêter Gœrtz, étoit l'opinion qu'il traitoit la paix de la Suède avec le czar. On disoit même que la condition en étoit la restitution de toutes les conquêtes du czar sur la Suède, excepté Pétersbourg et son territoire, et que ce prince donneroit une de ses filles au jeune duc de Holstein. L'empereur désiroit ardemment la paix du nord, et les Hollandois pour le moins autant, pour leur commerce et pour affermir la paix dans toute l'Europe. Leurs dettes étoient immenses; la nécessité d'épargner les avoit obligés à une grande réforme de troupes, et à manquer à la parole qu'ils avoient donnée, pendant la dernière guerre à MM. de Berne de conserver en tout temps vingt-quatre compagnies de leur canton. Ils avoient réformé trois mille Suisses. Les troupes qu'ils avoient conservées se montoient à vingt-huit mille hommes d'infanterie, deux mille cinq cents de cavalerie et quinze cents dragons; ce qui leur parut suffisant dans un temps où ils ne voyoient plus de guerre prochaine, surtout depuis la dernière liaison de la France avec l'Angleterre, et le départ du Prétendant d'Avignon pour se retirer en Italie.

Lorsque ce prince approcha de Turin, le roi de Sicile lui envoya le marquis de Caravaglia et une partie de sa maison pour le recevoir et le traiter. Il entra dans Turin, vit incognito le roi et la reine de Sicile, et le prince de Piémont; demeura quelques heures dans la ville sans cérémonies, et continua son chemin. Ce passage avoit fort embarrassé le roi de Sicile. Sa proche parenté avec le Prétendant, et les droits qu'il en tiroit dans l'ordre naturel pour la succession d'Angleterre, ne lui permettoient pas de refuser passage à ce prince, par conséquent [de refuser] de le faire recevoir et de le voir. Il craignoit de mécontenter l'Angleterre; il n'espéroit que du roi Georges son accommodement avec l'empereur. Trivié, son ambassadeur à Londres, l'avoit flatté que ce prince lui garantiroit la Sicile; mais quand son successeur La Pérouse en parla à Stanhope, celui-ci lui nia le fait. Il lui dit que si le roi d'Angleterre se portoit à lui garantir les traités antérieurs à celui d'Utrecht, jamais il n'iroit au delà, ni à aucune garantie pour la Sicile; que l'empereur ne vouloit entendre parler de rien avant que la Sicile lui fût restituée; que le prince Eugène même, si porté pour le chef de sa maison, s'expliquoit que rien ne se pouvoit traiter sans cela. Ainsi le roi de Sicile, bien instruit des volontés fixes de l'empereur, n'espéroit se rapprocher de lui que par le roi d'Angleterre, qu'il ménageoit, par cette raison, plus qu'aucune autre puissance. Il n'oublia donc rien pour se justifier auprès de lui à l'égard du Prétendant.

Le roi d'Angleterre reçut assez bien ses excuses, peut-être par la conjoncture de l'embarras de l'affaire des ministres de Suède, et la crainte où il étoit du nombre et de la force des jacobites, et de la réponse de Gœrtz à l'interrogation qu'il avoit subie en Hollande. Il avoit déclaré qu'il avoit dressé un projet, approuvé par le roi son maître, pour faire la guerre au roi d'Angleterre, son ennemi découvert, mais une bonne guerre sans trahison; qu'à son égard, il n'avoit à répondre qu'au roi de Suède. Une flotte de charbon venant d'Écosse effraya Londres, dans la fin de février. Le bruit s'y répandit qu'on voyoit trente vaisseaux du roi de Suède; rien n'étoit encore préparé pour s'opposer à une descente, et l'alarme fut grande jusqu'à ce qu'on eût bien reconnu que ce n'étoit que des charbonniers.

L'Angleterre et la Hollande ménageoient toujours le roi d'Espagne. A l'imitation de la France, ils lui communiquèrent le traité de la triple alliance. Ce monarque soupçonnoit des articles secrets que le régent y auroit fait mettre, et qui étoient la vraie substance du traité. Mais il avoit au dedans et au dehors trop d'intérêt à cacher ses pensées de retour au trône de ses pères, pour ne pas montrer la plus entière indifférence, qui fit douter en effet s'il s'intéressoit à la ligue qui venoit de se conclure, et [fit] qu'on crut généralement en Espagne et parmi les étrangers qu'il portoit toutes ses vues sur l'Italie, et à recouvrer une partie de ce qu'il y avoit perdu. On en jugeoit par l'intérêt de la reine, qu'Albéroni en avoit tant à servir, et par son impatience de terminer tous les différends avec Rome. Il ne laissoit pas de s'y montrer ralenti par les délais de sa promotion, que la reine irritée regardoit, disoit-il, comme un mépris pour elle, et qu'elle sentoit moins son affection pour un sujet qui lui étoit dévoué, que par l'empressement, né des conjonctures, d'armer celui en qui elle avoit mis toute sa confiance, d'une supériorité de représentation qui le mît en état de la servir sans ménagement dans les occasions scabreuses dont elle se voyoit menacée. Cela désignoit les vapeurs noires du roi d'Espagne, retombé depuis peu dans une maigreur et une mélancolie qui faisoient craindre la phthisie, et que sa vie ne fût pas longue.

Burlet, son premier médecin, fut chassé d'Espagne un mois après ces derniers accidents, pour s'en être trop librement expliqué. Les suites en étoient fort à craindre pour la reine si haïe des Espagnols, et pour les étrangers qui ne tenoient rien que d'elle; mais le péril étoit extrême pour Albéroni, parce que, maître de tout sous elle, il étoit en butte à la jalousie et à la haine universelle, et que, n'ayant point d'établissement, sa chute ne pouvoit être médiocre. Il avoit persuadé la reine qu'il y alloit de tout son honneur à elle, et que ce lui seroit la dernière injure, qu'après toutes les promesses du pape, une ombre de protection de l'empereur élevât Borromée à la pourpre, en négligeant son plus intime serviteur, pour lequel elle avoit encore, en dernier lieu, écrit de sa main, en termes si forts, qu'elle n'en pouvoit employer de plus pressants pour demander à Dieu le paradis. En même temps, connoissant bien le pouvoir de la crainte sur le pape, il fit donner ordre à Daubenton, par le roi d'Espagne, d'écrire à Aldovrandi que si la reine n'étoit pas promptement satisfaite, ni lui ni Alexandre Albani n'obtiendroient point la permission de venir à Madrid.

Albéroni comptoit se cacher ainsi, et faire valoir son entière soumission aux volontés du pape sans aucune impatience, et qu'il regardoit comme le dernier des malheurs d'être la cause éloignée de la moindre brouillerie entre les deux cours, tandis qu'il ne laissoit échapper aucune occasion, ni aucune circonstance de l'intérêt, de la volonté, de la vivacité de la reine. Il fortifioit ces artifices de la peinture la plus avantageuse de l'état où il avoit mis l'Espagne, tel qu'elle pouvoit se rire de ses ennemis, reconnaître les bienfaits, et se venger de ceux dont il ne seroit pas content. Ainsi, rien à espérer pour Aldovrandi ni pour don Alexandre, pas même la permission d'aller à Madrid, s'ils n'apportoient la satisfaction des désirs de la reine, comme, au contraire, tout aplani en l'apportant. Il protestoit qu'il n'oseroit plus ouvrir la bouche là-dessus ; que la reine lui avoit déjà reproché que six mois plus ou moins lui étoient indifférents, tandis que son honneur étoit en continuel spectacle d'un mépris pour elle si insupportable ; que le roi et elle avoient fort approuvé les nouvelles instances qu'Acquaviva avoit faites à l'occasion de la mort du cardinal del Verme, et qu'ils étoient l'un et l'autre certainement déterminés à rejeter toute proposition de Rome, si la grâce qu'ils avoient demandée n'étoit auparavant accordée. Le dernier courrier avoit porté au cardinal Acquaviva des ordres dressés dans cet esprit, et menaçants pour le pape. Néanmoins Albéroni vouloit ménager les parents du pape ; il pensoit à faire donner, par le roi d'Espagne, une pension au cardinal Albani, qu'il savoit, par Acquaviva, disposé à la recevoir. Il se vouloit ainsi réserver les grâces, et laisser au contraire au roi d'Espagne les démonstrations et les effets de rigueur. Aldovrandi, informé en chemin de la colère de la reine par Aubenton, craignit pour sa fortune une rupture ouverte entre les deux cours. Le confesseur lui avoit mandé que la reine ordonneroit peut-être à Acquaviva de se désister de sa demande. C'étoit fermer au prélat la nonciature, par conséquent le chemin au cardinalat. Il écrivit donc à Albéroni que ce seroit donner à rire à ses envieux, et tout ce qu'il jugea le plus propre à lui en faire craindre l'événement et à lui faire prendre patience.

Le pape, impatient de l'arrivée de l'escadre d'Espagne

dans les mers d'Italie, et facilement épouvanté par les Vénitiens, qui lui représentoient les Turcs prêts d'en envahir ce qu'ils voudroient, avoit trouvé son nonce trop lent en sa route, mais toutefois sans pouvoir se résoudre à la promotion d'Albéroni, sans être sûr de l'accommodement de ses différends avec l'Espagne, suivant le projet qu'il en avoit fait. Un des principaux moyens que ses amis avoient imaginé étoit de procurer à don Alexandre Albani le voyage d'Espagne, pour y signer l'accommodement qu'Aldovrandi auroit dressé suivant les intentions du pape. Don Alexandre désiroit avec passion cet honneur depuis longtemps. La princesse des Ursins, et Albéroni après elle, s'y étoient toujours opposés; enfin le dernier y avoit consenti, et permis à Acquaviva d'en parler au pape. Il le fit dans un temps où don Alexandre étoit à la campagne. A son retour le pape lui en dit un mot, et remit à une autre fois à lui en parler plus au long. Il parut que ces délais étoient un peu joués entre l'oncle et le neveu. Le pape s'étoit engagé à l'envoyer nonce extraordinaire à Vienne porter les langes bénits au prince dont l'impératrice accoucheroit. Mais ce prince étant mort avant que la fonction eût été exécutée, le cardinal Albani, dévoué à la maison d'Autriche, prétendit que le même engagement subsistoit, et soit que ce fût de concert ou de jalousie, le pape trouva des difficultés insurmontables au voyage de don Alexandre à Madrid. Albéroni se vit ainsi privé des avantages de traiter et de terminer avec le neveu du pape les différends entre les deux cours. Il trouva encore d'autres traverses.

Le cardinal del Giudice, avant d'arriver à Rome, la remplissoit de ses plaintes contre Aldovrandi, et demandoit des réparations des discours qu'il avoit tenus contre son honneur. Il avertissoit le pape de ses fourberies et de celles d'Aubenton et d'Albéroni qu'il accabloit de railleries piquantes, et le représentoit comme ne pouvant maintenir longtemps sa faveur; qui étoit le meilleur moyen de nuire à sa promotion, et c'étoit aux cardinaux Albani et Paulucci à qui il s'adressoit. Le pape se trouvoit en d'étranges angoisses. La maison Borromée le pressoit pour son maître de chambre, dont le neveu avoit épousé sa nièce, et dont la promotion avoit été arrêtée par Acquaviva le matin même qu'elle alloit être faite.

Le pape comprenoit quelle colère cette promotion allumeroit en Espagne; il craignoit mortellement que l'escadre espagnole n'en fût arrêtée, et de voir l'Italie exposée aux Turcs. Néanmoins il fallut céder à ses neveux : Borromée fut déclaré cardinal le 16 mars, et le pape ne donna pas même la satisfaction à Albéroni de lui faire espérer le second chapeau qui vaqueroit, ni de le réserver *in petto*. Rien n'étoit plus contraire aux espérances qu'Acquaviva avoit données à Albéroni de sa promotion certaine et prochaine. Ce cardinal fit savoir au duc de Parme par un courrier la promotion unique de Borromée, en le priant d'en dépêcher un en Espagne pour y porter cette fatale nouvelle. En même temps il écrivit à Albéroni qu'il savoit que le pape le feroit cardinal s'il vouloit dépêcher un courrier portant parole positive que le roi d'Espagne mettroit Aldovrandi en possession de toutes les prérogatives de la nonciature, et qu'il enverroit incessamment son escadre en Levant pour agir contre les Turcs; que le lundi d'après l'arrivée du courrier le pape tiendroit un consistoire, dans lequel il conféreroit la seule place vacante à Albéroni, mais qu'il falloit se presser et n'attendre pas d'autres vacances, qui donneroient lieu au pape de se trouver embarrassé par d'autres demandes, et par les couronnes, enfin que le pape se contenteroit de deux lignes de la main du roi d'Espagne, qui confirmeroient ces promesses. Don Alexandre voulut aussi justifier à Albéroni la promotion de Borromée. Il la maintint indispensable et sans préjudice pour Albéroni. Il devoit regarder ce délai, non comme exclusion, mais comme un effet malheureux de la contrainte du pape, qui ne vouloit pas s'exposer à une compensation que les couronnes lui demanderoient pour le chapeau accordé à l'Espagne ; mais que le prétexte sûr de le tirer de cet embarras, seroit le service signalé rendu à l'Église par l'accommodement des différends des deux cours, et l'envoi de l'escadre contre les Turcs. C'est ainsi que Rome sait profiter de l'ambition des ministres, et les gagner par l'appât d'une dignité étrangère. Don Alexandre qui n'avoit pas abandonné l'espérance de sa mission en Espagne, n'épargna pas les protestations d'attachement pour Leurs Majestés Catholiques et de respect pour leur premier ministre. Il y avoit déjà quelque temps qu'il regardoit sa promotion comme sûre, qu'il en attendoit la nouvelle avec impatience, sans cesser de la faire presser par la reine, et d'en faire l'affaire particulière de cette princesse. Comme la difficulté principale étoit la défiance réciproque, que le pape vouloit être satisfait avant la promotion, et qu'Albéroni, au contraire, vouloit que sa promotion précédât la satisfaction du pape, il représentoit de la part de la reine au duc de Parme, son principal agent dans cette affaire à Rome, deux raisons invincibles qui engageoient la reine à vouloir que sa promotion précédât la satisfaction du pape : le point d'honneur étoit la première, l'autre étoit d'empêcher les Espagnols de dire que la promotion d'Albéroni seroit la condition secrète d'un accommodement préjudiciable au roi et au royaume d'Espagne. Il vouloit que sa promotion ne parût fondée que sur la reconnoissance de tout ce que la reine avoit fait en faveur du saint-siége, qu'il rappeloit en détail, ainsi que la montre du secours maritime qu'il étaloit aux yeux du pape, et qu'il promettoit d'envoyer d'abord après sa promotion, et la reine, de terminer en même temps les différends des deux cours, mais pas un clou sans sa promotion. C'étoit ses termes, mais toujours désintéressé et se couvrant du voile du caractère de la reine.

Comme il ne craignoit point d'être contredit en rien, et qu'il étoit maître de faire parler la reine comme il vouloit, il chargea le duc de Parme de se porter pour garant au pape de sa totale satisfaction, au moment que la promotion seroit faite. Il en fit en même temps assurer directement le pape par Acquaviva, mais avec un mélange de menaces. Tout de suite il avertit Aldovrandi qu'il seroit mal reçu s'il s'avançoit sans la nouvelle de sa promotion, et dépêcha un courrier pour le retenir sur la frontière du royaume. Mais dans l'incertitude de sa route, qui lui pouvoit faire manquer le courrier, il fit résoudre le roi d'Espagne que, si Aldovrandi arrivoit à Madrid, il lui seroit fixé un terme pour en sortir. Parmi toutes ces mesures, c'étoit toujours la même fausseté. Il protestoit un désintéressement parfait; sa promotion ne serviroit jamais de condition honteuse à l'accommodement; il ne vouloit pas être cardinal aux dépens de la réputation de la reine; que cette princesse, en lui procurant cet honneur, joignoit à la satisfaction de l'élever des vues bien plus considérables; que le roi et elle vouloient faire tomber un chapeau sur celui qu'elles honoroient de toute leur confiance, dépositaire de tous leurs secrets, le seul qui les pût servir en des événements de la dernière importance; mais que, puisque le pape, nonobstant le besoin qu'il avoit de leur secours, témoignoit tant de répugnance, elles n'avoient d'autre parti à prendre que celui de se désister d'une telle demande, et de regarder comme un affront la préférence donnée à l'empereur, et les ménagements pour un sujet tel que Borromée. Il ajoutoit qu'en la place du roi d'Espagne, il mépriseroit également toutes les concessions sur le clergé, dont il ne retireroit jamais qu'une modique somme, après avoir défalqué ce que la nécessité et l'usage en déduisoit; que c'étoit demander l'aumône à une cour orgueilleuse qui la faisoit tant valoir, et s'en rendre esclave pour chose qui étoit due en justice rigoureuse; qu'il n'y avoit qu'une bonne règle à établir aisément dans les Indes pour se passer des subsides du clergé, par conséquent de tout accommodement avec Rome, qui souffriroit bien plus que l'Espagne de la prolongation des différends, qui certainement ne seroient point terminés que la promotion n'eût précédé. Il observoit que le pape étoit bien mal conseillé de faire un si grand tort à la religion, dont la défense à tous égards sembloit réservée au roi d'Espagne, ayant lieu de s'assurer qu'en usant généreusement envers la reine, elle y sauroit répondre avec usure. La reine accoucha d'un cinquième prince, qui mourut bientôt après.

Albéroni crut que l'Espagne devoit se fortifier du côté de la France; il fit travailler à Pampelune. Il compta y avoir tout achevé dans le courant de l'année et y mettre cent-cinquante pièces de canon. Il travailloit en même temps aux ports de Cadix et de Ferrol, en Galice, dont les ouvriers étoient exactement payés. Il comptoit avoir en mer vingt-quatre vaisseaux vers le 15 mai. On en construisoit un en Catalogne de quatre-vingts pièces de canon, qui devoit être prêt à la fin d'avril; enfin les puissances étrangères commençoient à chercher avec empressement l'Espagne. Il y en avoit qui s'inquiétoient des bruits répandus depuis quelque temps de négociations commencées entre l'empereur et le roi d'Espagne. Albéroni avoit averti les ministres d'Espagne au dehors, de n'avoir aucune inquiétude de tout ce qui s'en pourroit débiter. Le roi de Sicile, toujours mal avec l'empereur, craignoit d'en être exclu. Le moyen sûr d'y être compris, s'il s'en faisoit un, étoit de l'être dans tous les traités que feroit le roi d'Espagne. Il donna donc ordre à son ambassadeur à Madrid de le faire comprendre dans le traité dont il s'agissoit entre l'Espagne et les États généraux. Cet ambassadeur en parla à Albéroni, et n'en reçut que des réponses courtes et vagues. Il vouloit engager les États généraux à traiter avec l'Espagne; il prenoit toutes ses mesures pour en avoir l'honneur, et que ce fût à Madrid. Il se louoit et se faisoit louer sans cesse avec tout l'artifice imaginable, de la sagesse et du secret de son gouvernement, du bon ordre qu'il avoit mis dans les affaires de la monarchie, et de la vigueur qu'il y avoit fait succéder à toute sorte de foiblesse ; il ne songeoit qu'à bien rétablir la marine et le commerce. Surtout il déploroit la conduite des précédents ministres, qui avoient offusqué les grands talents de Philippe V pour le gouvernement, dont il louoit la vie uniforme toute l'année, que lui-même avoit établie pour le tenir avec la reine sous sa clef, et que personne n'en pût approcher que par sa volonté, et dont il ne pût prendre aucun ombrage. Cette suite de journées qui a toujours duré depuis, par s'être tournée en habitude, mérite la curiosité, et d'être rapportée d'après Albéroni même.

Le roi et la reine qui, en maladie, en couches, en santé, n'avoient jamais qu'un même lit, s'éveilloient à huit heures, et aussitôt déjeunoient ensemble. Le roi s'habilloit et revenoit après chez la reine qui étoit encore au lit (je marquerai lors de mon ambassade les légers changements que j'y trouvai), et il passoit un quart d'heure auprès d'elle. Il entroit après dans son cabinet, y tenoit son conseil, et quand il finissoit avant onze heures et demie, il retournoit chez la reine. Alors elle se levoit, et pendant qu'elle s'habilloit le roi donnoit divers ordres. La reine étant prête, elle alloit avec le roi à la messe, au sortir de laquelle ils dînoient tous deux ensemble. Ils passoient une heure de l'après-dînée en conversation particulière, ensuite ils faisoient ensemble l'oraison, après laquelle ils alloient ensemble à la chasse. Au retour le roi faisoit appeler quelqu'un de ses ministres, et pendant son travail en présence de la reine, elle travailloit en tapisserie ou elle écrivoit. Cela duroit jusqu'à neuf heures et demie du soir qu'ils soupoient ensemble. A dix heures Albéroni entroit et restoit jusqu'à leur coucher, vers onze heures et demie. Les premiers jours d'une couche, leurs lits séparés étoient dans la même chambre. A ce détail il faut ajouter que peu à peu les charges n'eurent plus aucune fonction, et personne n'approcha plus de Leurs Majestés Catholiques ; ce qui a duré toujours depuis. J'en expliquerai le détail, si j'arrive jusqu'au temps de mon ambassade.

Beretti ne recevoit point de réponse de Stanhope, sur la permission qu'il avoit demandée, à son passage à la Haye, pour la levée de trois mille Irlandois. Il eut ordre de demander trois régiments écossois que les États généraux avoient à leur service, et qu'ils vouloient réformer. Il eût été plus naturel d'en charger Montéléon à Londres, mais il avoit déplu par ses représentations sur les affaires, et par ses plaintes sur le payement de ses appointements, et il pouvoit bien aussi être trop éclairé et trop fidèle, au compte d'Albéroni. Stanhope, qui, par cette même raison s'en étoit trouvé embarrassé, et qui, pour s'en défaire, l'avoit desservi auprès d'Albéroni, ne laissoit pas de s'ouvrir fort à lui.

Nonobstant les liaisons si étroites que l'Angleterre venoit de prendre avec la France, Stanhope n'hésitoit pas de dire à Montéléon que les véritables liaisons et la véritable amitié de l'Angleterre seroient toujours avec l'Espagne; que le roi son maître étoit prêt de faire un traité d'alliance si le roi d'Espagne y vouloit entrer; qu'il ne trouveroit pas la même facilité avec les États généraux dont le traité, généralement désiré par eux avec la France, avoit été fort combattu, et qui, sans faire d'alliance nouvelle avec l'Espagne, lui proposeroient peut-être d'entrer dans celle qu'ils venoient de faire avec l'Angleterre et la France, et pour faire remarquer à Montéléon la différence du procédé de l'Angleterre à l'égard de l'Espagne d'avec celui des États généraux, il ajouta qu'aussitôt que la France eut proposé de traiter avec l'Angleterre, le roi d'Angleterre ordonna à son ministre à Madrid d'en faire part au roi d'Espagne, et de l'inviter d'entrer dans la négociation; qu'il ne fit point de réponse; que toutefois le roi d'Angleterre, supposant qu'il entreroit dans le traité, fit communiquer la proposition de l'abbé Dubois, employé dans le traité. De cette confidence, Stanhope passa à une autre bien moins innocente. Il lui dit tout de suite que l'abbé Dubois avoit paru très-embarrassé, et fort peu content de la proposition qu'il lui avoit faite de comprendre le roi d'Espagne dans l'alliance; qu'en effet on avoit vu pendant tout le cours de la négociation qu'il ne s'agissoit que d'un traité particulier, uniquement pour les intérêts du régent; que plus les ministres anglois avoient insisté à ne faire mention ni de succession respective, ni des traités d'Utrecht, plus l'abbé Dubois, au contraire, avoit désiré et sollicité que cette condition réciproque fût clairement exprimée; que c'étoit à ce prix qu'il avoit offert de signer tous les articles et avantages demandés par l'Angleterre; qu'il avoit employé toutes sortes de moyens pour parvenir à la conclusion du traité; qu'il avoit enfin gagné les ministres d'Hanovre, en les assurant que la France garantiroit à cette maison la possession de Brême et de Verden, et qu'elle s'engageroit à ne donner désormais aucun subside à la Suède. Stanhope avouoit que, depuis la conclusion du traité, le régent témoignoit beaucoup d'attention et d'empressement pour les intérêts et pour les avantages du roi d'Angleterre; que même l'abbé Dubois avoit donné des avis de la dernière importance; mais comme bon Anglois, il disoit que, lorsqu'il s'agissoit de se fier à la France, il falloit suivre le conseil donné à celui qui se noyoit au sujet de l'invocation de saint Nicolas. Cette maxime établie, Stanhope assura Montéléon que le roi d'Espagne éprouveroit en toutes choses l'amitié du roi d'Angleterre; qu'il pouvoit arriver de grands événements et des révolutions imprévues, où les secours du roi d'Angleterre ne lui seroient pas inutiles. Il en auroit peut-être dit davantage, mais Montéléon jugea de la prudence de ne pas marquer trop de curiosité (et la chose étoit assez intelligible), et d'attendre d'autres conjonctures pour le faire parler encore sur la même matière. Stanhope lui confia qu'il attendoit l'abbé Dubois, et que vraisemblablement il résideroit quelque temps en Angleterre.

Ce royaume menaçoit de nouveaux remuements. L'état de

ses dettes passoit cinquante millions sterling. On se proposoit d'en réduire les intérêts de six à cinq pour cent, et cette contravention aux obligations passées sous l'autorité des actes du parlement, n'étoit pas une entreprise sans danger. On murmuroit déjà beaucoup de la prorogation en pleine paix de quatorze schellings pour livre sur le revenu des terres, établie seulement pour le temps de la guerre. Le mécontentement étoit général. Ainsi il importoit fort au roi d'Angleterre de persuader aux Anglois qu'ils étoient effectivement en guerre avec la Suède, et qu'il lui falloit de nouveaux secours pour se garantir des entreprises. On publioit donc que la flotte angloise seroit de trente-six à trente-huit vaisseaux de guerre, et que les Hollandois y en joindroient douze. Les ministres d'Angleterre attendoient avec beaucoup d'inquiétude le parti que prendroit le roi de Suède sur l'arrêt de son envoyé à Londres, qui avoit depuis été conduit à Plymouth. Ils prièrent Montéléon de demander de la part du roi d'Angleterre au roi d'Espagne de ne pas permettre aux Suédois de vendre dans ses ports leurs prises angloises, et firent en France la même demande. On n'eut pas de peine à y répondre, les ordonnances de marine ne permettant pas à un armateur de nation amie de demeurer plus de vingt-quatre heures dans nos ports. La même loi n'étant pas établie en Espagne, il y falloit une réponse décisive. Mais on n'y jugea pas à propos d'accorder cette demande.

Albéroni désiroit toujours un traité avec l'Angleterre et la Hollande, mais il y paroissoit fort ralenti. Il croyoit avoir reconnu que trop d'empressement de sa part éloigneroit l'effet de ses désirs, et qu'il falloit moins en solliciter ces deux nations que s'en faire rechercher, et seulement se proposer d'empêcher une nouvelle union des Hollandois avec l'empereur. Il y étoit confirmé par Beretti, qui le rassuroit à l'égard de l'union qu'il craignoit par les nouveaux sujets de brouilleries que les affaires des Pays-Bas et l'exécution du traité de la Barrière élevoient sans cesse entre l'empereur et les États généraux. L'extrême épuisement où la dernière guerre avoit jeté la Hollande lui faisoit ardemment souhaiter la continuation de la paix.

Le Pensionnaire, dont l'entêtement contre la France et l'attachement au feu roi Guillaume et à la maison d'Autriche en étoit cause, ne respiroit aussi que le repos de l'Europe, mais avoit au fond toujours le même penchant à favoriser la maison d'Autriche. Il tint à Beretti quelques propos sur la paix à faire entre l'empereur et le roi d'Espagne. Il lui dit même que le baron de Heems, envoyé de l'empereur en Hollande, lui avoit laissé entendre que ce monarque la désiroit sincèrement, et qu'il attendoit au premier jour des ordres pour parler plus positivement. Beretti paroissant douter de la sincérité impériale, Heinsius lui dit que, après que ses maîtres auroient proposé à l'empereur des conditions raisonnables, ils n'auroient plus d'égard à ses prétentions, s'ils s'apercevoient qu'il ne voulût que traîner les affaires en longueur ; qu'alors ils ne songeroient qu'à plaire au roi d'Espagne; qu'ils connoissoient que son amitié leur étoit nécessaire; qu'ils la vouloient obtenir; que déjà Amsterdam et Rotterdam avoient applaudi à la proposition d'une alliance avec l'Espagne, et que la province de Zélande étoit du même avis.

Stanhope, par ordre du roi d'Angleterre, avoit entamé une négociation à Vienne pour traiter la paix entre l'empereur et le roi d'Espagne. Il fit savoir à Beretti que ceux qui avoient le plus de part en la confiance de l'empereur goûtoient les idées qu'il leur avoit suggérées. Un des points qui touchoit le plus le roi d'Espagne étoit d'empêcher que les États du grand-duc et ceux du duc de Parme tombassent jamais dans la maison d'Autriche, et d'assurer au contraire ceux de Parme et de Plaisance aux fils qu'il avoit de la reine d'Espagne, faute d'héritiers Farnèse. Stanhope espéroit d'obtenir cet article, trouvoit difficile et long de traiter par lettres, et pour le secret même trouvoit nécessaire que l'Espagne et la France envoyassent des ministres de confiance pour traiter à Londres par l'entremise du roi d'Angleterre. Il manda à Beretti que le régent, persuadé de l'utilité de cette paix pour le bien et le repos de l'Europe, y concourroit de tout son pouvoir, et qu'il enverroit l'abbé Dubois à Londres dès qu'il sauroit l'affaire en maturité. Stanhope comptoit que Penterrieder y viendroit pour le même effet de la part de l'empereur. Il exhortoit Beretti de demander la même commission, parce qu'il y falloit employer un homme qui eût la confiance d'Albéroni, dont il prodigua les louanges que Beretti eut soin de ne pas affoiblir, et de ne pas oublier les siennes propres en rendant compte à Albéroni. Stanhope ajoutoit l'offre de le faire demander par le roi d'Angleterre, parce qu'il étoit impossible que ses ministres pussent prendre aucune confiance en Montéléon, ambassadeur ordinaire d'Espagne à Londres.

Beretti, instruit alors fort superficiellement des intentions de l'Espagne, se trouva embarrassé à plusieurs égards. Il ne pouvoit répondre que vaguement à des propositions précises. Il craignoit que l'intérêt qu'il avoit de se voir chargé de la plus grande affaire que pût avoir le roi d'Espagne ne décréditât sa relation. Il savoit qu'Albéroni qui vouloit traiter à Madrid étoit très-susceptible de jalousie, et de le soupçonner d'inspirer aux Anglois de traiter à Londres pour que toute la négociation demeurât entre ses mains. Il remarquoit que les propositions de Stanhope avoient été concertées avec la France, puisque le régent y entroit si pleinement. Il marchoit donc sur des charbons en rendant compte à Albéroni. Il protestoit de son insuffisance à traiter une si grande affaire, et de la peine qu'il auroit d'en faire à Montéléon. Il représentoit que les chefs de la république des Provinces-Unies, qui se portoient alors pour pacifiques et pour vouloir une ligue avec l'Espagne, se garderoient bien de la conclure avant que le traité du roi d'Espagne le fût avec l'empereur, de peur de s'attirer pour toujours l'inimitié de ce dernier monarque; qu'il avoit remarqué qu'accoutumés à voir faire tous les grands traités chez eux, et y croyant leur situation la plus propre, ils craignoient encore que la négociation en étant portée à Londres elle ne fût occasion aux Anglois d'obtenir quelque prérogative avantageuse du roi d'Espagne à leur commerce, et que, si cette paix ne se traitoit pas chez eux, ils aimeroient mieux encore qu'elle la fût à Madrid qu'à Londres. Il finissoit par demander des instructions et des ordres à Albéroni, bien résolu suivant ceux qu'il en avoit précédemment reçus d'insister fortement sur la sûreté de l'Italie, et de déclarer dans le temps que le roi d'Espagne ne consentiroit à la paix qu'avec la remise actuelle de la ville de Mantoue des mains de l'empereur en celles des héritiers légitimes. Beretti, bien informé de l'importance de cette place, et que l'article en étoit essentiel, étoit particulièrement chargé de ne rien oublier pour engager les Hollandois à faire en sorte qu'elle fût restituée au duc de Guastalla qui en étoit injustement privé; à leur faire peur de l'ambition et de la puissance de l'empereur, qui, s'il se rendoit maître de l'Italie, les leur feroit bientôt sentir aux Pays-Bas; qui se montroit pacifique tandis qu'il avoit les Turcs sur les bras, mais que, s'il faisoit la paix avec eux, il ne se trouveroit personne qui pût résister à ses armées victorieuses qui auroient abattu les Ottomans.

Albéroni lui prescrivoit en même temps de témoigner une extrême indifférence pour la paix avec l'empereur, et de se borner à faire connoître que l'Espagne étoit disposée à concourir à tout ce qui pouvoit maintenir l'équilibre dans l'Europe. Il lui mandoit qu'il lui suffisoit de savoir que les Hollandois disposés à traiter avec l'Espagne ne traiteroient pas avec l'empereur; qu'il falloit laisser faire au temps, attendre tranquillement les propositions que l'Angleterre et la Hollande voudroient faire. Il trouvoit la lettre de Stanhope vague, et la conclusion d'un traité d'autant moins pressée qu'il ne voyoit pas l'utilité que l'Espagne en pouvoit retirer.

Le roi d'Espagne ne pensoit pas à recouvrer par les armes les États qu'il avoit perdus. Il connoissoit que les Pays-Bas et l'Italie avoient dépeuplé l'Espagne et les Indes. Il trouvoit sa situation présente plus avantageuse que celle d'aucune autre puissance. Ses frontières étoient bien garnies, la citadelle de Barcelone devoit être achevée dans la fin de l'année, et garnie de cent pièces de canon. Si ses ennemis pensoient à l'attaquer avec des armées nombreuses, elles périroient faute de subsistance; si avec de médiocres, celles d'Espagne seroient suffisantes pour la défense. Il n'y avoit que trois ou quatre années de paix à désirer pour donner à la nation espagnole le loisir de respirer, et ne rien négliger en attendant pour faire fleurir son commerce.

Un des principaux moyens que le premier ministre s'en proposoit étoit des manufactures de draps, pour lesquelles il voulut faire venir des ouvriers de Hollande. Il en parla à Riperda qui lui dit en grand secret qu'il falloit que Beretti fît en sorte d'en envoyer un de ceux qui travailloient à Delft, en lui faisant envisager une récompense et une fortune considérable en Espagne. Comme il y manquoit plusieurs choses, il fit remettre cent cinquante mille livres à Beretti pour un achat de bronzes. Il prétendoit qu'il ne songeoit qu'à mettre le roi d'Espagne en état de se faire respecter, sans causer de préjudice ni de tort à personne, mais de procurer du bien à ses amis et à ses alliés. Les ministres d'Espagne au dehors assuroient aussi que la triple alliance n'avoit pas fait la moindre peine au roi d'Espagne; qu'il n'avoit aucune vue sur le trône de France, quelque malheur qui pût y arriver, et qu'étant naturellement tranquille, il se contenteroit de régner en Espagne.

Le roi de Sicile ne se lassoit point de presser ce monarque de veiller à la sûreté des traités d'Utrecht. Il craignoit tout de l'empereur pour l'Italie et pour la Sicile, dès qu'il auroit fait la paix avec la Porte. Il ne comptoit point sur l'Angleterre, dont le roi, par ses ménagements pour l'empereur, n'osoit envoyer un ministre à Turin, et parce que le gouvernement s'y étoit hautement déclaré contre le traité d'Utrecht; qu'il n'avoit consenti à la triple alliance que pour en réparer les défauts; que, content d'y avoir remédié de la sorte, il s'embarrasseroit peu de ses derniers engagements, à ce que les whigs publioient hautement, et que jamais ils n'entreprendroient une guerre nouvelle pour la garantie de ce qu'il venoit de promettre. Montéléon, qui en étoit bien persuadé, avoit conseillé à ce prince de s'adresser au roi d'Espagne; mais il trouva dans Albéroni un ministre qui le connoissoit bien, ainsi que toute l'Europe, et qui disoit qu'il vouloit tirer les marrons du feu avec la patte du chat, et à qui il ne falloit donner que de belles paroles.

La correspondance avec Venise, interrompue par la nécessité où cette république s'étoit trouvée de reconnoître l'empereur comme roi d'Espagne, étoit prête à se rétablir par les excuses que le noble Mocenigo, envoyé exprès à Madrid, en devoit faire au roi d'Espagne dans une audience publique. Les Vénitiens avoient enfin pris ce parti, par leur frayeur commune avec le pape de voir les Turcs sur les côtes de l'Italie et l'impatience d'y voir arriver au plus tôt les secours maritimes promis au pape par l'Espagne.

CHAPITRE XII.

Le régent livré à la constitution sans contre-poids. — Le nonce Bentivoglio veut faire signer aux évêques que la constitution est règle de foi, et y échoue. — Appel de la Sorbonne et des quatre évêques. — J'exhorte en vain le cardinal de Noailles à publier son appel, et lui en prédis le succès et celui de son délai. — Variations du maréchal d'Huxelles dans les affaires de la constitution. — Entretien entre M. le duc d'Orléans et moi sur les appels de la constitution, tête-à-tête dans sa petite loge à l'Opéra. — Objection du grand nombre. — Le duc de Noailles vend son oncle à sa fortune. — Poids des personnes et des corps. — Conduite à tenir par le régent. — Raisons personnelles. — Le régent arrête les appels et se livre à la constitution.

Je ne continuerai à mon ordinaire à ne parler de la constitution qu'autant que la place où j'étois m'obligeoit rarement de m'en mêler. Je connoissois la foiblesse du régent, et, quoiqu'il crût malgré lui, le peu de cas qu'il se piquoit de faire de la religion. Je le voyois livré à ses ennemis sur cette affaire comme sur bien d'autres : aux jésuites qu'il craignoit, au maréchal de Villeroy qui lui imposoit dès sa première jeunesse, et qui dans la plus profonde ignorance se piquoit de la constitution pour faire parade de sa reconnoissance pour le feu roi et pour Mme de Maintenon; à d'Effiat livré à M. du Maine et au premier président, qui ne cherchoient qu'à lui susciter toute espèce d'embarras pour qu'il eût besoin d'eux, et pour leurs vues particulières; à la bêtise de Besons gouverné par d'Effiat, qui le lâchoit comme un sanglier au besoin, et qui faisoit impression par l'opinion que le régent avoit prise de son attachement pour lui; à l'abbé Dubois qui dans les ténèbres songeoit déjà au cardinalat et à s'en aplanir le chemin du côté de Rome; enfin aux manéges du cardinal de Rohan, aux fureurs du cardinal de Bissy, et à la scélératesse de force prélats qui se faisoient une douce chimère d'arriver au chapeau, et une réalité, en attendant, de briller, de se faire compter et craindre, de se mêler, d'obtenir des grâces; enfin à ce cèdre tombé, à ce malheureux évêque de Troyes que le retour au monde avoit gangrené jusque dans les entrailles, sans objet, sans raison, et contre toutes les notions et les lumières qu'il avoit eues et soutenues toute sa vie jusqu'à son entrée dans le conseil de régence. De contre-poids, il n'y en avoit point.

Le duc de Noailles avoit vendu son oncle à sa fortune. Le cardinal de Noailles avoit trop de droiture, de piété, de simplicité, de vérité; les évêques qui pensoient comme lui s'éclaircissoient tous les jours à force d'artifices et de menaces. Ils demeuroient concentrés, ils n'avoient ni accès ni langage, ils se confioient et s'offroient à Dieu, ils ne pouvoient comprendre qu'une affaire de doctrine et de religion en devînt une d'artifices, de manéges, de piéges et de fourberies; aucun n'étoit dressé à rien de tout cela. Le chancelier, lent, timide, suspect sur la matière, n'avoit pas la première teinture de monde ni de cour; toujours en brassière et en doute, en mesure, en retenue, arrêté par le tintamarre audacieux des uns, et par les doux et profonds artifices des autres, incapable de se soutenir contre les premiers à la longue, et de jamais subodorer les autres, médiocrement aidé du procureur général, qui ne faisoit bien que quand il le pouvoit sans crainte d'y gâter son manteau, tous déconcertés à l'égard du parlement par les adresses du premier président, et suffoqués de ses grands airs de la cour et du grand monde, par son audace, et par des tours de passe-passe où il étoit un grand maître. Bentivoglio, depuis les premiers jours de la régence, ne cessoit de souffler le feu en France, et de faire les derniers efforts à Rome pour porter le pape aux dernières violences. Il étoit fort pauvre, fort ambitieux, fort ignorant, sans mœurs, comme on a vu qu'il en laissa des marques publiques, dont il ne prenoit même pas grand soin de se cacher, et par ce qu'on vit sans cesse de ce furieux nonce, sans religion que sa fortune. Il croyoit son chapeau et de quoi en soutenir la dignité attaché aux derniers embrasements que la bulle pût susciter en France, et il n'épargnoit rien pour y parvenir, jusque-là que le pape le trouvoit violent au point d'être importuné de ses exhortations continuelles, et que les prélats les plus attachés à Rome, soit par leur opinion, soit par leur fortune, s'en trouvoient pour la plupart excédés, même les cardinaux de Rohan et de Bissy, hors un petit nombre de désespérés, qui avec les jésuites ne respiroient que sang, fortune et subversion de l'Église gallicane. De degré en degré et de violence en violence qu'ils extorquoient du régent malgré lui, l'affaire en vint au point de faire de la constitution une règle de foi.

Le pape, roidi, contre l'usage de ses plus grands et plus saints prédécesseurs, à ne vouloir donner aucune explication de sa bulle, ni souffrir que les évêques y en donnassent aucune de peur d'attenter à sa prétendue infaillibilité, encore plus dans l'embarras de donner une explication raisonnable, ou d'en admettre une, ne vouloit ouïr parler que d'obéissance aveugle, et son nonce, à la tête des jésuites et des sulpiciens, trouvoit l'occasion trop belle d'abroger les libertés de l'Église gallicane, et de la soumettre à l'esclavage de Rome, comme celles d'Italie, de l'Espagne, du Portugal, des Indes, pour en manquer l'occasion. Il se mit donc à bonneter les évêques par lui, et par les jésuites et les sulpiciens, pour faire déclarer la constitution règle de foi. Les plus attachés à Rome d'entre les évêques se révoltèrent d'abord contre une proposition si absurde, et que Rome même avoit trouvée telle, comme ils s'étoient révoltés d'abord contre la constitution à son premier aspect. La règle de foi eut le même sort qu'avoit eu l'acceptation de la constitution, et à force d'intrigues et de manéges quelques évêques y consentirent, et le nombre parut s'en grossir.

Dans cette extrémité d'un nouvel article de foi si destitué de toute autorité légitime, puisqu'elle n'est donnée qu'à l'assemblée libre et générale de l'Église, à qui seule les promesses de Jésus-Christ s'adressent d'être avec elle jusqu'à la consommation des siècles, la Sorbonne et quatre évêques crurent qu'il étoit temps d'avoir recours au dernier remède que l'Église a toujours présenté, et approuvé que ses enfants en usassent comme suspensif, en attendant des temps où la vérité pourroit être écoutée, et dont jusqu'au feu roi inclusivement on s'étoit publiquement servi dans les parlements et parmi les évêques, les docteurs, etc., pour se dérober aux entreprises de Rome. Ce fut l'appel au futur libre concile général. Bentivoglio et toute la constitution jetèrent les hauts cris. Ils sentoient le poids en soi de cette grande démarche; ils gémissoient sous son poids suspensif. Ils sentoient l'effet terrible pour leur entreprise de la suite qu'ils devoient craindre de cet exemple, et remuèrent l'enfer pour l'arrêter. Le régent prompt à s'effrayer, facile à se laisser entraîner par ses confidents perfides, s'abandonna à eux pour sévir contre la Sorbonne et contre les quatre évêques, qu'il exila, puis qu'il renvoya dans leurs diocèses.

Ce fut alors que le cardinal de Noailles manqua un grand coup, comme il en avoit déjà manqué plusieurs fois. Je le voyois souvent chez lui et chez moi. Il y vint dans cette occasion raisonner avec moi. Je l'exhortai à l'appel. Il étoit sûr des chapitres et des curés de Paris, des principaux ecclésiastiques et des plus célèbres et nombreuses congrégations de communautés séculières et régulières. Il l'étoit aussi de plusieurs évêques qui n'attendoient que son exemple; et de tous ceux-là il étoit pressé de le donner. Je lui représentai qu'après s'être inutilement prêté à tout, il devoit demeurer convaincu de la perfidie, des artifices, du but du parti, qui, sous l'apparence d'obéissance à Rome, forçoit la main au pape pour triompher en France, et ne consentiroit jamais à rien qu'à l'obéissance aveugle; qu'il avoit suffisamment montré raison, patience, douceur, modération, désir de pouvoir sauver l'obéissance avec la vérité et les libertés de l'Église gallicane; qu'il étoit enfin temps d'ouvrir les yeux, et de mettre des bornes aux fureurs et aux artifices; et qu'appelant à la tête de tous ceux que je viens de désigner, ce groupe deviendroit d'autant plus formidable aux entreprises et aux violences qu'il se trouveroit nombreux, illustre, et à couvert par les règles de l'Église les plus anciennes, les plus certaines, les plus en usage, respecté depuis les premiers temps qu'on y avoit eu recours jusqu'aux derniers du règne du feu roi; qu'un appel si général et si canonique inspireroit du courage aux abattus, de la crainte et un extrême embarras aux violences, une salutaire neutralité à ceux qui penchoient à la constitution dans la simplicité de leur cœur; que cette démarche auroit un grand effet sur les parlements, qui ne demandoient pas mieux que d'appeler, et qui n'en étoient retenus que par l'autorité du gouvernement, et encore par art et par machines; et que si ces compagnies s'unissoient enfin à lui, comme toutes les apparences y étoient, par leur appel, c'en seroit fait de la constitution, et que Rome ne pourroit plus songer qu'à la retirer, à étouffer doucement cette affaire, et se trouveroit heureuse de donner de bonnes sûretés qu'il n'en seroit plus parlé.

J'ébranlai le cardinal de Noailles. Il me confia que son appel étoit tout fait et tout prêt; mais qu'il croyoit qu'il en falloit encore suspendre l'éclat, et n'avoir pas à se reprocher de n'avoir pas eu assez de patience. Jamais je ne pus le sortir de là, ni lui m'en alléguer de raisons que ce vague. Au bout d'un long débat, je lui prédis que sa patience seroit funeste, qu'il viendroit à la fin à l'appel, mais trop tard; qu'il trouveroit tout ce qui étoit prêt actuellement d'appeler avec lui séduit, intimidé, divisé par le temps; qu'il en donneroit aux artifices et à l'autorité séduite du régent, qu'il éprouveroit contraire avec force; qu'étourdie alors du coup, il n'en auroit rien à craindre, surtout avec les parlements qu'il auroit avec lui; au lieu qu'ils seroient gagnés, divisés, intimidés par le loisir qu'il donneroit de le faire, et que, quand il voudroit déclarer son appel, il se trouveroit abandonné. Je ne fus que trop bon prophète.

Le maréchal d'Huxelles, ministre nécessaire dans toute cette affaire, y varioit souvent. Tout lui en montroit la friponnerie, et le danger en croupe de l'anéantissement des libertés de l'Église gallicane, qui étoit le but auquel tendoient les véritables abandonnés à Rome, tels que le nonce, les jésuites, les sulpiciens et les évêques de leur faciende, et plusieurs autres qui ne le voyoient pas, mais que les autres entraînoient par ignorance et par bêtise. Ainsi le maréchal faisoit souvent des pointes qui déconcertoient les projets. Mais bientôt après, le premier président et d'Effiat le prenoient, tantôt par caresses, tantôt sur le haut ton, souvent par des raisons d'intérêts particuliers, qui n'étoient pas ceux de l'Église ni de l'État, moins encore du régent, et le ramenoient, de sorte que l'irrégularité de cette conduite du maréchal d'Huxelles entravoit souvent les deux partis et le régent lui-même. Ce prince qui, dès les temps du feu roi, savoit ce que je pensois sur la constitution, et, comme je l'ai rapporté en son temps, ce que lui-même en pensoit, en étoit embarrassé avec moi. Il évitoit d'autant plus aisément de me parler de cette matière que je ne l'y mettois jamais, et qu'à l'exception de quelques adoucissements que j'en obtenois quelquefois des violences qu'on extorquoit de lui sur des particuliers, je ne cherchois point à entrer en rien de toute cette affaire avec lui, depuis que j'avois reconnu l'entraînement où il s'étoit laissé aller. Mais quand il se sentoit embarrassé et pressé à un certain point, il ne pouvoit s'empêcher de revenir à moi avec une entière ouverture, dans les occasions et sur les choses même où ses soupçons ou les influences de gens qui l'approchoient me rendoient le plus suspect à ses yeux. Pressé donc, et embarrassé entre les appels et les fureurs opposées dont je viens de parler, il m'arrêta, une après-dînée, comme je resserrois des papiers, et que je me préparois à le quitter après avoir travaillé avec lui tête-à-tête, comme il m'arrivoit une ou deux fois la semaine. Il me dit qu'il s'en alloit à l'Opéra, et qu'il vouloit m'y mener pour m'y parler de choses importantes. « L'Opéra, monsieur! m'écriai-je; eh! quel lieu pour parler d'affaires! parlons-en ici tant que vous voudrez, ou si vous aimez mieux aller à l'Opéra à la bonne heure; et demain ou quand il vous plaira je reviendrai. » Il persista, et me dit que nous nous enfermerions tous deux dans sa petite loge, où il alloit à couvert et de plain-pied tout seul de son appartement, et que nous y serions aussi bien et mieux que dans son cabinet. Je le suppliai de songer qu'il étoit impossible de n'être pas détournés par le spectacle et par la musique ; que tout ce qui voyoit sa loge nous examineroit parlant, raisonnant et n'être point attentifs à l'Opéra, chercheroit à pénétrer jusqu'à nos gestes ; que les gens qui venoient là lui faire leur cour raisonneroient de leur côté de le voir dans sa petite loge enfermé avec moi ; que chacun en compteroit la durée ; qu'en un mot, l'Opéra étoit fait pour se délasser, s'amuser, voir, être vu, et point du tout pour y être enfermé et y parler d'affaires et s'y donner en spectacle au spectacle même. J'eus beau dire, il se mit à la fin à rire, prit d'une main son chapeau et sa canne sur un canapé, moi par le bras de l'autre, et nous voilà allés. En entrant dans sa loge, il défendit que personne n'y entrât, qu'on l'ouvrît pour quoi que ce pût être, et qu'on laissât approcher personne de la porte. C'étoit bien montrer qu'il ne vouloit pas s'exposer à être écouté, mais bien montrer aussi qu'enfermé là avec moi, qui n'étois pas un homme de spectacles et de musique, il y étoit moins à l'Opéra que dans un cabinet en affaires. Aussi cela réussit-il fort mal à propos à faire une nouvelle que tout ce qui se trouva à l'Opéra en sortant distribua par Paris, comme je l'avois bien prévu et prédit à M. le duc d'Orléans. Il se mit où il me dit qu'il avoit accoutumé de se mettre, regardant le théâtre, auquel il me fit tourner le dos pour être vis-à-vis de lui. Dans cette position nous étions vus en plein, lui de tout le théâtre et des loges voisines, et d'une partie du parterre, moi du théâtre par le dos, et de côté et presque en face de presque tout ce qui étoit à l'Opéra du côté opposé pour les loges, mais de tout le parterre et de tout l'amphithéâtre de côté et presque en face. Ce m'étoit un pays inusité, où on eut peine d'abord à me reconnoître, mais où quelques yeux, le tête-à-tête et l'action de la conversation me décelèrent bientôt. L'Opéra ne faisoit que commencer; nous ne fîmes que regarder un moment le spectacle en nous plaçant, qui étoit fort plein, après quoi nous n'en vîmes ni n'en ouïmes plus rien jusqu'à sa fin tant la conversation nous occupa.

D'abord M. le duc d'Orléans m'expliqua avec étendue l'embarras où il se trouvoit entre les appels dont il étoit pressé par le parlement qui le vouloit faire, plusieurs évêques et tout le second ordre de Paris, à l'exemple de la Sorbonne et de plusieurs corps réguliers et séculiers entiers. Je l'écoutai sans l'interrompre, puis je me mis à raisonner. Peu après que j'eus commencé, il m'interrompit pour me faire remarquer que le grand nombre étoit pour la constitution, et le petit pour les appels; que la constitution avoit le pape, la plupart des évêques, les jésuites, tous les séminaires de Saint-Sulpice et de Saint-Lazare, par conséquent une infinité de confesseurs, de curés, de vicaires répandus dans les villes et les campagnes du royaume qui y entraînoient les peuples par conscience, tous les capucins et quelque petit nombre d'autres religieux mendiants; et que telle chose pouvoit arriver en France où tous ces constitutionnaires se joindroient au roi d'Espagne contre lui, et par le nombre seroient les plus forts, ainsi que par l'intrigue et par Rome, et de là se jeta dans un grand raisonnement. Je l'écoutai encore sans l'interrompre, et je le priai après de m'entendre à son tour. Je commençai par lui dire qu'avec lui il ne falloit pas raisonner par motif de religion ni de bonté de la cause de part ni d'autre; que je ne pouvois pourtant m'empêcher de lui dire combien il étoit étrange de traiter une affaire de doctrine et de religion, poussée jusqu'à vouloir faire passer en article, au moins en règle de foi, qui en expression plus douce n'est que synonyme à l'autre, tant de si étranges points, et trouvés d'abord si étranges en effet par ceux-là mêmes qui en sont devenus les athlètes; de traiter, dis-je, une telle affaire par des vues et des moyens uniquement politiques, qui ne pouvoient être bons qu'à attirer la malédiction de Dieu sur le succès, sur les personnes qui s'en mêloient de la sorte et sur tout le royaume; que je ne pouvois aussi me passer de lui rappeler ce qu'il avoit pensé de l'iniquité du fond et de la violence des moyens du temps du feu roi, et ce que lui et moi nous nous étions confié l'un à l'autre quand on se crut sur le point d'aller au parlement avec le feu roi, qui n'en fut empêché que par l'augmentation subite du mal qui l'emporta peu de temps après; que me contentant de lui avoir remis en deux mots devant les yeux des choses si déterminantes pour un autre que lui, par les seuls vrais, grands et solides principes qui devroient uniquement conduire, surtout en matière de religion, je n'en ferais plus aucune mention, et ne lui parlerois que le langage duquel seulement il étoit susceptible.

Je lui montrai qu'il se trompoit sur le grand nombre; et pour s'en convaincre, je le suppliai de se transporter au temps du feu roi, où toute sa terreur, ses menaces, les violences qu'on lui avoit fait employer n'avoient pu attirer le grand nombre qu'avec une répugnance et une variété d'expressions toutes captieuses, qui montroient évidemment qu'on ne cherchoit qu'à se sauver, en abandonnant ses sentiments sous un voile, et sauvant la vérité autant que la frayeur le pouvoit permettre à la foiblesse, d'où on pouvoit juger de ce qui seroit arrivé de la constitution, si un roi aussi redouté qu'il étoit n'y eût déployé toute sa puissance. Je convins ensuite des progrès que la constitution avoit faits depuis, mais par la crainte, l'industrie, la calomnie, la cabale, les espérances ou de fortune ou de paix; mais j'ajoutai qu'en ôtant tous ces artifices, comme ils le seroient du moment que son autorité ne les soutiendroit plus, tout ce qui avoit tâché de demeurer dans le silence éclateroit, et que les trois quarts de ce qui s'étoit laissé prendre en ces différents filets s'en secoueroit, et chanteroit la palinodie, comme

l'entrée de sa régence le lui avoit montré en plein, pendant
le peu de temps qu'avoit duré l'étourdissement des chefs du
parti constitutionnaire, et de la protection qu'il avoit donnée
au parti opprimé. Je lui fis sentir quelle différence mettoit,
pour le nombre entre deux partis, la pesanteur de la puissance temporelle, unie avec l'apparence de la spirituelle, le
grand nom de chef de l'Église, d'unité, d'obéissance, de
parti le plus sûr à l'égard des simples et des ignorants, qui
font le grand nombre des ecclésiastiques comme des laïques,
la crainte des peines et l'espérance des récompenses pour
beaucoup, et pour tous de ne point trouver d'obstacles dans
leur chemin, enfin la licence de tout entreprendre d'une
part, avec impunité tout au moins, et très-rarement sans
succès; de l'autre, trouver tous les tribunaux fermés à leurs
plaintes, et impuissants à leurs plus justes défenses;
qu'outre l'odieux d'un si prodigieux contraste, et qui n'avoit
d'exemple que celui des temps de persécution des princes
idolâtres ou hérétiques, cette disparité écrasoit les plus sages
et les plus religieux, et persuadoit aux courages abattus, qui
n'envisageoient aucune étincelle de protection ni d'espérance, de se prêter au temps, et de rejeter sur la violence
les mensonges auxquels on les forçoit; que c'étoit ainsi que
Henri VIII s'étoit fait chef de la religion en si peu de mois
en Angleterre, avoit chassé Rome, et envahi les biens immenses des ecclésiastiques de son royaume, et que les régents de la minorité de son fils, malgré leurs divisions et
leurs troubles domestiques, avoient en si peu de temps
achevé le saut, embrassé l'hérésie après le schisme, et
s'étoient composé une religion qui avoit chassé la catholique
sous les dernières peines; que c'étoit ainsi qu'en si peu de
temps les rois du Nord, dont l'autorité chez eux étoit alors
si nouvelle et si peu affermie, avoient rendu leurs royaumes
protestants, et que presque tous les souverains du nord
d'Allemagne en avoient fait autant dans leurs États; que le
grand nombre présenté de la sorte par une telle inégalité

de balance dans le gouvernement, n'étoit donc qu'un leurre et une tromperie manifeste, dont l'appel se trouveroit le véritable correctif; qu'alors les tribunaux rendus à l'exercice de la justice, à cet égard, l'autorité royale à embrasser tous ses sujets avec égalité, le gros du monde en liberté de voir, de parler, de s'instruire, et de discerner, les simples et les ignorants, éclairés par les appels des évêques, d'un nombre infini d'ecclésiastiques du second ordre, de religieux, de corps entiers séculiers et réguliers, enfin par celui des parlements, reviendroient de la crainte servile qui les avoit enchaînés; et qu'alors il verroit avec surprise que le grand nombre seroit des appelants, et le très-petit, et encore méprisé et honni comme celui des tyrans renversés, se trouveroit des constitutionnaires.

En cet endroit le régent m'interrompit, et avec une sorte d'angoisse : « Mais, monsieur, me dit-il, que voulez-vous que je croie, quand le duc de Noailles lui-même m'arrête sur les appels, et me maintient que j'y hasarde tout, parce que le très-grand nombre est pour la constitution, et qu'il n'y a qu'une poignée du parti opposé; et si vous ne nierez pas combien il y est intéressé pour son oncle? — Monsieur, repris-je, cela est horrible, mais ne me surprend pas. Vous savez que je ne vous parle jamais du duc de Noailles depuis les premiers temps de ce qui s'est passé entre nous; mais puisque vous me le mettez en jeu et en opposition si spécieuse, si faut-il aussi que je vous y réponde. M. de Noailles, monsieur, est un homme qui n'a ni religion ni honneur, et qui jusqu'à toute pudeur, l'a perdue, quand il croit y trouver le plus petit avantage. Du temps du feu roi, rappelé d'Espagne, brouillé avec lui, avec Mme de Maintenon, avec Mme la duchesse de Bourgogne, craint et mal voulu de tout le monde, en un mot perdu en Espagne et ici, il n'avoit d'appui ni d'existence que son oncle, et par lui, ce qui s'appeloit son parti, ainsi il y tenoit. Depuis qu'il vole de ses ailes, ce même oncle et son parti, ne lui servant plus à rien, lui pèsent; ainsi il veut en tirer le fruit de se faire considérer de l'autre comme un homme impartial, traitable sur un point qui lui doit être si sensible, éteindre de ce côté-là craintes et soupçons, ranger ainsi les obstacles qu'il en appréhende dans le chemin de la fortune, et de la place de premier-ministre, qui lui a fait commettre un crime si noir et si pourpensé à mon égard, de laquelle il n'abandonnera jamais le désir et l'espérance, tandis que misérablement adoré par son oncle, qui ne voit pas assez clair pour le connoître, il l'entraîne dans les panneaux pour se faire valoir de l'autre côté, pendant que son oncle le vante dans le sien, que lui, de son côté, trompe et cajole. Son compte est de faire durer la querelle pour se faire admirer des deux côtés, et vous parler comme il fait pour vous persuader d'un attachement pour vous, et d'une vérité pour la chose, à l'épreuve du sang, de l'amitié et de tout intérêt. Voilà, monsieur, quel est le duc de Noailles, et, puisque vous m'y forcez, jusqu'à quel point vous êtes sa dupe. Mais moi, qui suis plus vrai, plus droit et plus franc, je vous parlerai sur un autre ton : c'est que je ne me cache à vous, à personne ni à lui-même, que le plus beau et le plus délicieux jour de ma vie ne fût celui où il me seroit donné par la justice divine de l'écraser en marmelade, et de lui marcher à deux pieds sur le ventre, à la satisfaction de quoi il n'est fortune que je ne sacrifiasse. Je ne suis pas encore assez dépourvu de sens et de raisonnement pour ne pas voir que, quelque mobilité, quelque adresse, quelque finesse et quelque art qu'ait le duc de Noailles, il ne peut éviter de se trouver perdu si son oncle est perdu, et que Rome et les constitutionnaires viennent à bout de le traiter comme ils ont été si près de faire sous le feu roi, et comme ils travaillent tous les jours à y revenir. Ce que j'avance est manifeste. S'ils vous persuadent par degrés de le leur abandonner, et qu'ils le dépouillent de la pourpre et de son siége, voilà un homme au moins anéanti, si pis ne lui arrive, par être confiné quelque part, ou envoyé à Rome. Dans cet état, de deux choses l'une nécessairement : ou le duc de Noailles suivra la fortune de son oncle, ou il l'abandonnera pour conserver la sienne. S'il suit la fortune de son oncle, le voilà retiré, hors de place, ne voulant plus se mêler de rien sous un prince qui égorge son oncle, ou qui du moins l'abandonne à la boucherie et à la rage de ses ennemis. Voilà où le sang, l'amitié, l'honneur le conduisent, et moi, par conséquent, nageant dans la joie de le voir entraîné et noyé sans retour par le torrent qui emporte son oncle. Si, au contraire, avec des tours et des distinctions d'esprit, il abandonne son oncle pour se cramponner en place, il devient l'homme le plus publiquement et le plus complétement déshonoré; il devient, de plus, suspect au parti qu'il ménage au prix du sang de son oncle, et à vous-même qui n'oserez jamais vous fier à lui de quoi que ce soit; il devient l'horreur du monde, et l'exécration du parti de son oncle, qui tout entier ne sauroit périr avec lui; il devient enfin l'opprobre et le mépris de toute la terre; et moi, par conséquent, jouissant d'un état dont l'infamie ne laisse plus rien à faire ni à désirer à ma vengeance. Mon intérêt le plus vif et le plus cher, si j'étois aussi scélérat que le duc de Noailles, auroit donc été, dès les premiers jours de votre régence, de répondre aux empressements des cardinaux de Rohan et de Bissy, et de leurs consorts, de m'unir étroitement à eux, de les servir auprès de vous de toutes mes forces. La bonté et la confiance dont vous m'honorez m'auroit rendu parmi eux l'homme laïque le plus principal, le conseil et le modérateur du parti, avec une intimité et une considération d'autant plus solides que nous aurions travaillé de toutes nos forces au même but, et que nous y serions peut-être déjà parvenus. Ne croyez pas que cette réflexion me soit nouvelle, ni que ces messieurs-là soient demeurés jusqu'à présent à me la faire suggérer, jusqu'à me faire dire de leur part, et plus d'une fois, qu'ils ne comprenoient

pas comment, avec toute ma haine publique pour le duc de
Noailles, que je pouvois perdre sûrement et solidement en
perdant son oncle, je demeurois l'ami du cardinal de
Noailles, et, pour user de l'abus de leurs termes, son plus
puissant protecteur. Mais si je suis encore incapable de cette
vertu qui ne vous coûte rien, et que sans nul mérite vous
portez souvent au plus pernicieux abus, qui est le pardon
des ennemis, à Dieu ne plaise que je succombe assez au
plaisir de la vengeance, et devienne assez scélérat pour me
tourner contre la vérité connue, la droiture et l'innocence
manifeste, et le bien de la religion et de l'État, et que je
cesse de vous les représenter de toutes mes forces, et tout
votre intérêt personnel qui y est attaché, tant que vous voudrez bien m'écouter sur un si grand chapitre! » Je conclus
ce propos péremptoire par lui dire que c'étoit à lui [à] discerner qui, du duc de Noailles ou de moi, lui parloit avec
plus de désintéressement et de vérité sur l'appel.

Revenant tout court au fond de la chose, je lui dis qu'avec
le nombre il falloit aussi peser la qualité; qu'il devoit voir
que d'un côté étoient tous les ambitieux, les mercenaires et
les ignorants, séduits par quelques savants et quelques simples de bonne foi; que de l'autre, étoient les prélats les plus
doctes, les plus vertueux, les plus désintéressés, les plus
pieux et des meilleures mœurs, enfin de vrais pasteurs, résidant, travaillant, adorés dans leur diocèse, et en exemple
non contredit à toute l'Église de France, toutes les écoles et
les universités, les colléges, les curés et les chapitres de
Paris et de presque toute la France, en un mot, la presque
totalité du second ordre, non des abbés aboyants, mais de
ce second ordre, pieux, éclairé, qui ne prétendoit à rien et
qui ne vendoit point sa foi et sa doctrine; enfin les parlements, qui en ce genre formoient un groupe respectable, et
que Rome redouteroit toujours; que le gros de la cour, du
monde, du public par tout le royaume étoit encore du même
côté soit lumière ou prévention, et grand nombre aussi par

indignation des violences, et des mœurs, de l'ambition, de la conduite du plus grand nombre des évêques du parti opposé, et d'abominables intrigues dont le temps avoit fait la découverte ; qu'avec les lois de l'Église et de l'État pour lui, avec les évêques, les docteurs, le clergé séculier et régulier le plus estimé et le plus distingué, les corps entiers séculiers et réguliers les plus vénérables, et les compagnies supérieures qui se feroient toutes honneur de suivre les parlements, qui sont en ce genre les gardiens et les protecteurs des lois, il se trouveroit à la tête d'un bien autre parti que ne seroit celui de la constitution, d'un parti sur qui la religion, la vérité, les canons de l'Église, ses règles immuables, les lois de l'État, les libertés de l'Église gallicane, qui ne sont que la conservation de l'ancienne discipline de l'Église envahie ailleurs par l'usurpation des papes et la despotique tyrannie de Rome, sur qui enfin la conscience pouvoit tout, l'ambition, l'intérêt rien, comme tant et de si vives persécutions si grandement souffertes le démontroient avec la dernière évidence, parti, puisqu'il faut [se] servir de ce terme quoiqu'il ne convienne qu'à celui qui lui est opposé, parti qui lui seroit solidement et inviolablement attaché par les liens de sa conscience, de la religion, de la vérité, de la reconnoissance, et que nul intérêt temporel n'en pourroit débaucher, qui grossiroit sans cesse de tous les ignorants de l'autre, à qui alors il seroit libre de parler, et de les éclairer, à eux d'écouter et d'être instruits, et d'une foule de mercenaires dont il avoit vu les variations à mesure de celles du crédit de leur parti, et qui étoient incapables d'en suivre aucun que pour des vues humaines. Alors que deviendroit le parti opposé, chargé du mépris de ses artifices, de la haine de ses violences, dépouillé du pouvoir d'en commettre, et de l'affranchissement du pouvoir des lois et des tribunaux, et de la censure des doctes, de cette foule de personnages de la plus grande réputation chacun dans leur état ? Comment soutenir une cause qui arme la raison et toutes les lois contre elle, qui s'est noircie de tout ce que l'artifice et la persécution ont de plus odieux, et opposer la honte de l'épiscopat et du sacerdoce en tout genre pour la plupart à l'élite qui forme tout l'autre parti, décorée de ses souffrances et purifiée par le feu de la persécution? Que pourroient opposer à tant de savoir et de vertu les grâces alors flétries par faute de pouvoir, et les mines de protection du premier de ses chefs, et les repoussantes clameurs de l'autre; les ruses si reconnues de leurs principaux ouvriers du premier et du second ordre, dont les mœurs de la plupart, la conduite et l'ambition de tous, les ont rendus l'abomination du monde jusque dans l'usage le plus effréné de leur crédit et de leur pouvoir : et Rome qui recule devant un roi de Portugal, et pour une grâce qui ne dépend que d'elle, qui ne tient ni à vérité ni à religion, grâce injuste, même scandaleuse, sera-t-elle plus audacieuse contre un groupe si vénérable du premier et du second ordre, soutenu de la multitude rendue à la liberté, et des parlements engagés par leur appel dans la même cause, Rome, dis-je, dépouillée de l'autorité royale, qui faisoit tout trembler sous elle, mais qui avec ce terrible avantage n'a pourtant jamais osé que menacer.

J'ajoutai à cette peinture que son personnage, à lui régent, étoit bien honnête et bien facile. Il n'avoit qu'à laisser faire et jouir de ce qui se feroit et des appels en foule qu'il verroit éclater. Dire au pape et aux chefs de la constitution qu'ils ne devoient pas attendre du pouvoir précaire d'un régent plus qu'ils n'avoient pu obtenir de la redoutable et absolue autorité du feu roi, qui l'avoit si longtemps déployée en leur faveur tout entière; qu'il y a de plus, bien loin de ce dont il s'agissoit alors à ce qui s'entreprenoit aujourd'hui. Alors il ne s'agissoit que de la condamnation d'un livre, et de se taire sur la constitution. Aujourd'hui que, les desseins croissant avec le pouvoir, il ne s'agit de rien moins que d'embraser la France par toutes les intrigues imaginables, jusqu'à y vouloir faire entrer les premières puissances étrangères, et faire recevoir, signer, croire et jurer comme articles définis de foi, au moins en attendant comme règle de foi qui en est le parfait synonyme, tout ce qui est dans la constitution; ce comble de pouvoir qui n'est permis et donné qu'à l'Église assemblée, appliqué à une bulle qui bien ou mal à propos a soulevé toute la France dès qu'elle a paru, que les uns trouvent inintelligible, les autres non recevable dans ce qui s'en entend, bulle dont le pape, contre la coutume de ses plus saints et plus illustres prédécesseurs, n'a jamais voulu ni expliquer, ni souffrir que les évêques l'expliquassent, depuis tant d'années qu'il en est supplié et conjuré avec tout le respect et l'humilité possible, il n'est pas étonnant que, poussées enfin à bout, les consciences se révoltent, forcent la main au régent, et aient enfin recours au dernier remède de tout temps établi dans l'Église, et dont les plus saints et les plus grands papes ne se sont jamais offensés. Ajouter que vous êtes affligé d'un si grand éclat, et impuissant pour l'arrêter, mais qu'étant régent du royaume, et n'ayant jusqu'à ce jour omis travail, peine, ni soin pour procurer la satisfaction du pape, et votre vénération personnelle, jusqu'à y employer l'autorité dont vous êtes dépositaire plus encore que le feu roi n'avoit fait et, malheureusement vous ne mentirez pas, vous n'êtes pas résolu aussi à ne pas protéger les lois de tout temps en usage, auxquelles le feu roi lui-même a eu recours en d'autres occasions, ni à laisser mettre le feu et le trouble dans le royaume. Faire en même temps avertir le nonce d'être sage, et de ne vous pas forcer par sa conduite à des démarches qui lui seroient désagréables, et dont les suites pourroient arrêter sa fortune; et prendre des précautions mesurées mais justes pour rendre ses communications difficiles avec les chefs et les enfants perdus du parti. Écrire aussi en même sens au cardinal de La Trémoille, d'une façon à faire peur au pape s'il pensoit aller plus loin, tant sur la chose en général que sur le cardinal de Noailles et aucun autre en particulier; et lui envoyer une lettre pour le pape remplie des plus beaux termes d'attachement, de douleur, de vénération, mais imprimée vaguement d'une teinture de fermeté qui soutînt la lettre au cardinal de La Trémoille; surtout n'oublier pas de faire parler françois aux principaux jésuites d'ici à leur général à Rome, et aux supérieurs de Saint-Sulpice et de Saint-Lazare; puis demeurer fermé à quelque proposition que ce pût être, et les plus spécieuses. Ouvrir les prisons, et rappeler et rétablir les exilés, et la liberté, mais parler ferme aux principaux, et donner au cardinal de Noailles et aux parlements des ordres sévères et y être inexorable, pour que la liberté, bien loin de se tourner en licence et en triomphe, se contienne dans les plus étroites bornes de sagesse, de prudence, de modestie, de charité, de respect pour l'épiscopat et pour les évêques, de mesure à l'égard de la personne du nonce, de vénération pour celle du pape, de soumission pour le saint-siége, et de toutes les précautions nécessaires pour éviter toute occasion de donner prise à l'autre parti, et tout prétexte de crier au schisme ou le faire craindre avec la plus légère apparence.

Après ce discours, que M. le duc d'Orléans écouta fort attentivement et qu'il me parut goûter, je vins au point sensible. Je lui remis devant les yeux le défaut des renonciations, où on n'avoit voulu souffrir ni formes ni apparence de liberté; et je lui répétai, ce que je lui avois dit souvent, qu'il ne pouvoit tirer aucun fruit de ces actes, si le malheur du cas en arrivoit, que de l'estime et de l'affection de la nation par la sagesse, la douceur, l'estime de son gouvernement; que ce que je lui proposois en étoit une des voies la plus assurée en protégeant les lois, la raisonnable et juste liberté, et se rendant le conservateur de ce qui dans l'ecclésiastique et le civil étoit en la plus grande et solide réputation par la doctrine et la vertu, et s'amalgamant les parlements et les autres tribunaux; tandis qu'en prenant l'autre parti c'étoit un chemin de continuelles violences aux consciences, aux lois ecclésiastiques et civiles, une suspension continuelle de l'exercice et des fonctions de la justice, des exils et des prisons sans fin, pour plaire à une cour impuissante, ingrate, qui ne vouloit que soumettre la France comme l'Espagne, le Portugal, l'Italie, avec les inconvénients temporels et si serviles qu'en éprouvent ces souverains rendus si dépendants de Rome en autorité et en finance par les excès de l'immunité ecclésiastique, et pour des mercenaires qui, de concert avec Rome, demanderoient toujours pour régner, et ne sauroient gré d'aucun succès général ou particulier qu'à leur artifice et à leur audace.

Je lui dis qu'il ne devoit pas se faire illusion à lui-même, mais qu'il devoit bien comprendre et bien se persuader que les hommes ne se conduisent jamais que par leur intérêt, excepté quelques rares exemples de gens consommés en vertu; qu'il ne falloit donc pas qu'il s'imaginât que quoi qu'il pût faire pour Rome, pour les jésuites et pour le parti de la constitution, il pût jamais les gagner contre le roi d'Espagne; que, pour peu qu'il fît de comparaison entre ce prince et lui, il sentiroit bientôt lequel des deux emporteroit tous leurs vœux et leur choix, par conséquent tous leurs efforts; que leur but étoit de régner, de dominer, de subjuguer la France comme sont l'Espagne, le Portugal et l'Italie, à quoi ils n'avoient jamais eu plus beau jeu que par le moyen de l'état où ils avoient su porter l'affaire présente; qu'il n'y avoit point aussi de prince plus expressément formé à leur gré pour ce dessein, qu'un esprit accoutumé à se reposer de tout sur autrui, dans l'habitude de tant d'années de règne sous le joug entier qu'ils vouloient imposer ici, d'une conscience sans lumière, toujours tremblante au nom de Rome et de l'inquisition, livré entièrement à toutes les prétentions ultramontaines tournées en lois dans ses vastes États, abandonné depuis toute sa vie aux jésuites, et à deux reprises, dont la dernière étoit lors dans sa vigueur, au fabricateur de la constitution, enfermé de plus par habitude et par goût, et inaccessible à tout excepté à une épouse italienne pétrie des mêmes maximes romaines, à son confesseur et à son ministre, et incapable par ses mœurs de laisser aucun lieu de craindre rien qui puisse déranger des préventions si favorables aux projets de Rome et des constitutionnaires et des maximes ultramontaines qu'il tient être des parties intégrantes de la religion. Avec un prince fait de la sorte, il n'y a qu'à vouloir et faire; et l'État absolu et sans forme auquel il est accoutumé de régner en Espagne joignant en lui, revenu en France, la jalousie de l'autorité à ce qu'il croiroit de si étroite obligation de sa conscience, jusqu'à quels excès ne pourroit-il pas être mené sans autre peine que de vouloir et de dire! « Croyez-vous, monsieur, continuai-je, être en même parallèle avec tout votre esprit, votre savoir, votre discernement, vos lumières, le déréglement affiché de votre vie, votre accès libre à tout le monde, vos connoissances étendues et si extraordinaires à votre naissance, enfin avec ce mépris de la religion, et ce libertinage d'esprit dont vous affectez de tout temps une profession si publique? Pour peu que vous y pensiez un moment, vous serez intimement convaincu que vous ne pouvez jamais devenir l'homme de Rome et des jésuites, et qu'il ne manque au roi d'Espagne aucune des qualités qui le rendent un roi fait et formé tout exprès pour eux. Otez-vous donc bien exactement de la tête que, quoi que vous puissiez faire, vous ayez jamais Rome, jésuites, constitutionnaires, dans votre parti. Si le malheureux cas arrive, persuadez-vous au contraire bien fortement que vous les aurez pour vos plus grands ennemis, et qui n'auront rien de sacré contre vous. Si avec cela vous allez prendre le parti qui leur est opposé, qui est celui des lois et de l'estime publique; si vous négligez de vous rapprocher les parlements en cessant de les irriter par des violences à cet égard, des défenses de recevoir des plaintes et d'y prononcer des évocations sans fin dès qu'il y a le moindre trait véritable ou supposé à l'affaire de la constitution, des cassations d'arrêts au gré des constitutionnaires, qui est la chose qui blesse le plus les parlements, la totalité de la magistrature, tout le public même le plus neutre et le plus indifférent, et ce qui le révolte encore plus sans mesure; si vous continuez et redoublez même, comme l'extrémité où les choses se portent vous y forceront, les exils, les prisons, les saisies de temporel, les inouïs expatriments, les privations d'emplois et de bénéfices; qui aurez-vous pour vous, si le malheureux cas arrive, de l'un ou de l'autre parti, ou, s'il en reste encore, dans les termes où en viennent les choses, des neutres et des indifférents? »

Je m'arrêtai là et n'en voulus pas dire davantage, pour juger de l'impression que j'avois faite. Elle passa mon espérance sans toutefois me rassurer; je vis un homme pénétré de l'évidence de mes raisons (il ne fit pas difficulté de me l'avouer); en même temps en brassière et dans l'embarras d'échapper à ceux que j'ai nommés, et qui, dans ces moments critiques de laisser aller le cours aux appels ou de les arrêter, se relayoient pour ne le pas perdre de vue. Il raisonna sur l'état présent de l'affaire et les inconvénients des deux côtés; il convint de toute la force de ce que je lui avois représenté. Je ne disois alors que quelques mots de traverse pour le laisser parler, et le bien écouter; et je ne vis qu'un homme, convaincu à la vérité, et de son aveu, sans réponse à pas une des raisons que je lui avois représentées, mais un homme dans les douleurs de l'enfantement. Nous en étions là, quand la toile tomba. Nous fûmes tous deux surpris et fâchés de la fin du spectacle. Malgré le brouhaha qu'il produisit par l'empressement de chacun pour sortir, nous demeurâmes encore quelques moments sans pouvoir cesser cette conversation. Je la finis en lui disant que le nonce ne le connoissoit que trop bien quand il disoit que le dernier qui lui parloit avoit raison; que je l'avertissois qu'il étoit veillé par des gens qu'il se croyoit affidés et qui ne l'étoient qu'à eux-mêmes, à leurs vues, à leurs intrigues, à leurs intérêts, et veillé comme un oiseau de proie; qu'il seroit la leur s'il ne prenoit bien garde à lui, parce que la vérité n'avoit pas auprès de lui des surveillants si à portée ni si empressés; qu'il prît donc garde au trop vrai dire du nonce, et qu'il ne se laissât pas misérablement entraîner. Là-dessus il sortit de sa petite loge, et moi avec lui. Tout le dehors étoit rempli de tout ce qui successivement s'y étoit amassé pour entrer dans sa loge ou l'en voir sortir, dont la plupart le regardèrent attentivement, et moi encore plus. Il étoit si concentré de tout ce que nous venions de dire qu'il passa assez sombrement. Il alla dans son appartement avec tout ce monde, dans le fond duquel j'aperçus Effiat et Besons. Effiat avoit été apparemment averti du tête-à-tête de l'Opéra, et s'étoit fortifié de Besons pour saisir le court moment de la fin de la journée publique, et du commencement de la soirée des roués, pour explorer ce qui s'étoit passé et le détruire à la chaude. Je ne sais ce qu'ils devinrent, car je m'en allai aussitôt.

Mais pour ne pas revenir aux appels, je ne dis que trop vrai au régent en sortant de la petite loge. Il fut si bien veillé, relayé, tourmenté qu'ils l'emballèrent. D'Effiat, le premier président et les autres l'emportèrent. Le régent arrêta les appels, mit toute son autorité à empêcher celui du parlement, et lui fit suspendre un arrêt contre des procédures monstrueuses de l'archevêque de Reims, et contre d'autres fureurs d'évêques constitutionnaires. Je me contentai d'avoir convaincu, et puis je laissai faire, sans courir ni recommencer à raisonner avec un prince que je savois circonvenu de façon que sa facilité et sa foiblesse seroit incapable de résistance. Il devint enfin tout ce qu'ils voulurent, entraîné par leur torrent; et il en arriva dans les deux partis le fruit que je lui avois prédit par leurs sentiments à son égard. S'il m'avoit cru, ou plutôt s'il en avoit eu la force, la constitution tomboit avec toutes ses machines et ses troubles, l'Église de France seroit demeurée en paix, et

Rome de plus eût appris par un si fort exemple à ne la plus troubler de ses artifices et de ses ambitieuses prétentions. Le pape, si soutenu par tant d'évêques en France, ou ignorants, ou simples, ou ambitieux, et si continuellement pressé et tourmenté par son nonce et par les autres boutefeux de se porter à des démarches violentes, n'avoit jamais osé s'y commettre. Il avoit menacé trop souvent pour qu'on n'y fût pas accoutumé. Il ne s'agissoit pourtant que de sévir contre la personne du cardinal de Noailles en particulier, et en gros contre d'autres de son parti, en dernier lieu contre les appelants. Rien ne fut oublié de la part de Bentivoglio et des furieux pour l'y engager, sans que jamais il ait osé passer les menaces, et encore sans s'en expliquer. Pouvoit-on craindre qu'il se fût porté à des extrémités contre ce nombre immense d'appelants en corps et en particuliers, écoles célèbres et nombreuses, diocèses entiers, congrégations fameuses et étendues, contre les parlements qu'il a toujours redoutés, en un mot contre le régent à la tête de tout le royaume, armé de ses lois, des canons, de la discipline de l'Église reconnue et pratiquée jusque sous le feu roi. Rien de schismatique en cette démarche de l'appel de tout temps, encore une fois pratiquée et suspensive dans l'Église; on ne le devient point quand on ne veut pas l'être, et le pape se seroit bien gardé de se risquer la France pour un sujet aussi dépourvu de tout fondement après les pertes que Rome a faites de plus de la moitié de l'Europe. Il se seroit donc réduit à des plaintes, à se contenter des respects qu'on ne lui auroit pas épargnés, et à se satisfaire comme d'un gain des assurances qu'il auroit exigées qu'en ne parlant plus de sa bulle, personne aussi n'auroit la témérité de la combattre en aucune sorte ni occasion, puisqu'il ne s'en agiroit plus; que de part et d'autre on laisseroit tomber tout ce qui s'étoit fait là-dessus, et qu'il seroit même remercié de sa condescendance. Ce qu'on verra bientôt qui arriva sur les bulles est une démonstration que les choses se seroient passées aussi doucement que l'opinion que j'en avois, et que je rapporte ici. Je n'ajouterai rien sur la façon dont parut peu après l'appel du cardinal de Noailles, ni des divers succès qu'il eut, qu'on a vu que je lui avois prédits pour l'avoir trop différé; cela appartient à la constitution sans avoir produit d'occasion qui me regarde.

CHAPITRE XIII.

Mlle de Chartres prend l'habit à Chelles. — Mort d'Armentières. — Mort du duc de Béthune. — Mort de Mme d'Estrades. — Son beau-fils va en Hongrie avec le prince de Dombes. — Indécence du carrosse du roi expliquée. — Maupeou président à mortier, depuis premier président. — Nicolaï obtient pour son fils la survivance de sa charge de premier président de la chambre des comptes. — Bassette et pharaon défendus. — Mort et famille de la duchesse douairière de Duras. — Mort de la duchesse de Melun. — Mort de la comtesse d'Egmont. — Mort de Mme de Chamarande. — Éclaircissement sur sa naissance. — Mort de l'abbé de Vauban. — Mariage d'une fille de la maréchale de Boufflers avec le fils unique du duc de Popoli. — Le duc de Noailles manque le prince de Turenne pour sa fille aînée, et la marie au prince Charles de Lorraine, avec un million de brevet de retenue sur sa charge de grand écuyer, et un triste succès de ce mariage. — M. le comte de Charolois part furtivement pour la Hongrie par Munich. — Personne ne tâte de cette comédie. — Il ne voit point l'empereur ni l'impératrice, quoique le prince de Dombes les eût vus, dont M. le Duc se montre fort piqué. — L'abbé de La Rochefoucauld va en Hongrie et meurt à Bude. — Conduite de M. et de Mme du Maine dans leur affreux projet. — Causes et degrés de confusion et de division dont ils savent profiter pour se former un parti. — Formation d'un parti aveugle composé de toutes pièces sans aveu de personne, qui ose de soi-même usurper le nom de noblesse. — But et adresse des conducteurs. — Folie et stupidité des conduits. — Menées du grand prieur et de l'ambassadeur de Malte pour en exciter tous les chevaliers, qui reçoivent défense du régent de s'assembler que pour les affaires uniquement de leur ordre. — Huit seigneurs veulent présenter au nom de la prétendue noblesse un mémoire contre les ducs. — Le régent ne reçoit point le mémoire et les traite fort sèchement. — Courte dissertation de ces huit personnages. — Embarras de cette noblesse dans l'impossibilité de répondre sur l'absurdité de son projet.

Mlle de Chartres ayant persévéré longuement à vouloir être religieuse contre le goût et les efforts de M. le duc d'Orléans, il consentit enfin qu'elle prît l'habit à Chelles, dont une sœur du maréchal de Villars étoit abbesse. M. [le duc] et Mme la duchesse d'Orléans y allèrent, et n'y voulurent personne. L'action fut ferme et édifiante, et tout s'y passa avec le moins de monde et le plus de simplicité qu'il fut possible.

Armentières mourut chez lui en Picardie, assez jeune, d'une fort longue maladie. Il étoit premier gentilhomme de la chambre de M. le duc d'Orléans, qui donna cette place à son frère Conflans, qui étoit aussi son beau-frère, comme on l'a vu ailleurs. Il étoit surprenant de trouver en ce M. d'Armentières un homme aussi parfaitement bouché, avec deux frères qui avoient tant de savoir et d'esprit; d'ailleurs bon et honnête homme.

Le duc de Béthune mourut à soixante-seize ans. C'étoit un bon et vertueux homme. J'ai parlé plus d'une fois de la fortune de son père et de lui, qu'il vit refleurir en lui et en son fils et son petit-fils après une légère éclipse, et qui après lui augmenta encore beaucoup.

Mme d'Estrades mourut aussi. Elle étoit sœur de Bloin, premier valet de chambre du roi, et avoit été fort belle. Le fils aîné du maréchal d'Estrades l'avoit épousée en secondes noces par amour. Elle étoit mère de Mme d'Herbigny. La considération que M. le duc d'Orléans conserva toujours pour la famille du maréchal d'Estrades, qui avoit été son gouverneur, et un homme illustre dans les armes et dans les négociations, dont Mme d'Herbigny étoit petite-fille, fit uniquement son mari conseiller d'État. Le comte d'Estrades lieutenant général, de la belle-mère de qui on vient de dire la mort, se laissa engager par M. du Maine à aller en Hongrie avec le prince de Dombes. C'étoit un honnête homme et de distinction à la guerre. Le régent le lui permit, mais le roi ni lui n'y entrèrent pour rien.

Le roi s'alla promener au cours. Il étoit au fond de son carrosse, serré entre le duc du Maine et le maréchal de Villeroy avec la dernière indécence. Tant que le feu roi admit des hommes dans son carrosse, jamais aucun prince du sang n'y a été à côté de lui. C'étoit un honneur réservé aux seuls fils de France. M. le Prince le dernier donnant au roi une fête à Chantilly, où étoit toute la cour, il se trouva pendant le voyage une fête d'Église solennelle, pour laquelle le roi alla à la paroisse du lieu, seul, dans sa calèche qui n'étoit qu'à deux places sur le derrière, le devant étant accommodé pour y mener des chiens couchants. Jamais personne n'y montoit avec lui, sinon Monseigneur ou Monsieur, encore si rarement qu'il ne se pouvoit davantage. On regarda comme une distinction fort grande due à la magnificence de la fête de Chantilly, et à la nouveauté du mariage de Mme la Duchesse, que le roi sortant de l'église, et monté dans sa calèche, voyant M. le Prince à la portière, lui ordonna d'y monter et de se mettre auprès de lui, parce qu'il n'y avoit point d'autre place. C'est l'unique fois que cela soit arrivé. Le maréchal de Villeroy avoit bien dans le carrosse du roi, comme son gouverneur, une place de préférence, mais non pas de préséance sur le grand écuyer, ni sur le grand chambellan, ni même sur le premier gentilhomme de la chambre en année. Mais tout étoit en pillage et en indécence, qui s'augmenta sans cesse en tout de plus en plus.

Maupeou, maître des requêtes, fit un marché extraordinaire avec Menars, président à mortier, pour s'assurer sa charge et lui en laisser la jouissance sa vie durant à certaines conditions. Le prix fut sept cent-cinquante mille livres et vingt mille livres de pot-de-vin. Je ne marque cette bagatelle que parce que le même Maupeou est devenu premier président[1], et a fait passer à son fils sa charge de président à mortier, tous deux avec réputation. Peu de jours après, Nicolaï, premier président de la chambre des comptes, obtint la survivance de cette charge pour son fils. Ce fut comme bien d'autres une grâce perdue pour M. le duc d'Orléans, qui ne trouva pas ce magistrat par la suite moins singulièrement audacieux à son égard. Ce prince fit plus utilement par la défense sévère qui fut publiée de la bassette et du pharaon sans distinction de personne. Ce débordement de ces sortes de jeux quoique défendus étoit devenu à un point, que les maréchaux de France avoient établi à leur tribunal qu'on ne seroit point obligé à payer les dettes qu'on feroit à ces sortes de jeux.

La duchesse de Duras mourut à Paris à cinquante-huit ans d'une longue maladie; elle étoit veuve dès 1697 du duc de Duras, fils et frère aîné des deux maréchaux de Duras. Il n'avoit que vingt-sept ans, et ne lui avoit laissé que deux filles, dont elle avoit marié l'aînée, comme on l'a vu en son temps, au prince de Lambesc, petit-fils de M. le Grand, et avoit, comme on le verra, arrêté le mariage de l'autre lorsqu'elle mourut. Son nom étoit Eschallard; elle étoit fille de La Boulaye, qui fit un moment tant de bruit à Paris dans le parti de M. le Prince, et qui est si connu dans les histoires et les mémoires de la minorité de Louis XIV. La Boulaye avoit épousé une fille unique du baron de Saveuse, et il fut tué maréchal de camp au malheureux combat du maréchal de Créqui à Consarbruck, en 1675. Son père avoit épousé

---

1. René-Charles de Maupeou fut reçu président à mortier le 23 mars 1718, devint premier président en 1743, et, longtemps après la mort de Saint-Simon, garde des sceaux et vice-chancelier de France en 1763, enfin chancelier en 1768 (15 septembre). Il céda presque immédiatement cette charge à son fils, René-Nicolas-Charles-Augustin de Maupeou, qui s'est rendu célèbre par sa lutte contre les parlements.

en 1633 une fille d'Henri-Robert de La Marck, comte de Braine, capitaine des Cent-Suisses de la garde du roi, mort en 1652, fils de Charles-Robert, comte de Maulevrier et chevalier du Saint-Esprit, aussi capitaine des Cent-Suisses, frère puîné du père de l'héritière de Bouillon, Sedan, etc., qu'épousa le vicomte de Turenne, dit depuis le maréchal de Bouillon, contre lequel après la mort sans enfants de l'héritière, il en prétendit la succession, se fit appeler duc de Bouillon, disputa toute sa vie et précéda partout le maréchal de Bouillon. On a assez parlé ailleurs de toute cette grande affaire et de toute cette descendance. Le marquis de Mauny, frère cadet du beau-père de La Boulaye, qui étoit chevalier du Saint-Esprit, capitaine des gardes, puis premier écuyer de la reine-mère et la marquise de Choisy-L'Hospital si connue dans le grand monde, sœur de Mme de La Boulaye, n'ayant point eu d'enfants, ni cette dernière de frère, La Boulaye son mari prit hardiment le nom et les armes de La Marck, que sa postérité a conservés, quoiqu'il restât une branche de la maison de La Marck, comtes de Lumain en Wétéravie, dont est demeuré seul de ce grand nom le comte de La Marck, chevalier du Saint-Esprit et de la Toison, grand d'Espagne, connu par ses ambassades, dont le fils unique a épousé une fille du duc de Noailles.

La duchesse de Melun, fille du duc d'Albret, mourut dans la première jeunesse, étouffée dans son sang en couches, pour n'avoir point voulu être saignée dans sa grossesse qui étoit la première. La fille dont elle accoucha ne vécut pas.

La comtesse d'Egmont mourut aussi à Paris. Elle étoit nièce de l'archevêque d'Aix, si connu par les aventures de sa vie et commandeur de l'ordre, et parente proche des Chalais. Mme des Ursins, qui aimoit fort tout ce qui appartenoit à son premier mari, étant à Paris avant la mort de son second mari, l'avoit fait venir de sa province chez elle, où elle demeura jusqu'à son mariage avec le dernier de la maison d'Egmont, dont elle n'eut point d'enfants, et dont elle étoit veuve.

Chamarande perdit sa femme, qui avoit du mérite, et qui étoit fille du comte de Bourlemont, lieutenant général et gouverneur de Stenay, frère de l'archevêque de Bordeaux. J'observerai, pour la curiosité, qu'on disoit que ces Bourlemont portoient le nom et les armes d'Anglure, dont ils n'étoient point; que leur nom est Savigny, qui sûrement ne vaut pas l'autre. Chrestien de Savigny, seigneur de Rosne, s'attacha au duc d'Alençon, dont il fut chambellan, et par sa valeur et ses talents s'éleva dans les emplois et se fit un nom. A la mort de son maître, il s'attacha aux Guise, alors tout-puissants, et devint, par son esprit, un de leurs principaux confidents et un des chefs de la Ligue sous eux. Lorsque, après le meurtre d'Henri III, le duc de Mayenne attenta à tout, jusqu'aux fonctions de la royauté, de Rosne fut un des maréchaux de France qu'il fit, avec MM. de La Châtre et de Brissac, et d'autres qui le demeurèrent par leurs traités avec Henri IV; mais de Rosne n'en eut pas le temps. Il étoit lieutenant général de Champagne et commandoit à Reims pour la Ligue; il étoit devenu fort audacieux, et son attachement pour le duc de Mayenne, dont il tenoit son prétendu bâton de maréchal de France, ne lui avoit [point] donné d'affection pour le jeune duc de Guise qui, par s'être échappé de la prison où il avoit été mis lorsque son père et le cardinal son oncle furent tués à Blois, avoit ôté toute espérance au duc de Mayenne de faire couronner son fils avec l'infante d'Espagne par les prétendus états généraux assemblés à Paris. Le duc de Guise, allant en Champagne, y donna ses ordres que Rosne ne se crut pas obligé de suivre. Étant l'un et l'autre à Reims, les disputes s'échauffèrent tellement, qu'en pleine place publique le duc de Guise, poussé à bout de son insolence, lui passa son épée à travers du corps et le tua roide. C'est ce même de Rosne qui avoit épousé la fille unique et héritière de Jacques d'Anglure, seigneur d'Es-

toges, en qui cette branche d'Estoges finit, et qui étoit frère
aîné [de] René d'Anglure, seigneur de Givry en Argonne,
qui a fait la branche de Givry. Pour revenir au prétendu
maréchal de Rosne, il eut un fils que son grand-père ma-
ternel substitua aux nom et armes d'Anglure; mais ces faux
Anglure n'ont point prospéré et sont demeurés obscurs. Le
comte de Bourlemont, ami de mon père, frère des archevêques de Toulouse et de Bordeaux, et père de la femme de
Chamarande, étoit fils puîné de Nicolas d'Anglure, quatrième descendant d'autre Nicolas d'Anglure, chef de la
branche de Bourlemont et d'Is. du Châtelet, lequel étoit
puîné de Simon d'Anglure, vicomte d'Estoges, mort en 1499.
En voilà assez pour revendiquer cette vérité.

En même temps mourut l'abbé de Vauban, uniquement
connu pour avoir été frère du célèbre maréchal de Vauban.

La maréchale de Boufflers, qui n'avoit pas grand'chose à
donner à sa seconde fille, conclut son mariage avec le fils
unique du duc de Popoli, duquel il a été parlé plus d'une
fois. Excepté d'aller en Espagne, le nom, les établissements,
les biens, tout étoit à souhait. Une place de dame du palais
de la reine d'Espagne attendoit la nouvelle mariée en arrivant. Popoli, toujours épineux, ne voulut pas que le prince
de Pettorano vînt jusqu'à Paris, parce que les fils aînés des
grands ont en Espagne des distinctions qui sont inconnues
en France. Il s'arrêta donc à Blois, et y attendit six semaines
la maréchale de Boufflers, qui y mena sa fille. Le mariage
s'y fit, et les deux époux partirent deux jours après pour
Madrid. Si Dieu me donne le temps d'écrire mon ambassade
en Espagne, j'aurai lieu de dire quel fut le triste succès de
ce mariage.

Il s'en fit un autre en même temps, qui ne réussit pas
mieux, mais qui ne fit le malheur de personne. La faveur
du duc de Noailles, et beaucoup plus la place et l'autorité
entière qu'il avoit dans les finances, tentèrent le duc d'Albret
de finir par une alliance les longs et fâcheux démêlés des

deux maisons. Le comte d'Évreux, qui en sentit l'importance pour un rang et un échange aussi peu solide que le leur, n'oublia rien pour y réussir. L'affaire fut même si avancée, qu'ils la crurent faite, et que des deux côtés elle fut donnée comme telle. Néanmoins elle se rompit par tout ce que le duc d'Albret ne cessa de prétendre, dont son frère le blâma au point que, pour ne pas irriter le crédit du duc de Noailles, il demeura toujours de ses amis. Le duc d'Elbœuf, qui n'avoit pas les mêmes raisons, mais qui fut toute sa vie fort avide, avoit envie de marier le prince Charles, qu'il regardoit comme son fils, et qui, avec ses grands établissements en survivance, n'avoit point de bien. Il crut trouver dans ce mariage une alliance convenable et tous les avantages d'une affaire purement d'argent pour le prince Charles, et pour soi-même le moyen de puiser dans les finances.

Le duc de Noailles, piqué de la rupture du duc d'Albret, se trouva flatté de trouver sur-le-champ un prince véritable, au lieu du faux qui lui manquoit, avec des établissements extérieurs encore plus éblouissants qui le firent passer par-dessus l'inconvénient des biens, immenses chez les Bouillon, nuls dans le prince Charles. Ainsi le mariage également désiré fut bientôt arrêté, moyennant huit cent mille livres, et ce que l'on ne disoit pas, et la patte du duc d'Elbœuf largement graissée. Les deux familles obtinrent pour le prince Charles un million de brevet de retenue sur la charge de grand écuyer, publiquement volée à mon père, et qui ne leur avoit jamais rien coûté, comme on l'a vu au commencement de ces Mémoires. Jamais on n'avoit ouï parler d'un pareil brevet de retenue, qui assuroit à toujours la charge dans la famille, parce que personne ne pouvoit être en état de le payer. Le cardinal de Noailles les maria dans sa chapelle, et donna un grand dîner à l'archevêché, et le soir il y eut une fête à l'hôtel de Noailles, où sur le minuit M. le duc d'Orléans alla donner la chemise au prince Charles, qui voulut continuer d'être nommé ainsi, et sa femme la comtesse d'Armagnac, comme on appeloit la femme de M. Le Grand. Celle-ci n'avoit pas encore treize ans; ainsi le mari ne fut au lit avec elle qu'un moment pour la cérémonie, et chacun demeura chez soi jusqu'à un temps fixé, qu'elle alla chez son mari, où elle ne demeura pas longtemps. Tant que le duc de Noailles eut les finances, tout alla à merveilles; vers leur déclin, les rats le sentirent, et se hâtèrent de dénicher. Une très-légère imprudence de Mme d'Armagnac causa un éclat qui dure encore. Elle entra aux filles de Sainte-Marie du faubourg Saint-Germain, où une sœur de son père étoit religieuse, et où elle vécut plusieurs années très-régulièrement. Elle y reçut toute la maison de Lorraine, hommes et femmes, qui prirent son parti contre son mari, Mme d'Armagnac même, qui en demeurèrent brouillés avec lui, et des compliments de M. [le duc] et de Mme la duchesse de Lorraine. Il n'y eut que le duc d'Elbœuf qui ne vit plus aucun Noailles, et qui ne les épargna pas. Le prince Charles ne salua même plus son beau-père, et ils en sont demeurés là. Au bout de quelques années, Mme d'Armagnac alla demeurer à l'hôtel de Noailles. Elle aborda la haute dévotion, et à la fin a pris une maison à elle fort éloignée de toutes celles de ses parents. La dévotion n'y nuit point à l'intrigue si naturelle aux Noailles. Mais il n'y a jamais eu moyen d'obtenir du prince Charles qu'elle mît les pieds à la cour.

M. le comte de Charolois, étant à Chantilly, fit semblant le 30 avril d'aller courre le sanglier dans la forêt d'Halatre, suivi de Billy tout seul, qui étoit un gentilhomme de M. le Duc, qui avoit beaucoup de sens et de mérite, et ils ne revinrent plus. M. le Duc, qui étoit à Chantilly, revint à Paris le lendemain essayer de persuader M. le duc d'Orléans et le monde qu'il n'avoit aucune part à cette équipée, dont il n'avoit pas su un mot. Mme la Duchesse tint le même langage. Deux jours après, ils reçurent tous des lettres datées de Mons de M. de Charolois et de Billy, remplies [de demandes] de pardons de son départ sans leur permission, et d'excuses de Billy sur les serments du secret que M. de Charolois lui avoit fait faire avant que de lui déclarer de quoi il s'agissoit. Il ajoutoit que ce prince prendroit incognito, sous le nom de comte de Dammartin, la route de Munich, où il attendroit leurs ordres et leurs secours. Personne ne fut un moment la dupe de cette partie de main, dont la maison de Condé ne tira pas le fruit qu'elle s'en étoit promis. Mme la Princesse et la duchesse d'Hanovre, mère de l'impératrice, étoient sœurs. Mme la Duchesse et M. le Duc espérèrent intimider M. le duc d'Orléans par ce voyage à Vienne et en Hongrie, et par cet air de fuite et de secret n'avoir point à répondre de ce qui s'y passeroit. L'artifice étoit trop grossier pour laisser imaginer à qui que ce fût qu'un prince du sang de dix-sept ans fût parti de Chantilly pour la Hongrie sans l'aveu d'une mère et d'un frère aîné tels que Mme la Duchesse et M. le Duc. Le seul accompagnement de Billy, connu pour avoir leur confiance, auroit levé le voile. M. le duc d'Orléans ne prit aucune inquiétude de cette disparate, qui en effet n'en pouvoit donner la plus légère. Il se contenta de n'y prendre aucune part, et ne fut pas fâché de plus de se trouver par là hors d'atteinte des attaques de bourse pour fournir aux frais. M. de Charolois fut magnifiquement reçu à Munich par l'électeur de Bavière, qui avoit continuellement vécu avec Mme la Duchesse dans tous ses voyages à Paris et à la cour. Il fit présent à ce prince de beaucoup de chevaux tant pour sa personne que pour ses gens. Mais à Vienne, il ne put voir ni l'empereur ni l'impératrice. M. le Duc en fut extrêmement piqué et s'en prit vainement à Bonneval, qu'il crut l'avoir empêché. On ne comprit point quelle en fut la difficulté, puisque le prince de Dombes, arrivé auparavant, les avoit vus. Quelque différence réelle qu'il y eût entre eux deux, il n'y en avoit alors aucune pour le rang et pour tout l'extérieur. Le prince de Dombes avoit bien sûrement sa leçon très-distincte, et M. du

Maine étoit trop attentif à la qualité de prince du sang, dont il jouissoit alors en plein, et qu'il avoit conquise pour soi et pour ses enfants, pour en avoir commis la moindre chose sur un si grand théâtre. Apparemment que M. le comte de Charolois en voulut plus qu'on n'avoit donné à M. de Dombes; cependant l'incognito couvroit tout. Il est vrai que MM. les princes de Conti n'avoient point vu l'empereur Léopold à leur voyage de Hongrie, ni en allant ni revenant, qui ne voulut pas leur donner le fauteuil comme aux électeurs; mais il est vrai aussi qu'ils passèrent à Vienne à visage découvert.

On a vu, en son temps, tout ce que l'abbé de La Rochefoucauld eut à essuyer de sa famille, à la fin du règne du feu roi; et depuis, qui le vouloit forcer, lorsqu'il fut devenu l'aîné, à céder tous ses droits d'aînesse à son frère, ou à quitter tous ses riches bénéfices, sans lui en donner de dédommagement. Enfin, ils le résolurent à s'en aller en Hongrie avec une dispense du pape de porter l'épée trois ans en gardant ses bénéfices. Le prince Eugène, le chevalier de Lorraine, le marquis de Forbin, lieutenant général et capitaine des mousquetaires gris, et bien d'autres, ont toujours servi avec des abbayes sans dispenses, et ont porté l'épée et gardé leurs bénéfices jusqu'à la mort, sans être chevaliers de Malte ni de Saint-Lazare; mais le scrupule convenoit aux desseins de M. et Mme de La Rochefoucauld. Il n'a pas paru que Dieu y ait répandu sa bénédiction; mais en attendant, ils furent tous bien soulagés. L'abbé de La Rochefoucauld partit mal volontiers peu de jours après M. de Charolois; il arriva à Bude, où, avant d'avoir joint l'armée impériale, il fut pris de la petite vérole, et en mourut.

On a vu à la mort du roi le succès de la noire et profonde scélératesse du duc de Noailles à mon égard, par une calomnie et une perfidie qui a, je crois, peu d'exemples, et combien elle seconda le projet du duc et de Mme la duchesse du Maine, résolue à bien tenir les épouvantables

paroles qu'elle avoit dites à Sceaux aux ducs de La Force et
d'Aumont. On les a vues, t. XI, p. 421, et à propos de quoi
elles furent dites ; mais il est nécessaire ici de les répéter. Les
voici : « Qu'elle vouloit bien leur dire, pour qu'ils ne prétendissent pas en douter, que quand on avoit une fois acquis
l'habilité de succéder à la couronne, il falloit plutôt que se
la laisser arracher, mettre le feu au milieu et aux quatre
coins du royaume. » Ces furieuses paroles furent les dernières de cette belle conférence qui fut unique. Ce fut dans
la vue d'une si monstrueuse exécution, si besoin en étoit,
qu'ils continuèrent plus que jamais d'échauffer tout ce qu'ils
purent contre les ducs ; premièrement pour effrayer et se
maintenir dans leurs usurpations contre eux, en empêchant,
par ce bruit, tout jugement dans la suite ; secondement
pour, sous prétexte de l'objet des ducs, s'attacher et se former un parti, dont ils pussent faire à leur gré toutes sortes
d'autres usages, à quoi ils ne cessèrent de travailler tant
que le roi vécut, surtout sur la fin.

Une image d'ordre et de distinction s'étoit soutenue jusqu'à la mort du roi, au milieu de toutes les entreprises et
de toute décadence. Après lui, le peu de dignité de M. le
duc d'Orléans jusque pour lui-même, sa légèreté, sa facilité, sa politique si favorite, *divide et impera*, confondirent
tout à son avénement à la régence. Plus de cour, un roi
enfant, ni reine ni dauphine, et deux uniques veuves de fils
de France : Madame, toujours enfermée, sa toilette et son
dîner fort déserts ; Mme la duchesse de Berry renfermée ou
en parties, voulant et ne voulant point de cour, et se trouvant fort abandonnée, imagina d'en réchauffer une, en permettant aux dames d'y venir en robes de chambre ; établit
des tables de jeu, et en retint plusieurs à souper tous les
soirs. Cela éclipsa les tabourets, parce que, y ayant cette
heure commode de la voir, on ne tint plus compte d'aller à
sa toilette, ni guère plus d'aller aux audiences qu'elle donnoit aux ambassadeurs, ni à celles de Madame, laquelle on

avoit négligée assez de tout temps. Dès les dernières années du roi, les princes et les princesses du sang, dont le temps n'avoit pu diminuer le dépit du rang de M. [le duc] et de Mme la duchesse d'Orléans, qu'en dernier lieu la prétention pour ses filles avoit encore aigri, s'étoient établis sur de petites chaises à dos de paille, plus mobiles, disoient-elles, et plus légères et commodes pour travailler et pour jouer. Par ce moyen, plus de distinction de siéges, et ils ne prenoient et ne donnoient des fauteuils à qui ils en devoient, que lorsqu'ils ne pouvoient s'en dispenser en des visites de cérémonie, comme de mort, de mariage, etc. Les gens de qualité, accoutumés ainsi à ne trouver plus de différence d'avec les gens titrés, commencèrent bientôt à ne plus donner puis offrir leurs places, en quoi les gens titrés leur avoient montré un fort sot exemple depuis plus longtemps, qu'ils avoient cessé entre eux le même usage presque tous. Je l'avois trouvé établi en entrant dans le monde; il ne cessa peu à peu que longtemps depuis. Moi et quelques autres ducs et duchesses l'avions toujours conservé; la maison de Lorraine l'avoit continué par aînesse, et ses singes de Rohan et de Bouillon n'y manquoient pas non plus chacune entre elles. Mais toutes trois eurent à cet égard la même nouvelle conduite à essuyer que les ducs et les duchesses.

Rien ne pouvoit être plus agréable à M. et à Mme du Maine. La division étoit leur salut. Ils l'avoient procurée et mise au comble entre les ducs et le parlement, ils n'oublièrent rien pour la porter aussi loin qu'elle put aller entre les ducs et tous ceux qui ne l'étoient pas, en même temps pour profiter de l'une et de l'autre à lier, unir et amalgamer ensemble le parlement, et tout ce qu'ils pouvoient animer de gens contre les ducs. Ils y parvinrent bientôt, et dès que leurs mesures là-dessus eurent réussi, ils commencèrent à former et à organiser leur parti sans y paroître à découvert.

Ce mélange de gens de qualité, de moindre, et des plus petits compagnons, ne blessa point ceux de la plus grande naissance, et pour faire nombre tout leur fut bon. Quelques gens d'esprit de la première qualité passèrent là-dessus pour parvenir à grossir assez, pour, après le prétexte des ducs, venir à des choses plus importantes, à ventiler le gouvernement et parvenir à ce que se proposent ceux qui s'élèvent contre le roi ou le régent ou le premier ministre, comme on a vu dans tous les troubles domestiques et les guerres civiles de tous les âges de la monarchie. Le grand nombre de ces gens de toutes qualités étoient menés par le nez, comme il arrive toujours, par le chef ou les chefs, et le petit nombre de leurs confidents, qui détachent des émissaires, et qui tournent les esprits, sous divers prétextes, à faire tout ce qui leur convient, et ce qui ne convient qu'à eux; et qui se rient et se moquent de ce grand nombre d'instruments dont ils font la même sorte de cas qu'un artisan et un ouvrier font de leurs outils, dont tout le travail n'est utile qu'à eux, et est inutile aux outils mêmes, qui, après avoir bien servi leurs maîtres, deviennent usés, ébréchés, cassés, et ne sont plus de nul usage, ni ramassés par personne. Tel fut ce groupe qui, depuis les Châtillon, les Rieux, etc., jusqu'aux Bonnetot et autres fils de secrétaires du roi ou de fermiers, osèrent se produire comme un corps sous l'auguste nom du second des trois États du royaume, de leur unique autorité. Ce fut donc ce monstre sans titre légitime, ni même l'ombre illégitime, sans convocation, sans élection, sans pouvoir, ni instruction ni commission, [qui] se donna sous le nom de la noblesse, dont les trois quarts auroient eu grande peine à prouver la leur. Je n'en nomme aucun, parce que je ne prétends pas entrer en des généalogies, qui n'ont d'autre fruit que de désoler ceux qui ne peuvent montrer de vérité, et si j'ai nommé ce Bonnetot, c'est par le contraste d'avoir pour sa richesse épousé une fille de M. de Châtillon, et [avoir été] admis par lui, et en sa considération, par tous les autres, à être indistinctement regardé comme M. de Châtillon même, et à son exemple, tous les gens de peu ou de rien qui s'empressèrent d'y entrer, pour se faire un titre dans les suites d'avoir été de ces assemblées de la noblesse qui commencèrent à se tenir tantôt chez l'un, tantôt chez l'autre.

Mais dans ces assemblées où sans savoir pourquoi on rugissoit contre les ducs d'impulsion du duc et de la duchesse du Maine, l'embarras fut longtemps d'un objet particulier. Ils éclatoient en plaintes qu'ils faisoient retentir partout avec une sorte de tumulte, tantôt que les ducs prétendoient faire un corps à part de la noblesse, tantôt que la noblesse ne vouloit plus que les ducs fissent corps avec elle. On débitoit des choses qui ne se pouvoient appeler que de véritables pauvretés, sans nombre, sans vérité, sans la moindre apparence, sans aucune sorte d'existence; de tentatives des ducs, les unes ridicules, les autres parfaitement inutiles ou indifférentes, quand même elles auroient existé, telles qu'on auroit honte de les rapporter et de les réfuter. Elles tomboient aussi d'elles-mêmes à mesure qu'elles étoient alléguées, mais pour faire place à d'autres aussi faussement et misérablement inventées, et qui ne vivoient pas plus longtemps. La fécondité en substituoit d'autres pour entretenir l'effervescence et le bruit, qui ne duroient pas plus longtemps, mais auxquelles on en faisoit succéder d'autres, qui n'avoient pas plus de fondement ni un meilleur sort. Quand des ducs ou gens de qualité, et de différentes qualités, car il s'en falloit bien que tous se fussent laissé ensorceler, demandoient à des parents et à des amis de cette noblesse (car pour s'entendre, il les faut bien désigner par le nom qu'ils avoient usurpé), quand, dis-je, on leur demandoit de quoi ils se plaignoient, ce qu'ils vouloient, et que par amitié, ou pour ne pas montrer qu'ils ne le savoient pas eux-mêmes, ils vouloient répondre, ils balbutioient et ne savoient qu'articuler. Quand on leur démontroit combien on se jouoit d'eux par toutes les puérilités sans vérité et sans vraisemblance dont on les abusoit, ils demeuroient muets et honteux. Quand on leur faisoit sentir que les ducs ne pouvoient pas n'être point du corps de la noblesse, et [qu'il étoit] absurde de les accuser de n'en vouloir pas être, et impossible de les en exclure, parce que, n'y ayant que trois ordres dans l'État, il falloit bien qu'ils fussent de l'un des trois par leur naissance et leur dignité françoise, et qu'ils ne pouvoient pas être du premier ni du troisième, quelques-uns sembloient se rendre, mais la plupart, ne sachant que répondre à ce dilemme, se mettoient en fureur. En un mot, ils ne savoient que dire, ils y suppléoient par crier et parler à tort et à travers.

L'affaire n'étoit pas assez mûre ni assez préparée pour aller plus loin. On y travailloit sans relâche, on cabaloit les provinces pour en attirer des députations en y soufflant le même feu ; et, pour l'entretenir et l'augmenter à Paris, on prépara un mémoire contre le rang et les honneurs des ducs et des duchesses. Ce n'étoit pas que les moteurs de cette requête en imaginassent aucun succès, mais il falloit tenir cette noblesse ensemble et en mouvement, se l'attacher de plus en plus, l'encourager à des tentatives hardies, la piquer par lui faire recevoir des refus, et pour cela lui donner de la pâture par des prétentions absurdes qui flattassent leur vanité. Quand ce mémoire fut prêt, et qu'il fut question de le présenter, les directeurs jugèrent à propos de se servir de ce qui étoit sous leur main pour augmenter le nom et le nombre. Le grand prieur étoit intéressé pour ses propres entreprises de n'en pas voir tomber les fondements, et les princes du sang pressoient le régent sans relâche de leur tenir parole et de les juger ; le premier président, le plus envenimé de tous contre les ducs par les perfidies qu'il leur avoit faites dans l'affaire du bonnet, publiquement déshonoré par l'amas de scélératesses qu'il y avoit commises, et que les ducs avoient exposées fidèlement au plus grand jour, esclave d'ailleurs de M. et de Mme du Maine, disposoit de son misérable frère non moins déshonoré que lui, mais par d'autres endroits, que M. du Maine avoit par le feu roi fait ambassadeur de Malte : ainsi joints dans cette affaire avec le grand prieur, ils soulevèrent tout ce qui étoit à Paris de l'ordre de Malte qui se joignit à cette noblesse, et ils convoquèrent tout ce qui en portoit la croix pour accompagner la présentation du mémoire. Le régent qui en fut averti, sentit l'inconvénient de cet attroupement, et manda l'ambassadeur de Malte la veille de la présentation du mémoire, auquel il dit qu'il défendoit toutes assemblées des chevaliers de Malte, à moins que ce ne fût uniquement pour les affaires de leur ordre.

Le samedi 18 avril, MM. de Châtillon, chevalier de l'ordre, de Rieux, de Laval, de Pons, de Bauffremont et de Clermont vinrent au Palais-Royal, et entrèrent ensemble pour présenter leur mémoire au régent qui ne voulut pas [le] recevoir, leur dit deux mots de mécontentement fort secs, leur tourna le dos, et entra dans une pièce de derrière. M. de Châtillon avoit fait sa fortune par sa figure chez Monsieur, dont peu à peu il devint premier gentilhomme de la chambre ; il le fut après de M. son fils, qu'il suivit en Italie. A la figure près, qui étoit singulièrement belle, et à la valeur, il n'y avoit rien, et quoique cette figure l'eût mis longtemps dans un certain grand monde, il n'y avoit été souffert que par ses qualités corporelles, et il y avoit longtemps qu'il menoit une vie fort obscure. M. de Rieux avoit beaucoup d'esprit, fort avare, fort méchant, fort glorieux, fort pensant en dessous, fort obscur, qui n'avoit jamais vu ni guerre, ni cour, ni monde. Les intendants, les impôts, le pouvoir absolu lui déplaisoit infiniment par gloire et par avarice, et il auroit voulu donner le ton au gouvernement, ou se faire donner et compter avec lui sans se donner la peine de paroître. Il n'étoit pas assez simple pour compter gagner rien sur les ducs ; il ne regardoit cette entreprise que comme le chausse-pied d'autres plus solides et plus importantes, mais par cela même des plus vifs pour animer le gros à poursuivre le fantôme qui les ameutoit. M. de Laval, fils du frère de la duchesse de Roquelaure, étoit sur le même moule que M. de Rieux, mais il avoit vu la cour et le monde plus que lui, et avoit servi avec assez de distinction. Il avoit tâché de tirer un grand parti d'une blessure qu'il avoit reçue à la mâchoire, et, pour le distinguer des autres Laval, on l'appeloit la Mentonnière, parce qu'il en conserva une, toute sa vie, de taffetas noir, qui d'ailleurs ne l'incommodoit en rien, mais qu'il crut qui affichoit son mérite militaire. Cette mentonnière ne lui ayant pas valu ce qu'il avoit espéré, il quitta le service avec hauteur, et retomba dans l'obscurité tant que le roi vécut, et ne songea qu'à s'enrichir. Il y parvint en épousant la sœur de Turménies, veuve de Bayez, qui étoit fort riche, et tous deux fort appliqués le devinrent de plus en plus par quantité d'intrigues et d'affaires d'argent. Celui-là devint le bras droit de Mme du Maine, le confident de tous ses ressorts et le plus ardent de toute cette noblesse. On verra dans la suite que ses vues étoient pernicieusement vastes, et qu'il ne put se rendre capable de ce prélude, que par un chemin à des révolutions d'État après lesquelles il soupiroit sans cesse. M. de Pons étoit encore de même genre.

Comme MM. de Châtillon et de Laval et presque comme M. de Rieux, il étoit né pauvre, mais si pauvre qu'il n'avoit rien; il étoit parent de M. de La Rochefoucauld le père, qui logeoit chez lui un cadet de cette maison, qui portoit le nom de La Case, et qu'il avoit défrayé longtemps, jusqu'à ce que, devenu par le temps et les grades lieutenant des gardes du corps, il les quitta avec un cordon rouge et le gouvernement de Cognac, mais logé toute sa vie, et monté aux chasses par M. de La Rochefoucauld. La Case lui parla du triste état de l'aîné d'une maison si ancienne et si distinguée, et M. de La Rochefoucauld, qui étoit fort noble et très-bienfaisant, le fit venir de Saintonge, le mit avec ses petits-fils, et en fit comme de l'un d'eux. Tout contribua à le faire entrer agréablement dans le monde avec un tel appui, un grand nom, un des plus plus beaux visages et des plus agréables qu'on pût voir dans la fleur de quatorze ou quinze ans, beaucoup d'esprit, d'art et de tour, qui surprennent infiniment à cet âge, et à cette arrivée de province, enfin la compassion d'un abandon si total de fortune avec tant de talents naturels. Il fut ainsi à la cour plusieurs années avant la mort du roi, qui, à la prière de M. de La Rochefoucauld, lui donna enfin pour rien un guidon de gendarmerie. Le fils aîné du maréchal de Tallard avoit épousé en 1704 la fille unique de Verdun, aîné de sa maison et cousin-germain de son père, pour terminer de grands procès. Il mourut sans enfants des blessures qu'il reçut à la bataille d'Hochstedt. Sa veuve étoit également laide et riche. M. de Pons, qui n'avoit rien, se mit en tête de l'épouser. Il y parvint par ses charmes en 1710. Il quitta la cour, MM. de La Rochefoucauld, dont il compta n'avoir plus besoin, et le service, et montra plus de talent à faire valoir des procès que pour la guerre; il désola le maréchal de Tallard, et il montra souvent aux procureurs les plus lestes qu'il en savoit plus qu'eux. Mme de Montmorency-Fosseux s'étant bientôt lassée d'être dame d'honneur de Mme la Duchesse (Conti), M. le Duc et Mme sa mère se piquèrent de ne pas déchoir, et mirent Mme de Pons en sa place. Rien de si avare, de si glorieux, de si pointilleux, et si la naissance permettoit de le dire, de si audacieux que M. de Pons avec un air de politesse et un débit sentencieux de maximes, et que Mme de Pons avec l'aigreur et l'emportement d'une femme qui connoissoit peu le monde et les mesures. Leur règne fut donc assez court à l'hôtel de Condé, d'où ils sortirent brouillés avec tout ce qui y alloit, et plus encore avec les maîtres. De ce moment on ne les a plus vus dans le monde, uniquement appliqués à s'enrichir de plus en plus, et M. de Pons raccroché par Mme du Maine à former son parti, avec le même but et le même feu que M. de

Laval; mais comme ayant bien plus d'esprit et d'instruction, car il s'étoit orné l'esprit de lecture, il garda plus de ménagements pour sa propre sûreté, et en servant Mme du Maine avec autant et plus même d'art que lui, et qu'aucun de ceux qui étoient dans la bouteille, il eut celui de se préserver des accidents personnels.

M. de Bauffremont, avec bien de l'esprit et beaucoup de bien et de désordre, étoit un fort sérieux, très-sottement glorieux, qui se piquoit de tout dire et de tout faire, et qui avoit épousé une Courtenay plus folle que lui encore en ce genre. Les conducteurs en savoient trop pour s'en servir autrement que d'un pion avancé. Il n'en vouloit qu'aux ducs, et disoit tout haut que, ne pouvant pas le devenir, il les vouloit détruire. En cela il faisoit plus de justice à son mérite qu'à sa naissance. M. de Clermont étoit un bellâtre tout à fait dépourvu de sens et d'esprit, qui, débarqué du Mans par le coche, car il n'avoit rien, se targuoit de son nom et de sa figure avec quoi il prétendoit faire fortune. Il épousa la seconde fille de M. et de Mme d'O; c'étoit la faim et la soif ensemble. Mais il espéra tout du crédit de cette alliance par laquelle il vécut à la cour, et y attrapa des emplois à la guerre. D'O bien plus au duc du Maine et à Mme du Maine qu'au comte de Toulouse, mais à qui la prudence ne permettoit pas de se montrer, paya de ce gendre que sa gloire et sa sottise enrolèrent contre les ducs sans rien apercevoir au delà, et qu'on se garda bien aussi de lui découvrir. Il se crut un homme principal de se voir en si belle compagnie, où il aboya des mieux en écho. Tels furent les chiens de confiance de cette meute, auxquels en étoient sourdement joints d'autres, qui ne paroissoient pas à découvert, tant du petit nombre du conseil à divers degrés de confiance du secret, que de pions.

Cette levée de boucliers ne fit pas grand'peur aux ducs; ils virent le mémoire par quelques amis, car on se garda bien de le laisser courir, et ils le méprisèrent jusqu'à n'y pas faire la moindre réponse. Quand on demandoit à ces messieurs en quel pays civilisé des quatre parties du monde il n'y avoit point de grands avec des rangs distinctifs de quiconque ne l'étoit pas, quand on leur demandoit la date de leur commencement partout sous quelque nom qu'ils fussent connus dans tous les âges, quand on leur proposoit d'expliquer ce que deviendroit en les abolissant l'ambition et l'émulation, le service de l'État, le pouvoir des rois et l'utilité des grandes récompenses, quand on les pressoit sur la possibilité des préférences par naissance parmi la noblesse sans dignités et sans distinctions marquées, quand on les poussoit sur ce qui étoit le plus fâcheux à supporter, d'un rang distinctif par dignité que tout homme de qualité pouvoit posséder, dont il étoit capable, et qui n'étoit presque composé que de gens de qualité comme eux, et qui n'étoient que tels avant que cette dignité leur eût été donnée, ou d'un rang distinctif par naissance hors la maison régnante, qui s'étend à toute une maison mâles et femelles à l'infini, et qui dit tacitement sans cesse à tous les gens de qualité, mais trèsclairement et très-palpablement, qu'ils sont et ont ce que les gens de qualité ne peuvent jamais être par la disproportion de naissance qui est entre eux; à ces courtes et pressantes considérations nulle réponse, les uns muets et honteux, les autres furieux balbutiant de rage, et ne disant pas quatre mots suivis. Quand on les poussoit sur la comparaison de leurs pères ou prédécesseurs, ou qu'on leur donnoit la cause d'un changement du blanc au noir si contradictoire, car ceux-ci ne disoient mot sur le rang de princes étrangers, on apprenoit à la plupart ce qu'ils ignoroient, qui en ouvroient la bouche et de grands yeux, et en demeuroient stupéfaits, et les autres ne savoient où se mettre. Ce contraste mérite bien place ici pour ne le pas laisser périr dans l'oubli, et au moins en rafraîchir la mémoire.

CHAPITRE XIV.

Différence diamétrale du but des assemblées de plusieurs seigneurs et gentilshommes en 1649, de celles de cette année. — Copie du traité original d'union et association de plusieurs de la noblesse en 1649, et des signatures. — Éclaircissement sur les signatures. — Requête des pairs au roi à même fin que l'association de plusieurs de la noblesse en 1649. — Comparaison de la noblesse de 1649 avec celle de 1717. — Succès et fin des assemblées de 1649. — Ma conduite avec le régent sur l'affaire des princes du sang et des bâtards, et sur les mouvements de la prétendue noblesse. — Les bâtards ne prétendent reconnoître d'autres juges que le roi majeur ou les états généraux du royaume, et s'attirent par là un jugement préparatoire. — Excès de la prétendue noblesse trompée par confiance en ses appuis. — Conduite et parfaite tranquillité des ducs. — Arrêt du conseil de régence portant défense à tous nobles de s'assembler, etc., sous peine de désobéissance. — Ma conduite dans ce conseil suivie par les ducs, puis par les princes du sang et bâtards. — Succès de l'arrêt. — Gouvernement de Saint-Malo à Coetquen, et six mille livres de pension à Laval. — Mensonge impudent de ce dernier prouvé, et qui lui demeure utile, quoique sans nulle parenté avec la maison royale. — Maison de Laval-Montfort très-différente des Laval-Montmorency, expliquée. — Autre imposture du même M. de Laval sur la préséance sur le chancelier. — Premier exemple de mariage de fille de qualité avec un secrétaire d'État.

On ne répétera pas ce qui se trouve répandu en plusieurs endroits de ces Mémoires à mesure que l'occasion naturelle s'est présentée d'expliquer comment le rang de prince étranger s'est formé à l'appui de la Ligue, puis [a été] accordé par degrés à d'autres maisons que les souveraines; on se contentera de rapporter ici le traité d'union de ceux qui, comme cette noblesse dont on parle, en prirent de même le nom sans aveu ni mission, mais pour chose réelle et non

imaginaire, et chose si radicalement contraire aux lois et
usages de ce royaume, à ce qui est établi dans tous les
États, et qui offense si personnellement tout le second ordre
du royaume en général et en particulier. Ces assemblées de
noblesse, et ce traité entre elle, se firent à Paris en 1649
après le rang accordé à MM. de Bouillon, et le tabouret à la
princesse de Guéméné qui enfanta depuis par longs degrés
le même rang, et deux autres tabourets à la marquise de
Senecey et à la comtesse de Fleix mère et fille, toutes deux
veuves, et toutes deux dames d'honneur, l'une en titre et
l'autre en survivance, de la reine mère pour les intérêts de
laquelle elles avoient été longtemps exilées à Randan en
Auvergne, et Mme de Brassac mise dame d'honneur en la
place de Mme de Senecey qui fut rappelée à la mort de
Louis XIII, Mme de Brassac renvoyée, et Mme de Senecey
rétablie avec sa fille en survivance. On verra dans ce traité
ce que la noblesse d'alors pensoit si différemment de celle
d'aujourd'hui; mais elle étoit encore instruite dans ces temps-
là, connoissoit son intérêt et ne se laissoit pas mener par
le nez à ce qui y est le plus directement contraire. J'ai eu
entre les mains l'original signé de ce traité, et j'en donne ici
la copie que j'en ai faite. Il est étonnant en quelles mains
tombent par la suite des temps les pièces originales souvent
les plus curieuses et les plus importantes, et les titres les
plus précieux; il n'est pas rare d'en trouver chez des beur-
rières, et entre de pareilles mains. La pièce dont il s'agit,
qui n'est pas de cet ordre, mais qui a sa curiosité, étoit
tombée entre celles d'un vieux médecin de Chartres, qui
étoit excellent médecin, encore plus philosophe, savant en
belles-lettres, curieux et très-instruit de l'histoire, qui,
content de peu, n'avoit jamais voulu quitter sa patrie, ni
chercher à paroître et à s'enrichir à Paris. Il s'appeloit Bou-
vard; il avoit infiniment d'esprit et une mémoire prodigieuse. Le malheureux état de mon fils aîné me fit appeler
ce médecin à la Ferté sur le témoignage de M. de Chartres

(Mérinville)[1] et d'autres encore. Il demeura quelque temps avec nous à plusieurs reprises, et je trouvai fort à m'amuser, et même à m'instruire dans sa conversation qui d'ailleurs avoit encore l'agrément de la gaieté. Nous tombâmes sur des matières qui l'engagèrent à me parler de ce traité de la noblesse. Il me dit qu'il l'avoit original, et, en effet, il me l'apporta quand il revint. Je le copiai avec les signatures dans le même ordre que je les y trouvai, et j'eus toutes les peines du monde à le lui faire reprendre. Il vouloit absolument me le donner; il me le rapporta même une seconde fois dans le même dessein, mais je ne crus pas devoir profiter de son honnêteté et priver un curieux savant et un fort honnête homme d'une pièce[2] originale. La voici :

TRAITÉ D'UNION ET ASSOCIATION FAITE PAR LES SEIGNEURS DE LA PLUS HAUTE NOBLESSE DU ROYAUME, TENUE A PARIS EN L'ANNÉE 1649.

Nous, soussignés, pour obvier aux divisions et désordres qui pourroient naître de la marque d'honneur extraordinaire qu'on témoigne vouloir accorder à quelques gentilshommes et maisons particulières au préjudice de toute la noblesse de ce royaume et notamment de plusieurs des plus signalés de cet ordre, lequel, pour être le vrai et plus ferme appui de cette monarchie, doit être par tous moyens conservé dans une parfaite union sans qu'on laisse établir aucune différence de maisons, avons déclaré par cet écrit, juré et promis unanimement sur notre foi et honneur, qu'après avoir fait nos très-humbles remontrances à Sa Majesté, à Son Altesse royale et à Mgrs les princes du sang, et au cas qu'elles ne

1. L'évêque de Chartres était de la famille de Mérinville. On a fait, dans les précédentes éditions, deux personnages distincts de l'évêque de Chartres et de Mérinville.
2. Il a déjà été question de cette querelle des tabourets, t. V, p. 438. Voy. les notes à la fin du volume.

soient suivies de l'effet que nous espérons de leur justice, nous tâcherons par toutes sortes de voies et de ressentiments justes, honnêtes et généreux, et qui n'iront point contre le service du roi et de la reine, que semblables distinctions n'aient lieu, consentant que celui de nous qui s'éloignera de la présente union soit réputé homme sans foi et sans honneur, et ne soit point tenu pour gentilhomme parmi nous. Seront suppliés de notre part tous les gentilshommes du royaume absents de s'unir avec nous par députés, pour maintenir l'intérêt général de toute la noblesse, et joindre leurs très-humbles supplications aux nôtres. Le présent écrit a été signé sans distinction ni différences de rang et de maisons, afin que personne n'y puisse trouver à redire. De plus, nous promettons que si quelqu'un des soussignés et intéressés est troublé et attaqué en quelque sorte que ce soit dans la suite de cette affaire, nous prendrons ses intérêts comme communs, et tous en général et en particulier, sans nous en pouvoir séparer par aucune considération; et sera déclaré infâme et sans honneur celui qui en useroit autrement. En expliquant ce dernier article, s'il arrive sur le sujet de l'affaire dont il s'agit, et pour lequel nous sommes assemblés, qu'aucun de ceux qui se seront unis, soit par mauvais offices ou autrement, tombe dans le malheur d'être attaqué en sa personne, sa liberté et ses biens, tous les autres s'obligent sous peine d'une honte publique et perte de leur réputation, de faire toutes les choses nécessaires pour le tirer de l'état auquel il se seroit mis pour l'intérêt de leur cause commune, jusqu'à périr plutôt qu'il restât opprimé.

S'engagent non-seulement, sous les mêmes conditions de leur honneur, de s'opposer dans l'occasion présente pour empêcher que nul obtienne les priviléges des princes qui n'aura pas cet avantage par sa naissance, mais promettent de former pour l'avenir les mêmes oppositions, afin qu'aucun, de quelque qualité et sous quelque prétexte que ce puisse être, n'étant pas né prince, ne parvienne à une semblable prérogative, qui seroit une distinction injurieuse à la noblesse, principalement entre personnes dont les conditions ont toujours été égales, et de qui les prédécesseurs ont tenu le même rang et vécu sans se déférer les uns aux autres, ni dans la cour ni dans les provinces.

Promettent et s'engagent sur leurs mêmes paroles et sur leur honneur de ne point se retirer de la foi qu'ils se sont donnée les uns aux autres, de n'alléguer aucunes excuses, prétextes ni raisons qui les puissent directement ni indirectement séparer de l'association générale et particulière que porte cet écrit qu'ils ont signé pour le maintenir inviolablement dans tous les articles qu'il contient, et courir tous la même fortune.

Promettent pareillement de ne se point désister de la poursuite qu'ils ont entreprise, qu'ils n'aient reçu la satisfaction qu'ils doivent légitimement espérer de la bonté et de la justice de Leurs Majestés ou que le parlement n'y ait apporté les règlements nécessaires suivant les lois, les exemples et les constitutions du royaume, ne s'excluant point de se pourvoir où ils jugeront bon être, et par les moyens que l'assemblée trouvera justes et raisonnables.

Et pour expliquer nettement l'intention de tous, les intéressés en cette affaire sont demeurés d'accord de former leur opposition conformément à ce que porte cet écrit sur ce qui a été concédé et prétendu de cette nature, depuis l'année 1643. Saint-Symon Vermandois, Halluyes-Schomberg[1], L'Hospital, le commandeur de Rochechouart, d'Aumont de Chappes, Vassé, Orval, Leuville, Frontenac, Saujon de Campet, Vardes, Brancas, Montrésor, Clermont-Tonnerre, comte de Vence, Charles-Léon de Fiesque, Louis de Mornay-Villarceaux, Sévigné, Montesson, Argenteuil, Bou-

---

1. Voy. les notes à la fin du volume.

bet, Mallet, Moreuil-Caumesnil, Mauléon, de Clermont-Monglat, Congis, Canaples, H. de Béthune, Roussillon, Savignac, Fr. Gard, le chevalier de Caderousse, Montmorency, Sigoyer, Leiden, Rouville, Bourdonné, Humières, d'Aydie, Beauxoncles, Ligny,[1]   , Cormes-Spinchal, Houdancourt, Villeroy, L'Hospital-Sainte-Mesmes, Longueval, Hautefort, Gasnières, Chasteauvieux, de Vienne, Montrésor, d'Auteuil, de Crevant, G. Rouxel de Médavy, Maugiron, du Hamel, d'Alemonis, le chevalier de La Vieuville, de L'Hospital, Bar, de Lanion, Nantouillet, Froullay, Laigue, Gouffier, Maulevrier, Matha, Saint-Germain, du Perron, Montiniac d'Hautefort, le comte de La Chapelle, le comte de Saint-Georges, Thiboust de Boyvy, de Castres, Fr. de Montmorency, de Beringhen, Bruslart, Guenes, du Rouvray, Damigny de Meindrac, Lostellemans, Cl. Mohunt, du Monteil, Cl. Dendre de La Massardière, de Guervon de Dreux, Felleton-Lamechan, Roger de Longueval, Trésiguidy, Arcy, La Bourlie de Guiscard, de Grailly, Carnavalet, Saint-Abre, du Mont, Saint-Hilaire, Pascheray, le chevalier de Carnavalet, Jos. chevalier d'Ornano, J. de Lambert, le vicomte de Melun, Beaumont, de Lessins, Valernod, Termes, d'Amboise-Aubijoux, Lussan, Savignac de Gondrin, La Baulme de Vallon, de Voisins-Dusseau, d'Estourmel, Cressay, Le Plessis d'Andigny, Chouppes, de Torson-Fors, Chaisenisse, Villiers, Verderonne, Crissé, de La Roque, La Rousselière, Guitaud, Pradel, Lurmont, Bussy-Rabutin, La Salle, Grammont de Vacher, le chevalier de Grammont, d'O, Crenan, Maseroles, de Besançon, de Rémond, Le Plessis-Besançon, Boyer, Montégu, le chevalier de Roquelaure, Barthélemy Quelen du Broutay, Chollet, chevalier Dailly, Saint-Remy, Annery, de Boyer, de Cominges de Guitaud, Thomas de Saint-André, de Melville, Guadagne, La Guerche, Saint-Georges, Pirraud, de Harlay-Chanvallon, de Monthas, Sa-

---

1. Nom en blanc dans le manuscrit.

bran, Droüe, Fontaine-Martel, Cussant de Veronil, Fr. de Rousselet de Châteaurenault, Henescors, Fontenailles, Saint-Étienne, Achy, Mayac, Morainvillier.

De ces cent soixante-sept noms, il y en a peu de grands, plusieurs moindres, force petits, assez d'inconnus, beaucoup pour faire nombre; quelques-uns de surprenants, et presque aucun qui joigne à la grandeur ou même à la bonté du nom, la distinction personnelle. Cela ne peut être autrement, quand on veut du nombre, et qu'il n'y a point de barrière pour s'arrêter. Les deux premières signatures demandent explication. Mon oncle, frère aîné de mon père, signoit toujours Saint-Symon, et par un *y*, mon père par un *i*, et n'a jamais signé nulle part que le duc de Saint-Simon, depuis qu'il l'a été. Cette première signature est constamment de mon oncle, peu endurant sur les faux princes, encore moins par son alliance, qui de plus le lioit à la maison de Condé, avec qui il étoit fort bien, et laquelle cherchoit à embarrasser la cour. La seconde paroît d'une autre main, et n'est pas en ligne, mais au-dessous de la dernière. Je ne connois personne de ma maison qui ait jamais signé Vermandois seul ou joint au nom de Saint-Simon, et cela me feroit croire que cette signature seroit du héraut d'armes Vermandois au lieu de notaire. Il faut remarquer que la plupart de ces signatures sont très-difficiles à déchiffrer. J'en ai laissé une en blanc qui paroît Villeroy. La même se retrouve trois signatures après. Il n'y en pouvoit avoir deux, car il n'y a pas eu deux branches. M. d'Alincourt, qui de plus n'a jamais porté le nom de la terre de Villeroy, étoit mort en 1634; il étoit fils unique du secrétaire d'État, et il n'a eu que quatre fils : le premier maréchal de Villeroy, un comte de Bury, mort sans enfants en 1628, l'archevêque de Lyon et l'évêque de Chartres, ecclésiastiques dès leur première jeunesse, et un chevalier de Malte, mort devant Turin, en 1629. Le pre-

mier maréchal de Villeroy fut, en mars 1646, gouverneur
de la personne du feu roi, en octobre même année maré-
réchal de France, duc à brevet en 1651. Il est difficile de
croire qu'un gouverneur du roi entièrement dévoué à la
reine mère et au cardinal Mazarin, ait signé une pièce aussi
contraire à leurs volontés ; il ne l'est pas moins de penser
qu'ils la lui avoient fait signer pour avoir un homme à eux
de ce poids parmi cette noblesse pour déconcerter ses projets
et ses démarches et en être instruits à temps. Premièrement
le gouverneur du roi, surtout en ces temps de trouble, ne
quittoit point le roi, ou si peu que sa présence auroit été
trop rare parmi cette noblesse pour en faire l'usage qui
vient d'être dit ; secondement cette noblesse, qui n'ignoroit
ni l'attachement ni les allures du maréchal de Villeroy, ne
se seroit pas fiée à lui. Son fils aîné étoit mort jeune dès
1645, et le second maréchal de Villeroy, resté unique, étoit
né en avril 1644. Il y a donc sûrement erreur dans ce nom.
Celui de Schomberg est aisé à expliquer. Ce ne peut être le
duc d'Halluyn qui étoit aussi le maréchal de Schomberg, fils
d'autre maréchal de Schomberg, mort en 1632 à Bordeaux.
Ce duc d'Halluyn-Schomberg prit Tortose d'assaut en juillet
1648 ; il étoit vice-roi de Catalogne, et y demeura longtemps
depuis de suite. La pierre le contraignit enfin au retour,
dont il mourut à Paris en juin 1656. Il n'avoit ni frère ni
enfants. Ce ne peut donc être que le comte de Schomberg,
Allemand comme les précédents, mais sans aucune parenté
entre eux, qui lors de cette affaire de la noblesse commençoit à s'avancer, et qui pouvoit déjà être capitaine-lieutenant
des gens d'armes écossois, le même qui après la paix des
Pyrénées alla en Portugal commander contre les Espagnols,
qui fut maréchal de France en 1675, qui étant huguenot
se retira en Brandebourg, après la révocation de l'édit de
Nantes, puis en Hollande où il entra dans toute la confidence
du prince d'Orange pour l'affaire d'Angleterre, y passa avec
lui, puis avec lui encore en Irlande, où il fut tué à la ba-

taille de la Boyne, que le prince d'Orange gagna complète contre le roi, son beau-père.

Il se trouve plusieurs signatures L'Hospital; elles ne peuvent être d'aucun des deux frères tous deux maréchaux de France. L'aîné des deux mourut en 1644, l'autre étoit, lors de ces assemblées, gouverneur de Paris et ministre d'État. Il est donc sans apparence qu'avec ces qualités qui marquoient l'entière confiance en lui de la reine et du cardinal Mazarin en ces temps de troubles, où même il pensa être assommé à l'hôtel de ville, cette signature puisse être de lui. Il ne laissa point d'enfants. Ce ne peut-être aussi le fils aîné du maréchal son frère, qui fut duc à brevet de Vitry en juin 1650, et qui s'appeloit auparavant, et lors de ces assemblées, le marquis de Vitry, et qui auroit signé Vitry, quand ce n'auroit été que pour éviter la confusion des autres signatures L'Hospital dont il y avoit lors deux autres branches. C'est, pour le dire en passant, ce même duc de Vitry, employé jeune en diverses ambassades, qui fut fait conseiller d'État d'épée, et qui comme duc à brevet, et non vérifié, ne laissa pas de précéder le doyen des conseillers d'État au conseil, et d'y être salué du chapeau par le chancelier en prenant son avis. Sur les autres signatures, il y a peu de choses à remarquer. On y voit seulement que la reine et le cardinal Mazarin d'une part, Monsieur et M. le Prince d'autre, qui étoient liés en ce temps-là, avoient eu soin de fourrer dans cette assemblée des personnes entièrement à eux, et quelques noms encore d'entre les importants de la Fronde. Il s'y trouve entre ces derniers deux signatures Montrésor. Il n'y avoit alors qu'un Bourdeille, qui portât ce nom, qui fut un des plus avant dans la direction de la Fronde avec le coadjuteur et la duchesse de Chevreuse, et qui est mort très-vieux à l'hôtel de Guise, chez Mlle de Guise, qui l'avoit épousé secrètement. Ainsi il y a faute nécessairement en l'une de ces deux signatures.

Mon père signa aussi avec plusieurs autres ducs et pairs,

sans autres, une requête au roi tendante à empêcher ces
concessions dont j'ai la copie que je ne donne pas, parce
qu'il ne s'agit pas ici de dissertation sur les rangs, mais
simplement des événements de mon temps, à propos desquels j'ai cru devoir faire mention de ces mouvements de
1649, et de cette association ou traité qui demande quelques
réflexions avant que d'achever de raconter en deux mots ce
qu'elle devint et quel en fut le succès.

Ces messieurs de 1649 ne se proposent point d'attaquer
ce qui est établi, non-seulement de tous les temps et en tous
les pays du monde comme en France, mais ce qui l'est depuis plusieurs règnes, et qui, bien ou mal fondé, l'est sur
la naissance à laquelle le nom de prince est affecté, c'est-à-dire des personnes issues, de mâle en mâle, d'un véritable
souverain, et dont le chef de la maison l'est actuellement,
et reconnu pour tel dans toute l'Europe. On ne voit nulle
part, dans l'association que ces messieurs approuvent, rien
de ce qui a été toléré, puis accordé aux véritables princes
étrangers. L'écrit se contente de passer à côté et ne va qu'au
but qui l'a fait faire, qui est de s'opposer à des concessions
de rangs et d'honneurs à des seigneurs et à des maisons
jusqu'alors semblables d'origine à eux, qui n'ont jamais
rien eu ni prétendu de différence, et auxquelles aussi nulle
autre n'a déféré nulle part : distinction humiliante et outrageante que l'écrit sait expliquer dans toute sa force, mais
avec dignité. Il allègue donc les plus pressantes et les plus
invincibles raisons, les plus solides et les plus évidentes,
qu'a la noblesse à s'y opposer. Rien n'est plus éloigné de
battre l'air, et de ne savoir que répondre sur le but qu'on
se propose. Cet écrit est respectueux pour le roi et pour
toute la maison régnante, plein de protestation de fidélité,
qui est toujours la première exception pour n'y manquer
jamais. Il n'est pas moins rempli d'égards et de ménagements sur les personnes qu'il attaque. Pas un mot, pas une
expression qui les puisse le plus légèrement blesser, et la

discrétion y est portée jusqu'à éviter avec soin d'y nommer aucun nom. En même temps, il s'exprime avec une dignité infinie, et sans s'échapper, il se contente d'employer les armes naturelles de la noblesse, l'honneur et la réputation, et s'il descend jusqu'à montrer un recours au parlement, il faut se souvenir que cette compagnie s'étoit alors rendue le fléau et le fouet du cardinal Mazarin, qui en mouroit de peur. Du reste, parmi ces messieurs point d'aboiement, point de rumeur populaire, rien d'indécent, tout mesuré avec sagesse et dignité, comme personnes qui se sentent, qui se respectent, et qui sont incapables de rien d'approchant du tumulte populaire ni des mouvements des halles. Enfin, pour dernière différence parfaite, toute contradictoire de ces messieurs de 1649 d'avec ceux de 1717, c'est qu'ils n'usurpent point un faux titre, et ne donnent point droit sur eux de demander qui ils sont et par quelle autorité ils agissent. Ils ne prétendent point être la noblesse, mais seulement être de ce corps. Ils ne se donnent ni pour le second ordre de l'État, ni pour représenter ce second ordre; ils se reconnoissent des membres et des particuliers de ce second ordre, qui, pour un intérêt commun, effectif, palpable, pressant, s'associent. On ne peut donc leur demander, comme à ceux de 1717, qui ils sont, ce qu'ils veulent, par quelle autorité ils agissent. On voit clairement quels ils sont, et ils ne se donnent pas pour autres. On sent pleinement ce qu'ils veulent, et ce qu'ils ont raison de vouloir. Enfin l'autorité qui les fait agir n'est ni fausse ni chimérique. C'est le plus évident et le plus commun intérêt qui, sans mission et sans autorité de personne, donne droit d'agir, de se défendre, de demander à quiconque en a raison et nécessité effective, et qui le font, entièrement dégagés des misérables inconvénients de la foule aveugle et du tourbillon. Quelle disparité de 1649 à 1717! elle va jusqu'au prodige.

Néanmoins on ne sauroit nier qu'avec tant de contraste il ne s'y trouve quelques conformités. Le mélange des noms inévitable, comme on l'a dit, quand on a besoin de nombre, et qu'il n'y a point de barrière, et le but secret du très-petit nombre de conducteurs. En 1649, M. le Prince vouloit embarrasser le cardinal Mazarin pour le rendre souple à ses volontés ; il avoit entraîné la foiblesse de Monsieur par ceux qui le gouvernoient, à ne pas s'opposer à ce dessein, qui n'alloit alors à rien de criminel. C'est ce qui donna lieu à ces assemblées, et ce qui les fit durer. Mais, dès que la peur qu'en eut le cardinal Mazarin l'eut humilié au gré de M. le Prince, il ne voulut pas aller plus loin, dont Monsieur fut fort aise. Ils agirent donc en conséquence par ceux qu'ils avoient dans leur dépendance en ces assemblées, mais ils ne voulurent pas tromper l'association dans son but. Toutes les histoires et les mémoires de ces temps-là racontent comment elle fut rompue. Tous ceux qui en étoient furent mandés et conduits honorablement chez le roi, où ils furent reçus avec beaucoup de distinction et d'accueil, la reine mère, Monsieur, M. le Prince, le conseil, toute la cour présente. Monsieur les présenta ; la reine leur témoigna satisfaction de les voir, et opinion de leur fidélité. Un secrétaire d'État leur lut tout haut la révocation du rang et des honneurs accordés à MM. de Bouillon, et des tabourets de la princesse de Guéméné, et de Mmes de Senecey et de Fleix, et la montra aux principaux et à qui la voulut voir, pour que leurs yeux les assurassent qu'il ne manquoit rien à la forme de l'expédition. La reine ensuite leur dit gracieusement que puisqu'ils obtenoient ce qu'ils demandoient, il n'y avoit plus de lieu à association ni à assemblées, que le roi déclaroit l'association finie, et défendoit les assemblées à l'avenir. La reine ensuite leur fit des honnêtetés et le Mazarin des bassesses, et chacun se retira. Telle fut la fin de cette affaire, bien différente aussi de celle de 1717. Cette révocation subsista tant que les troubles firent craindre, après quoi elle tomba. La reine remit MM. de Bouillon et les tabourets supprimés. On a vu ailleurs comment celui de la princesse de Guéméné enfanta par différents degrés les mêmes avantages à MM. de Rohan que MM. de Bouillon avoient obtenus, et que celui de Mmes de Senecey et de Fleix les fit enfin duchesses, et en même temps M. de Foix, leur fils et petit-fils, duc et pair[1]. Après cette digression nécessaire, revenons en 1717.

Je me tenois avec M. le duc d'Orléans sur ces mouvements de la prétendue noblesse et sur l'affaire des bâtards, qui lui étoit si connexe dans la même conduite que je gardois avec lui sur le parlement ; je m'étois contenté de lui démontrer les intimes rapports de ces deux affaires et leurs communs ressorts ; quel étoit son plus puissant intérêt sur la dernière, et qu'à l'égard de l'autre il éprouveroit bientôt que le prétexte frivole des ducs ne dureroit que jusqu'à ce que le parti de M. et de Mme du Maine fût assez bien formé et fortifié pour aller à lui directement et à son gouvernement. Après cette remontrance, je laissois aller le cours des choses, persuadé que ce que je lui dirois ne feroit qu'augmenter ses soupçons que je ne lui parlois que par intérêt et par passion, et que le duc de Noailles, Effiat, Besons, Canillac et d'autres qui l'obsédoient rendroient inutiles les plus évidentes raisons. A la fin pourtant il s'aperçut qu'il avoit laissé aller trop loin ces deux affaires, et du danger qui le menaçoit. Malgré mon silence avec lui là-dessus, il ne put s'empêcher de m'en dire quelque chose. Je répondis avec un air d'indifférence que je lui avois dit ce que je pensois là-dessus, que je n'avois rien à y ajouter, que c'étoit à lui à juger de ce qu'il lui convenoit de faire, et je changeai aussitôt de discours. Il me parut qu'il le sentit, et il ne m'en dit pas davantage. Cependant les princes du sang ne cessoient de le

---

1. Voy., sur la promotion de ducs et pairs où fut compris M. de Foix, t. Ier, p. 449. Gaston de Foix, qui prit le titre de duc de Randan, était fils de la comtesse de Fleix et petit-fils de la marquise de Senecey. La pairie de Randan fut déclarée mâle et femelle. Les précédents éditeurs ont changé le texte de Saint Simon en mettant **MM. de Foix, leurs fils et petits-fils.**

presser de juger leur différend avec les bâtards, et à la fin
il dit à M. le Duc qu'il les jugeroit incessamment; mais qu'il
vouloit prendre avis de beaucoup de personnes, dont il
choisiroit plusieurs dans les différents conseils. Cela fut su,
et la duchesse du Maine alla se plaindre au régent qu'il vouloit faire juger cette affaire par des gens qui ne savoient
point assez les lois du royaume.

On ne peut qu'admirer que des doubles adultérins osent
invoquer des lois pour se maintenir dans une disposition
sans exemple, faite directement contre toutes les lois divines
et humaines, contre l'honneur des familles, contre le repos
et la sûreté de la maison régnante, et de toute société. Cette
remontrance ne réussit pas, encore moins la résolution
prise par M. et Mme du Maine de ne reconnoître d'autres
juges que le roi majeur, ou les états généraux du royaume;
ils avoient bien leurs raisons pour cela. L'éloignement de la
majorité donnoit du temps à leurs complots; et, avec ce
parti qui se formoit et s'organisoit de jour en jour, ils espéroient tout d'une assemblée qu'ils comptoient bien parvenir
à faire ressembler à celle que la mort du duc et du cardinal
de Guise déconcerta et dissipa. Mais M. du Maine n'étoit en
rien un Guise, sinon par l'excès de l'ambition. M. le duc
d'Orléans, poussé par les princes du sang, sentit enfin quelle
atteinte donneroit à son autorité de régent la résolution du
duc du Maine, si elle étoit soufferte, et quel exemple ce
seroit s'il différoit ce jugement. M. et Mme du Maine, qui,
par d'Effiat et par d'autres, savoient jour par jour ce que
M. le duc d'Orléans pensoit sur leur affaire, comptèrent tellement sur son irrésolution, sa facilité, sa foiblesse, qu'ils
ne doutèrent pas de hasarder une résolution si hardie, et
qui comme leur affaire même étoit si opposée à toute règle
et à toute loi. Ils s'y méprirent, et ce fut ce qui précipita
leur jugement. Deux jours après la visite de Mme la duchesse du Maine au Palais-Royal, il fut rendu un arrêt au
conseil de régence, où aucuns princes du sang, bâtards ni

ducs ne furent présents, qui ordonna aux princes du sang et aux bâtards de remettre entre les mains des gens du roi les mémoires respectifs faits et à faire sur leur affaire, et Armenonville, secrétaire d'État, fut chargé de le leur aller communiquer : c'étoit bien s'engager à juger incessamment et le leur déclarer d'une manière juridique.

Ces deux affaires marchoient ensemble, avec l'embarras pour le régent du czar dans Paris. Cette prétendue noblesse faisoit plus de bruit que jamais avant sa députation. Elle comptoit sur toute la protection du régent qui la laissoit dire et faire, et qui souffroit que M. de Châtillon et beaucoup d'autres du Palais-Royal fussent à découvert ou secrètement d'avec eux. Ils étoient poussés et soutenus par d'Effiat et Canillac ; et le duc de Noailles qui y avoit à la mort du roi donné le premier branle, se vouloit faire élever par eux sur les pavois. Avec de tels appuis auprès du régent, le parlement en croupe, M. et Mme du Maine à leur tête, elle leur tourna entièrement jusque-là qu'il y eut de leurs femmes qui se vantèrent qu'elles alloient prendre des housses et des dais ; mais il est vrai qu'aucune n'osa le faire. Les ducs les laissoient s'exhaler et tirer leurs estocades en l'air sans rien dire ni faire, et sans inquiétude, parce que de tels glapissements n'en pouvoient donner. Ce fut dans ce tourbillon d'emportement et de confiance que les huit seigneurs dont on a parlé allèrent au Palais-Royal présenter leur mémoire, et qu'ils le rapportèrent de la façon que je l'ai raconté. Le régent avoit enfin ouvert les yeux, et les ouvrit à plusieurs de ces messieurs par une réception qu'ils en avoient si peu attendue. Le trouble se mit parmi eux ; la division, les reproches ; plusieurs se plaignirent qu'on les avoit trompés, et dirent au régent, et à qui voulut l'entendre, qu'ils ne s'étoient engagés que sur les assurances qui leur avoient été données que tout se faisoit du consentement et même par les ordres secrets du régent. Un grand nombre se détacha, lui fit des excuses ; beaucoup témoignèrent leur regret aux ducs de leur connoissance. Mais si les sages prirent ce parti, ils ne furent pas le plus grand nombre. Les conducteurs et le très-peu de partisans du vrai secret redoublèrent d'efforts et d'artifice pour retenir et rallier leur monde, et pour l'irriter du mauvais succès de leur députation. Les huit députés surtout s'y signalèrent, mais ils n'eurent plus le verbe si haut. Ils firent parler au régent, mais comme à la fin il avoit vu clair, il ne les marchanda pas longtemps, avec toutefois ses adoucissements accoutumés dont nulle expérience ne le pouvoit défaire, et qu'il ne put refuser à ceux qui l'obsédoient, et qui n'oublioient rien pour lui faire peur; il en eut en effet, et c'est ce qui précipita la fin du bruit de ces belles prétentions.

Il fut rendu un arrêt l'après-dînée du samedi 14 mai, au conseil de régence, qui est en ces termes : « Sa Majesté, étant en son conseil de l'avis de M. le duc d'Orléans, régent, a fait très-expresses inhibitions et défenses à tous les nobles de son royaume, de quelque naissance, rang et dignité qu'ils soient, de signer la prétendue requête, à peine de désobéissance, jusqu'à ce qu'autrement en ait été ordonné par Sa Majesté, suivant les formes observées dans le royaume, sans néanmoins que le présent arrêt puisse nuire ni préjudicier aux droits, prérogatives et priviléges légitimes de la noblesse, auxquels Sa Majesté n'entend donner aucune atteinte, et qu'elle maintiendra toujours à l'exemple des rois ses prédécesseurs, suivant les règles de la justice. » Cet arrêt, tout emmiellé qu'il fût, sapoit par le fondement le chimérique objet qui avoit ramassé cette prétendue noblesse. La défense de signer la requête, qui étoit le mémoire porté au Palais-Royal, tourné en requête toute prête, la mention d'observer les formes du royaume, celle de l'exemple des rois prédécesseurs et des règles de la justice, proscrivoit d'une part une assemblée informe, tumultueuse, sans nom qu'usurpé et faux, sans mission, sans autorité, sans pouvoirs, et maintenoit ce qui étoit des formes et de tout temps, sous les rois prédécesseurs, tels que la dignité des ducs, dans toutes leurs distinctions, rangs et prérogatives; aussi fut-ce un coup de foudre sur cette prétendue noblesse. On parla de quelque autre affaire courte au commencement de ce conseil, après laquelle celle-ci fut mise sur le tapis par M. le duc d'Orléans. A l'instant, je regardai les ducs du conseil, puis me tournant au régent, je lui dis que, puisqu'il s'alloit traiter de l'affaire de ces messieurs de la noblesse, je n'oubliois point que nous étions tous du second des trois ordres du royaume, et que je le priois de me permettre de n'être pas juge, et de sortir du conseil. Je me levai en même temps, et quoique moi ni les autres ducs n'y eussions été préparés en aucune sorte, regardant la table quand j'eus fait quelques pas, je vis tous les ducs du conseil qui me suivirent. Quittant ma place, le duc de Toulouse me dit tout bas : « Et nous, que ferons-nous ? — Tout ce qu'il vous plaira, lui dis-je; pour nous autres ducs, je crois que nous nous devons de sortir. » Nous nous mîmes ensemble dans la pièce d'avant celle du conseil pour y rentrer après l'affaire. Presque aussitôt nous vîmes les princes du sang et les bâtards sortir. Cela fit un grand mouvement dans ces dehors, où il y avoit quelques personnes de cette noblesse qui se tenoient éloignées dans des coins, qui avoient eu apparemment quelque vent qu'il seroit question d'eux au conseil. Les ducs sortis avec moi me remercièrent d'avoir pensé à ce à quoi ils ne songeoient pas, et de leur avoir donné un exemple qu'ils avoient suivi aussitôt, et dont, comme leur ancien à tous, j'étois plus en droit de faire. L'affaire dura assez, après quoi M. le duc d'Orléans sortit, sans en entamer d'autres, et nous sûmes aussitôt l'arrêt qui venoit d'être rendu.

Dans tout le cours de ce long vacarme (car il ne se peut rendre que par ce nom), les ducs, avec raison fort tranquilles sur leur dignité, ne s'assemblèrent pas une seule fois; ni tous, ni quelques-uns, ne firent aucun écrit, et ne députèrent pas une seule fois au régent. Par même raison ils demeurèrent dans la même inaction sur cet arrêt, qui étourdit étrangement cette prétendue noblesse à qui le régent fit en même temps défendre de s'assembler désormais. Tout se débanda, la plupart en effet et commença à ouvrir les yeux, et à avouer sa folie : presque tous en apparence. Ce fut à qui courroit au Palais-Royal s'excuser, où tous furent reçus honnêtement, mais sèchement, ce qui diminua encore le nombre, avec l'opinion que ces mouvements fussent du goût du régent, qui donna place à la crainte de lui déplaire, au désespoir de réussir, et au dépit d'avoir été trompés et menés par le nez. Mais les plus entêtés se laissèrent persuader par les confidents de l'intrigue, à qui il importoit si fort de ne pas laisser démancher le parti, et qui n'oublièrent rien pour en arrêter la totale dissipation, où pourtant il ne se fit plus rien que dans les ténèbres.

M. de Noailles, pour le rassurer un peu, profita de la mort de Lannion, lieutenant général, pour faire donner le gouvernement de Saint-Malo qu'il avoit à Coetquen, son beau-frère, son agent, et des plus avant parmi cette noblesse, dont les fauteurs qui obsédoient le régent lui persuadèrent dans la même vue d'en retirer M. de Laval par une pension de six mille livres, grâce bien forte à un homme qui avoit quitté le service, et qui ne pouvoit l'avoir méritée que par ses séditieuses clameurs. Aussi verrons-nous combien le régent y fut trompé.

Ce M. de Laval si totalement enrôlé par M. et Mme du Maine, et qui étoit avec M. de Rieux depuis longtemps dans le secret de leurs vues et de leurs complots, étoit un homme à qui il ne coûtoit rien de tout prétendre et de tout hasarder. Dès la mort du roi, profitant de la débandade de la draperie, il avoit demandé et obtenu du régent la permission de draper, à titre de parenté, sur ce que les Laval avoient eu une duchesse d'Anjou, reine de Naples et de Sicile, qu'il faisoit extrêmement valoir. Il savoit assez, et de plus il comptoit assez sur l'ignorance publique, pour ne craindre pas d'être démenti. Cette effronterie en effet en avoit besoin. Il est vrai que Jeanne de Laval, fille de Guy XIII, épousa en septembre 1454, le bon René, duc d'Anjou et comte de Provence, roi titulaire de Naples, Sicile, Jérusalem, Aragon, etc., qui mourut à Aix en Provence, en juillet 1474[1], et Jeanne de Laval, sa femme, mourut au château de Beaufort en 1498. Mais malheureusement pour cette grande alliance, il y a quelques remarques à faire, c'est premièrement qu'il n'y eut point d'enfant de ce mariage ; ainsi nulle parenté entre ces princes et la maison de Jeanne de Laval.

Le bon roi René avoit épousé en premières noces, en octobre 1420, Isabelle, héritière de Lorraine, d'où s'ourdirent les guerres entre lui et le comte de Vaudemont, qui se prétendit préférable comme mâle, qui prit et retint longues années René prisonnier, ce qui lui coûta les royaumes de Naples et de Sicile, qu'il ne put aller défendre contre les Aragonnais. Isabelle mourut à Angers en 1452, et laissa Jean d'Anjou, duc de Calabre et de Lorraine, qui fit la guerre en Italie et en Catalogne, et qui mourut en 1471[2] à Barcelone, avant le roi René son père, laissant de Marie, fille aînée du duc Jean Ier de Bourbon, Nicolas, successeur de ses États et prétentions, qui mourut à Nancy, sans alliance, en 1473, laissant héritier de ses États et prétentions, Charles IV son cousin germain, fils de Charles d'Anjou, comte du Maine, etc., frère puîné du roi René, lequel fit le même Charles son héritier, qui lui succéda, à qui il ne survécut pas six mois ; car il mourut à Marseille le 11 décembre 1480[3] sans enfants de Jeanne de Lorraine, fille du comte de Vaudemont, morte en janvier précédent. Elle l'avoit institué héritier de tous ses biens, et lui, institua le roi Louis XI héritier de tous les

---

1. René d'Anjou mourut à Aix le 10 juillet 1480.

2. Jean d'Anjou, duc de Calabre, mourut à Barcelone le 10 décembre 1471.

3. D'après l'*Art de vérifier les dates*, Charles du Maine ne mourut que le 10 décembre 1481. Il avait donc survécu près de seize mois à René d'Anjou.

siens, États et prétentions. Marie d'Anjou, sœur de son père et du bon roi René, étoit mère du roi Louis XI. En ce prince finit la branche seconde d'Anjou-Sicile. On voit ainsi par toutes [sortes] d'endroits qu'il n'y avoit aucune parenté avec nos rois Bourbons ni même Valois, à titre de mariage du bon roi René, duc d'Anjou, roi de Naples et de Sicile, avec Jeanne de Laval-Montfort, de laquelle même il n'y a point eu d'enfants. Secondement, et voici où l'effronterie est encore plus étrange, c'est que M. de Laval, bien sûr de l'ignorance publique, n'a pas craint le mensonge le plus net en se jouant du nom et des armes de Laval, dont voici le fait et la preuve :

Matthieu II, seigneur de Montmorency, épousa en premières noces Gertrude de Nesle, duquel mariage descend toute la maison de Montmorency jusqu'à aujourd'hui. Le même Matthieu, connétable de France, épousa en secondes noces Emme de Laval, héritière de cette ancienne maison, dont les armes sont de gueules à un léopard passant d'or. Il n'en eut qu'un fils et une fille. Ce fils fut Guy de Montmorency qui, succédant aux grands biens de sa mère, quitta le nom de Montmorency, et prit pour soi et pour toute sa postérité le seul nom de Laval ; mais il retint les armes de Montmorency, qu'il chargea pour brisures de cinq coquilles d'argent sur la croix. De lui est descendue toute la branche de Montmorency qui, depuis lui jusqu'à présent, n'a plus porté que le seul nom de Laval dans toutes ses branches, avec les armes de Montmorency brisées des cinq coquilles, qui font ce qu'on a appelé, depuis qu'elles ont été prises, les armes de Laval. Ce Guy de Montmorency, dernier fils du connétable Matthieu II, fils unique de sa seconde femme Emme, héritière de Laval-Vitré, etc., prit non-seulement le nom de Laval en héritant de sa mère, mais le nom de baptême de Guy, que les pères de sa mère avoient affecté. Ainsi il s'appela Guy VII de Laval, et fit passer d'aîné en aîné cette même affectation du nom de Guy. Il eut cinq descendants d'aîné en aîné, qui tous se nommèrent Guy VIII, Guy IX, Guy X, Guy XI et Guy XII, seigneurs de Laval et de Vitré. Tous ceux-là, outre leurs cadets qui firent des branches dont il y en a qui subsistent aujourd'hui, étoient tous de la maison de Montmorency, mais ne portant tous, aînés et cadets, que le seul nom de Laval, avec les armes de Montmorency, brisées des cinq coquilles d'argent sur la croix. Guy XII étoit frère de Guy XI, qui n'eut point d'enfants, et fut ainsi la quatrième génération du dernier fils du connétable Matthieu II de Montmorency, et sa seconde femme Emme, héritière de l'ancienne maison de Laval.

Ce Guy XII n'ayant point d'enfants de Louise de Châteaubriant, morte en novembre 1383, il se remaria six mois après à la veuve du fameux connétable du Guesclin, qui étoit Laval comme lui, fille de J. de Laval seigneur de Châtillon en Vendelais, fils d'André de Laval, oncle du père de Guy XII. Il n'eut qu'un fils et une fille, Guy et Anne. Guy jouant à la paume tomba dans un puits découvert, et en mourut huit jours après, en mars 1403, tout jeune, et seulement fiancé à Catherine, fille de Pierre, comte d'Alençon. Guy XII n'espérant plus d'enfants, quoiqu'il ne soit mort qu'en 1412 et sa femme en 1433, choisit pour épouser Anne sa fille et son unique héritière Jean de Montfort, seigneur de Kergorlay, fils aîné de Raoul VIII, sire de Montfort en Bretagne, de Gaël, Loheac, et La Roche-Bernard, et de Jeanne, dame de Kergorlay. Cette maison de Montfort a été jusque-là assez peu connue. Le mariage se fit avec les conditions et toutes les sûretés nécessaires que J. de Montfort quitteroit entièrement son nom, ses armes, etc., lui et toute sa postérité, pour ne plus porter que le nom seul de Laval et les armes seules de sa femme, qui étoient comme, on l'a vu, celles de Montmorency brisées de cinq coquilles sur la croix. Cela a été si religieusement exécuté que ces Montfort devenus Laval ont tous pris, quant aux aînés seulement, le nom de baptême de Guy; en sorte que J. de Montfort, mari de l'héritière Anne de Laval, s'appela Guy XIII, seigneur de Laval, Vitré, etc. Leurs enfants furent Guy XIV, André, seigneur de Leheac, amiral et maréchal de France, et Louis seigneur de Châtillon, grand maître des eaux et forêts, qui eut de grands gouvernements. Lui et le maréchal son frère moururent sans enfants. Je laisse les sœurs. Guy XIV fit ériger Laval en comté par le roi Charles VIII, en juillet 1429, et mourut en 1486. D'Isabelle fille de Jean IV, duc de Bretagne, il eut Guy XV, J. seigneur de Laroche-Bernard, Pierre, archevêque-duc de Reims, cinq filles bien mariées dont Jeanne la seconde fut la seconde femme du roi René de Naples et de Sicile, duc d'Anjou, comte de Provence, dont elle n'eut point d'enfants, et qui a donné lieu à cette explication. De Françoise de Dinan, sa seconde femme, Guy XV eut trois fils dont l'aîné et le dernier n'eurent point d'enfants. Le second, François, seigneur de Châteaubriant, eut de la fille unique de Jean de Rieux, maréchal de Bretagne, deux fils dont le cadet n'eut point d'enfants. Jean l'aîné seigneur de Châteaubriant fut gouverneur de Bretagne après son cousin Guy XVI, comte de Laval. Il épousa Françoise, fille d'Odet de Grailly dit de Foix, vicomte de Lautrec, maréchal de France, sœur de la femme du comte Guy XVII de Laval, fils de son cousin germain, et qui toutes d'eux n'eurent point d'enfants. C'est de cette dame de Châteaubriant dont on a fait cette fable touchante. Elle mourut en 1537, et son mari en 1542. Se voyant très-riche et sans enfants, il dissipa une partie de son bien et donna l'autre à ses amis. Il fit présent de Châteaubriant, Condé, Chanseaux, Derval, Vioreau, Nosay, Issé, Rougé et d'autres terres au connétable Anne de Montmorency, qui fut fort accusé de ne les avoir pas eues pour rien.

Revenons maintenant à Guy XV, comte de Laval-Montfort, etc., frère de la seconde femme du bon roi René, et d'une autre qui mourut jeune, fiancée au comte de Genève, frère du duc de Savoie. Louis XI lui fit épouser à Tours, en 1461, Catherine, fille de Jean II, comte d'Alençon, et Charles VIII le fit grand maître de France. Se voyant sans enfants, il fit le fils de Jean, seigneur de la Roche-Bernard, son frère de père et de mère, son héritier, parce que ce frère étoit mort longtemps devant lui. Ce frère avoit eu de Jeanne Duperrier, comtesse de Quintin, un fils unique qui, héritant en 1500 de son oncle Guy XV, quitta son nom de baptême qui étoit Nicolas, et s'appela Guy XVI, comte de Laval-Montfort, etc. Il fut fait par François Ier gouverneur et amiral de Bretagne, et mourut en mai 1531. Il avoit épousé : 1° Charlotte, fille de Frédéric d'Aragon, roi de Naples ; 2° une sœur du connétable Anne de Montmorency ; 3° Anne, fille de Jean de Daillon, seigneur et baron du Lude, sénéchal de Poitou ; de la première, il eut trois fils qu'il perdit jeunes, sans alliances, dont un tué au combat de la Bicoque, et deux filles, Catherine, mariée en 1518 à Claude, sire de Rieux, comte d'Harcourt, etc., et Anne qui épousa François, seigneur de La Trémoille, vicomte de Thouars. La dame de Rieux, comtesse d'Harcourt, devint héritière de Laval-Vitré, etc. Elle n'eut que deux filles, Renée, qui épousa en 1540 Louis de Précigny, dit de Sainte-Maure, maison dont étoit le duc de Montausier. Elle mourut sans enfants. Cl., sa sœur et son héritière, épousa le célèbre François de Coligny, seigneur d'Andelot, colonel général de l'infanterie, frère du fameux amiral Gaspard, seigneur de Châtillon-sur-Loing. De ce mariage, vint Paul de Coligny qui, héritant de sa tante, se nomma Guy XVIII, comte de Laval, etc.; son fils, Guy XIX fut tué en Hongrie en 1605, à la fleur de son âge, sans postérité, par quoi ce grand héritage vint à celle de François de La Trémoille, et d'Anne de Laval-Montfort susdits. Or voici comment cet héritage tomba en ces héritières.

On vient de voir la postérité de Guy XVI et de Charlotte d'Aragon sa première femme ; il n'en eut point de la Montmorency sa seconde femme ; mais de la troisième, Anne de Daillon, il eut trois filles bien mariées, dont la dernière le fut à l'amiral de Coligny, ou de Châtillon dont on vient de parler, et un fils Guy XVII, comte de Laval, etc., mort en 1547, sans enfants de Charlotte, sœur de la dame de Châteaubriant dont il a été parlé ci-dessus. En lui finit cette maison de Montfort qui avoit pris le nom et les armes de Laval en quittant les siennes, et qui laissa cette grande succession aux héritières dont on vient de parler. Il ne faut rien oublier : Jean de Montfort, qui épousa l'héritière de Montmorency-Laval, eut aussi deux filles. La cadette épousa Guy de Chauvigny, seigneur de Châteauroux, et l'aînée, en 1489, Louis de Bourbon, comte de Vendôme, dont le fils Jean II de Bourbon, comte de Vendôme, épousa l'héritière de Beauvau de qui sort toute la maison ou branche de Bourbon aujourd'hui régnante. On a vu qu'à la mort de Monseigneur, Voysin obtint du feu roi qu'il fût permis à M. de Châtillon, son gendre, longtemps depuis fait duc et pair, de draper à cause des alliances fréquentes et directes de la maison de Châtillon avec la maison royale, et que, sur cet exemple, Mme la princesse de Conti, qui s'honoroit fort avec raison de l'alliance des La Vallière avec la maison de Beauvau, obtint pour M. de Beauvau la même permission sur ce que toute la famille régnante descend d'Isabelle de Beauvau, et qu'il n'y a plus personne de vivant de la maison de qui elle descend immédiatement. C'eût bien été le cas où par même raison MM. de Laval n'eussent pu être refusés de la même distinction, si une fille de leur maison eût été la mère de Jean II de Bourbon, comte de Vendôme, qui épousa cette héritière de Beauvau ; mais ce n'étoit pas le temps de hasarder d'en faire accroire au feu roi et de prendre tout le monde pour dupe ; mais à sa mort, lorsque M. le duc d'Orléans prostitua la draperie jusqu'au premier président, M. de Laval saisit la conjoncture, et donna les Laval-Montfort pour les Laval-Montmorency avec d'autant plus de facilité qu'on étoit lors occupé de trop de choses pour en éplucher la généalogie. C'étoit le même nom et les mêmes armes des

Laval-Montmorency; les nom et armes des Montfort étoient éclipsés dès le mariage de Montfort avec l'héritière de Laval-Montmorency, et le dernier de Laval-Montfort avoit éteint cette race dès 1547. M. de Laval ne balança donc pas depuis la mort du roi de revêtir sa branche de toutes les grandeurs qui avoient illustré les Laval-Montfort.

Depuis que l'héritière de la branche aînée de Laval-Montmorency étoit entrée dans les Montfort, et y avoit porté ses grands biens avec son nom et ses armes, les branches cadettes de Laval-Montmorency étoient, pour ainsi dire, demeurées à sec jusqu'à nos jours; et en cent quarante-deux ans qu'a duré la maison de Montfort, depuis le mariage de l'héritière de Laval-Montmorency, c'est-à-dire depuis 1405 jusqu'en 1547, cette heureuse maison a presque atteint toutes les grandeurs de la maison Montmorency, en charges, emplois, distinctions, alliances et grandes terres, sans avoir presque rien eu de médiocre, même dans les cadets et dans les filles. Ce n'est pas qu'on puisse ignorer l'essentielle et foncière différence qui est entre ces deux maisons, dont l'une, peu connue auparavant, ne s'est élevée à ce point que par l'alliance et l'héritage de l'aînée de la dernière branche de l'autre; mais cette vérité n'empêche pas que ce que j'avance ici ne soit vrai de l'extrême illustration en tous genres de cette maison de Montfort depuis qu'elle est devenue Laval jusqu'à son extinction, et de l'obscurcissement en tous genres aussi où est tombée la branche de Laval-Montmorency depuis le mariage de son héritière aînée dans la maison de Montfort jusqu'à aujourd'hui. On n'y trouve que des alliances communes, peu de fort bonnes, quantité de basses, peu de biens, point de terres étendues, point de charges, d'emplois, nulles distinctions, si on en excepte Gilles de Laval, seigneur de Raiz, etc., maréchal de France en 1437, pendu et brûlé juridiquement à Nantes, pour abominations, 25 décembre 1440, et Urbain de Laval, seigneur de Boisdauphin, etc., maréchal de France en 1599, dont le fils n'a point laissé d'enfants, et le maréchal de Raiz une fille unique, mariée au maréchal de Loheac Laval-Montfort, morts tous deux sans enfants. On voit ainsi que rien n'est si essentiellement différent, ni plus étranger l'un à l'autre, quoique avec le même nom et les mêmes armes que ces deux maisons de Laval, l'une cadette de Montmorency, l'autre du nom de Montfort en Bretagne, qui quitta son nom et ses armes pour porter uniquement le nom de Laval et les armes de Montmorency brisées de cinq coquilles d'argent sur la croix, en épousant la riche et unique héritière de la branche aînée de Laval-Montmorency, et la facilité qu'a eue la hardiesse de M. de Laval de revêtir les branches de Laval-Montmorency des plumes d'autrui, et de s'attribuer toutes les grandeurs, alliances et distinctions des Laval-Montfort éteints depuis si longtemps. Il drapa donc à la mort du roi, et tous les Laval ont toujours depuis drapé sur ce fondement si évidemment démontré faux par ce qui vient d'en être mis au net.

Mais cette mensongère usurpation n'est pas la seule imposture dont le même M. de Laval ait voulu s'avantager, et que son audace ait alors persuadée à l'ignorance du monde, et à son incurie et à sa paresse d'examiner. Il publia que sa maison avoit eu la préséance sur le chancelier de France, et sur sa périlleuse parole, on eut la bonté de n'en pas douter. La vérité est qu'il se contenta d'avancer cette fausseté ainsi en général, et qu'il se garda bien de s'enferrer dans aucune particularité d'occasion ou de date. Le célèbre André du Chêne, qui a donné une histoire fort étendue de la maison de Montmorency, où il n'oublie rien pour la relever, et qu'il dédia à M. le Prince, fils d'une fille du dernier connétable de cette maison, n'en dit pas un mot, et il n'est pas croyable que ses recherches lui eussent laissé ignorer un fait aussi singulier, ou qu'il eût voulu l'omettre. Ni les Laval-Montfort n'ont eu cette préséance dans toute la durée de leur grandeur, ni les cadets Laval-Montmorency de cette héritière de leur branche aînée, dont le mariage avec le Montfort lui apporta et à sa postérité tant de splendeur, et à ces mêmes cadets Laval-Montmorency un obscurcissement qui, de degré en degré, les a fait tomber dans un état où, même dans les temps les plus voisins du mariage de leur héritière aînée avec le Montfort, ils ne se sont jamais trouvés en situation de rien prétendre au delà de tous les gens de qualité ordinaire. Je n'allongerai point cette digression, déjà trop longue, d'une dissertation sur le rang, les prétentions et leurs divers degrés de l'office de chancelier. Je me contenterai de dire que je ne vois qu'un seul exemple de cette préséance dans la maison de Montmorency, non de Laval-Montmorency. Personne n'ignore la violence extrême faite par Henri II et par le connétable Anne de Montmorency au maréchal de Montmorency son fils aîné, pour lui faire épouser sa bâtarde légitimée, veuve d'Horace Farnèse, duc de Castro, sans enfants.

Le maréchal de Montmorency étoit amoureux de Mlle de Piennes, Jeanne d'Halluyn, sœur de Charles d'Halluyn, seigneur de Piennes, marquis de Maignelets, gendre de l'amiral Chabot, tous deux enfants d'une Gouffier, fille de l'amiral de Bonnivet, lequel Charles d'Halluyn, Henri III fit duc et pair en 1587. Le maréchal de Montmorency avait donné une promesse de mariage à Mlle de Piennes, qui, comme on voit, étoit de naissance très-sortable à l'épouser. Le connétable, très-absolu dans sa famille, vouloit disposer de ses enfants, encore plus s'il se peut de cet aîné. Il attendoit l'occasion de quelque grand mariage, et son fils celle de lui parler de celui qu'il vouloit faire, et de l'y faire consentir. Dans l'intervalle, la duchesse de Castro perdit son mari, et Henri II, qui aimoit fort sa fille, et auprès duquel le connétable étoit alors dans la plus grande faveur, lui demanda son fils aîné pour sa fille, et le connétable ébloui, non de l'alliance bâtarde légitimée, mais de la faveur et de la fortune qui en seroit la longue dot, conclut à l'instant avec beaucoup de joie. Elle fut bien troublée quand il parla à son fils. L'histoire des regrets des deux amants et de leur résistance est touchante, et la violence qu'ils éprouvèrent ne fait pas honneur à ceux qui l'employèrent. Je n'ai pas dessein de la copier ici. Je dirai seulement qu'ils n'eurent de défense contre l'autorité royale et paternelle tout entière déployée contre eux, ni d'autres armes pour se défendre que leur conscience et leur honneur. Mlle de Piennes fut mise et resserrée dans un couvent, et le maréchal de Montmorency forcé d'aller à Rome solliciter en personne la dispense de sa promesse, qu'il y sollicita en homme qui ne la vouloit pas obtenir. En même temps Henri II fit l'édit célèbre contre les mariages clandestins, avec clause rétroactive expressément mise pour l'affaire du maréchal de Montmorency, lequel fut la seule cause de l'édit. Finalement il fallut obéir. Il épousa la duchesse de Castro. Ce fut pour le consoler, et en considération de ce mariage qu'Henri II lui donna, dans son conseil, la préséance sur le chancelier, n'étant encore que maréchal de France, mais avec de grands emplois. On voit combien ce fait personnel et singulier est étranger à la branche de Montmorency-Laval, et combien M. de Laval fut prodigue de mensonges pour s'en avantager. J'ajouterai pour la simple curiosité que Mlle de Piennes fut longtemps dans la douleur et dans la solitude.

Bien des années après, les Guise, méditant la Ligue et ce qu'ils furent si près d'exécuter, s'attachèrent le marquis de Maignelets; ce furent eux qui le firent faire duc et pair dans la suite. Ils s'attachèrent tant qu'ils purent les ministres, et Mlle de Piennes se trouvant très-difficile à marier après une aventure si éclatante, où son honneur pourtant n'étoit point intéressé, mais par la délicatesse de ces temps-là sur les mariages, les Guise, pour flatter les ministres, et qui avoient les Robertet tout à fait à eux, firent le mariage de Mlle de Piennes avec Florimond Robertet, seigneur d'Alluye, secrétaire d'État, et ministre alors important, qui avoit le gouvernement d'Orléans. Mlle de Piennes, devenue Mme d'Alluye, belle encore et pleine d'esprit et d'intrigues, figura fort dans celles de la cour, et même de l'État, depuis ce mariage, qui est le premier exemple d'un pareil avec un secrétaire d'État, qui après assez de lacune n'a que trop été imité.

CHAPITRE XV.

Six conseillers d'État nommés commissaires, et l'un d'eux rapporteur de l'affaire des princes du sang et bâtards au conseil de régence, et temps court fixé aux deux parties pour lui remettre leurs papiers. — Extrême embarras du duc et de la duchesse du Maine. — Leurs mesures forcées. — Requête de trente-neuf personnes, se disant la noblesse, présentée par six d'entre eux au parlement pour faire renvoyer l'affaire des princes du sang et des bâtards aux états généraux du royaume. — Réflexion sur cette requête. — Le premier président avec les gens du roi portent la requête au régent et lui demandent ses ordres. — Digression sur la fausseté d'un endroit, entre autres, concernant cette affaire, des mémoires manuscrits de Dangeau. — Courte dissertation sur les porteurs de la requête de la prétendue noblesse au parlement, et sur cette démarche. — Les six porteurs de la requête au parlement arrêtés par des exempts des gardes du corps, et conduits à la Bastille et à Vincennes. — Libelle très-séditieux répandu sur les trois états. — Le régent travaille avec le rapporteur et avec les commissaires. — Formation d'un conseil extraordinaire de régence pour juger. — Lettre sur le dixième et la capitation de force gentilshommes de Bretagne au comte de Toulouse, pour tocsin de ce qui y suivit bientôt. — Députation du parlement au roi pour lui rendre compte de ce qui s'y étoit passé sur l'affaire des princes du sang et bâtards, et recevoir ses ordres. — Arrêt en forme d'édit rendu au conseil de régence, enregistré au parlement, qui prononce sur l'affaire des princes du sang et des bâtards : adouci par le régent, et aussitôt après adouci de son autorité contre la teneur de l'arrêt. — Rage de la duchesse du Maine. — Douleur de Mme la duchesse d'Orléans. — Scandale du monde. — Les six prisonniers très-honorablement remis en liberté; leur hauteur. — Misère du régent. — Il ôte néanmoins la pension et le logement qu'il donnoit à M. de Châtillon, qui va s'enterrer pour toujours en Poitou. — Conduite des ducs en ces mouvements, et la mienne particulière. — Motifs et mesures des bâtards et du duc de Noailles, peut-être les mêmes, peut-être différents, pour faire convoquer les états généraux. — Occasion de la pièce suivante, qui empêche la convocation des états généraux. — Raisons de l'insérer ici, et après coup.

Les gens du roi du parlement, à qui l'arrêt préparatoire du conseil de régence avoit renvoyé les princes du sang et les bâtards pour leur remettre leurs mémoires et pièces respectives, ayant refusé de s'en charger, il fût résolu, au conseil de régence du dimanche 6 juin, d'en charger six commissaires. Les princes du sang et les bâtards sortirent du conseil lorsque M. le duc d'Orléans mit cette affaire sur le tapis. Je sortis incontinent après eux, et les autres ducs du conseil me suivirent. Je ne crus pas qu'il nous convînt d'être juges dans cette affaire, où nous devions désirer que justice fût faite aux princes du sang contre les bâtards, après avoir présenté au roi une requête pour la restitution de notre rang contre ces derniers. Les commissaires nommés furent six conseillers d'État : Pelletier de Sousi, Amelot, Nointel, Argenson, Labourdonnaye et Saint-Contest, nommé rapporteur, à qui tous les mémoires et papiers respectifs durent être remis dans le 20 juin pour tout délai, pour être vus par les six commissaires, puis en leur présence, être rapportés au conseil de régence, où le régent se réserva d'appeler qui il jugeroit à propos pour remplir les places des princes du sang, bâtards et ducs du conseil de régence, qui n'en devaient pas être juges.

M. et Mme du Maine, pressés de la sorte, se trouvèrent dans le dernier embarras. Leur déclaration de ne reconnoître pour juges que le roi majeur ou les états généraux avoit mis M. le duc d'Orléans dans la nécessité de les juger, ou de perdre toute l'autorité de la régence. Ils avoient espéré de si bien étourdir sa foiblesse de cette hardiesse, et des manéges d'Effiat, de Besons et des autres gens à eux qui obsédoient le régent, qu'ils avoient compté l'arrêter tout court. Mais lorsque l'arrêt préparatoire intervenu si peu de jours après leur eut appris qu'ils s'étoient trompés, et que cette audace, qu'ils avoient cru leur salut, étoit une faute capitale qui précipiteroit leur jugement, ils se trouvèrent dans une angoisse qui fut coup sur coup portée au comble par l'arrêt intervenu sur cette prétendue noblesse dont M. le duc d'Orléans avoit refusé de recevoir le mémoire ou la requête, qu'il n'avoit renvoyée à personne, qui étoit ainsi tombée dans l'eau; et par la défense de l'arrêt du conseil de régence à tous nobles de la signer, et celle de M. le duc d'Orléans à tous nobles de s'assembler, sous peine de désobéissance. La débandade qui avoit suivi de cette prétendue noblesse, l'impossibilité de faire plus subsister à son égard le prétexte des ducs, et de continuer ainsi à l'ameuter et à la grossir; la nécessité de prendre promptement un parti devenoit extrême; il ne leur restoit que celui de se servir de l'aveuglement de ce qui étoit resté de cette noblesse fascinée, pour essayer, par un coup de désespoir, d'en faire peur au régent et aux princes du sang, en flattant le parlement et en les unissant ensemble. Il fallut pour cela sortir de derrière le rideau à l'ombre duquel ils s'étoient tenus cachés tant qu'avoit pu durer le prétexte des ducs, et se montrer à découvert. Ils persuadèrent donc tumultuairement à ce reste de noblesse enivrée qu'il y alloit de tout pour elle de souffrir que l'affaire entre eux et les princes du sang fût jugée par le régent et par un conseil qu'il choisiroit sous le nom de conseil extraordinaire de régence, et la firent tumultuairement résoudre à la requête la plus folle et dont l'audace fut pareille à l'ineptie.

Trente-neuf personnes portant l'épée à titres fort différents, sans élection, sans députation, sans mission, sans autorité que d'eux-mêmes, soi-disant l'ordre de la noblesse, signèrent et présentèrent comme telle une requête au parlement pour demander que l'affaire d'entre les princes du sang et bâtards fût renvoyée aux états généraux du royaume, parce que, s'y agissant du droit d'habilité à la succession à la couronne, il n'y avoit en cette matière de juges compétents que les états généraux du royaume, et entre ces trois états, le seul second ordre qui est celui de la noblesse. L'audace étoit sans exemple. C'étoient des gens ramassés, sans titre et sans pouvoir, qui usurpoient le respectable nom de la noblesse, qui, n'ayant point été convoquée par le roi, ne pouvoit faire corps, s'assembler, députer, donner des instructions, ni autoriser personne; ainsi, dès là, très-punissables. Usurpation pourquoi faite? Pour attenter à l'autorité du régent, et sans être, sans existence, sans consistance, lui arracher une cause si majeure pour s'en saisir eux-mêmes, sans autre droit que leur bon plaisir. L'ineptie n'étoit pas moindre. Dans leur folle prétention, ils étoient la noblesse en corps, par conséquent le second ordre de l'État; et ce second ordre de l'État, si auguste et si grand, se prostitue à cette bassesse sans exemple de présenter une requête à autre qu'au roi, de la présenter à un tribunal de justice qui, si relevé qu'il soit, n'est que membre, et non pas ordre de l'État, et non-seulement membre d'un ordre, mais du troisième, qui est le tiers état, si disproportionné de l'ordre de la noblesse, et ce prétendu ordre de la noblesse encore présente à ce simple tribunal de justice, membre du tiers état, une requête intitulée : *A nosseigneurs de parlement, supplient, etc.* Ce n'est pas la peine d'être si glorieux, si fous et si enivrés de sa naissance, et de l'état que l'orgueil et la vanité insensée lui veut attribuer, que de la mettre ainsi sous les pieds d'une compagnie de gens de loi, et d'invoquer son autorité pour user, par sa protection et son prétendu pouvoir, de celui qu'on prétend ne tenir que de sa naissance, en chose si capitale que la décision sur la succession à la couronne. Si jamais on voyoit des états généraux assemblés, ces messieurs de la requête auroient bien à craindre le châtiment du second ordre des trois états du royaume, et qu'il ne voulût plus reconnoître pour siens, des nobles qui, en tant qu'il a été en eux, l'ont avili et dégradé jusqu'à les jeter dans la poussière aux pieds de nosseigneurs membres du tiers état. Ni l'audace ni l'ineptie, quoique l'une et l'autre au plus haut comble, ne se présentèrent point à l'esprit ni au jugement de ces messieurs. Ils se laissèrent fasciner d'une démarche hardie, qui mettoit au jour une si belle prétention, sans s'apercevoir qu'ils étoient d'une part dépourvus de tout titre, et qu'ils se déshonoroient complétement de l'autre par ce recours au parlement.

Cette compagnie plus sage qu'eux, et qui savoit mieux mesurer ses démarches, eut plus d'envie de rire de celle-là que de s'en enorgueillir. Cette rare requête, ou plutôt unique depuis la monarchie, n'eut pas été plutôt présentée que, quelque abandonné que fût le premier président à M. et à Mme du Maine, sans qui cette folie ne s'étoit pas tentée dans l'espérance pour dernière ressource d'effrayer M. le duc d'Orléans par cet éclat, et l'empêcher de passer outre au jugement, le premier président, dis-je, n'osa branler, et l'alla porter au régent accompagné des gens du roi et lui demander ses ordres.

Avant d'aller plus loin, la nécessité de constater la vérité des faits m'oblige ici à une digression nouvelle. Dangeau, dont je me réserve à parler ailleurs, écrivoit depuis plus de trente ans tous les soirs jusqu'aux plus fades nouvelles de la journée. Il les dictoit toutes sèches, plus encore qu'on ne les trouve dans la *Gazette de France*[1]. Il ne s'en cachoit

---

1. On peut aujourd'hui apprécier le *Journal de Dangeau* dans l'édition que publient MM. Didot : *Journal du marquis de Dangeau avec les additions de Saint-Simon*, etc. (Paris, 1854 et ann. suiv.) Les éditeurs ont mis en tête une *Notice sur la vie de Dangeau*, où ils s'efforcent de le défendre contre les attaques de Voltaire et de Saint-Simon.

point, et le roi l'en plaisantoit quelquefois. C'étoit un honnête homme et un très-bon homme, mais qui ne connoissoit que le feu roi et Mme de Maintenon dont il faisoit ses dieux, et s'incrustoit de leurs goûts et de leurs façons de penser quelles qu'elles pussent être. La fadeur et l'adulation de ses Mémoires sont encore plus dégoûtantes que leur sécheresse, quoiqu'il fût bien à souhaiter que, tels qu'ils sont, on en eût de pareils de tous les règnes. J'en parlerai ailleurs davantage. Il suffit seulement de dire ici que Dangeau étoit très-pitoyablement glorieux, et tout à la fois valet, comme ces deux choses se trouvent souvent jointes, quelque contraires qu'elles paroissent être. Ses Mémoires sont pleins de cette basse vanité, par conséquent très-partiaux, et quelquefois plus que fautifs par cette raison. Il y est très-politique autant que la partialité le lui permet, et toujours en adoration du roi même depuis sa mort, de ses bâtards, de Mme de Maintenon, et très-opposé à M. le duc d'Orléans, au gouvernement nouveau, et singulièrement aux ducs, surtout de l'ignorance la plus crasse qui se montre en mille endroits de ses Mémoires.

On a vu en son temps qu'il avoit marié son fils à la fille unique de Pompadour. Pompadour étoit des plus avant dans le secret du parti de M. et de Mme du Maine, comme on verra en son temps, et dès lors par là des plus avant avec cette prétendue noblesse. Mme de Pompadour étoit sœur de la duchesse douairière d'Elbœuf mère de la feue duchesse de Mantoue; il vivoit intimement avec eux. Cette alliance de son fils lui avoit tourné la tête, et ces deux sœurs, filles de feu Mme de Navailles, étoient sous la protection déclarée de Mme de Maintenon. C'en est assez pour ce qui va suivre. Tant que le roi vécut, Dangeau, qui ne bougeoit de la cour, qui étoit son unique élément, y tenoit une maison honorable, et vivoit là et ailleurs avec la bonne compagnie, et avec les gens les plus à la mode. Il avoit grand soin d'être bien informé des choses publiques, car d'ailleurs il ne fut jamais de rien. Depuis la mort du roi ses informations n'étoient plus les mêmes; l'ancienne cour se trouvoit éparpillée et ne savoit plus rien; lui-même retiré chez lui, touchant à quatre-vingts ans, ne voyoit plus que des restes d'épluchures, et il y paroît bien à la suite de ses Mémoires depuis la mort du roi. A propos de cette requête au parlement de la prétendue noblesse sur l'affaire des princes du sang et des bâtards, il dit sur le samedi 19 juin *que le duc du Maine et le comte de Toulouse allèrent au parlement, et firent leurs protestations contre tout ce qui seroit réglé dans l'affaire qu'ils ont avec les princes du sang*; et sur le lundi 21 juin, il dit *que M. le Duc et M. le prince de Conti allèrent au parlement, qu'ils demandèrent que la protestation des princes légitimés ne fût pas reçue, et que M. le prince de Conti lut un petit mémoire lui-même*. Voilà qui est bien précis sur la date, et bien circonstancié sur les faits.

Je n'eus occasion de voir ces Mémoires que depuis la mort de Dangeau, et cet endroit me surprit au dernier point. Je n'en avois aucune idée. Je ne pouvois comprendre qu'un fait de cet éclat fût sitôt effacé de ma mémoire, surtout avec la part que j'avois prise à toute cette affaire, par rapport à l'intérêt des ducs. D'un autre côté, je ne pouvois imaginer que Dangeau eût mis dans ses Mémoires une fausseté de cette espèce, et tellement datée et circonstanciée. Cela me tourmenta quelques jours; enfin, je pris le parti d'aller trouver le procureur général Joly de Fleury, et de lui demander ce qui en étoit. Il m'assura qu'il n'y en avoit pas un mot, qu'il étoit très-certain que jamais le duc du Maine et le comte de Toulouse n'étoient venus faire ces protestations au parlement, ni M. le Duc et M. le prince de Conti non plus demander qu'elles ne fussent pas reçues, qu'il avoit cela très-présent à la mémoire, et qu'un fait de tel éclat ne lui auroit pas échappé de la mémoire dans la place qu'il remplissoit dès lors, et qui le mettoit [en état] d'en être bien et promptement informé, s'il y en eût eu seulement la moindre chose, de ce que le parlement y eût fait ou voulu faire, et des suites que cela y auroit eu et au Palais-Royal[1]. Il est vrai aussi que Dangeau n'en marque aucune, quoiqu'il fût impossible que cela n'en eût eu de façon ou d'autre, quoiqu'il soit exact à n'en omettre aucune. Reste à voir si c'est une fausseté qu'il ait faite exprès, et qu'à faute de mieux, le duc du Maine ait désirée, pour qu'il restât au moins quelque part, et quelque part qui bien que sans plus d'autorité que les gazettes, seroit un jour comme elles entre les mains de tout le monde, pour qu'il restât, dis-je, un témoignage qu'il avoit conservé son prétendu droit aussi authentiquement qu'il avoit pu le faire, et qu'il l'avoit mis de la sorte à couvert contre tout jugement selon lui incompétent, par un acte si solennel, et qui n'avoit reçu ni condamnation ni contradiction. (En effet elle en étoit bien à couvert, puisque jamais elle n'a été faite) et après prétendre, que ne se trouvant pas dans les registres du parlement, elle en aura été ou omise par ordre exprès du régent, ou tirée par la même autorité de ces registres si elle y avoit été d'abord mise. Peut-être aussi Dangeau l'aura-t-il cru et mis sur la parole de Pompadour, avec la circonstance de M. le Duc et de M. le Prince deux jours après, pour mieux appuyer et assurer le premier mensonge, dont ce vieillard renfermé chez lui aura été la dupe. Quoi qu'il en soit, il est sûr que la chose est fausse, et que le procureur général Joly de Fleury, dont la mémoire ni la personne en cela ne peuvent être suspectes, me l'a très-certainement et très-nettement assurée telle. De même conséquence et fausseté, et ce que le procureur général m'a certifié être également faux, c'est ce que Dangeau ajoute du même samedi 19 juin,

---

1. Une note, écrite sur la marge du manuscrit autographe de Saint-Simon est ainsi conçue : « Le fait rapporté par Dangeau est vrai, je viens de le vérifier sur le Journal du parlement. » Cette note est probablement de M. Le Dran, qui était principal commis des affaires étrangères en 1761, lorsque les manuscrits de Saint-Simon y furent déposés.

jour qu'il raconte cette protestation faite dans la grand'-chambre par les deux bâtards en personne, *que le parlement résolut de se rassembler le lundi matin pour répondre à la protestation des bâtards, et qu'en attendant, ils envoyèrent recevoir les ordres de M. le duc d'Orléans là-dessus.* Puis de ce lundi 21 juin, jour où il marque l'entrée des deux princes du sang au parlement pour lui demander de ne pas recevoir la protestation des bâtards, il ajoute *que le parlement envoie les gens du roi au roi pour recevoir ses ordres sur ce qu'ils auront à faire sur la protestation des bâtards.* Après quoi il n'en parle plus, non plus que de chose non avenue. Or de façon ou d'autre il y auroit eu des ordres au parlement là-dessus, et le parlement eût envoyé au régent pour les avoir, car au roi qui n'étoit pas d'âge à en donner, ce n'eût été qu'une forme. et du samedi il n'auroit pas attendu au lundi pour cela, ni s'il avoit envoyé dès le samedi au régent comme il l'insinue, il auroit encore moins envoyé au roi deux jours après. Après cet éclaircissement nécessaire, revenons.

MM. de Châtillon, de Rieux, de Clermont et de Bauffremont qui, avec les quatre autres qu'on a nommés ci-dessus, avoient été au Palais-Royal présenter au régent le mémoire ou requête dont on a parlé, qui ne l'avoit pas voulu recevoir, furent aussi ceux qui allèrent présenter au parlement la requête sur l'affaire des princes du sang et bâtards, accompagnés de MM. de Polignac et de Vieuxpont. On a fait connoître les quatre premiers. A l'égard des deux autres, Polignac étoit un petit bilboquet qui n'avoit pas le sens commun, conduit et nourri par son frère le cardinal de Polignac, à vendre et à dépendre, qui étoit de tout temps de M. et de Mme du Maine, et leur plus intime confident. Le pauvre petit Polignac obéit et ne sut pas seulement de quoi il s'agissoit; je dis l'écorce même, car il en étoit entièrement incapable : jamais deux frères ne furent si complétement différents en tout. Vieuxpont étoit un assez bon officier général, qui ne connoissoit que cela, et qui logeoit chez son beau-père, le premier écuyer, où il vivoit dans la plus aveugle dépendance. On a vu ailleurs ce que c'étoit que Mme de Beringhen et le duc d'Aumont son frère, à quel point ils étoient vendus au premier président, et le premier écuyer d'ailleurs son ami intime, et d'ancienneté tout aux bâtards. Son gendre, sottement glorieux d'ailleurs et fort court d'esprit, goba aisément ce prestige de noblesse, crut figurer, et obéit à beau-père et à belle-mère, et aux jargons du duc d'Aumont. Le crime étoit complet, 1° de se prétendre être la noblesse ne pouvant être que des particuliers, par toutes les raisons palpables qu'on en a vues ci-dessus; 2° de s'assembler contre la défense expresse à eux faite par le régent; car faire une requête souscrite de trente-neuf signatures et présentée au parlement par six seigneurs en personne n'est pas chose qui se puisse sans s'être concertés, et pour cela nécessairement assemblés; 3° se mêler de choses supérieures à tous particuliers comme tels; 4° d'oser implorer l'autorité du parlement pour arrêter le jugement d'une affaire dont le régent du royaume est saisi, qu'il a déclaré qu'il va juger, qui s'y est engagé par des démarches juridiques et publiques, pour lui en ôter la connoissance, comme si le parlement pouvoit plus que le régent, et pour la faire renvoyer à un tribunal qui n'existe point. Le régent sentit qu'il falloit opter entre lâcher tout à fait les rênes du gouvernement et faire une punition exemplaire. Il porta cette requête au conseil de régence, où elle nous fut lue avec les signatures. On en raisonna sans opiner, et le régent en parut fort altéré; mais ceux qui l'obsédoient, aidés de sa foiblesse et de sa facilité, de plus contredits de personne, car moi ni pas un autre duc n'en dîmes pas un seul mot, trouvèrent moyen de tourner cette punition de la manière la plus singulière.

On fit l'honneur à ces six messieurs qui avoient été au parlement présenter la requête, de les faire arrêter par des exempts des gardes du corps, le samedi matin 19 juin, qui les conduisirent partie à la Bastille, partie à Vincennes, où ils furent comblés de civilités et de toutes sortes de bons traitements, sans pourtant voir personne. Cet emprisonnement fit grand bruit parce qu'on n'en attendoit pas tant de l'infatigable débonnaireté de M. le duc d'Orléans; mais la manière si distinguée en fit encore davantage, et tant de ménagements, si fort déplacés, firent triompher la prétendue noblesse, et envier publiquement l'honneur d'être des prisonniers. Trois jours après, il courut un libelle extrêmement insolent et séditieux, intitulé *Écrit des trois états*, qui ramena le souvenir des écrits les plus emportés de la Ligue. Il ne parut que manuscrit, mais dix mille copies à la fois, qui se multiplièrent bien davantage.

Parmi tout ce bruit, Saint-Contest travailloit souvent avec M. le duc d'Orléans, et il travailloit en même temps avec les six commissaires, qui allèrent aussi deux fois tous six travailler avec M. le duc d'Orléans. Outre ceux du conseil de régence qui n'étoient point parties ni ducs, et qui demeuroient juges de l'affaire des princes du sang et bâtards, le maréchal d'Huxelles, MM. de Bordeaux, de Biron, et Beringhen, premier écuyer, leur furent joints des conseils de conscience, de guerre, des affaires étrangères et du dedans. Cela ne fut déclaré que le dimanche matin 27 juin, au conseil de régence, c'est-à-dire après qu'il fut levé en sortant. Le lendemain lundi, le comte de Toulouse, qui se tenoit fort à part dans tous ces mouvements qui n'étoient point du tout de son goût, rendit compte à M. le duc d'Orléans qu'il avoit reçu une lettre, souscrite de quantité de gentilshommes de Bretagne, sur l'impossibilité où étoit cette province de payer le dixième, et de la sage réponse qu'il leur avoit faite. Je remarque cette lettre comme le premier coup de tocsin de ce qu'on verra dans la suite en Bretagne. Le mercredi 30 juin, le premier président, tous les présidents à mortier et les gens du roi allèrent à onze heures aux Tuileries, députés pour venir rendre compte au roi de ce qui s'étoit passé sur l'affaire des princes du sang et légitimés, lui remettre la requête et protestation de la prétendue noblesse, et recevoir ses ordres : M. le duc d'Orléans présent, et le chancelier, à qui le roi remit de la main à la main ce que le premier président lui avoit présenté ; le chancelier leur dit que le roi leur feroit savoir sa volonté.

L'après-dînée du même jour se tint le conseil de régence extraordinaire pour le jugement, qui fut continué le lendemain matin jeudi 1er juillet. L'arrêt ne fut pas tout d'une voix. Saint-Contest fit un très-beau rapport et fut en entier pour les princes du sang ainsi que la plupart des juges. La rare bénignité de M. le duc d'Orléans, que tant de criminels et d'audacieux manéges n'avoient pu émousser, sa facilité, sa foiblesse pour ceux qui l'obsédoient et qui étoient aux bâtards, quelque vapeur de crainte, et cette politique favorite *divide et impera*, le mit en mouvement pour faire revenir les juges à quelque chose de plus doux. La succession à la couronne fut totalement condamnée, le rang des enfants supprimé, celui des deux bâtards modéré. L'arrêt, tourné en forme d'édit, fut trouvé trop doux au parlement, et pour cette raison enregistré avec difficulté le mardi 6 juillet. Et malgré la teneur de l'édit, M. le duc d'Orléans, de pleine autorité, le modéra de fait encore, en sorte que les bâtards n'y perdirent que l'habilité de succéder à la couronne, et le traversement du parquet au parlement. M. le Duc défendit aux maîtres d'hôtel du roi de lui laisser présenter la serviette par les enfants du duc du Maine ; le duc de Mortemart premier gentilhomme de la chambre d'année, leur refusa le service de prince du sang, et il y eut difficulté dans les salles des gardes de prendre les armes pour eux. M. le duc d'Orléans ordonna sur-le-champ qu'ils fussent traités en princes du sang à l'ordinaire, et comme avant l'arrêt : ce qu'il fit exécuter. Cette très-étrange bonté n'empêcha pas Mme du Maine de faire les hauts cris comme une forcenée, ni Mme la duchesse d'Orléans de pleurer jour et nuit, et d'être deux mois sans vouloir voir personne, excepté ses plus familières et en très-petit nombre, et encore sur la fin. M. du Maine avoit le don de ne montrer jamais que ce qui lui convenoit, et ses raisons pour en user en cette occasion. Il ne vint pourtant pas au premier conseil de régence, il fit dire qu'il étoit incommodé, mais il se trouva au second à son ordinaire. Le comte de Toulouse parut toujours le même, et ne s'absenta de rien. Excepté les enrôlés avec M. du Maine, le reste du monde fut étrangement mécontent, et les princes du sang encore davantage, d'une si démesurée mollesse, mais n'en pouvant plus tirer mieux, ils triomphèrent de ce qu'ils avoient obtenu.

Les six prisonniers, bien servis et bien avertis par d'Effiat, écrivirent au bout d'un mois à M. le duc de Chartres, qui envoya leur lettre à M. le duc d'Orléans par Cheverny, son gouverneur, de même nom que Clermont-Gallerande l'un d'eux. M. le duc d'Orléans fit espérer leur prochaine liberté. Le samedi 17 juillet, le premier écuyer alla par ordre du régent prendre les trois qui étoient à Vincennes, et Cheverny les trois qui étoient à la Bastille, et les amenèrent chez M. le duc de Chartres, qui alla les mener à M. le duc d'Orléans. Le régent leur dit qu'ils connoissoient assez qu'il ne faisoit du mal que lorsqu'il s'y croyoit fortement obligé. Pas un des six ne prit la peine de lui dire une seule parole, et se retirèrent aussitôt. Cette sortie de prison eut tout l'air d'un triomphe, et par le choix des conducteurs, et par la hauteur et le silence des prisonniers rendus libres. Il sembla qu'ils faisoient grâce au régent de lui épargner les reproches, et que ce prince avoit tâché de mériter cette modération de leur part par une si étonnante façon de les mettre en liberté. Il le sentit après coup, et se repentit de sa mollesse, comme il lui arrivoit souvent après des fautes dont après il ne se corrigeoit pas plus. Il éprouva bientôt après le fruit d'une si foible conduite, et l'effet qu'elle avoit fait sur tous ceux qui, avec dérision et mépris, en avoient su profiter. Il eut pourtant le courage d'ôter le même jour à M. de Châtillon la pension de douze mille livres qu'il lui donnoit, et son logement au Palais-Royal. Comme il étoit fort pauvre, et depuis bien des années fort obscur, il alla bientôt après s'enterrer dans une très-petite terre qu'il avoit auprès de Thouars, où il est presque toujours demeuré jusqu'à sa mort.

Les ducs ne prirent aucune part à pas un de tous ces mouvements et demeurèrent parfaitement tranquilles; ils n'avoient rien ni à perdre ni à gagner, et laissèrent bourdonner et aboyer. A l'égard des bâtards, contents des requêtes qu'ils avoient présentées au roi, et portées au régent sur la restitution de leur rang à cet égard, ils n'avoient pas trouvé assez de fermeté, de justice, ni de parole dans le régent sur le bonnet et les autres choses concernant le parlement, pour s'en promettre davantage contre des personnes si proches, si grandement établies; et si fortement soutenues d'intrigues et d'obsessions près de lui. Ils estimèrent donc qu'après avoir mis leur droit à couvert par leurs requêtes au roi, le repos et la tranquillité étoit le seul parti qu'ils eussent à prendre, en attendant des conjonctures plus favorables, si tant étoit qu'il en arrivât, et les surprenants adoucissements que, de pleine autorité, le régent apporta à l'arrêt en forme d'édit beaucoup trop doux encore aux yeux des juges et du parlement qui l'enregistra, témoigna bien la sagesse de cette prévoyance. A mon égard en particulier, je continuai dans mon même silence avec le régent par les mêmes raisons que je viens de dire, et pour lui montrer aussi une sorte d'indifférence sur une conduite que je ne pouvois ni approuver ni changer, et je me contentai de lui répondre froidement et laconiquement, lorsque rarement il ne put s'empêcher de me parler de ces deux affaires qui, n'ayant qu'une même source, marchèrent en même temps. Elles m'ont paru mériter d'être rapportées tout de suite, et sans mélange d'aucune autre. C'est cette raison qui m'a fait remettre ici après coup ce qui en auroit trop longuement interrompu la narration. C'est une pièce que je crois convenir mieux ici malgré son étendue, que parmi les autres pièces, par la connexité qu'elle a avec la matière de ces Mémoires et l'éclaircissement naturel qu'elle y pourra donner.

Dans les commencements que l'affaire s'échauffa entre les princes du sang et les bâtards au point que M. le duc d'Orléans sentit qu'il ne pourroit éviter de la juger, les bâtards qui désespèrerent de le pouvoir échapper et qui n'établissoient leurs ressources que dans l'éloignement de ce jugement, le firent sonder par d'Effiat sur le renvoi aux états généraux, pour s'en délivrer. C'étoit toujours plusieurs mois de délais avant qu'ils fussent assemblés, car ils sentoient bien qu'en les y renvoyant, les princes du sang ne souffriroient pas que ce fût un renvoi de temps indéfini et sans bout. Les mesures qui leur réussissoient si bien avec cette foule de toute espèce qui se disoit la noblesse, et celles qu'ils prenoient sourdement de loin dans les provinces, leur persuadoient que, jugés pour jugés, il valoit encore mieux pour eux hasarder cette voie où leurs cabales leur donnoient du jeu pour faire mille querelles dans les États, leur faire mettre mille prétentions en avant pour les rompre, si le vent du bureau ne leur étoit pas favorable, que de se laisser juger par un conseil formé par M. le duc d'Orléans, que M. du Maine avoit tant et si cruellement et dangereusement et monstrueusement offensé, et dont le fils unique, premier prince du sang, avoit contre eux un intérêt pareil et commun avec M. le Duc et M. le prince de Conti. En cadence de d'Effiat, le duc de Noailles, soit qu'il fût dans la même bouteille comme les mouvements de la prétendue noblesse à qui il avoit donné l'être et le ton par lui-même, par Coetquen son beau-frère, et par d'autres émissaires à la mort du roi, comme je l'ai raconté en son lieu; soit qu'en effet à bout et en crainte sur la gestion des finances dont il avoit embrassé seul toute l'autorité, par conséquent les suites et le poids, et sujet en toutes choses à voler d'idée en idée et de passer subitement aux plus contradictoires sans autre cause que sa singulière mobilité, il se fût avisé de souhaiter à contre-temps ce qu'il avoit seul empêché si fort à temps, il se mit à déployer toute son éloquence auprès de M. le duc d'Orléans pour lui persuader qu'il n'y avoit plus de remède à l'état déplorable des finances, que d'assembler les états généraux. Le régent en fut d'autant plus susceptible que d'Effiat le touchoit par son endroit sensible qui étoit l'incertitude et la timidité. Il commençoit par se donner du temps et se délivrer de poursuites, et se déchargeoit de l'embarras et de l'iniquité d'un jugement qui ne pouvoit qu'exciter violemment la partie condamnée dans une affaire sans milieu, comme étoit le droit maintenu ou supprimé de succéder à la couronne, d'où dépendoient mille suites poignantes; et du côté des finances, plus il avoit résolu d'assembler pour les régler les états généraux à la mort du roi, plus le seul duc de Noailles l'en avoit empêché, comme je l'ai raconté en son temps, plus l'avis du même Noailles de les assembler maintenant, pour trouver ressource aux finances, avoit de poids à ses yeux.

Dans l'irrésolution où il se trouvoit sur une chose de conséquences si importantes, il s'en ouvrit à moi, et m'en demanda mon avis, comme il faisoit toujours dans ce qui l'embarrassoit, où dans ce qui étoit important. Je me récriai d'abord sur un si dangereux parti. Il m'opposa mon propre avis lors de la dernière année et de la mort du roi. Je répondis que ce qui étoit excellent alors se trouveroit pernicieux aujourd'hui que tout avoit changé de face. Il voulut discuter, je coupai court, et lui dis que la matière valoit bien d'y penser, et de lui mettre devant les yeux beaucoup de choses, qui s'oublient ou se déplacent dans les conversations, au lieu qu'un écrit se fait plus mûrement, se trouve toujours ensuite sous la main sans rien perdre, et se livre plus parfaitement à la balance. Il me dit que je le fisse donc, mais qu'il étoit pressé de prendre son parti, et ce parti, je vis qu'on l'entraînoit au précipice. La crainte que j'eus de l'y voir rapidement enlevé m'engagea à lui promettre mon écrit dans deux jours, et en effet je le lui apportai le troisième sans avoir eu presque le temps de relire. Pour le montrer à personne, sa teneur fera comprendre que je ne l'imaginai pas. On y verra la mesure d'un écrit fait pour ce prince, et adressé à lui, fort différente comme de raison de la liberté des conversations autorisée par la familiarité de toute notre vie, et des temps pour lui les plus abandonnés et les plus périlleusement orageux. Le voici.

CHAPITRE XVI.

Projet d'états généraux fréquents de Mgr le Dauphin, père du roi. — Je voulois des états généraux à la mort du roi. — Embarras des finances et subsidiairement de l'affaire des princes. — Motifs de vouloir les états généraux. — Trait sur le duc de Noailles. — Introduction à l'égard des finances. — État de la question. — Grande différence d'assembler d'abord, et avant d'avoir touché à rien, les états généraux, ou après tout entamé et tant d'opérations. — Chambre de justice, mauvais moyen. — Timidité, artifice et malice du duc de Noailles sur le duc de La Force, très-nuisible aux affaires. — Banque du sieur Law. — Première partie : raisons générales de l'inutilité des états. — Malheurs du dernier gouvernement. — Choc certain entre les fonciers et les rentiers. — Premier ordre divisé nécessairement entre les rentiers et les fonciers, quoique bien plus favorable aux derniers. — Second ordre tout entier contraire aux rentiers. — Éloge et triste état du second ordre. — Troisième ordre tout entier pour les rentes. — Choc entre les deux premiers ordres et le troisième sur les rentes, certain et dangereux. — Pareil choc entre les provinces sur les rentes, auxquelles le plus grand nombre sera contraire. — Ce qu'il paroît de M. le duc d'Orléans sur l'affaire des princes. — Ses motifs de la renvoyer aux états généraux. — Certitude du jugement par les états généraux, et de l'abus des vues de Son Altesse Royale à cet égard. — États généraux parfaitement inutiles pour le point des finances et pour celui de l'affaire des princes. — Deuxième partie : inconvénients des états généraux. — Rangs et compétences. — Autorité et prétentions. — Difficulté de conduite et de réputation pour M. le duc d'Orléans. — Danger et dégoût des promesses sans succès effectif. — Fermeté nécessaire. — Demandes des états. — Propositions des états. — Nulle proportion ni comparaison de l'assemblée des états généraux à pas une autre. — Deux moyens de refréner les états, mais pernicieux l'un et l'autre. — Refus. — Danger de formation de troubles. — Autorité royale à l'égard du jugement de l'affaire des princes. — Troisième partie : premier ordre. — La constitution *Unigenitus*. — Juridiction ecclésiastique. — Deuxième ordre. — Le deuxième ordre voudra seul juger l'affaire des princes. — Trait sur les mouvements de la prétendue noblesse et sur le rang de prince étranger. — Partialités et leurs suites. — Situation du second ordre, d'où naîtront ses représentations et ses propositions. — Choc entre le second ordre et le troisième ordre inévitable sur le soulagement du second. — Mécontentement du militaire. — Troisième ordre et ce qui le compose. — Troisième ordre en querelle et en division. — Confusion intérieure en laquelle le second ordre prendra partie ; et [troisième ordre] commis d'ailleurs avec les deux premiers ordres. — Grande et totale différence de la tenue des états généraux, à la mort du roi, d'avec leur tenue à présent. — Tiers état peu docile, et dangereux en matière de finance. — Péril de la banque du sieur Law. — Trait sur le duc Noailles. — Exemples qui doivent dissuader la tenue des états généraux. — États généraux utiles, mais suivant le temps et les conjonctures. — Courte récapitulation des inconvénients d'assembler les états généraux. — Conclusion. — Trait sur le duc de Noailles. — Vues personnelles à moi répandues en ce mémoire.

MÉMOIRE ADRESSÉ A S. A. R. MONSEIGNEUR LE DUC D'ORLÉANS, RÉGENT DU ROYAUME, SUR UNE TENUE D'ÉTATS GÉNÉRAUX (MAI 1717).

Monseigneur, l'honneur que me fait Votre Altesse Royale de m'ouvrir ses pensées sur l'avantage et les inconvénients d'assembler les états généraux de ce royaume dans les embarras présents du gouvernement de l'État dont vous êtes chargé, et de m'ordonner d'y bien penser pour vous en dire mon avis, m'engage, pour répondre dignement à la grandeur et à l'importance de la matière, d'écrire plutôt que de parler, comme un moyen contre les défauts de mémoire, et ceux de la promptitude du discours, et de la confusion de la conversation.

Avant d'entrer en matière, Votre Altesse Royale se souviendra s'il lui plaît, par deux faits trop graves pour lui être échappés, que de tous ceux qui ont eu l'honneur de l'approcher dans tous les temps aucun n'a plus d'estime, ni, pour ainsi parler, de goût naturel pour les états généraux que j'en ai toujours eu. L'un est que, travaillant sous les yeux de feu Mgr le Dauphin, père du roi, aux projets dont vous avez pris quelques parties; le principal des miens étoit des états généraux de cinq ans en cinq ans, et de les simplifier de manière qu'ils se pussent assembler sans cette confusion qui les a si souvent rendus inutiles; que ces états généraux fussent en grand et en corps le surintendant des finances pour les dons, les impôts, leur répartition, leur recette, et leur dépense; qu'il fût compté de tout devant eux; qu'entre chaque tenue il en subsistât une députation d'un personnage de chacun des trois ordres pour faire dans l'intervalle les choses journalières et d'autres pressées, jusqu'à certaines bornes, par une administration dont ils seroient comptables aux états prochains; qu'ils eussent durant cet exercice un rang et des priviléges, qui vous ont montré jusqu'où va mon respect pour la nation représentée; et que ce qui seroit mis à part pour les dépenses particulières du roi, comme une espèce de liste civile, fût géré par un trésorier, qui n'en compteroit qu'au roi par sa chambre des comptes.

L'autre est celui d'assembler les états généraux aussitôt après la mort du feu roi, dont Votre Altesse Royale se peut souvenir combien j'ai pris la liberté de l'en presser, qu'elle l'avoit résolu, et que, si elle a depuis changé d'avis, ç'a été constamment contre le mien.

Il n'est pas question ici de s'arrêter à ces deux faits, qu'il suffit de représenter à votre mémoire en deux mots. Le premier ne pouvoit être d'usage que sous un roi majeur et selon le cœur de Dieu, né pour être le père de ses peuples, le restaurateur de l'ordre, et un modérateur incorruptible par un discernement exquis de la justice et de ses intérêts véritables. L'explication de ce projet ne vous apprendroit rien de nouveau, m'écarteroit de mon sujet, renouvelleroit inutilement ma douleur amère de la perte d'un tel prince, et de l'inutilité de ce que j'avois conçu et digéré avec plus de joie encore que de travail pour l'honneur et l'avantage solide de la France. L'autre a été si fort agité avec Votre Altesse Royale avant et après la mort du roi, et cette époque est si récente, qu'elle ne peut être échappée de votre mémoire.

Ce qui fait présentement naître la pensée d'une tenue d'états généraux est, par ce que Votre Altesse Royale m'a fait l'honneur de m'en dire, subsidiairement l'état d'engagement et de difficulté où en est l'affaire des princes, mais effectivement le terme d'embarras où se trouvent les finances; et puisque c'est de ce dernier point qu'il s'agit réellement ici, c'est celui qu'il faut traiter le plus solidement qu'il me sera possible par rapport au remède des états généraux, en y faisant entrer après en son temps celui des princes.

Beaucoup de raisons m'empêcheront d'entrer en aucun détail sur l'administration des finances. J'évite toujours avec soin de traiter des choses passées, où il n'y a plus de remède à proposer. Je me suis rendu une si exacte justice sur mon incapacité spéciale en ce genre que Votre Altesse Royale sait que je n'ai pu être vaincu ni par son choix, ni par ses bontés, pour m'en charger. J'ai pris la liberté de lui en proposer un autre, comptant sur son esprit, sur son application, sur son désintéressement et naturel et fondé sur les biens et les établissements infinis dont il est environné. Si de profonds détours, si des desseins artificieusement amenés à leur période, en ont été pour moi un fruit amer aussi surprenant qu'imprévu et subit, ce m'est un nouveau motif de silence, quelque impartial que je me sente quand il est question du bien de l'État, ou même de traiter d'affaires. J'ose même en attester Votre Altesse Royale, qui a eu souvent occasion d'en être témoin, soit en particulier, soit dans le conseil. Je n'ai que des grâces infinies à lui rendre de ce que ses bontés ont seules excité tout cet effet d'ambition, et de ce qu'elles sont demeurées invulnérables à toutes les étranges machines conjurées et rassemblées contre moi durant ma plus juste et ma plus profonde confiance.

Quel que soit l'état des finances, que, jusqu'à ce mois-ci, Votre Altesse Royale m'avoit toujours assuré devoir sûrement prendre une bonne consistance, je suis persuadé qu'il y a du remède, si on veut le chercher avec docilité, et se départir de même de ce que l'expérience montre avoir été mal commencé. Encore une fois, je le répète, je ne prétends point blâmer une administration dont je me suis senti incapable, que je ne puis ni ne voudrois examiner, et dans laquelle je me persuade qu'on a fait du mieux qu'[on] a pu. Mais sans tomber sur une gestion inconnue, et raisonnant seulement sur l'effet de cette gestion dans une matière que le feu roi a laissée dans un état infiniment difficile et violent, je dis que la bonté des peuples de ce royaume, et l'habitude du gouvernement monarchique, ne doit faire chercher le remède qu'entre les mains de Votre Altesse Royale, et dans les conseils des personnes intelligentes en cette matière qu'elle en voudra consulter par elle-même, ou par ceux qui, sous elle, conduisent les finances.

La difficulté consiste en la continuation de deux impôts extraordinaires que l'autorité du feu roi et l'extrémité de ses affaires firent établir l'un après l'autre sous le nom de capitation et de dixième, avec les paroles les plus authentiques de les supprimer à la paix, et sans lesquels nonobstant la paix et toute la diminution de dépense qui résulte de la mort de nos premiers princes, et de l'âge du roi, le courant ne peut se soutenir; et en ce que ces mêmes impôts sont insupportables par leur nature et par leur poids à la plupart des contribuables, réduits à l'impossibilité de payer.

Plusieurs questions se présentent à l'esprit tout à la fois sur le genre du remède des états généraux, mais qui se réduisent à deux principales, desquelles naîtront les subdivisions : 1° si on doit espérer le remède par les états généraux; 2° si les états généraux ne produiront pas de plus fâcheux embarras que ne sont ceux pour l'issue desquels on réfléchit si on les assemblera.

Plût à Dieu, Monseigneur, que vous n'eussiez point été détourné de la sainte et sage résolution que vous aviez si mûrement prise de les indiquer à la mort du roi, c'est-à-dire dans la séance de la déclaration de votre régence, pour en signer les lettres de convocation le jour même, et les assembler deux mois après; deux autres mois de prolongation pour donner plus de loisir aux choix et aux délibérations des assemblées particulières pour la députation à la générale, et autres deux mois pour la tenue des états généraux, n'auroient fait que six mois, huit au plus, pendant quoi la finance eût roulé bien ou mal de l'impulsion précédente, mais sans rien du vôtre. De dire, comme on le fit avec trop de succès, qu'il falloit vivre en attendant, est-ce en vérité, que, si le feu roi fût encore demeuré huit mois au monde, on n'eût pas vécu ces huit mois? Les états généraux auroient trouvé tout en entier à votre égard, et n'auroient eu ni excuse, ni désir d'excuse de chercher et de proposer des remèdes à l'épuisement, charmés d'une marque si prompte de l'honneur de votre confiance, et par cela même prêts à tout sacrifier pour vous. Pardonnez ce mot à mes regrets, il ne se trouvera pas inutile pour la suite.

A présent tout est entamé sur la finance : monnoies, taxes, liquidations, suppressions, retranchements, billets de l'État, conversions et décris de papiers, ordres de comptables. Il en est résulté une diminution de dépenses par l'extinction d'un grand nombre de capitaux en tout ou en partie, et de beaucoup d'arrérages accumulés, et en outre il en doit être rentré de gros fonds extraordinaires dans les coffres du roi. Tout cela néanmoins est insuffisant; et il n'est pas malaisé d'en conclure qu'il en faut venir à frapper de plus grands coups, dont la bonté de Votre Altesse Royale ne peut que difficilement se résoudre à donner les ordres, et que ceux qui par leurs emplois les lui peuvent suggérer, et les doivent exécuter, craignent de prendre l'événement sur eux.

Ceux-là sentent maintenant la faute qu'ils ont faite de vous avoir détourné de la convocation des états généraux à la mort du roi. Ils avoient compté sur des arrangements et des ressources qui leur ont manqué, après avoir assuré Votre Altesse Royale que la finance se rétabliroit aisément en suite de certaines opérations nécessaires, et l'en avoir persuadée par leur propre confiance. Mais la principale de ces opérations est celle qui cause le plus de désordre dans les finances. Ce n'est point par l'avoir prévu, et m'y être constamment opposé autant que le respect pour vous me l'a permis, que je fais ici mention de la chambre de justice, mais parce que les suites en sont telles qu'il n'est pas possible de n'en pas dire un mot. Je me garderai bien de retoucher aucune des raisons que j'eus l'honneur de vous représenter contre cet établissement, dès le premier moment que vous me fîtes celui de m'en parler, et que j'ai pris la liberté de vous répéter souvent. Mais en même temps qu'il étoit juste et nécessaire de punir les excès des gens d'affaires d'une manière qui remplît les coffres du roi au soulagement du peuple, ce qui est arrivé de l'interruption du commerce étoit infiniment à craindre de la voie qui a été prise, et d'un manque de confiance dont le remède est impossible tant que les suites en seront subsistantes, et que les états généraux ne paroissent pas propres à fournir.

En effet, bien que le tribunal de la chambre de justice ait terminé ses séances, l'examen de ce qu'elle a laissé imparfait se continue chez M. le duc de La Force. Il a eu peine à s'en charger sans un nombre de personnes suffisantes pour expédier promptement les matières et pour s'entr'éclaircir les uns les autres. Votre Altesse Royale avoit elle-même jugé sa demande si raisonnable qu'elle avoit destiné un bureau à ce travail. Mais d'autres raisons ont fait borner ce bureau à un seul homme avec M. le duc de La Force, qui tous deux y suffiront à peine en un an. Par cette lenteur un grand nombre de fortunes demeurent suspendues ; et tant qu'elles ne seront point assurées de leur état, et par un cercle inévitable, beaucoup d'autres avec elles, il n'y a pas de circulation à espérer. M. le duc de La Force court risque de partager la haine des taxes avec les premiers auteurs par ce genre de travail tête à tête ; mais la confiance en demeure nécessairement arrêtée, et avec elle, tout le mouvement de l'argent, et le salut de l'État pour ce qui concerne les finances.

La seule chose qui les soulage, en remédiant aux désordres du change, et en facilitant les payements, est l'établissement de la banque du sieur Law, à laquelle j'avoue que j'ai été très-contraire, et dont je vois le succès avec une joie aussi sincère que si j'en avois été d'avis, encore que je n'y aie voulu prendre aucun intérêt. Mais puisque ce soulagement ne promet pas assez pour se passer d'autres remèdes, voyons enfin, après tout cet exposé, ce qui se peut attendre d'une tenue d'états généraux.

Cette assemblée, infiniment respectable, et qui représente tout le corps de la nation, forme un conseil très-nombreux. Chaque député y est chargé des plaintes et des griefs de son pays et de son état, dont il est ordinairement plus instruit que des remèdes qu'il vient y demander au roi. Chacun y sent son mal d'autant plus vivement que c'est de l'effet de ce sentiment qu'il espère le soulagement qu'il est venu demander. Avec les maux généraux il y en a beaucoup de particuliers qui suivent la nature des productions et du genre de commerce de chaque province, et encore la nature de chacun des trois ordres qui composent les états généraux ; et l'homme est fait de manière qu'il est bien plus touché de son mal particulier que de celui qu'il souffre en commun avec tous les autres, conséquemment porté à se reposer sur qui il appartiendra du remède à ces maux généraux, et à n'agir vivement que sur ce qui en particulier le regarde. C'est ce qu'il est à craindre de voir arriver dans une assemblée tirée de tous les divers pays du royaume et des trois ordres de chaque pays, que chacun n'y pense qu'à sa propre chose, sans se mettre beaucoup en peine de la générale, ni de celle de son voisin, sinon par rapport à la sienne, et que cet intérêt particulier ne remplisse l'assemblée d'une foule de propositions de remèdes différents, contradictoires les uns aux autres, sans qu'il en résulte rien qui ait une application certaine au mal général pour la guérison duquel elle aura été convoquée. En ce cas, quelle confusion! et quel fruit de ces états généraux?

Mais parmi ceux qui y seront députés, peut-on espérer qu'il s'y en trouve de bien versés dans la science des finances, qui en aient fait une étude suivie et principale, qui s'y soient perfectionnés par l'expérience? Tous ceux de ce genre sont sûrement connus, et il n'est pas besoin d'une telle assemblée pour les avoir sous sa main et pour les consulter. Il est, au contraire, à présumer que, faisant un nombre, pour ainsi dire, imperceptible parmi la foule des députés, et parlant une langue étrangère à la plupart, ils leur deviendront aisément suspects, qu'ils en seront peut-être méprisés, et que leurs avis y deviendront au moins inutiles. Or ce succès ne vaut pas une tenue des états généraux.

Que si l'on objecte que c'est être hardi que de penser qu'une telle assemblée ne soit pas capable des bonnes raisons, et de goûter les bons remèdes que quelques députés y pourront proposer, et de n'espérer pas de cette foule un bon nombre de bonnes têtes remplies d'expédients de la discussion desquels il se puisse tirer d'excellents remèdes, il est aisé de répondre que tel est le malheur, non la faute, de la nation gouvernée depuis tant d'années sans avoir presque le temps ni la liberté de penser, que chacun a ses affaires domestiques, et encore avec les entraves qui ne sont pas cessées depuis un assez long temps pour qu'on ait pu les oublier. Il est difficile d'espérer qu'il se soit formé dans ce long genre de gouvernement un assez grand nombre de gens pour l'administration des affaires publiques à travers les périls attachés à cette sorte d'application, d'où il ne se peut qu'il n'étincelle toujours quelque chose, et dans le dégoût de l'inutilité qui s'y trouvoit jointe. Je dis donc, et à Dieu ne plaise que je pense autrement de ma nation, et d'une nation qui s'est toujours si fort distinguée parmi toutes les autres en tout genre! je dis donc qu'elle abonde en esprit et en talents, mais que cet esprit et ces talents ayant été si longuement enfouis à l'égard de ce dont il s'agit maintenant, ce seroit comme une création subite, si on voyoit le talent et l'art de l'administration, et en chose si difficile, paroître en un nombre suffisant de députés pour former avec succès des délibérations heureuses, et qui pussent remédier aux maux généraux pour lesquels on les auroit assemblés; que c'est un malheur, qu'on ne peut jamais assez déplorer, et qui ne peut être assez fréquemment et assez fortement inculqué au roi, que d'avoir rendu inutiles tant d'excellents esprits, qui font maintenant un si grand besoin, par les avoir continuellement gouvernés sans aucune liberté d'application, et d'avoir commis cette faute dans une nation unique peut-être dans le monde, en théorie et en pratique, par sa fidélité, son obéissance, son attachement, son amour pour sa patrie et pour ses rois. Mais le mal est fait par une longue suite d'années écoulées sur le même ton. Il ne se peut réparer que par un autre espace de temps où il soit permis de s'instruire, de penser et de raisonner; et il s'agit présentement que ce temps ne fait que commencer sous les heureux auspices [de la régence] de toutes les régences la plus douce et la moins contredite, de se servir de ce que la nation peut offrir, et non de ce qu'on a ci-devant comme éteint en elle. Or, ce qui y sera toujours subsistant est un fonds d'esprit, de pénétration, d'activité, d'application, qui, ayant la liberté de germer dans les suites, produira les fruits excellents que la conduite passée a rendus si rares, au grand dommage de l'État, du roi, de Votre Altesse Royale, et en attendant [produira] cette fidélité, cette obéissance, cet attachement, cet amour du roi et de la patrie qu'on ne peut suffisamment exalter, et dont Votre Altesse Royale peut faire de sages et d'excellents usages.

Par ces tristes raisons, mais si sensiblement vraies, il me paroît, Monseigneur, qu'il n'y a point de remède à attendre des états généraux pour les finances. Si vous appelez remèdes ces grands coups que vous ne m'avez point encore confiés, mais qu'il est impossible de ne pas entrevoir dans la situation violente qui fait penser aux états généraux ceux peut-être dont l'emploi les éloigne le plus, il est bien à craindre que cette grande assemblée, essentiellement divisée d'intérêt, ne se divise en troubles à cette occasion. En effet ce qui tombe le plus aisément dans la pensée dès qu'il est question des grands coups, c'est l'abolition, ou le retranchement peu différent, des rentes de la ville et suivant le besoin des autres pareilles créées sur le roi. Sans que Votre Altesse Royale sonde là-dessus les états généraux, ce qui seroit d'un danger infini pour elle, on peut se persuader que la proposition y en sera faite par tous les députés de la campagne, et vivement contredite par tous ceux des villes. Je m'exprime ainsi par rapport à l'intérêt contradictoire de ces deux espèces de personnes, et j'entends sans distinction d'ordres par députés de la campagne tous ceux des trois ordres qui n'ont rien ou très-peu sur le roi, et de même par ceux des villes, ceux dont la principale fortune roule sur ces sortes de rentes. De ce genre sont tous les magistrats de la haute et basse robe, et tout ce qu'on peut nommer suppôts de justice, comme avocats, procureurs, huissiers, payeurs des gages des compagnies, et avec eux tous les bourgeois et gens dont le patrimoine n'est point en terres. De tous ceux-là, qui sont en grand nombre, et qui par leur profession sont les plus en état de bien parler et de se faire entendre, la ruine est attachée à cette suppression. Les députés de la campagne, avec raison, y croiront trouver leur salut, parce que cette immense diminution de dépense, donnant lieu à une grande diminution de charges extraordinaires, les soulagera beaucoup sans rien entamer de leur fonds de biens qui, au contraire, profitera d'autant plus qu'ils se trouveront plus en état de faire valoir leurs terres. A ce grand intérêt se joindra la jalousie de ceux-ci contre les autres, qui a déjà sourdement paru en bien des rencontres. Ils regardent comme le malheur et la ruine de l'État ces établissements de biens factices qui, par la facilité de leur perception, donnent occasion à un si grand nombre de personnes d'y placer leur bien pour en vivre à l'ombre et dans le repos, aux dépens des sueurs des gens de la campagne, dont presque tout le travail retourne au roi par l'excès des impôts dont il a besoin pour suffire aux rentes dont il s'est chargé, et qui par ce moyen met en sa main tout le bien de son royaume : ceux des terriens par ce qui vient d'être dit, ceux des rentiers en ouvrant ou fermant la main comme il lui plaît.

D'un intérêt aussi pressant et aussi contradictoire que peut-on se promettre qu'une division, dont le moindre mouvement sera de ne plus trouver assez de tranquillité dans l'assemblée générale pour en espérer les remèdes aux maux pour la cure desquels elle aura été convoquée? division d'autant plus grande que les ordres mêmes se trouveront dans un intérêt opposé. Le premier sera le moins désuni des trois sur ce point, excepté un petit nombre d'ecclésiastiques riches de patrimoine, et dont le patrimoine consistera pour la plus grande partie en rentes; tous les autres ou nés pauvres ou cadets de famille, ne vivent que de leurs bénéfices, c'est-à-dire des terres qui on font la consistance, et seront pour la suppression ou le retranchement des rentes. Le second [ordre] se portera avec rapidité au même avis. C'est de tous les trois le plus opprimé, celui qui a le moins de ressources, le seul néanmoins qui existât dans les temps reculés, celui qui a été constamment la ressource de l'État, le salut de la patrie, la gloire des rois, qui a mis sur le trône la branche régnante, et dont le zèle, l'amour de la vertu, de la patrie, de ses légitimes souverains, n'a point cessé, depuis la fondation de la monarchie jusqu'à maintenant, d'être en exemple illustre à toutes les nations, et de soutenir la sienne par les flots de son sang.

J'avoue, monseigneur, que j'ai besoin de me faire violence pour me retenir sur la situation cruelle où le dernier gouvernement a réduit l'ordre duquel je tire mon être et mon honneur. Votre Altesse Royale a souvent été témoin de l'amour et du respect que je lui porte, et des élans qui m'ont trop souvent échappé aux traitements qui lui ont été faits. Réduit pour vivre à des alliances affligeantes, et à manger bientôt après pour s'avancer ce que ces alliances avoient produit, peu de cet ordre auront intérêt à soutenir les rentes; beaucoup moins le voudront faire, liés par vertu à l'intérêt général; moins encore l'oseront par rapport à tant d'autres qui, n'ayant point de cette sorte de bien, tomberoient rudement sur ce petit nombre. Les terres et l'épée, voilà tout le bien de la noblesse. Les rentes sont très-opposées au bien foncier; elles ne le sont pas moins à celui qui se peut acquérir par la récompense des armes. Plus le roi a de rentes à payer, moins il a de pensions et de grâces pécuniaires à répandre sur la noblesse qui sert, qui ruine ses terres en servant, et y contracte nécessairement des dettes qui transportent ses terres aux paisibles rentiers; et ces rentiers, qui ne font aucune dépense de cour ni de guerre, profitent doublement du sang de la noblesse, et par la conservation de leur patrimoine, et par la ruine de ceux qui suivent les armes. On doit donc compter que tout notre ordre sera contraire aux rentes, avec ce feu françois qui est si utile à la guerre, mais qu'il n'est pas à propos d'allumer au milieu de la paix et de la régence.

Le troisième ordre sera d'un avis entièrement et tout aussi vivement différent, si la bonne manière de juger de ce que feront les hommes, et en choses de ce genre, se doit prendre par l'intérêt. Or l'intérêt de cet ordre est double à maintenir les rentes : premièrement elles font presque tout son bien, en total du plus grand nombre, en la plus grande partie de beaucoup, en quelque partie au moins de tous. D'ailleurs tout cet ordre est appliqué à des emplois, et tourné à un genre de vie qui ne lui permet guère de changer de goût et de méthode sur la nature de son bien. Ceux qui suivent l'administration de la justice et l'étude des lois n'ont pas le loisir de se détourner à la régie de leurs biens fonciers. La perception de leurs rentes ne les tire ni des tribunaux ni de leur cabinet. Le commerce des charges entre eux en puise toute sa facilité. L'augmentation de leur bien se fait de même d'une manière aisée, et la commodité de le partager dans leur famille s'y trouve toute pareille. Je ne parle point d'un petit nombre de cet ordre qui, portés aux armes par une élévation de courage, et soutenus de beaucoup d'application et de mérite, sont arrivés à faire honneur à la noblesse, et quelques-uns même à la commander avec réputation et gloire pour eux et pour l'État, ni d'un plus grand nombre de paresseux et libertins qui se sont comme fondus ou dans les troupes ou dans l'oisiveté. Les premiers, inscrits dans l'ordre de la noblesse par leur vertu, ne se sépareront point de l'intérêt de ceux dont ils tirent tout leur lustre, mais ce nombre est si petit qu'il n'est pas à compter ; beaucoup moins ces libertins, la plupart ignorés jusque dans leurs familles. Les négociants se trouvent par leur état aussi attachés aux rentes ; et pour ce qui est des bourgeois proprement dits, gens vivant de leur bien, presque tout est en rentes, et de ceux-là il n'y en a presque aucun qui [ne] songe à élever sa famille par quelque charge. Voilà pour la première raison.

La seconde n'est pas moins forte, parce que c'est celle de l'ambition. Nul moyen à cet ordre de se mêler avec le second que l'abondance de l'un et le malaise de l'autre; et comme de ce mélange résulte un honneur et un avantage dont le troisième ordre est très-jaloux, il est à présumer qu'il ne s'en laissera pas aisément fermer la porte, beaucoup moins celle que le dernier gouvernement lui a si largement ouverte, cette domination que le riche a toujours sur le pauvre, de quelque extraction qu'ils soient, et qu'il appuie par des emplois d'autorité où on n'arrive que par les charges vénales, dont les prix sont excessifs par rapport à leur revenu. Ces voies de s'égaler à la noblesse ne s'abandonneront pas aisément, d'autant plus qu'elles se terminent à quelque chose de plus fort, par le besoin continuel où la noblesse se trouve, depuis la plus illustre jusqu'à la moindre, des biens et de la protection (car il en faut dire le mot) des particuliers riches et en charge du troisième ordre, dont il est presque tout entier composé. Ce n'est pas que je pense que tout le troisième ordre soit riche; mais je dis que, à la réserve d'un très-petit nombre, tous sont considérables à la noblesse ou par les biens ou par les emplois. En effet, pour un créancier du second ordre, on en trouveroit mille du troisième, et au contraire un débiteur du troisième pour mille du second. A l'égard des charges, outre que le nombre de celles de judicature, de plume et de finances, est infini, c'est qu'il n'en est aucune qui n'ait une autorité et un pouvoir direct ou indirect, qui ne souffre aucune comparaison avec quelque charge militaire que ce soit dont la proportion puisse être faite.

Par ce court détail il paroît que presque tout le premier et le second ordre seront très-animés contre les rentes, et le troisième, au contraire, très-ardent et très-attentif à les soutenir. De ce débat, qui est fondé sur la destruction de la fortune des uns et des autres, on ne peut attendre qu'aigreurs, cabales, animosités. Les *mezzo-termine* auront en ce genre, plus qu'en aucun autre, le sort d'amuser le tapis, de nourrir les intrigues, d'aiguiser les haines, et de demeurer inutiles. Aucun foncier ne voudra renoncer à une si belle occasion de se délivrer de ce qui l'opprime. Aucun rentier ne donnera son fonds, ni partie de son fonds, au bien public ni à l'avantage de la paix et de la tranquillité. Dans ce contraste que fera Votre Altesse Royale entre le clergé et la noblesse d'une part, et les parlements et autres cours, les négociants, tout le tiers état de l'autre? Ce mal sera en sus de tous les autres. N'est-il pas plus sage de le prévoir et de l'avoir de moins, puisque, au lieu d'un remède que vous voulez demander, et que vous voulez espérer des états généraux, non-seulement vous n'en aurez point, mais vous vous procurerez cette division de plus qui peut devenir très-embarrassante? Mais, après avoir examiné la chose par les ordres, recherchons-la par les provinces. Cela n'apprendra pas beaucoup de choses nouvelles, puisque les députations des provinces ne sauroient être que des trois ordres; mais cette manière achèvera d'approfondir.

Je pense qu'on n'y trouvera que peu de différence. Les provinces d'États[1] seront partagées. Les unes voudront se continuer la douceur de l'administration, les autres celle de la perception facile de ces rentes créées sur les États; d'autres, qui n'en sentent que le poids, et qui ont jalousie de l'autorité que cette gestion donne à ceux qui l'ont en quelque degré que ce soit, désireront s'en affranchir. Quelques gens voisins de Paris seront aussi pour les rentes; mais toutes les provinces qui n'ont point d'États y seront très-contraires, et, comme elles sont en plus grand nombre, le parti des fonciers contre les rentiers en sera d'autant plus fort. Ainsi, de quelque manière que cette affaire puisse être

---

1. Voy., sur les provinces ou pays d'États, les notes à la fin du volume.

considérée, on ne peut la regarder que comme la pomme de discorde qui rendra la tenue des états généraux longue, difficile, infructueuse pour l'objet qu'on s'en propose, et périlleuse pour la division qui seule en résultera. En voilà suffisamment pour la première partie, quant aux finances. Voyons si on s'en peut raisonnablement promettre un meilleur succès par rapport à l'affaire des princes.

Avant de mettre une affaire sur le tapis, il faudroit être bien d'accord avec soi-même pour savoir précisément quelle issue on lui désire d'une manière définitive. Par tout ce qui s'est passé (car je n'en puis juger que par là, et Votre Altesse Royale me pardonnera bien si je le lui dis avec franchise), il me paroît que l'événement lui en importe peu, pourvu qu'il ne roule pas sur elle. Par politique vous voulez une balance ; par nature une indécision entre si proches, et c'est ce qui incruste cette balance à vos yeux ; par sentiment Mme la duchesse d'Orléans d'une part, de l'autre M. votre fils et sa postérité, vous tiennent en suspens ; d'où il résulte que de votre choix les choses en demeureroient où elles en sont, sans l'importunité d'une poursuite qui vous paroît ardente et qui se renouvelle trop souvent à votre gré. Je me garderai bien d'entrer dans aucun détail du fond de la question pendante, ni de la manière dont elle a été jusqu'à présent traitée par Votre Altesse Royale ni par les parties, moi-même j'en suis une, et c'est pour moi une surabondance de raisons pour m'en taire ; mais il s'agit de savoir ce que vous prétendez en renvoyant la cause aux états généraux, et si ce moyen est bon pour arriver à la fin que vous vous proposez.

Vous n'en pouvez avoir que deux : 1° d'éviter tout jugement, pour conserver cette balance entre les princes ; 2° de vous décharger de la haine de ce qui sera décidé. Mais si vous vous trompez dans l'une et dans l'autre de ces vues, certainement vous ne devez pas déférer cette affaire aux états généraux.

Portez-la-leur pour en attendre le jugement et l'avis? la chose est égale. Si c'est en apparence pour en avoir le jugement, ne comptez ni sur votre adresse ni sur votre autorité pour l'empêcher. Un tel jugement, proposé à une pareille assemblée, ne lui échappera jamais. C'est un monument trop important aux états généraux pour que rien l'emporte auprès d'eux sur cette sorte de conquête, et après une interruption si longue et si irritante, et dans un temps si affranchi. La multitude ne craint point la haine que redoutent les particuliers; et plus cette grande affaire a été présentée à différents juges, moins toutes sortes de jugements ont paru compétents, et plus, encore une fois, il sera du goût des états généraux de la décider nette et précise. Si vous vous contentez d'une consultation simple, peut-être ne s'en satisferont-ils pas; mais à tout le moins ils répondront à votre consultation d'une manière claire et publique. Ainsi Monseigneur, au lieu d'échapper par cette voie, vous verrez très-certainement un jugement rendu, ou un avis si décisif et si public qu'il ne vous restera plus de refuites pour éviter de le tourner en jugement et de le prononcer vous-même. Vous n'éviterez donc point un jugement aux états généraux; et cette première vue vous la devez réputer fausse.

A l'égard de vous décharger de la haine du jugement, espérez-le aussi peu que d'éviter le jugement même par le moyen des états généraux. Je ne m'engagerai pas à détailler des personnes respectables; mais bien dirai-je à Votre Altesse Royale que vous avez affaire à des yeux très-perçants, qui voient très-bien que rien du dehors ni du dedans ne vous engage à convoquer une pareille assemblée; conséquemment que, dès que vous la convoquerez pour les juger, ou dès que le jugement s'ensuivra, comme je crois l'avoir démontré, qui ne s'en prendront qu'à votre volonté, laquelle, laissée à elle-même par la situation des choses, se sera librement déterminée de son plein gré à ce parti, conséquemment à vous de ce qui en résultera à l'égard de la question qui y est décidée. Eh! que Votre Altesse Royale perde en ceci toute confiance aux adresses, aux négociations, aux interpositions. Tout se mesurera par la décision, et dans cette décision tout n'est qu'accessoire, hors un point unique qui est celui de la question.

De la manière dont cette question sera déterminée, tout dépendra donc pour vous, c'est-à-dire la haine certaine des uns, le gré médiocre des autres, qui à travers tout pénétreront, se porteront, ne considéreront que vous comme convocateur et moteur de l'assemblée : convocateur certain et d'autant plus assuré que vous l'aurez fait en toute liberté; moteur, personne n'en sauroit répondre que le dépit de ceux qui auront perdu leur procès; mais à l'égard de qui l'aura gagné, peu de gré à vous, un médiocre à l'assemblée, beaucoup à la nature de leur cause ou à celle de leurs établissements, non peut-être sans quelque indignation de tant de circuits et de peines à se voir enfin au bout des leurs. Au contraire, la haine et le dépit de qui l'aura perdu, n'osant et ne pouvant mordre sur une telle assemblée avec laquelle il seroit trop imprudent de rompre toute mesure, tombera à plomb sur vous d'une manière d'autant plus envenimée que la solennité du jugement en aura infiniment augmenté la douleur et la confusion. Ainsi, Monseigneur, comptez d'en recueillir une haine d'autant plus dangereuse que cette voie de finir la question est plus solennelle et publique, conséquemment plus pénétrante; que cette haine sera trop forte pour ne tomber sur personne, que l'assemblée n'en est pas susceptible, que par les raisons touchées, et par mille autres, vous êtes le seul à qui elle puisse s'appliquer.

La double vue qui vous fait penser à porter l'affaire des princes aux états généraux, ne pouvant que vous faire plus lourdement tomber dans ce que vous voulez éviter et que vous attendiez de cette voie, la conclusion n'est pas difficile que les réflexions de Votre Altesse Royale doivent la porter à l'abandonner sur ce point. Or, celui des finances n'en tirant aucun secours, et Votre Altesse Royale ne pensant à une tenue d'états généraux que pour les finances essentiellement, et subsidiairement pour l'affaire des princes, il me paroît qu'elle ne peut être conseillée de les assembler. Mais ce n'est pas assez de vous les avoir démontrés parfaitement inutiles pour les desseins que vous vous en étiez proposés; il faut encore faire faire à Votre Altesse Royale l'attention nécessaire sur les inconvénients qu'ils pourroient produire à présent.

On ne peut les prévoir tous, et il est aisé qu'il en arrive de plus grands que ceux dont on va parler, tant de la combinaison et de l'entrelacement de ceux-là mêmes que des événements fortuits et de la nature des choses. Le premier qui se présente à l'esprit est l'embarras qui naîtra des compétences et des rangs qui seront respectivement prétendus. On voit maintenant que ceux dont le droit est le plus certain, et [que] l'usage le plus constant et le plus suivi devroit avoir mis hors de toute contestation, deviennent chaque jour l'objet des plus vives disputes; combien plus dans une assemblée aussi générale, aussi longuement interrompue, dont toutes les relations qui nous restent de celles qui ont été tenues sont laconiques sur cette matière, parce qu'autrefois rien n'étoit mieux établi et observé que les rangs dans ces grandes solennités, et que personne n'osoit ni ne pensoit à outrepasser rien! Le temps présent semble tout permettre en ce genre, et le pis aller d'une mauvaise cause est un *mezzo-termine*, par lequel elle gagne au moins, pour peu que ce soit, ce qu'elle n'avoit pas. Ainsi on doit s'attendre que les députés personnellement entre eux, que les députations, au nom de leurs bailliages et de leurs gouvernements, que les ordres mêmes, quelque décidé que soit celui des trois chambres entre elles, tous formeront des contestations qui dureront longtemps, et tous y seront si opiniâtres que Votre Altesse Royale en aura pour plusieurs mois avant de pouvoir travailler à aucune autre affaire; que celle-là deviendra très-importante par les haines, la division, l'esprit de contention, et que ce qui en résultera portera nécessairement sur toute la tenue des états généraux. J'abrége cet article, qui pourroit être prouvé et étendu à l'infini, mais qu'il suffit de présenter tout nu pour en faire apercevoir, du premier coup d'œil, toute l'importance à Votre Altesse Royale, et lui donner à méditer sur ses dangereuses conséquences.

Personne n'a une idée bien juste des états généraux. Le petit nombre de ceux qui se sont appliqués à l'examen de la nature de ces assemblées et de leur autorité, soit par une étude essentielle, soit par une étude historique par rapport à elles, ne peut être regardé que comme un point en comparaison de ceux qui en sont membres, dont la multitude n'écoutera que l'intérêt de son autorité, et par conséquent portera ses prétentions jusqu'où elles pourront aller. Après ce qui a été touché dans l'article précédent à l'occasion des rangs, il n'est pas aisé de se flatter, pour peu qu'on veuille raisonner sans prévention, que les états généraux s'en tiennent aux simples remontrances, aux demandes, à ne délibérer que sur les matières qui leur seront proposées par Votre Altesse Royale. Le nom d'états généraux est d'autant plus grand qu'il n'a paru qu'en éloignement depuis un grand nombre d'années, qu'il est accru dans l'esprit du public par l'idée mal approfondie que ces assemblées ne se sont tenues que dans les cas les plus importants, qu'elles ont toujours été redoutées par les rois, d'où on infère que rien de grand ne se peut sans elles et que par elles, et que leur autorité borne, balance, ajoute à celle des rois. Le bruit qui se répandit, lors des traités depuis conclus à Utrecht, qu'il s'en alloit tenir, ce qui se dit et s'écrit journellement à l'occasion de l'affaire des princes, grossit infiniment ces idées, qui flatteront trop ceux qui les composeront pour devoir s'attendre de leur part à une grande modestie dans un temps de minorité, sous un prince dont on connoît maintenant avec

étendue et par des exemples la bonté, la facilité, le désir
de plaire, sa peine de choquer le nombre, et qui, étant le
premier sous un roi de huit ans, ne laisse pas de voir en
Espagne une branche qui est son aînée et qui se multiplie
tous les ans. Les réflexions que cet article présente sont immenses en nombre et en poids; c'est à vous, Monseigneur,
à les faire, et toutes, et à les pousser dans toute leur étendue. Vous n'êtes que le tuteur et l'administrateur de l'autorité royale; vous aurez un jour à en rendre un compte exact
au jeune prince à qui vous la conservez comme dépositaire;
vous devez la lui remettre tout entière, les rois en sont infiniment jaloux. Vous savez trop pour ignorer quelle est la
différence que mettra entre vous-même et vous-même le
jour de la majorité; c'est ce jour qui doit faire sans cesse
l'objet de vos méditations. Elles sont trop hautes pour qu'il
m'appartienne autre chose que de vous les représenter.

Mais, outre ce compte exact de l'autorité souveraine dont
vous serez comptable au roi en ce grand jour, vous l'êtes à
vous-même au dedans et au dehors, aux siècles futurs.
Votre réputation dépendra tout entière de la conduite que
vous aurez tenue aux états généraux, et encore plus de leur
issue. Sur ce grand théâtre vous paroîtrez tout entier, et
sans qu'aucune partie de vous-même puisse être cachée à
tant d'yeux perçants, dont vous ferez l'objet et l'étude principale. Là, chacun apprendra à vous craindre ou à ne vous
rendre que de vains respects de rang, à vous aimer, à aimer
votre administration, ou à se lasser d'elle et de vous; et ce
dégoût est un malheur que celui des temps a souvent attiré
aux meilleurs princes, à ceux qui étoient le plus expressément nés pour faire l'amour et les délices des hommes, et
qui avoient le mieux commencé. C'est donc en vain que de
ce côté-là Votre Altesse Royale s'appuieroit sur la pureté de
ses intentions, de ses desseins, de son travail, sur son désir
et son soin de plaire, ajouterai-je sur son esprit et sur son
industrie. Dans une situation aussi forcée qu'est celle du

royaume depuis tant d'années, on ne peut plaire qu'à mesure qu'on soulage. Les promesses, les excuses, les espérances, jusqu'à l'évidence de l'impossibilité, tout est également usé. On en est réduit à ce point de ne vouloir plus se satisfaire que de réalités présentes et effectives, parce qu'on est réduit à toute espèce d'impuissance qui, par son genre de nécessité, passe par-dessus toute espèce de considération. Les trois états sont presque également sous le pressoir (je dis presque, car il est vrai que le second y est bien plus durement et en bien plus de manières que les deux autres), ne crieront pas moins les hauts cris, et leurs cris ne seront pas moins perçants. La noblesse, accoutumée de tout temps à postposer tout à l'honneur, à tirer tout le sien de son sang, et conséquemment à le verser avec prodigalité pour l'État et pour ses rois, en est moins attachée aux biens, ainsi qu'il n'y paroît que trop. Les deux autres ordres, dont la vertu et les dignités ne s'acquièrent point par les armes, sont plus attentifs : le premier à un bien dont il n'est que dépositaire et qui appartient aux autels ; le troisième à un patrimoine qui fait toute sa fortune, toute son élévation, tout son établissement. Persuadez-vous donc, Monseigneur, que vous ne plairez aux états qu'autant que vous leur donnerez un soulagement actuel, présent, effectif, solide et proportionné à leurs besoins et à leur attente. C'est cette juste attente qui a amorti généralement partout la douleur de la perte du roi.

Vous l'avez promis solennellement et à diverses reprises, depuis que vous tenez les rênes du gouvernement, ce soulagement si nécessaire et si désiré. Jusqu'ici, c'est-à-dire depuis vingt mois, nul effet ne s'en est suivi ; et il ne faut pas vous le taire, tout a été levé avec plus d'exactitude et de dureté que sous le dernier gouvernement, jusque-là que chacun s'en plaint, et avec une comparaison amère. Les provinces en retentissent. Le temps des états deviendra-t-il enfin celui du soulagement ? Vous qui voyez avec tant de pénétration, espérez-vous le pouvoir donner tel qu'il plaise? et si la situation des finances ne le permet pas, croyez-vous pouvoir empêcher les états de le prendre aux dépens de ce qui en pourra arriver? et combien la lutte, s'il en naissoit une entre Votre Altesse Royale et eux, seroit-elle pénible et douloureuse, et quelles en pourroient être les suites dedans et dehors!

Ce seroit vous abuser d'une manière aussi dangereuse que facile d'espérer contenter en donnant peu et promettant davantage. Je le répète, et Votre Altesse Royale ne peut trop se persuader cette vérité, les promesses sont usées, et les vôtres comme toutes les précédentes. Vous en avez fait de publiques, par des lettres rendues telles par votre ordre aux intendants à l'entrée de votre régence, et vous n'avez pu les exécuter. Le haussement des monnoies, que je crois avoir été très-nécessaire, mais dont on devoit avoir prévu la nécessité de plus loin, a, au même temps, suivi de trois semaines une déclaration solennelle qui assuroit le public qu'elles ne seroient point augmentées. Je passe sous silence d'autres occasions qui, pour n'avoir pas regardé l'administration générale, n'en ont pas été moins publiques. Concluez de toutes que rien ne sera agréable ni admis que des soulagements présents, effectifs, certains, durables par leur nature et leur forme, et que toutes ces différentes qualités, qui n'y seront pas moins requises que les soulagements mêmes, ajouteront des embarras infinis à la nature de la chose, déjà de soi si difficile. De croire après l'issue des états sortir comme on pourroit des engagements pris avec eux, c'est-à-dire n'en tenir que le possible, ce seroit se précipiter dans les plus dangereuses confusions, donner lieu aux tumultes, aux refus appuyés du nom des états, à les voir [se] rassembler d'eux-mêmes d'une manière dont l'autorité royale ne pourroit souffrir sans y trop laisser du sien, ni peut-être l'empêcher sans de grands désordres, [sans] rompre à jamais toute confiance avec les trois ordres et avec chacun de ce qui les compose, et signaler un manquement de foi qui seroit un exemple à toute l'Europe, à profit certain contre vous et contre la France à tous vos ennemis et à tous les siens, en un mot [sans] vous diviser de l'État et de la nation, [ce] qui seroit le comble des plus irrémédiables malheurs, dont on ne peut trop méditer et craindre les suites funestes, qui dureroient non-seulement autant que votre régence mais que votre vie, par la juste indignation du roi et de la nation même. Ce seroit encore ici un vaste champ à s'étendre, mais la matière en est trop triste et trop palpable pour s'y arrêter plus longtemps.

5° Considérez donc bien attentivement, Monseigneur, de ne rien promettre aux états, soit pour la chose, soit pour la manière que ce que vous serez en état et en volonté de tenir avec une fidélité exacte et précise; et considérez avec la même application si vous serez en état et en volonté de leur accorder et tenir ainsi toutes les demandes, même justes, qu'ils vous pourront faire pour leur soulagement. Pour faire cette méditation avec fruit, portez d'abord votre vue sur vous-même, et ensuite sur eux. Sur vous-même, examinez bien si votre bonté naturelle, votre désir d'accorder et de plaire, la facilité qui en résulte, et le sérieux qu'imprime toute la nation assemblée, laissera assez de fermeté en vous pour ne vous point détourner, à leurs demandes, du discernement mûr que vous aurez fait de ce que vous pourrez et de ce que vous ne pourrez pas, et pour vous soutenir dans les pas glissants qui se présenteront souvent. Ne craignez-vous point que, pressé dans ces moments critiques par le poids du nombre, par l'évidence de la justice, par l'adresse, la louange, l'espérance, semées dans un beau et solide discours, par la majesté du spectacle, vous ne puissiez résister à tant de forces, et que votre imagination, trouvant alors possible ce que vous aviez bien connu ne l'être pas auparavant, vous ne veniez à accorder ce que vous aviez résolu de refuser; que si vous ne l'accordez pas tout à la fois, vous ne vous serviez de termes dont la douceur sera tournée après d'une manière équivoque, qui produira des discussions fâcheuses auxquelles vous succomberez par les mêmes voies qui les auront produites; enfin que vous ne fassiez souvent par impulsion subite ce que vous auriez bien résolu de ne faire pas. Alors par où se relever de ces sortes de chutes dont le principe est excellent, mais dont les suites peuvent devenir grandes? et permettez-moi d'aller plus loin. Je ne vous rappellerai point les choses, je ne ferai que vous les indiquer. Comparez les états avec l'assemblée du clergé qui étoit lors de la mort du roi, et avec une autre assemblée continuelle (le parlement), qui ne peut avoir de proportion avec celle des états généraux. Souvenez-vous-en vous-même, et de ce qui s'est passé à leur égard, et voyez si vous devez espérer de vous-même que l'assemblée de la nation vous imposera moins que n'ont fait ces deux assemblées particulières, toutes deux séparément l'une de l'autre.

Sur les états, examinez-en bien la multitude des membres, et que tout y passe, non au poids des voix, mais à leur pluralité. Or, sans manquer à l'amour, au respect, ni à l'estime que j'ai pour ma nation, je crois qu'il seroit bien téméraire d'avancer que, après une interruption si longue de ces sortes d'assemblées, qu'à la suite de tant d'années où il étoit si inutile, si difficile, si dangereux même d'être et de paroître instruit, le plus grand nombre sera le plus mesuré en demandes, et bien capable des raisons qui se pourront représenter là-dessus. Non, Monseigneur, le besoin extrême, le désir pareil, la justice du soulagement, le manque absolu de confiance régleront le fond et la forme pour les demandes, et c'est vouloir s'abuser que s'attendre à mieux. Votre Altesse Royale trouvera une foule de gens qui, dans le désir de se distinguer, lui promettront merveilles de leur crédit dans l'assemblée. Souvent elle les en payera d'avance, qui n'est pas un léger inconvénient en soi, et pour l'exemple et les suites, et ces merveilles s'en iront en fumée, ou parce que ces entremetteurs n'y auront pas le crédit dont ils auront fait parade, ou parce que, contents du fruit personnel qu'ils en auront tiré de vous avant l'effet de leurs promesses, ils ne se voudront pas commettre à l'exécution, ou parce qu'eux-mêmes ne chercheront qu'à embarrasser les affaires pour avoir le brillant des entremises, un éclat de confiance et de crédit, et un moyen de se faire valoir aux états et à vous, comme il n'est pas que Votre Altesse Royale n'ait éprouvé de ces sortes de conduites en d'autres choses. L'issue de ces embarras n'est pas aisée à trouver, et il n'est pas facile de prévoir jusqu'à quel point ils peuvent conduire. C'est néanmoins ce qui mérite la plus sérieuse méditation.

6° Mais, outre le point capital du soulagement des peuples qui mettra tout le royaume du côté des états, sans peser ce qui est ou ce qui n'est pas possible, qui peut s'assurer du nombre et de la nature des propositions qui seront mises par eux sur le tapis ? Plus la situation présente est violente, plus les remèdes sont difficiles, plus l'excuse en porte sur le gouvernement passé, plus les états se sentiront pressés de chercher des moyens solides d'en empêcher les retours, et par ce désir si naturel, si juste, même s'il étoit de leur ressort, plus ils essayeront de s'en donner l'autorité. Or, qui peut imaginer, d'une manière à peu près précise, quels seront ces moyens qui pourront être proposés ? Tout ce qu'on en peut prévoir est qu'il n'y en a aucun de possible qui ne porte à plomb sur l'autorité royale, et qui ne soit mis en avant pour lui servir de frein.

C'est au prince qui exerce cette autorité d'une manière précaire et comptable, et qui est né moins éloigné de la couronne que son bisaïeul qui y est parvenu, à discuter avec soi-même s'il lui convient de s'embarquer sur une mer si orageuse et si pleine d'écueils de toutes les sortes, et à se jeter dans la nécessité d'irriter les états en refusant toutes les propositions de cette nature qui lui seront faites, ou à suer longtemps parmi les angoisses des négociations pour en diminuer le nombre et en rendre la forme plus tolérable, avec la majorité et le compte à rendre de l'autorité royale en perspective, ou, à ce qu'à Dieu ne plaise! la couronne même, que les états se croiront en droit et en force de faire tomber à ses aînés ou à lui, suivant la satisfaction qu'ils en auroient eue en leur assemblée et en ce qui en auroit suivi la tenue. Quelque heureuses que fussent ces négociations, que Votre Altesse Royale se persuade que les propositions les plus tolérables écorneront beaucoup le pouvoir des rois, et que, si par les événements elles cessent d'avoir tout leur effet dans la suite, votre réputation ne laissera pas d'y demeurer tout entière, sans que le gré, partagé dans la multitude, vous soit d'aucune consolation contre le mauvais gré que le roi aura lieu de vous en savoir, ou, à ce qu'à Dieu ne plaise qui arrive! contre le joug d'autant plus pesant et plus embarrassant que vous vous le serez laissé imposer à vous-même. Mais il y a une autre considération à faire, et qui ne peut être assez pesée : c'est qu'en cette sorte d'affaires il n'y auroit pour les états que la première de difficile. Une première proposition, comme que ce soit admise, seroit bientôt suivie d'une seconde, par le refus de laquelle il ne faudroit pas perdre l'amour et la confiance acquise par la première concession; de là une troisième; et votre politique et naturelle bonté, et l'ardeur et la fécondité des états s'accroissant mutuellement, les bornes deviendroient bien difficiles.

Et que Votre Altesse Royale se garde bien de tirer les conseils, et ce qui s'y passe, en exemple pour les états. Nulle proportion, nul raisonnement, nulle conséquence à tirer des premiers pour les seconds. Les conseils, vous les avez établis. Quoique très-nombreux, ce n'est qu'un point par rapport à la multitude des députés aux états généraux, qui ne vous auront point une obligation personnelle de leur députation, au moins pour le grand nombre, quoi que vous puissiez faire lors de leurs élections, comme l'ont tous ceux qui de votre seul choix tiennent des places honorables et permanentes, mais seulement honorables autant que vos bontés et votre confiance, en quelque degré que ce soit, y est jointe, et permanente autant qu'il vous plaît ; tous gens nés ou venus à la cour, et dont les emplois militaires ou civils ont ployé les manières à un respect et à une crainte de déplaire, qui pourra être aussi dans les états, mais différemment tournée, et qui y aura pour contre-poids l'appui mutuel, le zèle du patrimoine et de la liberté, le motif de se signaler pour son pays et de se faire un nom, celui du bien public, prétexte dans les uns, objet réel dans le plus grand nombre, mais objet d'autant plus dangereux qu'il est à craindre qu'il ne soit pas bien pris dans l'idée même sincère de ce plus grand nombre, et qu'il ne soit bien difficile de vaincre sa défiance sur ce point par des raisons qui le touchent. Alors les plus capables, ceux qui raisonneroient le plus juste, et qui tempéreroient le mieux par leurs sages réflexions l'esprit zélateur de l'assemblée, craindront de se commettre avec elle, et sans réussir d'y laisser trop du leur. Leurs maux passés et présents sont un aiguillon pressant qui, se joignant à celui de la liberté maintenant si à la mode, ou encore à celui de l'autorité que chacun s'arroge, qui n'y devient pas moins, et qui dans une pareille assemblée sera dans toute sa force, et n'y sera contredit d'aucun ou de bien peu de membres ; la considération puissante, qu'ils auront toujours devant les yeux, que l'occasion passée, tout affranchissement est sans retour ; toutes ces choses feront parler haut les états, dont aucune ne se trouve dans les conseils, qui se laissent aisément et doucement conduire à ceux qui leur président, et plus encore à Votre Altesse Royale, dans les yeux de laquelle sont souvent leurs avis, par une habitude de dépendance, augmentée par le respect pour sa personne, et par la conviction de la justesse de ses sentiments et de la pureté de ses intentions. Là personne n'a de nom à se faire, de liberté ni d'autorité à acquérir, de foule où se dérober, ni, pour ainsi dire, la nation en croupe pour asile. Il ne s'y agit que de voir les affaires qui y sont portées, point du tout de s'en former, ni de proposer des plans, des réformations, des prétentions. Tous, et chacun de ceux qui les composent, ne peuvent tirer de considération que de la portion de l'autorité royale que l'emploi qu'ils tiennent de vous leur donne à exercer; et messieurs de la régence, devant qui les affaires discutées ailleurs se rapportent, et qui en ont la voix définitive, n'exercent eux-mêmes aucune portion de l'autorité royale, mais opinent seulement de quelle manière ils croient qu'elle doit être employée sur chaque affaire, sans en avoir l'exécution. Rien n'est donc en tout genre si dissemblable que les conseils et les états; et ce seroit se perdre que de raisonner et de conclure des uns par les autres.

7° Deux moyens sautent aux yeux pour couper la racine à ces propositions fâcheuses : le premier d'empêcher les états d'en mettre aucune sur le tapis, et de les réduire à la seule délibération de ce qui leur sera donné à discuter par Votre Altesse Royale; l'autre de refuser si fermement la première proposition qu'ils oseront vous porter, que cette conduite les empêche de s'y commettre une seconde fois. Rien, en effet, de si aisé à penser, mais rien aussi de plus difficile dans l'exécution, et de plus pernicieux dans la pratique. Assembler les états généraux après une interruption si longue, dans une minorité, au commencement d'une régence, non d'une mère, mais d'un prince cadet de la branche d'Espagne, au milieu d'une profonde paix, pour les consulter sur l'état fâcheux des finances, après y avoir inutilement essayé vingt mois et plus toute espèce de remède, et ne leur permettre pas de rien proposer d'eux-mêmes, c'est une contradiction dont l'évidence frappe, et frapperoit encore plus les états, contre qui elle porteroit tout entière, et avec une indécence qui les blesseroit vivement et justement. Nous ne sommes point en Angleterre, et Dieu garde un tuteur et un conservateur de l'autorité royale en titre aussi éclairé que l'est Votre Altesse Royale, de donner occasion aux usages de ce royaume voisin, dont nos rois se sont affranchis depuis bien des siècles, et dont le nôtre vous redemanderoit un grand compte! Nulle nécessité des états pour obtenir des secours des peuples de France; le roi y pourvoit lui seul par ses édits et déclarations enregistrés. Il ne pourra donc s'y en agir aux états, mais bien et principalement des remèdes pour les finances. Si leur difficulté a mis à bout vos lumières soutenues de tout votre pouvoir, après tant de moyens tentés, il est clair qu'on n'assemble les états que pour consulter un plus grand nombre de personnes éclairées et intéressées en cette matière, dont vous n'auriez pas eu besoin si vous aviez pu trouver des solutions par vous-même; par conséquent qu'il doit être moins question de leur en proposer là-dessus que de leur exposer l'état des affaires pour en recevoir leur avis après qu'ils en auront délibéré. Or quoi de plus contradictoire à cela que les empêcher de rien proposer? Quoi même de plus illusoire? qualité dans les affaires qui a constamment été l'écueil fatal de presque toutes les tenues d'états généraux. Et quoi encore de plus injurieux que de refuser si fermement la première proposition qui vous sera faite par eux qu'ils n'osent plus se commettre à vous en faire aucune? Ce moyen est bien plus propre à en faire naître d'étranges, et à roidir les états contre tout ce qui viendroit de Votre Altesse Royale, qu'à les lui soumettre. Ils se lasseront moins des refus que vous de refuser; et si après un premier refus commencé vous vous laissiez entamer, où ne pourroit-il pas vous mener? Ce seroit alors qu'irrités du refus, sans être apaisés par ce qui leur auroit été accordé, fiers de la conquête qu'ils croiroient ne devoir qu'à eux-mêmes, ils en essayeroient d'autres avec plus de chaleur, dont le refus et l'acquiescement auroient d'égaux dangers, et qui commenceroient la funeste lutte que j'ai touchée plus haut, sans qu'on en pût prévoir les suites. Concluez donc de cet article, Monseigneur, que vous ne pouvez employer sagement les deux moyens qui le forment pour empêcher les propositions des états, comme vous devez avoir conclu de l'article précédent que les états en feront, sans qu'il soit possible d'en prévoir la nature ni le nombre, mais qu'il n'y en peut avoir aucune qui ne porte coup sur l'autorité royale.

8° J'ai eu l'honneur de vous observer, dès l'entrée de ce mémoire, qu'après tout ce qui a été tenté de différents remèdes sur la finance, Votre Altesse Royale résolue, puis détournée à mon cuisant regret, de convoquer les états généraux au moment de la déclaration de votre régence, ne peut revenir à cette pensée que par la nécessité de frapper de grands coups, par la peine que sa bonté et son équité en ressentent, et ceux qui sous elle gèrent les finances pour éviter d'en prendre les événements sur eux. Je le répéterai ici sans répugnance, Votre Altesse Royale ne m'a point fait l'honneur de me rien faire entendre sur la nature de ces grands coups, ainsi je n'en puis raisonner qu'en général, et trois mots suffiront à cet article.

Souvenez-vous de ce que je vous ai représenté, dans la première partie de ce mémoire, sur la suppression ou la diminution des rentes sur le roi. Considérez que la nature des choses est telle que, malgré vous, tous les remèdes que vous avez employés sont très-durs, et par conséquent très-peu propres à vous avoir bien disposé une assemblée aussi grande, et qui ne souffre pas moins de votre administration, pour ne rien dire de plus, que de celles qui l'ont précédée, malgré toutes les grandes et justes espérances conçues. Pesez avec tout ce que vous avez de pénétration s'il n'y a rien à craindre ni apparent, ce dernier terme n'est point trop fort, que la proposition que vous ferez de ces grands coups aux états n'y soit mal prise et refusée, ou par des instances et des supplications ardentes, fortes, réitérées, ou d'une manière encore plus fâcheuse ; et en ce cas méditez infiniment quelles en peuvent être les suites au dedans et au dehors : l'affoiblissement de l'autorité royale entre vos mains, l'accroissement de vos embarras sur les finances, des difficultés sur toutes sortes d'affaires et de matières, la manifestation authentique d'impuissance et d'épuisement, sans y faire voir à côté aucun remède. Le nombre des paroles ne feroit qu'énerver cette expression, que Votre Altesse Royale est plus capable d'approfondir que personne. Son intérêt y est tout entier ; elle ne trouveroit pas les mêmes ressources qui en peuvent attendre d'autres.

9° La bonne opinion qu'on doit avoir de tout le monde me persuade aisément que personne ne désire des cabales, ni moins encore des troubles. Ceux néanmoins qui, après de tranquilles commencements, ont agité toutes les régences, et qui ont donné lieu à la fixation de la majorité de nos rois à quatorze ans, puis à quatorze ans commencés, loi dont la louange se perpétue par l'expérience constante, ces troubles, dis-je, doivent être prévus. Dans la situation présente du royaume il seroit assez difficile d'en exciter. Rien n'y est ensemble, rien d'organisé. L'embarras seroit à qui s'adresser dans cette pernicieuse vue. Le dernier règne en a comme arraché toutes les racines, et il est bien important de ne les pas voir renaître. Mais lorsque toute la nation seroit assemblée en états généraux, on conçoit aisément que les assemblées nécessaires des divers membres dans chaque province pour faire l'instruction et la députation à l'assemblée générale, que la relation indispensable de ces députations à leurs provinces et des provinces à eux, que celle de tous les députés aux états généraux les uns avec les autres durant la tenue, forment des liaisons, découvrent les gens qui, par le crédit qu'ils y acquièrent, peuvent devenir ceux à qui s'adresser, et qui, pour conserver leur considération, peuvent succomber à des tentations qui, dans l'organisement qu'on ne peut éviter qui ne résulte entre les provinces, et dans chacune d'elles, après la tenue des états généraux, peuvent devenir dangereuses au royaume, tristes à Votre Altesse Royale, et fâcheuses à l'autorité royale. Ce dernier article mérite toutes vos réflexions, et a peut-être autant ou plus de poids qu'aucun des autres qui l'ont précédé en ordre.

10° Avant de quitter la considération des états généraux pris en entier pour venir au particulier des ordres qui les composent, il faut dire quelque chose de l'affaire des princes qui en regarde le gros, et qui reviendra après avec le détail.

Le dernier écrit abrégé, ou par réflexions signé de M. le Duc et de M. le prince de Conti, dit tout à cet égard à Votre Altesse Royale. Encore une fois, je n'entre point par ce mémoire dans la question, je me souviens trop que j'y suis partie pour n'y faire pas une entière abstraction d'intérêt particulier; mais ceci regarde la matière du mémoire : c'est à cela seul que j'ose rappeler votre attention. Les princes du sang vous disent qu'il ne faut pas une force différente, pour détruire, de celle dont il a été besoin pour édifier; que le feu roi a donné par des édits et des déclarations émanées de lui seul, et ensuite solennellement enregistrées, ce qui est maintenant en contestation; que c'est au roi à juger de la justice de ce qui est respectivement prétendu, et d'autant plus au roi qu'il s'agit de laisser subsister ou de casser un effet de la puissance royale dont nul autre que le roi n'est compétent; que la minorité empêchant le roi de décider par lui-même, c'est au dépositaire d'une autorité qui ne connoît en France que la maturité de l'âge, et qui n'est sujette à aucun affoiblissement, à juger pour le roi, ou à nommer des juges qu'ils offrent de reconnoître; que ces juges nommés par Votre Altesse Royale, quels qu'ils soient, exerceront en ce point l'autorité royale; et semblables à la vraie mère du jugement de Salomon, qui aime mieux donner son fils à l'étrangère que d'en souffrir le partage, ces enfants de la couronne insistent à être jugés par l'autorité seule de celui qui la porte.

C'est à Votre Altesse Royale à peser les grandes suites d'un tel procès déféré par un régent à des états généraux. Est-ce que le roi mineur n'a pas le même pouvoir que le roi majeur? Mais en Angleterre où les rois ont un pouvoir si limité en comparaison des nôtres, on a vu des échafauds dressés sur cette question, et des têtes coupées pour avoir contesté cette maxime d'égalité de pouvoir à tout âge, qui y a passé jusqu'en ce jour en loi, et qui, en France, n'a jamais été disputée. Cette déférence aux états ne peut donc rouler que sur leur supériorité de puissance à celle des rois en ces matières, et alors, Monseigneur, où en êtes-vous et que faites-vous? Que si c'est seulement une consultation plus étendue que vous désirez, pensez-vous qu'un jugement de cette importance échappe aux états, comme je vous l'ai représenté à la fin de la première partie de ce mémoire, et que cette consultation à tout le moins ne passe pas pour un point de droit en ces matières, qui y met dès lors l'autorité des états au-dessus de celle du roi même. Or, si elle y est reconnue supérieure en quelque point que ce soit, où la bornerez-vous dans le reste, et quel frein lui pourrez-vous donner durant la tenue des états, à l'âge du roi et dans la situation personnelle où vous êtes? Quelles partialités ne feront point les princes mécontents dans les états? Quelles autres la constitution n'y excitera-t-elle pas? Mais ces matières appartiennent à la considération des états prise en particulier. C'est à Votre Altesse Royale à faire à ce dixième article toute l'attention qu'il mérite, et à moi à passer au détail de la considération des trois ordres qui composent les états généraux.

Le premier des trois est maintenant dans une agitation si grande à l'occasion de la constitution *Unigenitus*, qu'il est bien à craindre que ce mouvement d'ébullition ne s'étende aux matières temporelles dont il sera traité dans l'assemblée des états, et que beaucoup de ceux de cet ordre ne s'y conduisent par rapport aux préjugés et aux intérêts de sentiment où ils sont sur la bulle. On ne peut jamais s'assurer jusqu'où porte l'esprit de contention lorsqu'il est poussé au point où on le voit sur cette matière, ni si ce grand nombre de prélats et d'autres ecclésiastiques se trouvant ensemble ne voudroient pas se tourner en manière de concile national, et commencer par cette affaire avant de traiter d'aucune autre. Vous savez, Monseigneur, à quel point M. le cardinal de Bissy le désire ; vous êtes instruit des sentiments de ceux que ces mouvements ont fait connoître sous le nom de Sulpiciens ; vous n'ignorez pas la division qui commence à se glisser entre le premier et le second ordre de ce premier ordre de l'État[1] ; combien l'esprit d'indépendance s'y introduit, et vous en serez encore plus convaincu, si vous vous faites rendre compte de l'écrit qui vient de paroître sous le titre de *Réponse au mémoire* qui vous a été présenté par plusieurs cardinaux, archevêques et évêques. Des prélats, touchés par les deux points les plus sensibles à des gens de leur profession, l'autorité et la doctrine ; liés depuis longtemps par la nécessité de l'affaire, et dont fort peu ont des familles qui les retiennent ; d'ailleurs appuyés de Rome et de cette clameur *à l'hérésie*, si bienséante dans la bouche des évêques lorsqu'elle est fondée, et qui devient maintenant si à la mode sur la question présente, ces prélats, dis-je, seront puissamment tentés d'user de l'occasion. Il vient d'échapper à M. le cardinal de Bissy, dans la douleur du dernier arrêt rendu contre M. l'archevêque de Reims,

---

1. Cette phrase, qui a été changée dans les éditions précédentes, s'entend parfaitement : Saint-Simon distingue dans le clergé, premier ordre de l'État, deux partis : celui du haut clergé (cardinaux, archevêques, évêques), et celui du clergé inférieur. La phrase avait été ainsi modifiée par les anciens éditeurs : « La division qui commence à se glisser entre le premier et le second ordre ; et *quant à* ce premier ordre, combien. etc. » Ils avaient supposé que Saint-Simon vouloit parler des divisions entre le clergé et la noblesse, et non de scission dans l'ordre même du clergé.

qu'il se falloit unir à la noblesse; et à M. de Nîmes, qu'il n'y a qu'un mot à dire et une chose à faire : *anathème*, et rompre de communion. Dans ces dispositions, qui peut vous assurer que les députés de cet ordre n'auront pas une double procuration dans leur poche, et qu'ils ne commencent par en tirer celle qui les autorise pour le concile national? Je sais combien elle seroit informe, en ce que votre autorité n'y auroit pas donné lieu. Je suis également instruit de toutes les répugnances de Rome à cet égard; mais ces répugnances n'ont point jusqu'à présent retenu tous ceux qui lui sont les plus attachés. Eh! qui sait si ce que le pape a refusé si opiniâtrément du temps du feu roi, par l'autorité duquel il espéroit de tout emporter de haute lutte, il ne le désireroit pas maintenant par l'expérience qu'il a acquise depuis sur cette affaire, pourvu qu'il n'y parût pas, et qu'au fond il se pût assurer du succès du concile. Pour le manque de forme et de pouvoir, parce que vous ne l'auriez ni convoqué ni permis il s'y trouveroit tout entier, mais votre embarras n'en seroit pas moins grand à ce coup imprévu entre refuser un si grand nombre, et en chose si sensible et si prétextée de la couleur de la religion, et par ce refus, d'indisposer de la manière la plus certaine et la plus forte une telle quantité de membres et des plus principaux du premier ordre avec lesquels vous auriez incontinent à compter, et dans cette première chaleur aux états généraux, ou accorder par une brèche si hors de tout exemple à l'autorité royale un concile ainsi frauduleusement convoqué et assemblé tout à coup, si justement suspect, pour ne pas dire odieux à tout l'autre parti, d'une si médiocre canonicité, et qui, outre la longueur et cependant la suspension des états tous assemblés, pourroit avoir de si grandes suites, dans lesquelles toute cette multitude de membres des deux autres ordres prendroit sûrement plus de part que vous ne voudriez. Il est inutile d'allonger la dissertation sur les inconvénients et très-aisément les troubles qu'on en verroit naître. Il suffit d'en avoir montré la possibilité à Votre Altesse Royale, pour que toutes les suites lui en deviennent présentes.

Mais, sans pousser les choses si loin, sans concile peut-on espérer que le premier ordre, ainsi assemblé, n'en profite pas tout d'abord pour cette matière de la constitution qui se trouve maintenant de plus en plus échauffée. Chacun y voudra faire un personnage et y être compté dans l'un et dans l'autre parti : les évêques en plus grand nombre pour Rome, les autres députés presque tous contre, aigris de part et d'autre sur le point qui commence à paroître sur la scène, et que les prélats traitent de sentiments presbytériens. Quelle division dans un corps qui doit l'arrêter dans les autres par son exemple et par ses instructions, et quelle part tout le reste des états n'y prendra-t-il point, puisque déjà, sans être assemblés, il y a si peu de gens neutres! Combien de médiateurs dont la sincérité et l'amour de la paix de l'Église, de la patrie, ne sera point [à] l'épreuve de l'amour-propre, et qui, peut-être sans le vouloir expressément, fomenteront plus qu'ils n'apaiseront! Et si, à l'exemple du cardinal du Perron aux états de la minorité de Louis XIII, dont Votre Altesse Royale ne peut trop lire la relation[1], quelque grand prélat s'avise de faire une harangue à la romaine, quelles en peuvent être les conséquences si on la laisse passer, ou si on prend le parti d'en réprimer les maximes et les abus! Rome, en ce temps-là, ne partageoit pas tous les esprits par une bulle adorée des uns, abhorrée des autres, suspecte au moins à nos libertés parmi toutes les personnes neutres sur le fond des propositions dogmatiques, mais qui sont instruites de nos maximes et de quelle importance en est la conservation ; et cependant ce discours du

---

1. La relation des états généraux de 1614, à laquelle renvoie Saint-Simon, est probablement celle de Florim. Rapine intitulée : *Recueil très-exact et très-curieux de tout ce qui s'est fait et passé de singulier aux états tenus à Paris en l'année* 1614 (Paris, 1651, in-4).

cardinal du Perron scandalisa, troubla l'assemblée, et, jusqu'à la fin du dernier règne, ceux de son sentiment pour Rome ont su en tirer de grands avantages. Si quelque chose d'approchant arrivoit aux états, comme il est difficile que la nature de l'affaire ne le produise, quel embarras pour Votre Altesse Royale entre les deux partis dont l'un relèveroit vivement l'autre! Et si les parlements, singulièrement destinés à veiller au maintien des libertés de l'Église gallicane se portoient à quelque démarche à ces occasions, et que les états vinssent à prétendre que c'est attenter à la dignité et à la liberté de leur assemblée, quelle division dans le troisième ordre, et quelles nouvelles difficultés pour vous!

Si, après ces considérations, on se renferme uniquement dans la matière qui forme celle des délibérations des états, n'est-il pas à craindre qu'il n'y résulte de la division entre un grand nombre de députés du premier et du troisième ordre, de l'aigreur que les procédures de plusieurs prélats et les arrêts de plusieurs parlements ont fait naître, et que des personnes qui se croient avoir été réprimées mal à propos ne soient disposées à s'élever dans les délibérations d'autres matières contre les avis de celles des jugements desquelles elles sont encore mécontentes. C'est le moins qui puisse arriver et une foiblesse de l'humanité qui ne se rencontre que trop partout, et qui néanmoins pourroit apporter une grande longueur et de grands mouvements aux affaires. Il y auroit bien d'autres considérations à représenter sur le premier ordre aux réflexions de Votre Altesse Royale. Celle de la juridiction ecclésiastique, trop bornée à son gré par les parlements, pourroit former ici un article long et important. On peut aisément prévoir que le premier ordre en fera un de demande là-dessus, qu'il pressera d'autant plus vivement que l'affaire de la constitution a donné lieu à renouveler ses désirs d'une autorité plus étendue. Cette même affaire a pu aussi faire sentir à Votre Atesse Royale la nécessité du contre-poids, et les parlements ne seront pas moins ardents à soutenir l'usage présent à cet égard, s'il vient à être attaqué par des demandes du premier ordre, nouvelles épines pour vous, et nouvelles longueurs pour terminer les affaires pour lesquelles vous auriez convoqué les états généraux. Il seroit donc infini de rapporter tout dans un mémoire. Il suffit d'y toucher les choses principales. C'est à l'excellent esprit de Votre Altesse Royale à suppléer au reste. Examinons maintenant le second ordre, autrefois le seul des états.

Oui, monseigneur, le seul de l'État. Ce n'a été qu'en vertu de grands fiefs et de la qualité de grands feudataires que les prélats ont commencé à être admis avec la noblesse aux délibérations de l'État. Les ecclésiastiques, dépourvus de cette libéralité de la piété de notre ordre, ne s'y mêloient point. Peu à peu la quantité des fiefs, jointe à celle du sacerdoce, sépara les grands feudataires ecclésiastiques d'avec les grands feudataires laïques, et fit des premiers le premier ordre par le respect de leur caractère, qui dans la suite admirent parmi eux d'autres ecclésiastiques moins considérables pour le temporel. Ces deux ordres subsistèrent seuls jusqu'après le malheur de la bataille de Poitiers[1], que les nécessités de l'État épuisé firent recourir à ceux qui le purent secourir et qui, en cette considération, furent consultés et furent admis en troisième ordre avec les deux premiers, ce qui a continué depuis Charles V. Je ne puis me refuser un souvenir si précieux de notre origine, une avec la monarchie, dans l'état d'abjection, de décadence, d'oppression où notre ordre se voit réduit, tandis que les deux autres, que nous avons vus naître, conservent une dignité que celle de l'autel communique au premier, et une autorité que notre ignorance, notre foiblesse, notre désunion, voilées du nom de la gloire et des armes, a laissé usurper au

---

1. Le tiers état figure déjà aux états généraux de 1302, sous le règne de Philippe le Bel. Voy. notes à la fin du volume.

troisième, appuyé de la longueur du dernier règne et de l'esprit qui y a continuellement dominé. Mais, indépendamment d'un souvenir si cher, il n'est point étranger à la matière présente, et ma déférence pour ce troisième ordre, puisqu'il en fait un des trois qui composent l'État, m'auroit fait supprimer ce que j'ai dit et ce que j'ai encore à dire là-dessus, sans la nécessité qui va en être développée.

Le troisième ordre ne paroît que sous le quatorzième règne de la race capétienne[1], et il n'existe solidement que depuis; il est donc clair qu'il n'a eu aucune part à aucun des trois changements des trois maisons qui ont porté l'une après l'autre la couronne de France, encore moins au choix des rois qui s'est fait plus d'une fois dans les deux premières races, ni à la fixation des aînés sur le trône, en vigueur non contredite depuis le roi Robert, fils de Hugues Capet, en faveur de Henri Ier. La célèbre querelle pour la couronne, et sur la loi salique, entre Philippe de Valois et le roi d'Angleterre, Édouard III, lequel Philippe de Valois étoit le grand-père de Charles V, a donc été jugée avant que le troisième ordre eût pris naissance, et il ne s'est point depuis présenté de contestation sur la couronne où il ait eu part. Vous en avez maintenant deux idéales qui, s'il plaît à Dieu, ne se réaliseront jamais : l'une regarde Votre Altesse Royale; l'autre MM. du Maine et de Toulouse et leur postérité. Cette dernière est portée en jugement, et les légitimés demandent les états généraux. Je n'entre point en raisonnement du droit. J'ignore ce que vous vous proposez sur cette grande affaire, mais elle sera jugée et restera indécise avant la tenue des états. Si vous les assemblez cette cause restant pendante, il

---

1. Il est impossible de concilier cette assertion avec celle de la page précédente, où Saint-Simon déclare qu'il n'y eut que deux ordres jusqu'à la bataille de Poitiers, c'est-à-dire jusqu'au règne de Jean, en 1356. Ici, au contraire, Saint-Simon place l'apparition du tiers état beaucoup plus tôt, puisque le quatorzième roi de la dynastie capétienne est Charles IV le Bel, ou même son frère Philippe V, si l'on compte Jean Ier, fils de Louis X, qui ne vécut que quelques jours.

n'est pas douteux que les parties ne la portent devant les états, et que tous auront la même ardeur d'être jugés que de juger. Alors qui seront les juges? Le troisième ordre pourra-t-il souffrir que sa compétence soit agitée si celle des deux autres ordres est reconnue; et les juges de Philippe de Valois, pour en demeurer au dernier exemple et à celui dont il reste des preuves moins obscures, voudront-ils prendre pour associés des serfs de ce temps-là? Si les princes du sang disent nettement, dans le dernier mémoire qu'ils viennent de signer et de présenter, et de rendre public, qu'ils se croiroient déshonorés de souffrir les légitimés dans le même ordre de succession, conséquemment dans les mêmes rang et honneurs qu'eux-mêmes en tiennent que de cette faculté innée en eux de succéder à la couronne, ceux qui en ont jugé de tout temps, ceux qui, non plus que les princes du sang pour la succession à la couronne et ce qui y est attaché, n'ont point de compagnon dans ces sortes de jugements si célèbres et si honorables, et qui tiennent cette faculté de juger ces grandes questions de leur naissance, comme les princes du sang tiennent leur faculté de succéder à la couronne, de leur tige et de leur descendance de mâle en mâle en légitime mariage, est-il à présumer que ces juges naturels consentent à partager leur pouvoir en ce genre, si éclatant et si unique, avec ceux qui n'ont jamais été dans le cas de prétendre à le partager avec eux, et que ces juges originaires ne s'en estimeroient pas déshonorés? Si ce débat s'émeut, quelles en seront les suites, quelle la fin qui le terminera? Vous n'y pourrez prononcer sans vous rendre irréconciliables ceux que vous condamnerez. Point de milieu entre être ou n'être pas juges, entre souffrir une égalité inconnue à nos pères et jusqu'à aujourd'hui, et une disparité si humiliante pour le tiers état. Et point de ressource dans l'exemple du lit de justice, car c'est un tribunal tout singulier, animé par la majesté royale, et qui sous sa présidence n'a d'existence que par la présence des pairs, quoi qu'on ait essayé depuis cette régence. Le roi y mène qui bon lui semble, ceux qu'il y mène y sont sans voix s'ils ne sont pas officiers de la couronne, ou en effet de son conseil d'État; ainsi rien de plus distinct des états, ni qui y ait moins d'influence et de rapport.

Que ce débat s'émeuve, très-assurément Votre Altesse Royale n'en peut douter. Elle voit les mouvements de plusieurs de la noblesse sur des prétextes où je suis trop intéressé pour en vouloir parler. Mon tendre amour pour mon ordre, je n'en crains point le terme, mon respect pour lui me fera regarder sa division avec larmes, et me feroit déplorer en secret, mais sans en venir jusqu'aux plaintes, s'il venoit à être séduit jusqu'au point de renoncer, en faveur du désordre et de la confusion, à la seule récompense solide qu'il puisse prétendre, et à ce qui a toujours existé dans la monarchie, et à ce qui n'est pas moins en usage de tous les temps, dans tous les autres États que le nôtre, de quelque genre de gouvernement qu'ils soient chacun en leur manière, au lieu de s'unir tous ensemble comme frères au pied du trône, comme en 1649 par un si différent exemple, contre les excressences qui n'ont et ne prétendent que contre notre ordre, et comme n'étant d'aucun des trois ou hors de l'ordre naturel et commun des trois qui composent et forment la nation. Mais ce mouvement même si peu de la convenance d'un arrêt du conseil, s'il m'est permis que ce mot m'échappe, doit faire sentir à Votre Altesse Royale que le second ordre, poussé à bout de toutes les manières avant que vous soyez arrivé à la régence, a dessein et une grande volonté de travailler à son rétablissement; et que, d'accord en certaines matières, que quelques-uns d'eux ont avidement saisies, avec quelques notables du tiers état qui les leur ont artificieusement présentées, dans l'appréhension d'une union utile à l'État et à Votre Altesse Royale, mais propre aux vues particulières de ces notables, cette union ne peut durer parmi des intérêts si essentiels et si fort contradictoires qui se développeront chaque jour dans une tenue d'états, qui causeront un choc entre le droit d'une part et l'autorité accoutumée de l'autre, qui ne peut enfanter que des angoisses pour vous et des malheurs pour l'état.

Mais je dis plus, et me renfermant dans l'affaire des princes, vous ne pouvez ignorer l'extrême désir de la noblesse d'en être juge, et je m'étendrois inutilement à vous convaincre d'une chose dont vous l'êtes. De là à prétendre juger seule, il n'y a plus qu'un pas, et ce pas est si naturel que tout en persuade, et singulièrement tout ce qui se passe depuis ces mouvements commencés. Que si la tenue des états trouve l'affaire jugée, comptez, Monseigneur, que les mécontents du jugement rendu, et que la noblesse, qui ne le sera pas moins qu'une telle affaire lui ait échappé, voudront également la remettre sur le tapis, et que, quand notre ordre seroit convaincu de l'équité de ce que vous auriez prononcé, et ne pourroit que prononcer de même, il agira de concert avec ceux qui auront été condamnés pour arriver à revoir l'affaire, dût-il encore une fois y prononcer en mêmes termes qu'il auroit été fait. Nul plus grand intérêt ne se peut présenter à lui. Vous voyez à quel point plusieurs se montrent touchés de ce qu'ils devroient regarder avec d'autres yeux. Concluez du moins que ceux-là mêmes, et tous les autres avec eux, verront clair sur celui-ci qui porte avec soi toute la vérité et la solidité du plus grand et du plus sensible intérêt, et qu'ils ne se détourneront pour quoi que ce soit ni à droite ni à gauche.

Vous connaissez, Monseigneur, les princes du sang et les légitimés, la naissance des uns, les établissements des autres, le mérite de tous. Quelles partialités ne formeront-ils point parmi le second ordre, et encore parmi les deux autres! quels mouvements jusqu'à la décision entre eux! Quelles suites de cette décision! Quel ralliement des esprits remuants et mécontents avec ceux de ces célèbres plaidants qui auront perdu leur cause! En envisagez-vous bien les conséquences et les suites durant et après les états? Pouvez-vous espérer quelque fruit heureux de leur tenue avec des accompagnements si turbulents ? J'avoue pour moi qu'ils m'effrayent. Je les laisse à toutes les réflexions de Votre Altesse Royale, pour achever de lui présenter en raccourci quelques autres inconvénients qui peuvent arriver de notre ordre.

Plus vous avez fait de grâces, moins il vous en reste à faire ; par conséquent peu d'espérance d'en obtenir, encore moins de tout ce que l'espérance fait faire. Cette considération, qui tombera dans l'esprit de tout le monde, en est une de plus, et puissante sur notre ordre, pour lui faire sentir plus vivement, en particulier, ce que tous les trois ordres sentiront en général, qu'il faut user de l'occasion des états, après laquelle plus de ressource, et qui vous privera de la plupart des instruments dont vous auriez pu espérer de vous servir avec succès pour aller au-devant des demandes embarrassantes. Nul des trois ordres plus opprimé que celui de la noblesse. Tous ses priviléges sont non-seulement blessés, mais anéantis, et il est exactement vrai de dire qu'elle paye la taille et tous les autres impôts autant et plus réellement que les roturiers : la taille et fort peu d'autres tributs par d'autres mains et sous d'autres noms, mais de sa bourse ; tout le reste sans aucune distinction. C'est sur quoi vous devez vous attendre à des représentations aussi fortes que justes, et à des propositions pour les formes aussi embarrassantes à rejeter qu'à accorder.

L'autorité des gens de plume et de finance ne s'est appesantie sur nul autre ordre à l'égal du nôtre. Le premier est en possession de s'imposer presque pour tout, lui-même, et le troisième a tant de rapport et de réciproque avec ces messieurs d'autorité, que l'expérience journalière et actuelle montre quels sont leurs ménagements, et combien à plomb ces ménagements retombent sur la noblesse, parce qu'il ne faut pas que le roi ni ses bien-tenants y perdent rien. De là, et de ce que la noblesse n'a nulle autre ressource ni métier en France que les armes, où elle se ruine encore, est arrivé le malaise des seigneurs les plus distingués, la chute des plus grandes maisons, et la pauvreté affreuse d'une infinité de noblesse. Le mépris qui en résulte achève d'accabler les uns et d'outrer les autres, et cette horrible extrémité ne peut manquer de produire des remontrances d'une justice infinie, mais qui, pour le fond et la forme, ne seront pas d'un moindre embarras.

Outre ceux qui naîtront du fonds général d'épuisement en matière de soulagement, c'est qu'il est impossible que le rejet des uns ne retombe en partie sur les autres, et que les formes proposées, tant sur le fonds du soulagement que sur sa forme, par rapport aux priviléges de la noblesse et à l'autorité qui s'exerce tyranniquement sur elle, ne la commettent avec le tiers état, qui ne voudra point payer le soulagement d'autrui, ni aussi peu perdre les moyens auxquels il se trouve arrivé peu à peu de la tenir dans sa dépendance. Des intérêts si pressants et si contradictoires ne se poursuivent pas longtemps sans aigreur, que le temps et les circonstantes présentes ne semblent pas trop en état [de] réprimer suffisamment. Nouvelles difficultés pour Votre Altesse Royale, et toutes plus fâcheuses les unes que les autres.

Le militaire, nerf de l'État, élite de la noblesse, a infiniment souffert dans les dernières années du feu roi, et non depuis votre régence. Vos moyens à cet égard n'ont pu être d'accord avec votre inclination; mais ne comptez pas, Monseigneur, que le mécontentement en soit moindre. Les gens de guerre, remplis d'espérances proportionnées à leurs besoins, ont vu avec une extrême joie passer entre les mains de ceux de leur métier l'administration de tout ce qui le regarde sous un régent qui en a fait sa gloire, mais ce régent guerrier, ni ses ministres pris des armées, n'ont pu répondre à ces justes désirs, et ces désirs déçus causent un chagrin que l'espérance ne soutient plus, et qu'il n'est pas même permis de vous taire. Les conséquences de ce malheur, c'est à votre prudence à les prévenir ; mais dans une telle situation je douterois beaucoup si ce ne seroit pas une raison de plus, et bien forte, contre une convocation d'états généraux, qui n'en seroient pas au moins plus dociles, ni peut-être moins hasardeux.

Le tiers état ne sera pas plus aisé que les deux premiers ordres. Après ce qui a été examiné sur ceux-là, la matière de celui-ci est dégrossie. Il ne laisse pas de présenter des réflexions qui lui sont particulières, et qui ne méritent pas moins d'attention que les précédentes.

Ceux dont il est composé forment une assemblée diverse. La magistrature en a si constamment qu'elle ne le peut nier, et que tous les exempts y sont précis. Quoique les dignités, les offices et les charges excitent plus que jamais de la contention dans les esprits, la règle est si certaine en France en leur faveur, au préjudice de toute autre considération, que sans nul égard pour l'extraction noble, dès que ceux qui en sont se trouvent revêtus de quelque magistrature que ce soit, et députés aux états généraux, ce n'est jamais que pour le troisième ordre. Je ne parle pas du chancelier qui y est dans son rang particulier d'officier de la couronne, ni du garde des sceaux qui, bien que commission amovible, a l'honneur d'y participer à cause de celui du dépôt dont il est chargé. Mais nul autre magistrat n'en est excepté, sur quoi il y auroit des remarques à faire dans des usages hors des états, qu'il est inutile d'expliquer ici, parce que la vérité qu'on avance n'a pas besoin de preuves. Il est pourtant vrai que cette identité d'ordre avec de simples bourgeois a quelquefois déplu à la première magistrature, et qu'elle a quelquefois voulu s'en séparer. Mais l'État n'étant composé que de trois ordres, et la magistrature ne pouvant entrer dans les deux premiers, il ne lui reste que le troisième. L'autorité qu'elle s'est acquise sous le dernier règne, et ce qui en paroît depuis la régence, ne laisse pas présumer que sa répugnance ait diminué à figurer dans le tiers état. Quelques assemblées rares et informes lui pourront donner lieu à prétendre diviser ce dernier ordre en deux distincts, et à en composer seuls la première partie ; premier sujet de contestation dans tout cet ordre, qui aura droit de s'y opposer, et de soutenir les règles anciennes, et qui ont été suivies dans tous les vrais états. Les deux premiers ordres le voudront-ils souffrir, et n'y va-t-il pas du leur de laisser intervertir l'ordre ancien et ordinaire ? La noblesse, qui voit introduire des compétences inouïes jusqu'au milieu du dernier règne entre elle et la première magistrature, et qui les sent maintenant se tourner en des préférences encore plus nouvelles, n'aura-t-elle pas lieu de craindre enfin pour tout son ordre en corps ? Si cette prétention a lieu, second sujet de dispute. Enfin quelle sera la manière d'opiner aux états lorsque ce sera par ordre, comme cela s'y pratique souvent en certaines affaires ? troisième difficulté dont la solution ne paroît pas. Comme ce que Votre Altesse Royale traite volontiers légèrement l'est d'ordinaire avec ardeur par les parties intéressées, je la supplie de compter pour quatrième, et non moindre embarras, ceux du cérémonial de cette espèce d'ordre nouveau, également contestable et sûrement contesté par tous les trois ordres des états généraux ; et pour cinquième, où poser les bornes de ce qui entreroit dans cet être nouveau ? Voilà donc le tiers état divisé en lui-même si cette question est mue, divisé encore si la constitution donne lieu aux parlements d'agir durant la tenue des états à l'occasion des discours que les prélats attachés à Rome y pourroient faire, divisé de plus, ou commis avec le premier ordre, sur la juridiction ecclésiastique, divisé avec le second ordre sur les propositions qu'il pourra faire tant sur le fond que plus encore sur la forme de son juste soulagement, enfin commis avec les deux premiers ordres sur le jugement de l'affaire des princes, comme il a été expliqué plus haut sur tout cet article. Certainement, Monseigneur, en voilà beaucoup pour s'en tirer avec adresse et bonheur.

C'est en traitant ce qui regarde le tiers état qu'il faut particulièrement réfléchir sur ce que j'ai pris la liberté de vous représenter à l'entrée de ce mémoire, de la différence d'avoir assemblé les états généraux en prenant les rênes du gouvernement, ou de le faire maintenant que tout est entamé sur la finance. Je n'ai garde d'en vouloir presser le raisonnement en faveur de l'avis persévérant dont j'ai été là-dessus. Mais il est impossible de ne pas effleurer l'un pour venir plus utilement à l'autre. Je prévoyois ce qui arriveroit, et qu'on ne pourroit se tirer d'une matière si épuisée par le dernier gouvernement que par des coups également douloureux au dedans et éclatants au dehors. J'appréhendois que, sans le mériter, Votre Altesse Royale n'en recueillît toute la haine; et, tandis que vous étiez tout neuf encore, je voulois, par une exposition et une consultation toute sincère aux états généraux, leur faire frapper ces grands coups inévitables, dont la promptitude de votre confiance en eux n'eût reçu des applaudissements, sans avoir rien à craindre pour la suite des exécutions dont les résolutions ne seroient point émanées de vous, ni ensuite d'aucune gestion de votre part; et si, par un triste événement, les remèdes proposés par les états, et fidèlement employés ensuite sans les outrepasser, avoient été insuffisants, rien à craindre d'une nouvelle convocation d'états généraux, qui n'eût été qu'une suite de votre première confiance, un gage réitéré de votre amour pour la nation, et une solide confirmation du lien entre vous et elle, pour prendre ensemble des moyens plus efficaces : grand et rare exemple pour toute l'Europe, qui eût fondé votre sûreté au dehors par le concert du dedans, et qui eût comblé votre gloire jusque par les malheurs du dernier gouvernement.

Mais présentement les choses n'en sont plus dans ces termes; et, quoique les bons desseins, la droiture des intentions, l'application et le travail de Votre Altesse Royale méritent toutes sortes de louanges, il n'est pourtant que trop vrai que le peuple, qui sent ses justes espérances tournées en augmentation de douleurs, n'est pas disposé à des jugements favorables, s'irrite de ce qu'il ignore, et peut-être encore de ce qu'il devroit ignorer. Ce n'est plus l'air de confiance ni la confiance même qui conduit aux états, ce sont les mêmes nécessités qui ont donné occasion à d'autres tenues dont le succès n'a pas été heureux. A bout de remèdes, vous y en voulez chercher; eux-mêmes n'ont plus rien à vous offrir en ce genre qui puisse être à leur goût, après avoir souffert tous ceux que vous avez tentés, mais que, convaincus de la nécessité publique, eux-mêmes, d'abord consultés, vous eussent peut-être proposés plus forts et plus utiles, avec un succès plus heureux, parce que le mal qu'on se fait à soi-même est infiniment moins douloureux et moins sensible.

Ces remèdes ont tous porté sur le tiers état d'une manière directe; et si les deux autres on ont souffert, ce n'a été que du rejaillissement de celui-ci. Ensuite ç'a été le militaire sur le prix de son sang et de ses travaux, dans les différentes révolutions des papiers du roi qu'il a été forcé de recevoir pour sa solde. Après des opérations si sensibles, se doit-on flatter que le tiers état le soit assez d'une consultation qu'il croira forcée par la pure nécessité pour chercher à présenter des remèdes à ses dépens, ou pour consentir sans émotion à ceux qui lui pourroient être proposés? Tels sont ceux qui portent sur les rentes, que j'ai suffisamment traités plus haut, et de même nature tout ce qui est sur le roi. N'y a-t-il point plutôt à craindre que, comme la consultation emporte un raisonnement nécessaire, il ne mette sur le tapis des questions embarrassantes, et que, l'humeur s'y joignant, on ne se contente pas aisément des réponses les plus solides? Je doute, par exemple, que, quelques avantages qu'on puisse montrer de la banque du sieur Law et des arrangements qu'on y a mis, tant de membres, alliés de parenté ou de bourse avec tout ce qu'il y a de banquiers et de commerçants d'argent que cet établissement ruine, s'en accommodent, aussi peu d'un étranger de pays et de religion pour un emploi si considérable, et moins encore de ce que tout l'argent du roi passe par ses mains, sur un simple arrêt du conseil, au préjudice d'édits enregistrés, non révoqués, qui le défendent sous de si grosses peines. Or, si cette banque générale devient l'aversion des états, c'est-à-dire du tiers ordre, à qui ces discussions seront familières, elle se décréditera. Si elle se décrédite, elle tombe, et sa chute ne peut être que bien importante. Dérobez-la par autorité aux yeux des états; que ne ferez-vous point dire? Elle en tombera plus tard; mais cette chute ne sera que différée. Alors, Monseigneur, tout le fruit que vous en avez déjà recueilli, et que vous en espérez pour l'avenir, sera perdu sans ressource; et, si cette banque en a fait une des principales depuis son établissement, c'est ici mieux qu'à la mort du roi, pour le changement de résolution sur l'assemblée des états, qu'il faut appliquer le raisonnement qui vous fut suggéré, faux alors, vrai aujourd'hui : *De quoi vivrez-vous en attendant l'effet des remèdes des états?* Moins vous aurez de quoi les attendre, plus vous dépendrez d'eux; et, s'ils aperçoivent ce genre de dépendance, pouvez-vous, après ce qui a été dit, croire qu'ils ne voudront pas en profiter; et qui osera en poser les bornes?

Il n'y a point maintenant de duc de Guise; mais aussi n'êtes-vous pas roi. Henri IV l'étoit par son droit, par sa vertu, par son épée, lorsqu'il assembla les notables à Rouen. On ne peut lire le discours qu'il leur fit sans sentir tout à la fois une admiration et un amour pour ce grand prince qui émeut jusqu'aux larmes. Rien de si rempli de majesté, en même temps de tendresse pour son peuple, et d'une estime pour la nation, qui faisoit leur gloire réciproque, après leurs travaux communs qui avoient achevé de l'établir sur le trône. Chéri et révéré de tous ses sujets, il crut pouvoir leur faire des consultations et des demandes. Il n'avoit alors à leur montrer que la gestion d'un surintendant dont on admire encore les lumières et la droiture. Qu'en arriva-t-il? Des propositions qu'on eut grand'peine à modérer, et qui, dans toute la considération qu'on put obtenir par adresse, touchèrent sensiblement Henri IV, l'obligèrent à tout éluder et à congédier l'assemblée, dont il ne recueillit que ce seul fruit. C'est à vous, Monseigneur, à en faire l'application, et de cet exemple et de celui des états de la minorité de Louis XIII, sur lesquels vous ne pouvez suffisamment méditer. Craignez de vous voir obligé à supprimer beaucoup d'impôts tout d'un coup, et spécialement ceux de la capitation et du dixième, sans avoir en même temps d'autres ressources présentes, et peut-être peu à espérer des états. C'est le moins peut-être qui puisse arriver de leur tenue. Mais, pour dernier inconvénient, que seroit-ce si vous aviez à les vouloir dissoudre, *comme Henri IV l'assemblée des notables*, et comme il est arrivé à plusieurs tenues d'états? Que diroit le dedans, et que ne feroit point le dehors avec lequel vous êtes maintenant dans une situation si heureuse et si différente de votre avénement à la régence? Profitez-en, Monseigneur, et ne la troublez point par une résolution qui ne vous apportera pour tous remèdes que des embarras et des dangers.

Ce n'est pas que je voulusse m'engager à soutenir qu'il ne faut jamais plus d'états généraux; je les ai ardemment souhaités et conseillés à l'entrée de votre régence, et il se pourra trouver des conjonctures où il sera bon et utile de les assembler; mais ce ne sont pas celles d'aujourd'hui, où tout est enflammé, où tout est entamé sur les finances, où sans états vous avez tous ceux que vous pouvez consulter, et qui seroient peu écoutés dans cette assemblée, laquelle fourniroit autant de remèdes contradictoires qu'il s'y trouveroit d'intérêts d'ordres et de provinces différents, et produiroit une funeste dispute entre les fonciers et les rentiers, où certainement les princes seroient jugés, ou bien Votre Altesse Royale réduite à les juger sur l'avis des états qui n'en auroient rien à craindre, et vous à recueillir seul la haine des perdants, sans gré aucun de ceux qui auroient gagné leur cause.

Dans des circonstances, dis-je, où tous les inconvénients ne peuvent être prévus, ni l'effet de la combinaison de ceux qu'on aperçoit, le cérémonial, le danger de l'autorité royale; la nécessité du soulagement effectif, le précipice de promettre sans tenir, le péril d'accorder plus qu'il n'est possible; le hasard des propositions que les états pourroient faire sans moyens de les en empêcher qui ne soient pernicieux, les apparences évidentes d'y trouver des maux et des embarras nouveaux pour tout remède à ceux dont on se trouve déjà chargé; la faculté qui résulteroit de cette assemblée pour qui voudroit cabaler et troubler le royaume, la manifestation également inutile et dangereuse au dedans et au dehors d'un état d'impuissance, et par le bruit qui arriveroit nécessairement de division qui, bien connu des mauvais sujets et des étrangers, pourroit avoir de si grandes suites; la volonté sûre et suivie d'effet certain de juger ou rejuger les princes, volonté qui marqueroit la supériorité des états sur les rois, sont des inconvénients si naturels à la situation présente qu'on ne peut leur refuser toute l'attention qu'ils méritent par rapport aux états en général.

A l'égard des états par parties, le premier ordre présente ceux de sa division sur la constitution; le péril d'un concile national à souffrir ou à empêcher, celui de l'imitation du cardinal du Perron inévitable, et de ses suites en elles-mêmes, et à l'égard du parlement; enfin, ce qui naîtroit par rapport à la juridiction ecclésiastique parmi les états et avec les parlements.

Le second ordre, qui voudra juger ou rejuger les princes,

dont rien ne le fera départir, qui se commettra très-possiblement avec le troisième ordre en ne voulant pas l'admettre à ce jugement, et très-certainement sur le fond et la forme de son soulagement, et du rétablissement solide de ses priviléges anéantis, sans possibilité de compatir ensemble avec des intérêts si grands et si opposés, malgré l'union qui paroît maintenant entre quelques membres de ces deux ordres, et qui n'embarrassera pas moins à refuser qu'à accorder ce soulagement avec le mécontentement général de tous les gens de guerre.

Le troisième ordre en scission en soi-même, et commis avec les deux autres ordres, pour de ce dernier ordre en faire comme deux, avec toutes les difficultés et les contentions qui en naîtroient, et séparément sur les points qu'on vient de voir avec chacun des deux autres ordres et avec les parlements; le danger de la banque du sieur Law ; enfin, les exemples des notables de Rouen sous Henri IV, roi d'effet alors comme de droit, et des états tenus sous la minorité de Louis XIII.

Voilà, Monseigneur, en peu de lignes une vaste et sérieuse matière à vos réflexions. J'ai essayé de la développer avec le moins de confusion et de choses inutiles ou étrangères que j'ai pu dans le tissu de ce mémoire. Je l'aurois bien désiré plus court, et le dégoût de sa matière ne m'y a que trop convié; mais son étendue, plus propre à un volume qu'à un simple mémoire, ne me l'a pas permis ; et je me suis souvenu que Votre Altesse Royale, chargée de tout le poids d'un gouvernement pénible, n'a pas le temps de faire toutes les réflexions nécessaires. J'ai donc cru y devoir suppléer en lui mettant sous les yeux celles qui me sont venues dans l'esprit. L'excellence du vôtre en fera un juste discernement, et la bonté de Votre Altesse Royale excusera la disproportion du mien. Qu'elle me permette de lui protester de nouveau le désintéressement entier avec lequel je l'ai fait, et la peine que j'ai eue à des remarques que j'aurois omises si elles n'avoient pas été essentielles au sujet. Quoiqu'il ne soit que pour vous seul, on ne peut répondre absolument du secret d'un écrit. Celui-ci n'est pas fait de manière à pouvoir blesser personne, j'ai tâché d'y apporter une particulière attention ; mais j'ai si cruellement éprouvé, et dès l'entrée de votre régence, que mes intentions les plus droites, et les plus soutenues par mes discours et par mes actions, n'en avoient pas moins été détournées à des interprétations et à des suppositions entières les plus éloignées de mon cœur et de mon esprit, malgré toute évidence et les preuves publiques, par un art que j'aimerai toujours mieux éprouver qu'employer, que j'avoue ingénument à Votre Altesse Royale que, ayant affaire aux mêmes personnes, je crains jusqu'aux choses les plus indifférentes et les plus innocentes, et qu'il ne m'a pas fallu des raisons moins fortes que le bien de l'État, l'importance de la matière et mon attachement à Votre Altesse Royale, pour lui obéir en cette occasion.

En effet ces états généraux étoient un abîme ouvert sous les pieds du régent dans les conjonctures où on se trouvoit de toutes parts, et qui par leurs divers rapports auroient jeté l'État dans la dernière confusion, avec la facilité, la mollesse et la timidité de celui qui en tenoit le gouvernail, en prise à tous les gens qui en auroient voulu profiter dans leurs divers intérêts. C'est ce qui me pressa de jeter ce mémoire sur le papier en si peu de temps, et de le porter tout de suite à M. le duc d'Orléans, pour l'arrêter par une première lecture, et barrer à temps les engagements que les propos spécieux du duc de Noailles sur les finances, et d'Effiat sur l'affaire des bâtards, lui pouvoient faire prendre avec eux à tous moments, et qu'ils auroient sur-le-champ rendus publics, et si subitement enfourner la chose qu'il n'y eût plus eu moyen de s'en dédire. Je compris bien aussi que si le mémoire réussissoit, comme je l'espérois bien, ces deux hommes en seroient enragés, et les bâtards avec toute leur cabale et leur prétendue noblesse; et qu'ils feroient retomber sur moi l'empêchement de la tenue des états généraux, avec tout le vacarme qu'ils en pourroient exciter, et que la nature de la chose exciteroit d'elle-même. C'est ce qui m'engagea à y faire mention des états généraux proposés par moi à la mort du roi, résolus sur mes vives raisons, empêchés par le duc de Noailles, et d'appuyer sur la différence de les avoir tenus alors à les tenir aujourd'hui. C'est aussi ce qui m'engagea à faire mention du projet là-dessus auquel j'avois travaillé sous Mgr le Dauphin, père du roi, pour bien mettre en évidence que, si j'étois contraire aux états généraux pour aujourd'hui, ce n'étoit qu'à cause des conjonctures, et non par aversion pour l'assemblée nationale, que j'avois voulue et fait résoudre en d'autres, et mettre par là à bout là-dessus la malignité de ceux dont j'en avois éprouvé les plus noires et les plus profondes.

Il est vrai que je n'ai pu m'y refuser quelques traits sur le duc de Noailles, tant pour remettre sous les yeux de M. le duc d'Orléans les horreurs gratuites qu'il me fit à la mort du roi, que ses opiniâtres méprises dans sa gestion des finances, et l'abus de son crédit pour affubler le duc de La Force d'une besogne odieuse, pour s'en ôter la haine à ses dépens et la détourner toute sur lui par la longueur d'une besogne qui tenoit toutes les fortunes des particuliers en l'air, au grand détriment des affaires publiques. Je me doutois bien que M. le duc d'Orléans n'auroit pas la force de lui cacher mon mémoire, et je me proposois de lui ôter l'envie de tenir des propos sur moi en cette occasion par la crainte de voir courir ce mémoire, comme je l'avois bien résolu au premier mot qu'il auroit osé lâcher.

C'est dans la pensée d'en faire cet usage que j'ai adouci et enveloppé le plus qu'il m'a été possible ce qu'il n'y avoit pas moyen de dissimuler à M. le régent sur sa foiblesse et sa facilité, parce que ce défaut étoit un inconvénient capital qui eût grossi tous les autres, et donné naissance à quantité ; et c'est aussi, outre ce que je devois à sa personne et à son rang en lui écrivant des choses si principales, ce qui m'a engagé à y employer plus de louanges et de tours pleins de respect.

Cette même foiblesse que les ducs avoient si cruellement éprouvée, les étranges conjonctures, et nos requêtes pour la restitution de notre rang à l'égard des bâtards, ne me permirent pas de faire aucune mention du droit des pairs sur le jugement de l'affaire des princes ; c'est ce qui a fait que je me suis contenté de glisser sur cette matière avec une sage réticence, mais telle qu'elle-même ni rien qui soit dans le mémoire y puisse faire de tort. Du reste, j'ai tâché de ne rien dire qui pût blesser aucun corps ni aucun particulier, et à ne rapporter que des vérités connues et des inconvénients tels que, en y réfléchissant, on ne puisse disconvenir qu'ils sautent tous aux yeux. D'ailleurs on ne peut trouver mauvais ce que je dis à la louange et de l'oppression de la noblesse, ni de ce peu que j'ai laissé échapper sur le gouvernement du feu roi à cet égard, que j'ai même exprimé moins que je ne l'ai fait entendre. A l'égard du petit mot qui se trouve glissé sur la conduite de cette prétendue noblesse et sur le rang de prince étranger, par opposition à ce qu'on a vu qui se passa en 1649, il me semble qu'on n'en peut blâmer la ténuité, et, si j'ose le dire, la délicatesse ; et que c'eût été une affectation de n'en point faire mention du tout qui auroit été très-susceptible d'être mal interprétée. Je m'explique toujours ici dans l'esprit où j'étois en faisant ce mémoire, quoique fort brusquement, de le rendre public, si je m'y trouvois forcé.

Heureusement je n'en eus pas besoin; car je hais les scènes et les plaidoyers publics.

CHAPITRE XVII.

M. le duc d'Orléans, prêt à se rendre sur les états, se trouve convaincu par le mémoire, et on n'entend plus parler d'états généraux. — Mémoire sur les finances annoncé par le duc de Noailles. — M. le duc d'Orléans me parle du mémoire; d'un comité pour les finances; me propose à deux reprises d'en être, dont je m'excuse fortement. — Le duc de Noailles lit son mémoire en plusieurs conseils de régence. — Quelle cette pièce. — Je suis bombardé du comité, au conseil de régence, où, malgré mes excuses, je reçois ordre d'en être. — M. de Fréjus obtient personnellement l'entrée du carrosse du roi, où jamais évêque non pair, ni précepteur, ni sous-gouverneur n'étoit entré, lesquels sous-gouverneurs l'obtiennent aussi. — Dispute sur la place du carrosse entre le précepteur et le sous-gouverneur, qui la perd. — Mariage de Fresnel avec Mlle Le Blanc; de Flamarens avec Mlle de Beauvau; de La Luzerne avec Mme de La Varenne; du marquis d'Harcourt avec Mlle de Barbezieux, dont le duc d'Albret veut épouser la sœur et y trouve des obstacles. — Arouet à la Bastille, connu depuis sous le nom de Voltaire. — Mort du vieux prince palatin de Birkenfeld. — Mort de la duchesse douairière d'Elbœuf. — Mort de M. de Montbazon. — Mort de la fameuse Mme Guyon. — Six mille livres de pension au maréchal de Villars. — Dix mille livres de pension au duc de Brissac. — Six mille livres de pension à Blancménil, avocat général. — Canillac lieutenant général de Languedoc. — Duel à Paris de Contade et de Brillac, dont il n'est autre chose. — Je fais acheter ce diamant unique en tout, qui fut nommé *le Régent.*

Je portai mon mémoire dès qu'il fut achevé, et tel de ma main que je l'avois écrit, tant j'étois pressé, par la raison que j'en ai dite, de le montrer à M. le duc d'Orléans. Le volume le surprit par la promptitude. Je le lui lus tout entier, nous arrêtant à chaque point pour en raisonner. Cela prit toute l'après-dînée jusque fort tard. Il convint qu'il s'alloit jeter dans un profond précipice, et me remercia fort de mon travail, et de l'en empêcher. Il lui échappa même dans le raisonnement qu'il étoit si pressé de l'embarras des finances et de celui de l'affaire des princes, et si rebattu par ceux qui vouloient les états, qu'il y étoit intérieurement rendu comme à sa seule ressource et à son repos, d'où je jugeai que de cette résolution intérieure à l'extérieure le pas étoit bien court, et bien facile avec les gens à qui il avoit affaire, et qu'il n'y avoit eu en effet rien de si pressé que mon mémoire pour l'en détourner. Ses yeux ne pouvoient lire ma petite écriture courante et pleine d'abréviations, quoique fort peu sujette aux ratures et aux renvois. Il me pria de lui faire faire une copie du mémoire, et de la lui donner dès qu'elle seroit faite. Il me parut si convaincu que je lui demandai sa parole que le pied ne lui glisseroit en aucune façon sur les états avant que je lui eusse remis cette copie, et qu'il se fût donné le temps de la lire à reprises, et d'y réfléchir à loisir. Je fis donc travailler, dès le lendemain matin, à une copie unique, car c'est sur mon original que je l'ai copié ici ; et, dès que cette copie fut faite, je la portai à M. le duc d'Orléans. Nous raisonnâmes encore là-dessus, mais sans détail, parce qu'il me parut que son parti étoit bien pris de ne vouloir point d'états.

Je ne sais quel usage il fit de mon mémoire ; mais, au bout de sept ou huit jours, il ne se parla plus du tout d'états généraux, dont le bruit avoit été fort grand et fort répandu, et, ce qui me fit grand plaisir encore, c'est qu'il ne se dit pas un mot du mémoire ni de moi à cette occasion.

Ce qui m'a le plus convié à ne pas rejeter ce mémoire, malgré sa longueur, parmi les Pièces, c'est qu'il s'y trouve plusieurs choses sur les finances qui donnent une idée de leur état, de leur gestion et des embarras qui s'y trouvoient, dont il n'est guère parlé ailleurs ici ; et de même de quelque chose sur la constitution, qui seront toujours à éclaircir, et qui sont deux matières dont on a vu, il y a longtemps, que je me suis expliqué de n'en point parler ici d'une manière expresse et suivie.

L'espérance des états évanouie, les bâtards ne songèrent plus qu'à retarder, embarrasser et accrocher leur affaire ; les princes du sang à presser le régent de la juger; et ce prince, piqué enfin de voir son autorité si hardiment mise en compromis par la hardie déclaration de M. et de Mme du Maine de ne reconnoître pour juges que le roi majeur ou les états généraux, prit le parti de juger : c'est ce qui a été raconté.

Le duc de Noailles, de son côté, chercha aussi d'autres expédients sur les finances, mais surtout pour mettre sa gestion à couvert. Il fit travailler à un long mémoire, pour être lu par lui au conseil de régence, où il fut longuement annoncé. J'ai déjà fait remarquer, et par des exemples évidents, qu'avec tout son esprit, la multitude et la continuelle mobilité de ses idées et de ses vues qui se succédoient et se chassoient successivement ou en total ou en partie sur toutes sortes de sujets, de choses et de matières, le rendoient incapable d'aucun travail par lui-même, ni d'être jamais content de ceux qu'il faisoit faire et qu'il faisoit refondre (c'étoit son terme) jusqu'à désoler ceux dont il se servoit. C'est ce qui fit attendre si longtemps ce mémoire après l'avoir annoncé et, autant qu'il le put, préparé à l'admirer.

Huit ou dix jours avant qu'il parût au conseil de régence, M. le duc d'Orléans m'en parla et me le vanta comme en ayant vu des morceaux, puis me dit qu'il formeroit un comité (car on ne parloit plus qu'à l'angloise) de quelques-uns du conseil de régence, où le duc de Noailles vouloit avec plus de loisir et d'étendue exposer sa gestion et l'état des finances, et consulter ce comité sur les choses qu'il y proposeroit pour en suivre leur avis ; que ce comité s'assembleroit chez le chancelier, et qu'il vouloit que j'en fusse.

Je témoignai au régent ma surprise et ma répugnance; je le fis souvenir de mon incapacité sur les finances, de mon dégoût pour cette matière, de ma situation avec le duc de Noailles. Je l'assurai que je ne pourrois être de ce comité que comme une [personne] nulle, qui n'entendroit rien, à qui on feroit accroire tout ce qu'on voudroit, que j'y serois parfaitement inutile, que j'y perdrois un temps infini, et que je le suppliois de m'en dispenser. Il insista, et moi aussi, me dit force louanges sur mon esprit et ma capacité quand je voudrois bien prendre la peine de vouloir m'appliquer et entendre, et sur mon impartialité avec le duc de Noailles quand il s'agissoit de traiter affaires avec lui, dont il avoit été souvent témoin et charmé. Je répondis brusquement que ces louanges étoient belles et bonnes, mais que je n'étois pas encore assez sot pour m'en laisser engluer, et qu'en deux mots, il ne me persuaderoit pas d'aller ouvrir la bouche et de grands yeux pour n'entendre rien à ce qui se diroit et proposeroit, et que ce n'étoit pas la peine d'avoir refusé les finances aussi opiniâtrément que j'avois fait pour m'aller après fourrer dans un comité de finances, où je ne comprendrois rien du tout. Le régent me vit si résolu qu'il ne répliqua point, et me mit sur d'autres affaires.

Quatre jours après, travaillant avec lui, il me reparla encore du comité, et qu'il vouloit que j'en fusse. Je répondis que je croyois avoir dit de si bonnes raisons, auxquelles même, à la fin, il n'avoit plus répondu, que j'avois compté n'en plus ouïr parler; que je n'avois que les mêmes à lui alléguer, dont je ne me départirois pas. J'ajoutai, qu'étant avec le duc de Noailles hors de toutes mesures, même de la moindre bienséance, je ne comprenois pas quel plaisir il trouvoit à nous mettre vis-à-vis l'un de l'autre dans un examen de sa conduite et des propositions qui seroit long, et qui nous exposeroit très-aisément à des choses qui embarrasseroient la compagnie, et qui peut-être l'embarrasseroient lui-même; et comment il vouloit donner cette contrainte au duc de Noailles, qui sûrement y en auroit plus que moi. « Mais, me dit-il, c'est le duc de Noailles lui-même qui

désire que vous en soyez, qui m'en a prié et qui m'en presse.
— Monsieur, repris-je, voilà la dernière folie. A-t-il oublié, et vous aussi, comme je l'ai mené et traité, je ne sais combien de fois, tant en particulier devant vous qu'en plein conseil de régence? Quel goût peut-il prendre à des scènes où il a toujours ployé le dos et fait un si misérable personnage, et vous de donner lieu à les multiplier? » Je parlai tant et si bien, du moins si fort, que cela finit comme la première fois. Le régent me parla d'autres choses, et je m'en crus enfin quitte et débarrassé.

Mais je fis mes réflexions sur la singularité de ce désir du duc de Noailles que je fusse de ce comité; et tout ce que j'en pus comprendre, c'est que l'ivresse de la beauté de ce qu'il comptoit d'y exposer emporteroit mon suffrage, dont il se pareroit plus qu'aucun autre par la manière dont nous étions ensemble. Il avoit affecté plusieurs fois de se louer de mon impartialité en affaires quand je m'étois trouvé de son avis, et quand il m'étoit arrivé quelquefois de le soutenir, même contre d'autres au conseil de régence, ou en particulier entre quatre ou cinq chez M. le duc d'Orléans. Je crus donc que l'espérance du même succès, et du poids que ce manque total de ménagement que j'avois pour lui donneroit à sa besogne, [étoit le motif de sa conduite]; mais comme une funeste expérience m'avoit appris jusqu'où pouvoit aller la noirceur et la profondeur de cette caverne, je me sus extrêmement bon gré d'avoir su m'en préserver.

Trois ou quatre jours après cette dernière conversation, le duc de Noailles commença la lecture de son mémoire. Il dura plusieurs conseils de régence; il y en eut même d'extraordinaires pour l'achever. C'étoit une apologie de toute sa gestion avec beaucoup de tour pour l'avantager de tout, et beaucoup de louanges mal voilées d'une gaze de modestie.

Cette première partie étoit prolixe; l'autre rouloit sur la proposition d'un comité où il pût exposer sa gestion avec plus d'étendue, et ses vues sur ce qu'il seroit à propos de faire ou de rejeter. Ce fut là où la fausse modestie n'oublia rien pour capter les auditeurs par un air de désir de chercher à exposer ses fautes et ses vues à l'examen et à la correction du comité, et à profiter de ses lumières. Rien de si humble, de si plein de flatterie, de si préparatoire à l'admiration qu'il espéroit donner au comité, ni de plus désireux d'en enlever l'approbation. Cette partie ne fut pas moins diffuse que l'autre, mais le spécieux le plus touchant y brilloit partout.

Quand il eut fini, M. le duc d'Orléans et presque tous les auditeurs, dans le nombre desquels étoient les présidents ou chefs des conseils, lui donnèrent des louanges. Ensuite M. le duc d'Orléans, passant les yeux sur toute la compagnie, dit qu'il ne s'agissoit plus que de nommer le comité. C'étoit un samedi après-midi; 26 juin. Il y avoit un mois que je vivois là-dessus dans une parfaite confiance, lorsque M. le duc d'Orléans déclara le comité tout de suite, qu'il se tiendroit toutes les semaines chez le chancelier autant de fois qu'à chaque comité il seroit jugé nécessaire, et que tout à coup je m'entendis nommer le premier.

Dans ma surprise, j'interrompis et je suppliai M. le duc d'Orléans de se souvenir de ce que j'avois eu l'honneur de lui représenter toutes les deux fois qu'il m'avoit fait l'honneur de m'en parler; il me répondit qu'il ne l'avoit pas oublié; mais que je lui ferois plaisir d'en être. Je répliquai que j'y serois entièrement inutile, parce que je n'entendois rien du tout aux finances, et que je le suppliais très-instamment de m'en dispenser. « Monsieur, » reprit M. le duc d'Orléans d'un ton honnête, mais de régent, et c'est l'unique fois qu'il l'ait pris avec moi, « encore une fois, je vous prie d'en être, et s'il faut vous le dire, je vous l'ordonne. » Je m'inclinai sur la table intérieurement fort en colère, et lui répartis. « Monsieur, vous êtes le maître; il ne me reste qu'à obéir; mais au moins vous me permettrez d'attester tous ces messieurs de ma répugnance et de l'aveu public que je fais de mon ignorance et de mon incapacité sur les finances, par conséquent de mon inutilité dans le comité. »

Le régent me laissa achever, puis, sans me rien dire davantage, nomma le duc de La Force, le maréchal de Villeroy, le duc de Noailles, le maréchal de Besons, Pelletier-Sousy, l'archevêque de Bordeaux et le marquis d'Effiat, qui tous s'inclinèrent à leur nom et ne dirent rien.

Mon colloque avec le régent avoit attiré sur moi les yeux de tous, et je remarquai de l'étonnement sur leurs visages. M. de Noailles eut l'air fort content, et bavarda un peu sur le bon choix et sur ce qu'il espéroit de ces assemblées, puis se mit à rapporter, car le samedi étoit un jour de finances à la régence.

N'ayant pu éviter cette bombe, par tout ce que j'avois fait pour m'en garantir, je ne crus pas devoir en montrer de chagrin, et donner ce plaisir au duc de Noailles, ni me faire tirer misérablement l'oreille pour l'assiduité au comité et l'exactitude aux heures.

Il s'assembloit trois fois la semaine au moins, entre trois et quatre heures, et duroit rarement moins de trois heures; on se mettoit en rang des deux côtés de la table, ou plutôt du vide d'une table longue comme au conseil de régence, mais dans des fauteuils, le chancelier seul au bout, et vis-à-vis de lui une table carrée pour les papiers du duc de Noailles, et lui assis derrière. Comme ce comité dura au moins trois mois, il n'est pas temps d'en dire ici davantage, mais bien de revenir au courant, depuis si longtemps interrompu par des matières qui ne pouvoient comporter de l'être.

C'étoit plus que jamais le temps des entreprises les plus étranges et les plus nouvelles. M. de Fréjus et les sous-gouverneurs prétendirent entrer dans le carrosse du roi où jamais en aucun temps ils n'avoient mis le pied. Ils se fondèrent sur ce que les sous-gouverneurs, un à la fois, entroient dans le carrosse des princes fils de Monseigneur. Cela étoit vrai, mais jamais M. de Fénelon ne l'imagina ni M. de Beauvilliers pour lui, quoique tous deux dans l'intimité que l'on a vue. Saumery, insolent, entreprenant, cousin germain du duc de Beauvilliers, avoit commencé à y entrer en son absence, et alors le sous-gouverneur y est de telle nécessité que, sans préséance sur aucun, il y monteroit de préférence à qui que ce fût; mais le gouverneur présent, il est effacé et la nécessité est remplie. Néanmoins Saumery y monta, le duc de Beauvilliers présent, mais tellement à la dernière place qu'il faisoit à chaque fois des excuses, et souvent le duc de Beauvilliers pour lui, de ce qu'il ne pouvoit se mettre à la portière à cause de son ancienne blessure au genou, qui ne lui permettoit pas de le ployer. J'ai vu cela maintes fois, moi dans le carrosse. Je n'y ai jamais vu que lui des trois sous-gouverneurs. Le hasard apparemment a fait cela; et toujours avec cette excuse ne montroit que le pénultième pour se mettre au devant, et le dernier remplissoit de son côté la portière, où il ne se pouvoit pas mettre. Entrer dans le carrosse et manger avec le prince est de même droit, mais comme il n'y avoit point d'occasion où les princes fils de Monseigneur mangeassent avec personne, cela facilita l'effronterie de Saumery. M. de Fénelon étoit bien de qualité à l'un et à l'autre, mais il étoit précepteur, qui portoit l'exclusion, et comme il n'a rien à faire auprès du prince que pour l'étude, et qu'il n'y en a point en carrosse, point de nécessité pour lui d'y entrer comme pour le sous-gouverneur en l'absence du gouverneur; de plus il étoit prêtre, puis archevêque, autres exclusions; parce qu'il n'y a que les cardinaux et les évêques pairs, ou ceux qui ont rang de princes étrangers qui entrent dans les carrosses et qui mangent. M. d'Orléans, depuis cardinal de Coislin, et M. de Reims, l'un premier aumônier, l'autre maître de la chapelle, charges bien inférieures, ont fait maintes campagnes avec le roi, et je les ai vus au siége de Namur. Jamais

M. d'Orléans, bien mieux avec le roi que M. de Reims, n'a eu l'honneur de manger avec lui, tandis que l'archevêque de Reims, duc et pair, l'avoit souvent et tant qu'il lui plaisoit. Ainsi, nul exemple pour le précepteur d'entrer dans le carrosse, et un très-foible du sous-gouverneur, parce que quelque grands que soient les fils de France, il y a bien loin encore du roi à eux.

Néanmoins M. le duc d'Orléans, qui faisoit litière de toutes choses, accorda l'entrée du carrosse à un sous-gouverneur et à M. de Fréjus. Il est vrai qu'il eut le courage de lui dire que ce n'étoit que personnellement et point comme précepteur ni comme évêque. Dieu sait à quels excès et à quelle lie ce carrosse et l'honneur de manger avec le roi ont été depuis étendus.

De cette grâce s'ourdit une dispute de préférence et de préséance dans le carrosse entre le précepteur et le sous-gouverneur. Comme ils n'y étoient jamais entrés en aucun temps, la question étoit toute nouvelle et sans exemple. Il est vrai que le précepteur n'a rien à dire au sous-gouverneur, et que les fonctions sont toutes indépendantes et séparées; mais le précepteur au moins est en chef à l'étude, et le sous-gouverneur ne se trouve en chef nulle part. Sa dépendance du gouverneur est totale en tout et partout; celle du precepteur est fort légère, lequel a sous lui des sous-précepteurs; et le sous-gouverneur n'a personne : aussi M. de Fréjus le gagna-t-il.

En même temps le maréchal de Villeroy cessa pour toujours d'étouffer le roi en troisième. Il se mit à la portière de son côté; mais l'indécence de M. du Maine à côté du roi demeura toujours, que, tout fils favori du feu roi qu'il étoit, ce monarque n'eût pas soufferte.

Fresnel épousa la fille de Le Blanc, lors du conseil de guerre, dont il fut bien parlé dans les suites; et Flamarens épousa une fille de M. de Beauvau, frère de l'évêque de Nantes. La fille aînée du maréchal de Tessé, veuve de La

Varenne, petit-fils ou arrière-petit-fils du La Varenne de Henri IV, et qui passoit sa vie à la Flèche, épousa le jeune La Luzerne, son voisin, dont elle étoit éprise. Elle étoit fort riche, il avoit du bien et la naissance tout à fait sortable. Le marquis d'Harcourt, fils aîné du maréchal, épousa une fille de feu M. de Barbezieux et de la fille aînée de M. d'Alègre, qui fit la noce, et le duc d'Albret, qui voulut épouser la sœur de cette mariée, trouva des oppositions dans la famille, qui durèrent longtemps avec beaucoup de bruit.

Je ne dirois pas ici qu'Arouet fut mis à la Bastille pour avoir fait des vers très-effrontés, sans le nom que ses poésies, ses aventures et la fantaisie du monde lui ont fait. Il étoit fils du notaire de mon père, que j'ai vu bien des fois lui apporter des actes à signer. Il n'avoit jamais pu rien faire de ce fils libertin, dont le libertinage a fait enfin la fortune sous le nom de Voltaire, qu'il a pris pour déguiser le sien.

Le prince palatin de Birkenfeld mourut chez lui en Alsace, à près de quatre-vingts ans, peu riche, et le meilleur homme du monde. Il avoit fort servi. Il étoit lieutenant général, et avoit des pensions. Il venoit rarement à la cour, où il étoit toujours fort bien reçu du roi et fort accueilli du monde. Son fils avoit été fort de mes amis. Il avoit eu le Royal-allemand et est mort assez jeune, retiré chez lui, laissant deux fils, dont l'aîné par succession est devenu duc des Deux-Ponts depuis quelques années. Il n'y a plus que cette branche des palatins outre les deux électorales.

En même temps mourut la duchesse douairière d'Elbœuf d'une longue suite de maux qu'elle avoit gagnés de son mari, mort depuis longtemps. J'ai assez souvent parlé d'elle, pour qu'il ne me reste plus rien à en dire. Elle n'étoit pas fort âgée.

M. de Montbazon, fils aîné de M. de Guéméné, et gendre sans enfants de M. de Bouillon, mourut, jeune et brigadier d'infanterie, de la petite vérole.

Une autre personne, bien plus illustre par les éclats qu'elle avoit faits, quoique d'étoffe bien différente, ne fit pas le bruit qu'elle auroit fait plus tôt. Ce fut la fameuse Mme Guyon. Elle avoit été longtemps exilée en Anjou depuis le fracas et la fin de toutes les affaires du quiétisme. Elle y avoit vécu sagement et obscurément sans plus faire parler d'elle. Depuis huit ou dix ans elle avoit obtenu d'aller demeurer à Blois, où elle s'étoit conduite de même, et où elle mourut sans aucune singularité, comme elle n'en montroit plus depuis ses derniers exils, fort dévote toujours et fort retirée, et approchant souvent des sacrements. Elle avoit survécu à ses plus illustres protecteurs et à ses plus intimes amis.

Le maréchal de Villars, gorgé de toutes espèces de biens, n'eut pas honte de prendre ni M. le duc d'Orléans de lui donner six mille livres de pension pour le dédommager de ses prétentions sur la vallée de Barcelonnette, disputée au gouvernement de Provence par La Feuillade, comme gouverneur de Dauphiné, qui fut jugée devoir être de ce dernier gouvernement.

Le maréchal de Villeroy obtint en même temps pour le duc de Brissac, qui étoit fort mal à son aise, dix mille livres de pension. Quelque temps après, Blancménil, avocat général, frère du président Lamoignon, eut aussi une pension de six mille livres; et Canillac eut pour rien la lieutenance générale de Languedoc, de vingt mille livres de rente, vacante par la mort de Peyre, qui n'avoit point de brevet de retenue.

Contade et Brillac, l'un major, l'autre capitaine aux gardes, avoient passé leur vie dans ce corps, sans avoir pu se souffrir l'un l'autre. Contade bien plus brillant, l'autre ne laissoit pas d'avoir des amis. Son frère étoit premier président du parlement de Bretagne, mais fort peu estimé. Je ne sais ce qui arriva de nouveau entre deux officiers généraux de cet âge; mais, le samedi 12 juin, Brillac vint, sur les quatre heures du matin, chez Contade, dans la rue Saint-Honoré, l'éveilla, le fit habiller et sortit avec lui. Ils entrèrent tout auprès dans une petite rue inhabitée, qui va de la rue Saint-Honoré vers le bout du jardin des Tuileries, près de l'orangerie, et là se battirent bel et bien. Brillac fut légèrement blessé, et disparut aisément. Contade le fut dangereusement, et il fallut le reporter chez lui. Ce fut un grand vacarme. Un cordier et sa femme, qui profitoient de la commodité de cette rue pour leur métier, étoient déjà levés pour leur travail, et furent témoins du combat. Ils babillèrent; cela embarrassa beaucoup; on les enleva; on cacha Contade dans le fond de l'hôtel de Noailles, là tout auprès, et comme il avoit beaucoup d'amis considérables, tout se mit en campagne pour lui. Les Grammont, les Noailles, les Villars, le premier président et bien d'autres en firent leur propre affaire; et le régent n'avoit pas moins d'envie qu'eux de l'en tirer. Il en coûta du temps, des peines et de l'argent; et l'affaire s'en alla en fumée. Pendant tout cela, Contade guérit. A la fin de tout, Contade et Brillac parurent une fois au parlement pour la forme, et il ne s'en parla plus. Néanmoins on voulut séparer deux hommes si peu compatibles, et qui se rencontroient si souvent par la nécessité de leurs emplois. Le gouvernement de l'île d'Oléron vaqua. Il est bon; mais il demande résidence. Cela le fit donner à Brillac.

Par un événement extrêmement rare, un employé aux mines de diamants du Grand-Mogol trouva le moyen de s'en fourrer un dans le fondement, d'une grosseur prodigieuse, et, ce qui est le plus merveilleux, de gagner le bord de la mer, et de s'embarquer sans la précaution qu'on ne manque jamais d'employer à l'égard de presque tous les passagers, dont le nom ou l'emploi ne les en garantit pas, qui est de les purger et de leur donner un lavement pour leur faire rendre ce qu'ils auroient pu avaler, ou se cacher dans le fondement. Il fit apparemment si bien qu'on ne le soupçonna pas d'avoir approché des mines ni d'aucun commerce de pierreries. Pour comble de fortune, il arriva en Europe avec son diamant. Il le fit voir à plusieurs princes, dont il passoit les forces, et le porta enfin en Angleterre, où le roi l'admira sans pouvoir se résoudre à l'acheter. On en fit un modèle de cristal en Angleterre, d'où on adressa l'homme, le diamant et le modèle parfaitement semblable à Law, qui le proposa au régent pour le roi. Le prix en effraya le régent, qui refusa de le prendre.

Law, qui pensoit grandement en beaucoup de choses, me vint trouver consterné, et m'apporta le modèle. Je trouvai comme lui qu'il ne convenoit pas à la grandeur du roi de France de se laisser rebuter par le prix d'une pièce unique dans le monde et inestimable, et que plus de potentats n'avoient osé y penser, plus on devoit se garder de le laisser échapper. Law, ravi de me voir penser de la sorte, me pria d'en parler à M. le duc d'Orléans. L'état des finances fut un obstacle sur lequel le régent insista beaucoup. Il craignoit d'être blâmé de faire un achat si considérable, tandis qu'on avoit tant de peine à subvenir aux nécessités les plus pressantes, et qu'il falloit laisser tant de gens dans la souffrance. Je louai ce sentiment; mais je lui dis qu'il n'en devoit pas user pour le plus grand roi de l'Europe comme pour un simple particulier, qui seroit très-répréhensible de jeter cent mille francs pour se parer d'un beau diamant, tandis qu'il devroit beaucoup et ne se trouveroit pas en état de satisfaire; qu'il falloit considérer l'honneur de la couronne et ne lui pas laisser manquer l'occasion unique d'un diamant sans prix, qui effaçoit ceux de toute l'Europe; que c'étoit une gloire pour sa régence, qui dureroit à jamais, qu'en tel état que fussent les finances, l'épargne de ce refus ne les soulageroit pas beaucoup, et que la surcharge en seroit très-peu perceptible. Enfin je ne quittai point M. le duc d'Orléans, que je n'eusse obtenu que le diamant seroit acheté.

Law, avant de me parler, avoit tant représenté au marchand l'impossibilité de vendre son diamant au prix qu'il l'avoit espéré, le dommage et la perte qu'il souffriroit en le coupant en divers morceaux, qu'il le fit venir enfin à deux millions avec les rognures en outre qui sortiroient nécessairement de la taille. Le marché fut conclu de la sorte. On lui paya l'intérêt des deux millions jusqu'à ce qu'on lui pût donner le principal, et en attendant pour deux millions de pierreries en gage qu'il garderoit jusqu'à entier payement des deux millions.

M. le duc d'Orléans fut agréablement trompé par les applaudissements que le public donna à une acquisition si belle et si unique. Ce diamant fut appelé *le Régent*. Il est de la grosseur d'une prune de la reine Claude, d'une forme presque ronde, d'une épaisseur qui répond à son volume, parfaitement blanc, exempt de toute tache, nuage et paillette, d'une eau admirable, et pèse plus de cinq cents grains. Je m'applaudis beaucoup d'avoir résolu le régent à une emplette si illustre.

CHAPITRE XVIII.

Le czar vient en France, et ce voyage importune. — Origine de la haine personnelle du czar pour le roi d'Angleterre. — Kurakin ambassadeur de Russie en France; quel. — Motifs et mesures du czar qui veut, puis ne veut plus être catholique. — Courte réflexion sur Rome. — Il est reçu à Dunkerque par les équipages du roi, et à Calais par le marquis de Nesle. — Il est en tout défrayé avec toute sa suite. — On lui rend partout les mêmes honneurs qu'au roi. — On lui prépare des logements au Louvre et à l'hôtel de Lesdiguières, qu'il choisit. — Je propose au régent le maréchal de Tessé pour le mettre auprès du czar pendant son séjour, qui l'attend à Beaumont. — Vie que menoit le maréchal de Tessé. — Journal du séjour du

[1717] LE CZAR VIENT EN FRANCE. 419

czar à Paris. — Verton, maître d'hôtel du roi, chargé des tables du czar et de sa suite, gagne les bonnes grâces du czar. — Grandes qualités du czar; sa conduite à Paris. — Sa figure; son vêtement; sa nourriture. — Le régent visite le czar. — Le roi visite le czar en cérémonie. — Le czar visite le roi en toute pareille cérémonie. — Le czar voit les places du roi en relief. — Le czar visite Madame, qui l'avoit envoyé complimenter; puis [va] à l'Opéra avec M. le duc d'Orléans, qui là lui sert à boire. — Le czar aux Invalides. — Mme la duchesse de Berry et Mme la duchesse d'Orléans, perdant espérance d'ouïr parler du czar, envoient enfin le complimenter. — Il ne distingue les princes du sang en rien, et trouve mauvais que les princesses du sang prétendissent qu'il les visitât. — Il visite Mme la duchesse de Berry. — Dîne avec M. le duc d'Orléans à Saint-Cloud, et visite Mme la duchesse d'Orléans au Palais-Royal. — Voit le roi comme par hasard aux Tuileries. — Le czar va à Versailles. — Dépense pour le czar. — Il va à Petit-Bourg et à Fontainebleau; voit en revenant Choisy, et par hasard Mme la princesse de Conti un moment, qui y étoit demeurante. — Le czar va passer plusieurs jours à Versailles, Trianon et Marly; voit Saint-Cyr; fait à Mme de Maintenon une visite insultante. — Je vais voir le czar chez d'Antin tout à mon aise sans en être connu. — Mme la Duchesse l'y va voir par curiosité. — Il en est averti; il passe devant elle, la regarde, et ne fait ni la moindre civilité ni semblant de rien. — Présents. — Le régent va dire adieu au czar, lequel va dire adieu au roi sans cérémonie, et reçoit chez lui celui du roi de même. — Départ du czar, qui ne veut être accompagné de personne. — Il va trouver la czarine à Spa. — Le czar visite le régent. — Personnes présentées au czar. — Maréchal de Tessé commande tous les officiers du roi servant le czar. — Le czar, en partant, s'attendrit sur la France et sur son luxe. — Il refuse le régent qui, à la prière du roi d'Angleterre, désiroit qu'il retirât ses troupes du Mecklenbourg. — Il désire ardemment de s'unir avec la France, sans pouvoir réussir, à notre grand et long dommage, par l'intérêt de l'abbé Dubois et l'infatuation de l'Angleterre funestement transmise à ses successeurs,

Pierre Ier, czar de Moscovie, s'est fait avec justice un si grand nom chez lui et par toute l'Europe et l'Asie, que je n'entreprendrai pas de faire connoître un prince si grand, si illustre, comparable aux plus grands hommes de l'antiquité, qui a fait l'admiration de son siècle, qui sera celle des siècles suivants, et que toute l'Europe s'est si fort appliquée à connoître. La singularité du voyage en France d'un prince si extraordinaire m'a paru mériter de n'en rien oublier, et la narration de n'être point interrompue. C'est par cette raison que je la place ici un peu plus tard qu'elle ne devroit l'être dans l'ordre du temps, mais dont les dates rectifieront le défaut.

On a vu en son temps diverses choses de ce monarque; ses différents voyages en Hollande, Allemagne, Vienne, Angleterre et dans plusieurs parties du nord; l'objet de ces voyages et quelques choses de ses actions militaires, de sa politique, de sa famille. On a vu aussi qu'il avoit voulu venir en France dans les dernières années du feu roi, qui l'en fit honnêtement détourner. N'ayant plus cet obstacle, il voulut contenter sa curiosité, et il fit dire au régent par le prince Kurakin, son ambassadeur ici, qu'il alloit partir des Pays-Bas où il étoit pour venir voir le roi.

Il n'y eut pas moyen de n'en pas paroître fort aise, quoique le régent s'en fût bien volontiers passé. La dépense étoit grande à le défrayer; l'embarras pas moins grand avec un si puissant prince et si clairvoyant, mais plein de fantaisies, avec un reste de mœurs barbares et une grande suite de gens d'une conduite fort différente de la commune de ces pays-ci, pleins de caprices et de façons étranges, et leur maître et eux très-délicats et très-entiers sur ce qu'ils prétendoient leur être dû ou permis.

Le czar de plus étoit avec le roi d'Angleterre en inimitié ouverte qui alloit entre eux jusqu'à l'indécence et d'autant plus vive qu'elle étoit personnelle; ce qui ne gênoit pas peu le régent dont l'intimité avec le roi d'Angleterre étoit publique, et que l'intérêt personnel de l'abbé Dubois portoit fort indécemment aussi jusqu'à la dépendance. La passion dominante du czar étoit de rendre ses États florissants par le commerce. Il y avoit fait faire quantité de canaux pour le faciliter. Il y en eut un pour lequel il eut besoin du concours du roi d'Angleterre, parce qu'il traversoit un petit coin de ses États d'Allemagne. La jalousie du commerce empêcha Georges d'y consentir. Pierre, engagé dans la guerre de Pologne, puis dans celle du Nord, dans laquelle Georges l'étoit aussi, négocia vainement. Il en fut d'autant plus irrité, qu'il ne se trouvoit pas en situation d'agir par la force, et que ce canal, extrêmement avancé, ne put être continué. Telle fut la source de cette haine, qui a duré toute leur vie et dans la plus vive aigreur.

Kurakin étoit d'une branche de cette ancienne maison des Jagellons, qui avoit longtemps porté les couronnes de Pologne, de Danemark, de Norwége et de Suède. C'étoit un grand homme bien fait, qui sentoit fort la grandeur de son origine, avec beaucoup d'esprit, de tour et d'instruction. Il parloit assez bien françois et plusieurs langues; il avoit fort voyagé, servi à la guerre, puis été employé en différentes cours. Il ne laissoit pas de sentir encore le russe, et l'extrême avarice gâtoit fort ses talents. Le czar et lui avoient épousé les deux sœurs, et en avoient chacun un fils. La czarine avoit été répudiée et mise dans un couvent près de Moscou, sans que Kurakin se fût senti de cette disgrâce. Il connoissoit parfaitement son maître avec qui il avoit conservé de la liberté, de la confiance et beaucoup de considération; en dernier lieu, il avoit été trois ans à Rome, d'où il étoit venu à Paris ambassadeur. A Rome, il étoit sans caractère et sans affaires que la secrète pour laquelle le czar l'y avoit envoyé comme un homme sûr et éclairé.

Ce monarque, qui se vouloit tirer lui et son pays de leur barbarie et s'étendre par des conquêtes et des traités, avoit compris la nécessité des mariages pour s'allier avec les premiers potentats de l'Europe. Cette grande raison lui rendoit nécessaire la religion catholique, dont les grecs se trouvoient séparés de si peu qu'il ne jugea pas son projet difficile à faire recevoir chez lui en y laissant d'ailleurs la liberté de conscience. Mais ce prince instruit l'étoit assez pour vouloir être auparavant éclairci sur les prétentions romaines. Il avoit envoyé pour cela à Rome un homme obscur, mais capable de se bien informer, qui y passa cinq ou six mois, et qui ne lui rapporta rien de satisfaisant. Il s'en ouvrit, en Hollande, au roi Guillaume, qui le dissuada de son dessein, et qui lui conseilla même d'imiter l'Angleterre, et de se faire lui-même chef de la religion chez lui, sans quoi il n'y seroit jamais bien le maître. Ce conseil plut d'autant plus au czar que c'étoit par les biens et par l'autorité des patriarches de Moscou, ses grand-père et bisaïeul, que son père étoit parvenu à la couronne, quoique d'une condition ordinaire parmi la noblesse russienne.

Ces patriarches dépendoient pourtant de ceux du rite grec de Constantinople, mais fort légèrement. Ils s'étoient saisis d'un grand pouvoir et d'un rang prodigieux, jusque-là qu'à leur entrée à Moscou, le czar leur tenoit l'étrier et conduisoit à pied leur cheval par la bride. Depuis le grand-père de Pierre, il n'y avoit point eu de patriarche à Moscou. Pierre Ier, qui avoit régné quelque temps avec son frère aîné, qui n'en étoit pas capable, et qui étoit mort sans laisser de fils, il y avoit longtemps, n'avoit jamais voulu de patriarche non plus que son père. Les archevêques de Nowogorod y suppléoient en certaines choses comme occupant le premier siége après celui de Moscou, mais sans presque d'autorité que le czar usurpa tout entière, et plus soigneusement encore depuis le conseil que le roi Guillaume lui avoit donné, en sorte que peu à peu il s'étoit fait le véritable chef de la religion dans ses vastes États.

Néanmoins la passion de pouvoir ouvrir à sa postérité la facilité de faire des mariages avec des princes catholiques, l'honneur surtout de les allier à la maison de France et à celle d'Autriche, le fit revenir à son premier projet. Il se voulut flatter que celui qu'il avoit envoyé secrètement à Rome n'avoit pas été bien informé, ou qu'il avoit mal compris; il résolut donc d'approfondir ses doutes, de manière qu'il ne lui en restât plus sur le parti qu'il auroit à prendre.

Ce fut dans ce dessein qu'il choisit le prince Kurakin, dont les lumières et l'intelligence lui étoient connues, pour aller à Rome sous prétexte de curiosité, dans la vue qu'un seigneur de cette qualité s'ouvriroit l'entrée chez ce qu'il y avoit de meilleur, de plus important et de plus distingué à Rome, et qu'en y demeurant, sous prétexte d'en aimer la vie et de vouloir tout voir à son aise et admirer à son gré toutes les merveilles qui y sont rassemblées en tant de genres, il auroit loisir et moyen de revenir parfaitement instruit de tout ce qu'il vouloit savoir. Kurakin y demeura, en effet, trois ans mêlé avec les savants d'une part, et avec la meilleure compagnie de l'autre, d'où peu à peu il tira ce qu'il voulut apprendre avec d'autant plus de facilité que cette cour triomphe de ses prétentions temporelles, de ses conquêtes en ce genre, au lieu de les tenir dans le secret. Sur le rapport long et fidèle que Kurakin en fit au czar, ce prince poussa un soupir en disant qu'il vouloit être maître chez lui, et n'y en pas mettre un plus grand que soi, et oncques depuis ne songea à se faire catholique.

Tels sont les biens que les papes et leur cour font à l'Église, et qu'ils procurent aux âmes dont ce vicaire de Jésus-Christ, qui les a rachetées, est le grand pasteur, et dont sur la sienne il répondra au souverain Pasteur, qui a déclaré à saint Pierre comme aux autres apôtres que son royaume n'est pas de ce monde, et qui demanda à ces deux frères, qui le voulurent prendre pour juge de leur différend sur leur héritage, qui l'avoit établi sur eux en cette qualité? et qui ne s'en voulut point mêler quoique ce fût une bonne œuvre que d'accorder deux frères, pour enseigner aux pasteurs et aux prêtres par un si grand exemple et si précis, qu'ils n'ont aucun pouvoir ni aucun droit sur le temporel par quelque raison que ce puisse être, et qu'ils sont essentiellement exclus de s'en mêler.

Ce fait du czar sur Rome, le prince Kurakin ne s'en est pas caché. Tout ce qui l'a connu le lui a ouï conter; j'ai mangé chez lui et lui chez moi, et je l'ai fort entretenu et ouï discourir avec plaisir sur beaucoup de choses.

Le régent averti par lui de la prochaine arrivée du czar en France, par le côté maritime, envoya les équipages du roi, chevaux, carrosses, voitures, fourgons, tables et chambres, avec du Libois, un des gentilshommes ordinaires du roi, dont j'ai quelquefois parlé, pour aller attendre le czar à Dunkerque, le défrayer jusqu'à Paris de tout et toute sa suite, et lui faire rendre partout les mêmes honneurs qu'au roi même. Ce monarque se proposoit de donner cent jours à son voyage. On meubla pour lui l'appartement de la reine mère au Louvre, où il se tenoit divers conseils, qui s'assemblèrent chez les chefs depuis cet ordre.

M. le duc d'Orléans, raisonnant avec moi sur le seigneur titré qu'il pourroit choisir pour mettre auprès du czar pendant son séjour, je lui conseillai le maréchal de Tessé comme un homme qui n'avoit rien à faire, qui avoit fort l'usage et le langage du monde, fort accoutumé aux étrangers par ses voyages de guerre et de négociations en Espagne, à Turin, à Rome, en d'autres cours d'Italie, qui avoit de la douceur et de la politesse, et qui sûrement y feroit fort bien. M. le duc d'Orléans trouva que j'avois raison, et dès le lendemain l'envoya chercher et lui donna ses ordres.

C'étoit un homme qui avoit toujours été dans des liaisons fort contraires à M. le duc d'Orléans et qui étoit demeuré avec lui fort sur le pied gauche. Embarrassé de sa personne, il avoit pris un air de retraite. Il s'étoit mis dans un bel appartement aux Incurables. Il en avoit pris un autre aux Camaldules, près de Grosbois. Il avoit dans ces deux endroits de quoi loger toute sa maison. Il partageoit sa semaine entre cette maison de ville et cette maison de campagne. Il donnoit dans l'une et dans l'autre à manger tant qu'il pouvoit, et avec cela se prétendoit dans la retraite. Il fut donc fort aise d'être choisi pour faire les honneurs au czar, se tenir près de lui, l'accompagner partout, lui présenter tout le monde. C'étoit ausi son vrai ballot, et il s'en acquitta très-bien.

Quand on sut le czar proche de Dunkerque, le régent envoya le marquis de Nesle[1] le recevoir à Calais et l'accompagner jusqu'à l'arrivée du maréchal de Tessé, qui ne devoit aller que jusqu'à Beaumont au-devant de lui. En même temps on fit préparer l'hôtel de Lesdiguières pour le czar et sa suite, dans le doute qu'il n'aimât mieux une maison particulière avec tous ses gens autour de lui que le Louvre. L'hôtel de Lesdiguières étoit grand et beau, touchant à l'Arsenal, et appartenoit au maréchal de Villeroy, qui logeoit aux Tuileries. Ainsi la maison étoit vide, parce que le duc de Villeroy, qui n'étoit pas homme à grand train, l'avoit trouvée trop éloignée pour y loger. On le meubla entièrement et très-magnifiquement des meubles du roi.

Le maréchal de Tessé attendit un jour le czar à Beaumont à tout hasard pour ne le pas manquer. Il y arriva le vendredi 7 mai sur le midi. Tessé lui fit la révérence à la descente de son carrosse, eut l'honneur de dîner avec lui, et de l'amener le jour même à Paris.

Il voulut entrer dans Paris dans un carrosse du maréchal, mais sans lui, avec trois de ceux de sa suite. Le maréchal le suivoit dans un autre. Il descendit à neuf heures du soir au Louvre, entra partout dans l'appartement de la reine mère. Il le trouva trop magnifiquement tendu et éclairé, remonta tout de suite en carrosse et s'en alla à l'hôtel de Lesdiguiè-

---

1. Le marquis d'Argenson rapporte, sur ce personnage, l'anecdote suivante (*Mémoires*, édit. de 1825, p. 193-194) : « Le marquis de Nesle avoit brigué la mission d'aller au-devant du czar Pierre et de lui faire les honneurs de la France, lors du voyage de ce prince au commencement de ce règne. On sait que le marquis se pique d'une extrême magnificence. Il avoit si bien pris ses mesures qu'il changeoit d'habit tous les jours. Toute l'attention que cette recherche lui attira du czar fut que ce prince dit à quelqu'un : « En vérité, je plains M. de Nesle d'avoir un si mauvais tailleur « qu'il ne puisse trouver un habit fait à sa guise. »

res, où il voulut loger. Il en trouva aussi l'appartement qui lui étoit destiné trop beau, et tout aussitôt fit tendre son lit de camp dans une garde-robe. Le maréchal de Tessé, qui devoit faire les honneurs de sa maison et de sa table, l'accompagner partout et ne point quitter le lieu où il seroit, logea dans un appartement de l'hôtel de Lesdiguières, et eut beaucoup à faire à le suivre et souvent à courir après lui. Verton, un des maîtres d'hôtel du roi, fut chargé de le servir et de toutes les tables tant du czar que de sa suite. Elle étoit d'une quarantaine de personnes de toutes les sortes, dont il y en avoit douze ou quinze de gens considérables par eux-mêmes ou par leurs emplois, qui mangeoient avec lui.

Verton étoit un garçon d'esprit, fort d'un certain monde, homme de bonne chère et de grand jeu, qui fit servir le czar avec tant d'ordre, et sut si bien se conduire, que le czar le prit en singulière amitié ainsi que toute sa suite.

Ce monarque se fit admirer par son extrême curiosité toujours tendante à ses vues de gouvernement, de commerce, d'instruction, de police ; et cette curiosité atteignit à tout et ne dédaigna rien dont les moindres traits avoient une utilité suivie, marquée, savante, qui n'estima que ce qui méritoit l'être, en qui brilla l'intelligence, la justesse, la vive appréhension de son esprit. Tout montroit en lui la vaste étendue de ses lumières et quelque chose de continuellement conséquent. Il allia d'une manière tout à fait surprenante la majesté la plus haute, la plus fière, la plus délicate, la plus soutenue, en même temps la moins embarrassante quand il l'avoit établie dans toute sa sûreté avec une politesse qui la sentoit, et toujours et avec tous et en maître partout, mais qui avoit ses degrés suivant les personnes. Il avoit une sorte de familiarité qui venoit de liberté ; mais il n'étoit pas exempt d'une forte empreinte de cette ancienne barbarie de son pays qui rendoit toutes ses manières promptes, même précipitées, ses volontés incertaines, sans vouloir être contraint ni contredit sur pas une. Sa table, souvent peu décente, beaucoup moins ce qui la suivoit, souvent aussi avec un découvert d'audace et d'un roi partout chez soi, ce qu'il se proposoit de voir ou de faire toujours dans l'entière indépendance des moyens qu'il falloit forcer à son plaisir et à son mot. Le désir de voir à son aise, l'importunité d'être en spectacle, l'habitude d'une liberté au-dessus de tout lui faisoit souvent préférer les carrosses de louage, les fiacres mêmes, le premier carrosse qu'il trouvoit sous sa main de gens qui étoient chez lui et qu'il ne connoissoit pas. Il sautoit dedans et se faisoit mener par la ville ou dehors. Cette aventure arriva à Mme de Matignon, qui étoit allée là bayer, dont il mena le carrosse à Boulogne et dans d'autres lieux de campagne, qui fut bien étonnée de se trouver à pied. Alors c'étoit au maréchal de Tessé et à sa suite, dont il s'échappoit ainsi, à courir après, quelquefois sans le pouvoir trouver.

C'étoit un fort grand homme, très-bien fait, assez maigre, le visage assez de forme ronde; un grand front; de beaux sourcils; le nez assez court sans rien de trop, gros par le bout; les lèvres assez grosses; le teint rougeâtre et brun; de beaux yeux noirs, grands, vifs, perçants, bien fendus; le regard majestueux et gracieux quand il y prenoit garde, sinon sévère et farouche, avec un tic qui ne revenoit pas souvent, mais qui lui démontoit les yeux et toute la physionomie, et qui donnoit de la frayeur. Cela duroit un moment avec un regard égaré et terrible, et se remettoit aussitôt. Tout son air marquoit son esprit, sa réflexion et sa grandeur, et ne manquoit pas d'une certaine grâce. Il ne portoit qu'un col de toile, une perruque ronde brune, comme sans poudre, qui ne touchoit pas ses épaules, un habit brun juste au corps, uni, à boutons d'or, veste, culotte, bas, point de gants ni de manchettes, l'étoile de son ordre sur son habit et le cordon par dessous, son habit souvent déboutonné tout à fait, son chapeau sur une table et jamais sur sa tête, même dehors. Dans cette simplicité, quelque mal voituré et accompagné qu'il pût être, on ne s'y pouvoit méprendre à l'air de grandeur qui lui étoit naturel.

Ce qu'il buvoit et mangeoit en deux repas réglés est inconcevable, sans compter ce qu'il avaloit de bière, de limonade et d'autres sortes de boissons entre les repas, toute sa suite encore davantage; une bouteille ou deux de bière, autant et quelquefois davantage de vin, des vins de liqueur après, à la fin du repas des eaux-de-vie préparées, chopine et quelquefois pinte. C'étoit à peu près l'ordinaire de chaque repas. Sa suite à sa table en avaloit davantage, et [ils] mangeoient tous à l'avenant à onze heures du matin et à huit du soir. Quand la mesure n'étoit pas plus forte, il n'y paroissoit pas. Il y avoit un prêtre aumônier qui mangeoit à la table du czar, plus fort de moitié que pas un, dont le czar, qui l'aimoit, s'amusoit beaucoup. Le prince Kurakin alloit tous les jours à l'hôtel de Lesdiguières; mais il demeura logé chez lui.

Le czar entendoit bien le françois, et, je crois, l'auroit parlé s'il eût voulu; mais, par grandeur, il avoit toujours un interprète. Pour le latin et bien d'autres langues, il les parloit très-bien. Il eut chez lui une salle des gardes du roi, dont il ne voulut presque jamais être suivi dehors. Il ne voulut point sortir de l'hôtel de Lesdiguières, quelque curiosité qu'il eût, ni donner aucun signe de vie, qu'il n'y eût reçu la visite du roi.

Le samedi matin, lendemain de son arrivée, le régent alla voir le czar. Ce monarque sortit de son cabinet, fit quelques pas au-devant de lui, l'embrassa avec un grand air de supériorité, lui montra la porte de son cabinet, et, se tournant à l'instant sans nulle civilité, y entra. Le régent le suivit, et le prince Kurakin après lui, pour leur servir d'interprète. Ils trouvèrent deux fauteuils vis-à-vis l'un de l'autre; le czar s'assit en celui du haut bout, le régent dans l'autre. La conversation dura près d'une heure, sans parler d'affaires, après quoi le czar sortit de son cabinet, le régent après lui, qui, avec une profonde révérence médiocrement rendue, le quitta au même endroit où il l'avoit trouvé en entrant.

Le lundi suivant 10 mai, le roi alla voir le czar, qui le reçut à sa portière, le vit descendre de carrosse, et marcha de front à la gauche du roi jusque dans sa chambre où ils trouvèrent deux fauteuils égaux. Le roi s'assit dans celui de la droite, le czar dans celui de la gauche, le prince Kurakin servit d'interprète. On fut étonné de voir le czar prendre le roi sous les deux bras, le hausser à son niveau, l'embrasser ainsi en l'air, et le roi à son âge, et qui n'y pouvoit pas être préparé, n'en avoir aucune frayeur. On fut frappé de toutes les grâces qu'il montra devant le roi, de l'air de tendresse qu'il prit pour lui, de cette politesse qui couloit de source, et toutefois mêlée de grandeur, d'égalité de rang, et légèrement de supériorité d'âge ; car tout cela se fit très-distinctement sentir. Il loua fort le roi ; il en parut charmé, et il en persuada tout le monde. Il l'embrassa à plusieurs reprises. Le roi lui fit très-joliment son petit et court compliment, et M. du Maine, le maréchal de Villeroy, et ce qui se trouva là de distingué fournirent la conversation. La séance dura un petit quart d'heure. Le czar accompagna le roi comme il l'avoit reçu, et le vit monter en carrosse.

Le mardi 11 mai, le czar alla voir le roi entre quatre et cinq heures. Il fut reçu du roi à la portière de son carrosse, et conduit de même, eut la droite sur le roi partout. On étoit convenu de tout le cérémonial, avant que le roi l'allât voir. Le czar montra les mêmes grâces et la même affection pour le roi, et sa visite ne fut pas plus longue que celle qu'il en avoit reçue ; mais la foule le surprit fort.

Il étoit allé dès huit heures du matin voir les places Royale, des Victoires et de Vendôme, et le lendemain il fut voir l'Observatoire, les manufactures des Gobelins et le Jardin du Roi des simples. Partout là il s'amusa beaucoup à tout examiner et à faire beaucoup de questions.

Le jeudi 13 mai, il se purgea, et ne laissa pas l'après-dînée d'aller chez plusieurs ouvriers de réputation. Le vendredi 14, il alla dès six heures du matin dans la grande galerie du Louvre voir les plans en relief de toutes les places du roi, dont Asfeld avec ses ingénieurs lui fit les honneurs. Le maréchal de Villars s'y trouva aussi pour la même raison avec quelques lieutenants généraux. Il examina fort longtemps tous ces plans; il visita ensuite beaucoup d'endroits du Louvre, et descendit après dans le jardin des Tuileries, dont on avoit fait sortir tout le monde. On travailloit alors au Pont-Tournant. Il examina fort cet ouvrage, et y demeura longtemps. L'après-dînée, il alla voir Madame au Palais-Royal, qui l'avoit envoyé complimenter par son chevalier d'honneur. Excepté le fauteuil, elle le reçut comme elle auroit fait le roi. M. le duc d'Orléans l'y vint prendre pour le mener à l'Opéra dans sa grande loge, tous deux seuls sur le banc de devant avec un grand tapis. Quelque temps après, le czar demanda s'il n'y auroit point de bière. Tout aussitôt on en apporta un grand gobelet sur une soucoupe. Le régent se leva, la prit, et la présenta au czar, qui, avec un sourire et une inclination de politesse, prit le gobelet sans aucune façon, but et le remit sur la coupe, que le régent tint toujours. En la rendant, il prit une assiette qui portoit une serviette, qu'il présenta au czar, qui, sans se lever, en usa comme il avoit fait pour la bière, dont le spectacle parut assez étonné. Au quatrième acte il s'en alla souper, et ne voulut pas que le régent quittât la loge. Le lendemain samedi, il se jeta dans un carrosse de louage, et alla voir quantité de curiosités chez les ouvriers.

Le 16 mai, jour de la Pentecôte, il alla aux Invalides, où il voulut tout voir et tout examiner partout. Au réfectoire, il goûta de la soupe des soldats et de leur vin, but à leur santé, leur frappant sur l'épaule, et les appelant camarades. Il admira beaucoup l'église, l'apothicairerie et l'infirmerie, et parut charmé de l'ordre de cette maison. Le maréchal de

Villars lui en fit les honneurs. La maréchale de Villars y alla pour le voir comme bayeuse. Il sut que c'étoit elle, et lui fit beaucoup d'honnêtetés.

Lundi 17 mai, il dîna de bonne heure avec le prince Ragotzi, qu'il en avoit prié, et alla après voir Meudon, où il trouva des chevaux du roi pour voir les jardins et le parc à son aise. Le prince Ragotzi l'y accompagna.

Mardi 18, le maréchal d'Estrées le vint prendre à huit heures du matin et le mena, dans son carrosse, à sa maison d'Issy, où il lui donna à dîner, et l'amusa fort le reste de la journée avec beaucoup de choses qu'il lui fit voir touchant la marine.

Mercredi 19, il s'occupa de plusieurs ouvrages et ouvriers. Mme la duchesse de Berry et Mme la duchesse d'Orléans, à l'exemple de Madame, envoyèrent le matin complimenter le czar par leurs premiers écuyers. Elles en avoient toutes trois espéré un compliment ou même une visite. Elles se lassèrent de n'en point entendre parler, et à la fin se ravisèrent. Le czar répondit qu'il iroit les remercier. Des princes et princesses du sang, il ne s'en embarrassa pas plus que des premiers seigneurs de la cour, et ne les distingua pas davantage. Il avoit trouvé mauvais que les princes du sang eussent fait difficulté de l'aller voir, s'ils n'étoient assurés qu'il rendroit une visite aux princesses du sang, ce qu'il rejeta avec grande hauteur, tellement qu'aucune d'elles ne le vit que par curiosité, en voyeuse, excepté Mme la princesse de Conti, par hasard. Tout cela s'expliquera dans la suite.

Jeudi 20 mai, il devoit aller dîner à Saint-Cloud, où M. le duc d'Orléans l'attendoit avec cinq ou six courtisans seulement, mais un peu de fièvre qu'il eut la nuit l'obligea le matin de s'envoyer excuser.

Vendredi 21, il alla voir Mme la duchesse de Berry au Luxembourg, où il fut reçu comme le roi. Après sa visite il se promena dans les jardins. Mme la duchesse de Berry s'en alla cependant à la Muette pour lui laisser la liberté de voir toute sa maison, qu'il visita fort curieusement. Comptant partir vers le 16 juin, il demanda des bateaux pour ce temps-là à Charleville, dans le dessein de descendre la Meuse.

Samedi 22, il fut à Bercy, chez Pajot d'Ons-en-Bray, principal directeur de la poste, dont la maison est pleine de toutes sortes de raretés et de curiosités, tant naturelles que mécaniques. Le célèbre P. Sébastien, carme, y étoit. Il s'y amusa tout le jour, et y admira plusieurs belles machines.

Le dimanche 23 mai, il fut dîner à Saint-Cloud, où M. le duc d'Orléans l'attendoit; il vit la maison et les jardins, qui lui plurent fort; passa, en s'en retournant, au château de Madrid, qu'il visita, et alla de là voir Mme la duchesse d'Orléans au Palais-Royal, où, parmi beaucoup de politesses, il ne laissa pas de montrer un grand air de supériorité, ce qu'il avoit bien moins marqué chez Madame et chez Mme la duchesse de Berry.

Lundi 24, il alla aux Tuileries de bonne heure, avant que le roi fût levé. Il entra chez le maréchal de Villeroy, qui lui fit voir les pierreries de la couronne. Il les trouva plus belles et en plus grand nombre qu'il ne pensoit, mais il dit qu'il ne s'y connoissoit guère. Il témoignoit faire peu de cas des beautés purement de richesses et d'imagination, de celles surtout auxquelles il ne pouvoit atteindre. De là, il voulut aller voir le roi qui, de son côté, venoit le trouver chez le maréchal de Villeroy. Cela fut compassé exprès pour que ce ne fût point une visite marquée, mais comme de hasard. Ils se rencontrèrent dans un cabinet, où ils demeurèrent. Le roi, qui tenoit un rouleau de papier à la main, le lui donna, et lui dit que c'étoit la carte de ses États. Cette galanterie plut fort au czar, dont la politesse et l'air d'amitié et d'affection furent les mêmes, avec beaucoup de grâce, mais de majesté et d'égalité.

L'après-dînée il alla à Versailles où le maréchal de Tessé le laissa au duc d'Antin, chargé de lui en faire les honneurs.

L'appartement de Mme la Dauphine étoit préparé pour lui, et il coucha dans la communication de Mgr le Dauphin, père du roi, qui fait à cette heure des cabinets pour la reine.

Mardi 25, il avoit parcouru les jardins, et s'étoit embarqué sur le canal dès le grand matin, avant l'heure qu'il avoit donnée à d'Antin pour se rendre chez lui. Il vit tout Versailles, Trianon et la Ménagerie. Sa principale suite fut logée au château. Ils menèrent avec eux des demoiselles qu'ils firent coucher dans l'appartement qu'avoit Mme de Maintenon tout proche de celui où le czar couchoit. Bloin, gouverneur de Versailles, fut extrêmement scandalisé de voir profaner ainsi ce temple de la pruderie, dont la déesse et lui qui étoient vieux l'auroient été moins autrefois. Ce n'étoit pas la manière du czar ni de ses gens de se contraindre.

Mercredi 26, le czar, qui s'amusa fort tout le jour à Marly et à la machine, manda au maréchal de Tessé à Paris qu'il y arriveroit le lendemain matin à huit heures à l'hôtel de Lesdiguières, où il comptoit le trouver, et qu'il le mèneroit en lieu de voir la procession de la Fête-Dieu. Le maréchal lui fit voir celle de Notre-Dame.

Le défrai de ce prince coûtoit six cents écus par jour, quoiqu'il eût beaucoup fait diminuer sa table dès les premiers jours. Il eut un moment envie de faire venir à Paris la czarine qu'il aimoit beaucoup; mais il changea bientôt d'avis. Il la fit aller à Aix-la-Chapelle ou à Spa, à son choix, pour y prendre des eaux en l'attendant.

Dimanche 30 mai, il partit avec Bellegarde, fils et survivancier de d'Antin pour les bâtiments, et beaucoup de relais pour aller dîner chez d'Antin à Petit-Bourg, qui l'y reçut et le mena l'après-dînée voir Fontainebleau où il coucha, et le lendemain à une chasse du cerf de laquelle le comte de Toulouse lui fit les honneurs. Le lieu lui plut médiocrement, et point du tout la chasse où il pensa tomber de cheval; *il trouva cet exercice trop violent, qu'il ne connoissoit* point. Il voulut manger seul avec ses gens au retour dans l'île de l'Étang de la cour des Fontaines. Ils s'y dédommagèrent de leurs fatigues. Il revint à Petit-Bourg seul dans un carrosse avec trois de ses gens. Il parut dans ce carrosse qu'ils avoient largement bu et mangé.

Mardi 1er juin, il s'embarqua au bas de la terrasse de Petit-Bourg pour revenir par eau à Paris. Passant devant Choisy, il se fit arrêter, et voulut voir la maison et les jardins. Cette curiosité l'obligea d'entrer un moment chez Mme la princesse de Conti qui y étoit. Après s'être promené il se rembarqua, et il voulut passer sous tous les ponts de Paris.

Jeudi 3 juin, octave de la Fête-Dieu, il vit de l'hôtel de Lesdiguières la procession de la paroisse de Saint-Paul. Le même jour il alla coucher encore à Versailles, qu'il voulut revoir avec plus de loisir; il s'y plut fort, et voulut aussi coucher à Trianon, puis trois ou quatre nuits à Marly dans les pavillons les plus près du château qu'on lui prépara.

Vendredi 11 juin, il fut de Versailles à Saint-Cyr où il vit toute la maison et les demoiselles dans leurs classes. Il y fut reçu comme le roi. Il voulut aussi voir Mme de Maintenon qui dans l'apparence de cette curiosité s'étoit mise au lit, ses rideaux fermés hors un qui ne l'étoit qu'à demi. Le czar entra dans sa chambre, alla ouvrir les rideaux des fenêtres en arrivant, puis tout de suite tous ceux du lit, regarda bien Mme de Maintenon tout à son aise, ne lui dit pas un mot ni elle à lui, et sans lui faire aucune sorte de révérence, s'en alla. Je sus qu'elle en avoit été fort étonnée et encore plus mortifiée; mais le feu roi n'étoit plus. Il revint le samedi 12 juin à Paris.

Le mardi 15 juin, il alla de bonne heure chez d'Antin à Paris. Travaillant ce jour-là avec M. le duc d'Orléans, je finis en une demi-heure; il en fut surpris et voulut me retenir. Je lui dis que j'aurois toujours l'honneur de le trouver, mais non le czar qui s'en alloit, que je ne l'avois point vu, et que je m'en allois chez d'Antin bayer tout à mon aise. Personne n'y entroit que les conviés et quelques dames avec Mme la Duchesse et les princesses ses filles qui vouloient bayer aussi. J'entrai dans le jardin où le czar se promenoit. Le maréchal de Tessé qui me vit de loin vint à moi, comptant me présenter au czar. Je le priai de s'en bien garder et de ne point s'apercevoir de moi en sa présence, parce que je voulois le regarder tout à mon aise, le devancer et l'attendre tant que je voudrois pour le bien contempler, ce que je ne pourrois plus faire si j'en étois connu. Je le priai d'en avertir d'Antin, et avec cette précaution je satisfis ma curiosité tout à mon aise. Je le trouvai assez parlant mais toujours comme étant partout le maître. Il rentra dans un cabinet où d'Antin lui montra divers plans et quelques curiosités, sur quoi il fit plusieurs questions. Ce fut là où je vis ce tic dont j'ai parlé. Je demandai à Tessé si cela lui arrivoit souvent; il me dit plusieurs fois par jour, surtout quand il ne prend pas garde à s'en contraindre. Rentrant après dans le jardin, d'Antin lui fit raser l'appartement bas, et l'avertit que Mme la Duchesse y étoit avec des dames qui avoient grande envie de le voir. Il ne répondit rien et se laissa conduire. Il marcha plus doucement, tourna la tête vers l'appartement où tout étoit debout et sous les armes, mais en voyeuses. Il les regarda bien toutes et ne fit qu'une très-légère inclination de la tête à toutes à la fois sans la tourner le long d'elles, et passa fièrement; je pense à la façon dont il avoit reçu d'autres dames qu'il auroit montré plus de politesse à celles-ci, si Mme la Duchesse n'y eût pas été, à cause de la prétention de la visite. Il affecta même de ne s'informer pas laquelle c'étoit ni du nom de pas une des autres. Je fus là près d'une heure à ne le point quitter et à le regarder sans cesse. Sur la fin je vis qu'il le remarquoit : cela me rendit plus retenu dans la crainte qu'il ne demandât qui j'étois. Comme il alloit rentrer, je passai en m'en allant dans la salle où le couvert étoit mis. D'Antin toujours le même avoit trouvé moyen d'avoir un portrait très-ressemblant de la czarine qu'il avoit mis sur la cheminée de cette salle, avec des vers à sa louange, ce qui plut fort au czar dans sa surprise. Lui et sa suite trouvèrent le portrait fort ressemblant.

Le roi lui donna deux magnifiques tentures de tapisseries des Gobelins. Il lui voulut donner aussi une belle épée de diamants laquelle il s'excusa d'accepter; lui, de son côté, fit distribuer environ soixante mille livres aux domestiques du roi qui l'avoient servi, donna à d'Antin et aux maréchaux d'Estrées et de Tessé à chacun son portrait enrichi de diamants, cinq médailles d'or et onze d'argent des principales actions de sa vie. Il fit un présent d'amitié à Verton et pria instamment le régent de l'envoyer auprès de lui, chargé des affaires du roi, qui le lui promit.

Mercredi 16 juin, il fut à cheval à la revue des deux régiments des gardes, des gens d'armes, chevau-légers et mousquetaires. Il n'y avoit que M. le duc d'Orléans : le czar ne regarda presque pas ces troupes qui s'en aperçurent. Il fut de là dîner-souper à Saint-Ouen, chez le duc de Tresmes où il dit que l'excès de la chaleur de la poussière et de la foule de gens à pied et à cheval lui avoit fait quitter la revue plus tôt qu'il n'auroit voulu. Le repas fut magnifique; il sut que la marquise de Béthune qui y étoit en voyeuse étoit fille du duc de Tresmes; il la pria de se mettre à table; ce fut la seule dame qui y mangea avec beaucoup de seigneurs. Il y vint plusieurs dames aussi en voyeuses à qui il fit beaucoup d'honnêtetés, quand il sut qui elles étoient.

Jeudi 17, il alla pour la seconde fois à l'Obervatoire, et de là souper chez le maréchal de Villars.

Vendredi 18 juin, le régent fut de bonne heure à l'hôtel de Lesdiguières dire adieu au czar. Il fut quelque temps avec lui, le prince Kurakin en tiers. Après cette visite, le czar alla dire adieu au roi aux Tuileries. Il avoit été convenu qu'il n'y auroit plus entre eux de cérémonies. On ne peut

montrer plus d'esprit, de grâces ni de tendresses pour le roi
que le czar en fit paroître en toutes ces occasions, et le lendemain encore que le roi alla lui souhaiter à l'hôtel de Lesdiguières un bon voyage, où tout se passa ainsi sans cérémonies.

Dimanche 20 juin, le czar partit et coucha à Livry, allant droit à Spa où il étoit attendu par la czarine, et ne voulut être accompagné de personne, pas même en sortant de Paris. Le luxe qu'il remarqua le surprit beaucoup; il s'attendrit en partant sur le roi et sur la France, et dit qu'il voyoit avec douleur que ce luxe la perdroit bientôt. Il s'en alla charmé de la manière dont il avoit été reçu, de tout ce qu'il avoit vu, de la liberté qu'on lui avoit laissée, et dans un grand désir de s'unir étroitement avec le roi, à quoi l'intérêt de l'abbé Dubois et de l'Angleterre fut un funeste obstacle dont on a souvent eu et on a encore grand sujet de repentir.

On ne finiroit point sur ce czar si intimement et si véritablement grand, dont la singularité et la rare variété de tant de grands talents et de grandeurs diverses, feront toujours un monarque digne de la plus grande admiration jusque dans la postérité la plus reculée, malgré les grands défauts de la barbarie de son origine, de son pays et de son éducation. C'est la réputation qu'il laissa unanimement établie en France, qui le regarda comme un prodige dont elle demeura charmée.

Je suis certain que le czar alla voir M. le duc d'Orléans dès les premiers jours, qu'il ne lui rendit que cette unique visite au Palais-Royal; que M. le duc d'Orléans le reçut et le conduisit à son carrosse, que leur conversation s'y passa dans un cabinet, seuls avec le prince Kurakin en tiers, et qu'elle dura assez longtemps. J'en ai oublié le jour.

Ce monarque fut très-content du maréchal de Tessé et de tout le service. Ce maréchal commandoit à tous les officiers de la maison du roi de tout genre qui servirent le czar.

Beaucoup de gens se firent présenter à lui, mais de considération. Beaucoup aussi ne se soucièrent pas de l'être ; aucune dame ne le fut, et les princes du sang ne le virent point, dont il ne témoigna rien que par sa conduite avec eux, quand il en vit chez le roi. En partant il s'attendrit sur la France, et dit qu'il voyoit avec douleur que son grand luxe la perdroit bientôt.

Il avoit des troupes en Pologne et beaucoup dans le Mecklenbourg ; ces dernières inquiétoient fort le roi d'Angleterre qui avoit eu recours aux officiers de l'empereur et à tous les moyens qu'il avoit pu pour engager le czar à les en retirer. Il pria instamment M. le duc d'Orléans de tâcher de l'obtenir de ce prince tandis qu'il étoit en France. M. le duc d'Orléans n'y oublia rien, mais sans succès.

Néanmoins le czar avoit une passion extrême de s'unir avec la France. Rien ne convenoit mieux à notre commerce, à notre considération dans le Nord, en Allemagne et par toute l'Europe. Ce prince tenoit l'Angleterre en brassière par le commerce, et le roi Georges en crainte pour ses États d'Allemagne. Il tenoit la Hollande en grand respect et l'empereur en grande mesure. On ne peut nier qu'il ne fît une grande figure en Europe et en Asie, et que la France n'eût infiniment profité d'une union étroite avec lui. Il n'aimoit point l'empereur, il désiroit de nous déprendre peu à peu de notre abandon à l'Angleterre, et ce fut l'Angleterre qui nous rendit sourds à ses invitations jusqu'à la messéance, lesquelles durèrent encore longtemps après son départ. En vain je pressois souvent le régent sur cet article, et lui disois des raisons dont il sentoit toute la force, et auxquelles il ne pouvoit répondre. Mais son ensorcellement pour l'abbé Dubois, aidé encore alors d'Effiat, de Canillac, du duc de Noailles, étoit encore plus fort.

Dubois songeoit au cardinalat et n'osoit encore le dire à son maître. L'Angleterre, sur laquelle il avoit fondé toutes ses espérances de fortune, lui avoit servi d'abord à être de quelque chose par le leurre de son ancienne connoissance avec Stanhope. De là il s'étoit fait envoyer en Hollande le voir à son passage, puis à Hanovre; enfin il avoit fait les traités qu'on a vus, et s'en étoit fait conseiller d'État, puis fourré dans le conseil des affaires étrangères. Il avoit été, puis [étoit] retourné en Angleterre. Les Anglois qui voyoient son ambition et son crédit, le servoient à son gré pour en tirer au leur. Son but étoit de se servir du crédit du roi d'Angleterre sur l'empereur qui étoit grand et de sa liaison alors intime et personnelle, pour se faire cardinal par l'autorité de l'empereur qui pouvoit tout à Rome, et qui faisoit trembler le pape.

Cette riante perspective nous tint enchaînés à l'Angleterre avec la dernière servitude, qui ne permit rien au régent qu'avec sa permission, que Georges étoit bien éloigné d'accorder à la liaison avec le czar, tant à cause de leur haine et de leurs intérêts, que par ménagement pour l'empereur : deux points si capitaux pour l'abbé Dubois que le czar se dégoûta enfin de notre surdité pour lui, et de notre indifférence qui alla jusqu'à ne lui envoyer ni Verton, ni personne de la part du roi.

On a eu lieu depuis d'un long repentir des funestes charmes de l'Angleterre, et du fol mépris que nous avons fait de la Russie. Les malheurs n'en ont pas cessé par un aveugle enchaînement, et on n'a enfin ouvert les yeux que pour en sentir mieux l'irréparable ruine scellée par le ministère de M. le Duc, et par celui du cardinal Fleury ensuite, également empoisonnés de l'Angleterre, l'un par l'énorme argent qu'en tira sa maîtresse après le cardinal Dubois, l'autre par l'infatuation la plus imbécile.

CHAPITRE XIX.

Mort du palatin de Livonie. — Nouveaux manéges d'Albéroni pour sa promotion. — Giudice à Gênes, misère de ses neveux. — Effet à Madrid de la promotion de Borromée. — Patiño depuis premier ministre et grand. — Vanteries d'Albéroni. — Le roi de Sicile inquiet désire être compris dans le traité projeté de l'Espagne avec la Hollande. — Réponse d'Albéroni. — Albéroni change tout à coup de système et en embrasse un fort peu possible, et encore avec d'étranges variations. — Ses ordres à Beretti là-dessus. — Les Hollandois désirent l'union avec l'Espagne. — Ils craignent la puissance et l'ambition de l'empereur et les mouvements du roi de Prusse. — Plaintes et dépit du roi de Prusse contre le roi d'Angleterre. — Cabales et changements en Angleterre. — Beretti propose d'attacher à l'Espagne plusieurs membres principaux des États généraux, qu'il nomme, par des pensions. — Lettre d'Albéroni à Beretti suivant son nouveau système, pour être montrée au Pensionnaire et à quelques autres de la république, et parle en même sens à Riperda. — Riperda découvre un changement dans le dernier système d'Albéroni, et prévoit le dessein sur la Sicile. — Esprit continuel de retour à la succession de France. — Double friponnerie d'Albéroni et d'Aubenton sur la constitution. — Artifices d'Albéroni pour sa promotion; ses éclats et ses menaces. — Mauvais état des finances d'Espagne. — Propos des ministres d'Angleterre et de Hollande à celui de Sicile, en conformité du dernier système d'Albéroni, et lui font une proposition étrange. — Il élude d'y répondre et fait une curieuse et importante découverte. — Albéroni, sous le nom de la reine, éclate en menaces, ferme l'Espagne à Aldovrandi, fait un reproche et donne une leçon à Acquaviva, avec l'air de le ménager. — Nouveaux efforts d'Albéroni pour sa promotion. — Rare bref du pape au P. d'Aubenton. — Le roi d'Espagne parle trois fois à Riperda suivant le système d'Albéroni. — L'ambassadeur de Sicile, alarmé sur la cession de cette île, élude de répondre aux propositions de l'ambassadeur de Hollande. — Albéroni change de batteries et veut plaire au pape pour obtenir sa promotion. — Embarras du pape. — Vénitiens mal avec la France et avec l'Espagne. — Acquaviva veut gagner le cardinal Ottobon. — Vil intérêt des Romains. — Réflexion sur les cardinaux françois. — Changement de plus en plus subit de la conduite d'Albéroni sur sa promotion. — Ses raisons. — Conduite et ordres d'Albéroni à Beretti suivant son dernier système. — Raisonnements de Beretti. — Agitations intérieures de la cour d'Angleterre.

On apprit en même temps la mort du palatin de Livonie, qui avoit accompagné le prince électeur de Saxe dans tous ses voyages, qui avoit toute la confiance du père et du fils, et qui acquit par son esprit, par ses lumières et par sa conduite et celle de ce prince en France tant de réputation. Il étoit catholique, il eût été ravi de voir ce prince sur le trône de Pologne, et bien étonné s'il eût pu deviner que la fille de Stanislas seroit reine de France et celle de son jeune prince Dauphine par le contraste le plus étrangement singulier.

Le pape étoit toujours en des frayeurs mortelles des préparatifs du Turc, et se réjouissoit de la diligence qu'on lui faisoit valoir de ceux de l'Espagne pour envoyer l'escadre promise en Levant, et Acquaviva en profitoit pour presser la promotion d'Albéroni, qui perdroit, disoit-il au pape, toute sa grâce s'il ne l'accordoit qu'avec toutes les précautions qu'il y vouloit apporter, c'est-à-dire que l'escadre fût dans les mers du Levant, la nonciature rouverte en Espagne et tous les différends entre les deux cours terminés. Giudice étoit encore à Gênes. Son neveu le prélat, témoin des exclamations de tous les cardinaux, lorsqu'ils entendoient parler de la promotion d'Albéroni, trembloit que la conduite de son oncle à Rome ne nuisît à sa fortune. Cellamare n'en avoit pas moins de frayeur pour lui-même, tous deux bien résolus de s'en tenir aux plus légères bienséances avec leur oncle, et se servir eux-mêmes en servant Albéroni. Ce dernier avoit reçu la nouvelle de la promotion de Borromée avec beaucoup de fermeté ; il parut qu'elle lui faisoit affecter de se montrer comme l'arbitre des affaires et de la cour d'Espagne ; mais donnant toujours sa promotion comme l'affaire uniquement de la reine. Elle étoit lors en couches. On affecta de lui cacher la nouvelle de peur de nuire à sa santé, mais deux heures après l'arrivée du courrier qui l'apporta, il en fut dépêché un au prince Pio, vice-roi de Catalogne à Barcelone, avec ordre d'empêcher Aldovrandi d'entrer en Espagne, et de l'en faire sortir sur-le-champ s'il y étoit déjà entré. En chemin ce nonce avoit reçu une lettre du cardinal Paulucci, par ordre du pape, qui lui donnoit pouvoir d'assurer Albéroni que sa promotion suivroit de près, pourvu que l'accommodement entre les deux cours se fît aux conditions proposées par le pape et comme acceptées, et qu'avant la conclusion la nonciature fût rouverte et l'escadre à la voile. C'étoit vendre et acheter un chapeau bien cher : aussi ces conditions furent-elles trouvées en Espagne d'une insolence extrême : ce terme n'y fut pas ménagé, et toutes les autres expressions mêlées de raisonnements qui y répondirent ; on menaça de la fureur de la reine quand elle en seroit informée, et des plus grandes extrémités. Le roi écrivit cependant au pape en termes respectueux mais forts. Aldovrandi fut accusé à Madrid d'avoir suggéré au pape cette résolution par le désir qu'il avoit de faire rouvrir sa nonciature et de n'y être pas trompé.

Néanmoins Albéroni regardoit l'envoi de l'escadre comme le seul moyen d'opérer sa promotion. Il s'étoit rendu maître des fonds de l'armement, et pour être plus assuré de la diligence, il en avoit confié le soin à Patiño, avec le titre d'intendant général de la marine. C'étoit l'unique Espagnol qu'il eût jamais jugé digne de sa confiance et capable de bien servir. Il avoit été dix-huit ans jésuite ; il figura depuis de plus en plus, et est mort enfin grand d'Espagne et premier ministre, avec autant de pouvoir et de probité qu'en avoit eu Albéroni. Il se vantoit, en attendant, d'avoir anéanti les conseils, rétabli le commerce et la marine, réparé les places et l'artillerie, construit et augmenté des ports, détruit la contractation¹ et le consulat de Séville, bridé pour toujours l'Aragon et la Catalogne, par la construction de la citadelle de Barcelone, et [il se vantoit] de la santé du roi d'Espagne, suffisamment raffermie pour ne ralentir plus l'empressement des puissances étrangères de prendre des engagements avec lui.

Le roi de Sicile, toujours en crainte et mal avec l'empereur, fit presser Albéroni de le comprendre dans le traité de ligue dont il se parloit fort alors entre l'Espagne et la Hollande. Albéroni répondit à l'abbé del Maro, son ambassadeur, que la conclusion n'en étoit pas prochaine ; que s'il y avoit apparence de traiter, il seroit averti ; que le motif de cette proposition avoit été de rompre le traité de ligue que l'empereur avoit proposé aux États généraux avec lui, et que le roi d'Espagne avoit été bien aise de trouver une occasion de déclarer que si l'empereur attaquoit l'Italie, il prendroit ses mesures pour conserver ses droits et ceux de ses amis ; enfin que toutes les fois que les Hollandois seroient raisonnables le roi d'Espagne seroit disposé à traiter avec eux, et qu'en ce cas les intérêts du roi de Sicile ne seroient pas oubliés.

Il dit assez vrai pour cette fois ; car, dès qu'il fut assuré de n'avoir plus de traité à craindre entre l'empereur et les Hollandois, il manda à Beretti de semer soigneusement la défiance entre eux, et de se contenter de maintenir sur pied la négociation commencée, sans en presser la conclusion, parce que, dans l'heureuse situation du roi d'Espagne, il étoit en état d'être recherché de tout côté et n'avoit rien à craindre pour ses royaumes ; d'où il concluoit qu'il falloit aussi aller très-lentement dans la négociation commencée avec l'Angleterre, en quoi on verra bientôt l'ignorance de sa politique. Il prescrivit donc à Beretti de mander à Stanhope que nul accommodement avec l'empereur ne con-

---

1. Ce mot espagnol signifie ici *chambre de commerce*.

venoit à l'Espagne si on ne régloit, comme un préliminaire, le point de la sûreté de l'Italie, dont il pouvoit se rendre maître en vingt-quatre heures, et que l'Angleterre, ayant inutilement versé tant de sang et d'argent pour soutenir la dernière guerre, ne devoit rien oublier pour que les engagements qu'elle prendroit pour assurer le repos de l'Europe eussent un effet certain. Mais il voulut que Beretti écrivît en ce sens, comme de lui-même et sans ordre, seulement comme très-sûrement informé de l'intention de l'Espagne de maintenir l'équilibre de l'Europe.

Elle n'y pouvoit être selon lui, quelque précaution qu'on pût prendre contre les changements des temps et des conjonctures, tant que l'empereur posséderoit des États en Italie, surtout une place comme Mantoue. Il ne regardoit plus que comme des dispositions trop éloignées et trop casuelles pour y faire une attention sérieuse, l'offre du roi d'Angleterre d'obliger l'empereur de promettre aux enfants de la reine d'Espagne les successions de Parme et de Toscane, à faute d'enfants de ces deux maisons. Il prétendoit que Stanhope, qu'il avoit vu en Espagne, étoit fin et adroit. Il croyoit voir de l'artifice dans ses lettres. Pour le fixer il vouloit un engagement positif des Anglois d'obliger l'empereur à sortir d'Italie, et de Parme surtout. On ne peut s'empêcher d'admirer ici qu'un premier ministre d'Espagne, quelque peu habile qu'il pût être dans la connoissance des affaires, pût imaginer possible une pareille vision.

Il ne laissoit pas de prévoir que Stanhope se retrancheroit sur le traité d'Utrecht, auquel cette demande seroit une infraction, [traité] confirmé depuis par la ligue nouvellement faite entre la France, l'Angleterre et la Hollande. Mais cela n'arrêtoit point Albéroni qui, sans l'engagement qu'il désiroit, ne voyoit point d'utilité pour l'Espagne à traiter avec l'empereur, parce que des affaires d'Italie dépendoit, selon lui, l'équilibre de l'Europe, qui ne pouvoit jamais subsister tant qu'il y auroit un Allemand en Italie. Cela pouvoit être vrai. Mais comment obliger l'empereur, puissant comme il étoit et les forces en main, de renoncer à l'Italie, qui faisoit un des plus beaux et des plus riches fleurons de sa couronne, et un des principaux fondements de son autorité en Europe, et comment persuader les Anglois, de tous temps liés avec lui et le roi d'Angleterre, lors son ami personnel et intime, et qui avoit tant d'intérêt de le ménager pour ses États d'Allemagne, de lui faire une proposition si folle et encore sans équivalent, et de le forcer à cet abandon qui, par leur situation, ne leur étoit à eux d'aucune considération ?

Albéroni comptoit dire merveilles en protestant que le roi d'Espagne, content de ce qu'il possédoit, ne prétendoit rien en Italie pour lui-même, et se contentoit de ce qui devoit appartenir au fils de son second lit, par toutes les lois divines et humaines. Ce leurre en sus étoit aussi par trop grossier. C'étoit néanmoins en ce sens que Beretti reçut ordre d'écrire et de parler si la négociation se portoit à Londres.

Albéroni ne jugeoit pas convenable de céder tant de droits et d'États usurpés pour une promesse vague garantie par l'Angleterre et la Hollande, qui pour leur intérêt propre, à ce qu'il se figuroit, seroient obligées d'empêcher l'empereur de se rendre maître des États du grand-duc, si la succession s'en ouvroit sans héritiers ; par conséquent que l'Espagne ne gagneroit rien, et perdroit tout, en faisant ce traité avec l'empereur. Il en parla en ce sens au secrétaire d'Angleterre, toutefois dans l'intention d'entretenir le traité sans le rompre.

Le naturel froid et temporiseur d'Heinsius servoit Albéroni contre les empressements que Beretti redoubloit sans cesse pour le traité, avant que d'avoir reçu ses derniers ordres. Ce Pensionnaire l'assuroit de la bonne disposition de toutes les provinces ; mais il ajoutoit qu'avant de traiter et de conclure, il falloit voir ce que produiroient les soins de l'Angleterre et de la république, pour moyenner la paix entre l'empereur et l'Espagne ; que si cette paix ne réussissoit point, la république s'uniroit avec l'Espagne par une alliance, soit que les Anglois y voulussent entrer ou non. Amsterdam paroissoit le désirer ; Beretti s'en applaudissoit comme du fruit de ses soins, et comptoit aussi sur les provinces d'Utrecht et de Gueldre. Les principaux membres de la république rejetoient sur l'Angleterre la lenteur de la négociation de la paix entre l'empereur et l'Espagne. Duywenworde se plaignoit de ces délais, qui laissoient perdre la conjoncture si favorable de la guerre de Hongrie pour rendre l'empereur plus facile. Il convenoit de l'intérêt commun que l'empereur ne se rendît pas maître de l'Italie, et assuroit que les États généraux l'abandonneroient s'il ne se rendoit pas raisonnable, et traiteroient avec l'Espagne pour leurs intérêts particuliers. Il se vanta, pour prouver ses bonnes intentions, d'avoir parlé très-fermement, en dernier lieu, dans l'assemblée des États de Hollande, sur les contraventions de l'empereur au traité de la Barrière, et prétendoit l'avoir engagé d'écrire au roi d'Angleterre, pour lui demander l'interposition de ses bons offices à Vienne, d'où il arriveroit qu'en le faisant la république auroit ce qu'elle désiroit, ou s'il l'en refusoit, sa mauvaise foi seroit reconnue, et la république seroit en pleine liberté de traiter avec l'Espagne.

Elle venoit de réformer cinq régiments écossois. Albéroni en vouloit prendre deux à son service ; mais Beretti qui en avoit écrit à Londres, n'en ayant point de réponse, auguroit mal du succès de cette demande.

Malgré cette réforme de troupes, que le mauvais état des affaires des Hollandois les avoit obligés de faire, ils étoient inquiets des nouvelles levées que le roi de Prusse faisoit : il vouloit avoir soixante-cinq mille hommes sur pied, sans que ses ministres, ni peut-être lui-même, sût ce qu'il en vouloit faire. Ces troupes faisoient des mouvements dans le pays de Clèves. Il remplissoit ses magasins, et donna tant d'alarme aux Hollandois, qu'ils firent travailler aux fortifications de Nimègue et de Zutphen, et lui payèrent cent vingt mille florins des subsides qu'ils lui devoient de la dernière guerre.

Le roi de Prusse inquiétoit aussi le roi d'Angleterre, son beau-père, par les plaintes qu'il faisoit de lui et par ses liaisons étroites avec le czar. Le gendre se déclaroit vivement piqué de trouver son beau-père opposé partout à ses intérêts, difficile sur les moindres bagatelles ; dans son dépit, il protestoit qu'il ne tiendroit pas à l'empereur de l'attacher inviolablement à ses intérêts, parce qu'il étoit persuadé que le chef de l'Empire devoit être et seroit l'arbitre de la paix du Nord. Il se plaignoit qu'une escadre angloise eût bloqué le port de Gottembourg, et que Georges fît tenir le baron de Gœrtz si étroitement dans les prisons de Hollande, qu'il n'y avoit eu que le seul adoucissement d'y faire porter son lit.

En même temps la cour de Londres étoit si remplie de cabales, que le roi d'Angleterre n'avoit pu conserver ses principaux ministres. Townshend, secrétaire d'État, avoit quitté cette place pour la vice-royauté d'Irlande, qu'il perdit encore bientôt après. Methwin, aussi secrétaire d'État, et Walpole, premier commissaire de la trésorerie, furent démis aussi, ainsi que Pulteney de [la place] de secrétaire des guerres, et le duc de Devonshire, leur ami, et de même cabale, ne voulut pas demeurer président du conseil après leur disgrâce, et remit cette grande place. Stanhope changea la sienne de secrétaire d'État pour celle de premier commissaire de la trésorerie.

Parmi ces mouvements, la cour d'Angleterre étoit médiocrement occupée des affaires du dehors, et Stanhope encore moins, qui en avoit quitté la direction. Ainsi, ses réponses à Beretti étoient sèches, obscures, et désoloient l'activité de ce ministre sur une affaire dont il désiroit ardemment la conclusion, pour en avoir l'honneur, et tous ses raisonnements tendoient à éprouver si Georges agissoit sincèrement, ou se contentoit d'amuser; ce qui ne se pouvoit qu'en le pressant extraordinairement de faire expliquer l'empereur avant la décision de la campagne en Hongrie. Il se confirmoit dans cette opinion par l'aveu que faisoient Heinsius et Duywenworde, autrefois impériaux si zélés, qu'ils ne pouvoient avoir de confiance en la sincérité de l'empereur dans la négociation commencée, en en éprouvant si peu de sa part sur l'exécution des conditions du traité de la Barrière.

Le Pensionnaire même si mesuré, s'étoit emporté contre l'ambition de la cour de Vienne et le danger de la laisser en état de se rendre maîtresse de tous côtés, par conséquent de faire les derniers efforts sur le traité de paix avec l'Espagne pendant la campagne de Hongrie. Beretti proposoit la nécessité d'acquérir des amis encore plus sûrs à l'Espagne, par des pensions dont on flatteroit les plus propres à les recevoir, et en même temps les plus en état de bien servir, mais qui ne leur seroient données que lorsque l'alliance avec la république seroit comme certaine. Ceux qu'il nommoit pour ces pensions des principaux membres de la république étoient le comte d'Albemarle, les barons de Reenswonde, de Norwich et de Welderen. Ce dernier étoit député pour la Gueldre. Il le disoit fort autrichien, mais sensible à l'argent, et plus encore aux bons repas.

Albéroni, dans les principes qu'on a vus, étoit fort ralenti sur ces alliances. Il écrivit une lettre à Beretti, suivant ces mêmes principes, avec ordre de la montrer au Pensionnaire et aux bien intentionnés. Il y insistoit sur l'absolue nécessité de l'équilibre, sur son impossibilité tant que l'empereur conserveroit un pouce de terre et un soldat en Italie, sur l'indifférence du roi d'Espagne, sur la paix à faire avec l'empereur. Surtout, il y relevoit le bon état de l'Espagne, et ses espérances de le rendre encore meilleur, avant qu'il fût cinq ou six ans.

[1717] RIPERDA PRÉVOIT LE DESSEIN SUR LA SICILE.   449

En même temps, il manda Riperda, ambassadeur de Hollande. Il lui parla des propositions de l'Angleterre et de la Hollande, pour la paix entre l'empereur et l'Espagne, lui dit qu'il falloit compter que ce n'étoit que de belles paroles de la cour de Vienne, que la négociation seroit infructueuse, qu'il seroit même très-dangereux de l'entamer, tant que la sûreté pour l'équilibre de l'Europe ne seroit pas solidement établie; lui expliqua en quoi il le faisoit consister, et qu'il falloit que l'empereur remît tout ce qu'il possédoit en Italie entre les mains de l'Angleterre et de la Hollande, pour en être disposé par ces deux puissances comme elles le jugeroient à propos, suivant la justice; et que le roi d'Espagne, dont il loua l'amour du bien public, consentoit d'en être parfaitement exclu. Il ajouta des plaintes de l'attachement des États généraux pour l'empereur; qu'il comprenoit bien les ménagements que le roi d'Angleterre avoit pour le chef de l'empire, par rapport à ses États d'Allemagne; qu'il ne voyoit donc qu'un esprit de dépendance à ses volontés dans cette conduite de la Hollande; que néanmoins il falloit une balance dans l'Europe. Il proposa comme un moyen d'y parvenir de procurer aux États généraux les Pays-Bas catholiques, et promit à Riperda, en lui en demandant le secret, que le roi d'Espagne feroit là-dessus ce qu'il jugeroit à propos. Il finit comme il avoit commencé, sur l'empereur et sur l'Italie.

Riperda sortit de cette conversation persuadé que l'Espagne ne feroit jamais la paix avec l'empereur aux conditions proposées par l'Angleterre et la Hollande. Il croyoit avoir découvert que le projet d'Albéroni, qui pourtant avoit insisté au commencement et à la fin de cette conversation qu'il n'y pouvoit avoir d'équilibre tant que l'empereur posséderoit un pouce de terre en Italie; Riperda, dis-je, croyoit avoir découvert que son projet étoit de laisser le Milanois à l'empereur, d'y faire ajouter Crémone et le Crémonois, donnant en échange Mantoue et le Mantouan à la république de Venise, de recouvrer pour l'Espagne Naples, Sicile et Sardaigne, et d'assurer au fils aîné du second lit du roi d'Espagne les successions de Florence et de Parme. Cet ambassadeur étoit même persuadé que l'Espagne recouvreroit la Sicile lorsqu'on s'y attendroit le moins.

Albéroni Étoit bien aise d'insinuer aux états généraux ces différentes vues, parce qu'il craignoit plutôt qu'il ne souhaitoit la paix avec l'empereur. Dans la prévoyance des événements qui pouvoient arriver, il évitoit d'engager de nouveau le roi d'Espagne, soit en confirmant les engagements déjà pris, soit par de nouvelles cessions dont l'Europe deviendroit garante. Il disoit que la main de Dieu n'étoit pas raccourcie, et par ce discours il laissoit assez entendre ce qu'il avoit dans l'esprit. C'est une chose étrange qu'être possédé de l'esprit de retour, et de n'oser en laisser rien apercevoir ni à la France ni à l'Espagne.

Dans ce même esprit il profita de la conjoncture de plusieurs écrits contre la constitution qui avoient été brûlés publiquement à Rome. Il fit écrire au pape par leur fidèle Aubenton des merveilles de la piété du roi d'Espagne, et de son inséparable attachement au chef de l'Église, quoi qu'il pût arriver dans cette affaire. Ces mêmes écrits que Cellamare avoit envoyés furent livrés à l'inquisition d'Espagne pour y être brûlés. Cellamare eut ordre de ne plus envoyer d'écrits faits contre la constitution, mais tous ceux au contraire qui lui étoient favorables, tandis que le cardinal Acquaviva reçut ordre d'éviter avec soin de prendre aucun parti dans ces différends et de se contenter simplement de rendre compte des suites qu'ils pourroient avoir : c'est-à-dire qu'Albéroni vouloit donner au pape une grande idée de l'attachement du roi d'Espagne pour la saine doctrine, et de son horreur pour les nouveautés, en même temps que ce ministre se vouloit ménager soigneusement la France, et ne pas donner aussi trop d'assistance au pape dans une conjoncture où il en étoit aussi mécontent.

Toutefois il pressoit l'armement de la flotte comme l'instrument unique de sa promotion, qui ne touchoit, disoit-il, que la reine. Il continuoit à garder le silence qu'il s'étoit imposé, et de dire qu'il savoit bien que, s'il proposoit quelques tempéraments, ses envieux diroient qu'il ne songeoit qu'à ses intérêts aux dépens de ceux de ses maîtres, jusquelà qu'il étoit convaincu de leur cacher les lettres d'Acquaviva : c'étoit un bon reproche qu'il lui faisoit de n'avoir pas été assez ferme à presser le pape; que les lénitifs n'étoient ni selon l'humeur du roi ni selon celle de la reine; qu'à l'avenir Rome seroit obligée à plus d'égards pour eux; que Leurs Majestés Catholiques donneroient enfin des marques de leur ressentiment à une cour pleine de brigands, aisée à châtier par l'intérêt; qu'étant lui-même homme d'honneur et désintéressé, il seroit content d'avoir préféré la décence du service de ses maîtres à sa propre élévation; que s'ils avoient désiré un chapeau de cardinal, il leur conviendroit enfin de le mépriser, voyant l'étrange procédé de Rome; qu'il ne doutoit pas que, si le roi d'Espagne changeoit de résolution sur l'envoi de ses vaisseaux, ce changement ne fût attribué à son ministère, et que quelque fripon ne répandît qu'il se seroit servi de son crédit pour ôter ce secours à la chrétienté; que le pape seul perdroit la religion, puisque dans le même temps qu'il accordoit aux instances de ses parents la dignité de cardinal pour un homme vendu aux Allemands, il refusoit avec mépris la justice que le roi d'Espagne lui demandoit. Il établissoit pour principe (et ce principe est très-vrai, et c'est la seule vérité qu'Albéroni dise ici), il établissoit pour principe qu'il ne falloit pas filer doux avec la cour de Rome, que tous les remèdes mitoyens étoient mauvais, et que le temps détromperoit enfin de l'orviétan de cette cour; il ajoutoit que ses amis les plus dévoués ne pouvoient approuver sa conduite, que le confesseur même jetoit feu et flamme; mais Albéroni ne prétendoit pas lui en savoir gré, parce que, si ce jésuite en usoit autrement, il s'en trouveroit mal.

Cette flotte, dont Albéroni faisoit tant de parade, coûtoit prodigieusement. L'état des affaires n'étoit pas tel qu'Albéroni s'efforçoit de le montrer. Les dettes étoient en grand nombre et pressantes, les moyens de les acquitter difficiles; lui-même étoit contraint de l'avouer à ses confidents, mais il avoit le bonheur de faire accroire le contraire aux ministres étrangers qui étoient à Madrid. Ceux d'Angleterre et de Hollande qu'il caressoit le plus, assuroient l'ambassadeur de Sicile que le roi d'Espagne trouvoit en argent comptant au delà de l'opinion commune; qu'il pouvoit aider le roi de Sicile à devenir le libérateur de l'Italie, puisque le seul moyen d'empêcher l'empereur de s'en rendre enfin le maître, étoit d'unir par un traité le roi d'Espagne, le roi de Sicile et les princes d'Italie. L'abbé del Maro voulut savoir quel seroit à peu près le plan que l'Angleterre et la Hollande formeroient pour cette union. Les ministres de ces deux puissances parlèrent de faire céder la Sicile au roi d'Espagne, et de faire donner au roi de Sicile les États contigus au Montferrat, et la partie du Milanois dont il étoit en possession. Quoique la proposition fût étrange, del Maro jugea qu'elle étoit faite de concert avec Albéroni, qui vouloit faire sa cour à la reine en trouvant le moyen de fonder un État pour ses enfants. Il tâcha de pénétrer un point plus important. Il remarquoit les ménagements que l'Angleterre et la Hollande avoient pour le roi d'Espagne. Il voulut découvrir quel parti prendroient ces puissances au cas d'ouverture à la succession de France. Mais il jugea par les réponses de leurs ministres que leurs égards étoient encore plus pour l'Espagne que pour la personne de Philippe V, et que si jamais il entreprenoit de revenir contre les renonciations, elles emploieroient leur crédit et leurs armes pour traverser son entreprise.

La reine d'Espagne apprit enfin la promotion de Borromée, Albéroni sous son nom éclata en menaces. Outre le courrier dépêché à Barcelone dont on a parlé, il en avoit fait envoyer un autre à Alicante pour le même effet au cas qu'Aldovrandi eût pris la route de la mer pour l'empêcher d'y mettre pied à terre. Ce nonce avoit laissé à Madrid un nommé Giradelli, son secrétaire, qui étoit aussi agent du cardinal Acquaviva. Albéroni fut tenté de le chasser. Mais réfléchissant que cet homme ne pouvoit lui nuire, il s'en fit un mérite auprès d'Acquaviva, et lui donna en même temps une leçon. Le mérite fut de lui mander qu'à sa seule considération il avoit empêché que cet homme fût chassé, mais à condition qu'il ne feroit aucune fonction d'agent du pape, et qu'il ne parleroit ni ne présenteroit de mémoire au nom de Sa Sainteté.

Pour la leçon, Acquaviva pressoit depuis longtemps d'être délivré à Rome de la critique importune de don Juan Diaz, agent d'Espagne, qui censuroit toutes ses actions avec la liberté la plus outrée. Albéroni lui avoit promis de le rappeler. Le cardinal l'en avoit de nouveau sollicité. Albéroni, mécontent de sa mollesse et d'avoir laissé passer Borromée sans lui, ajouta à sa lettre qu'il falloit user de flegme à l'égard de cet homme, regardé par les Espagnols comme très-zélé pour le service et comme incapable de ménager personne quand il s'agissoit de l'intérêt des maîtres; que, de plus, il s'étoit encore acquis un nouveau crédit depuis la promotion de Borromée, parce qu'il avoit constamment assuré qu'elle seroit faite, et Leurs Majestés Catholiques trompées malgré les belles paroles du pape et les espérances dont lui Acquaviva s'étoit laissé flatter.

Ce reproche fait au pape et à lui étoit annoncer la vengeance; deux Italiens n'y pouvoient donner une autre interprétation. Aldovrandi voyant sa fortune perdue si l'entrée d'Espagne lui demeuroit interdite, demanda instamment la permission de passer à Barcelone ou à Saragosse. La colère de la reine fut le prétexte de n'écouter aucune proposition que la promotion d'Albéroni ne fût faite. Mais pour en conserver le véritable appât, il fit savoir à Rome que l'escadre si désirée se rendroit incessamment à Gênes, et pourroit même s'avancer jusqu'à Livourne, mais que dans l'un de ces deux ports, elle attendroit des nouvelles d'Acquaviva, d'où elle regagneroit les ports d'Espagne si la promotion tant de fois promise n'étoit pas faite, résolution dont Leurs Majestés Catholiques ne se départiroient jamais quand même le monde viendroit à tomber, parce que le roi d'Espagne se lassoit enfin d'être depuis seize ans le jouet de la cour de Rome.

Ce prince, dépeint à Rome avec tant de soin comme si soumis au pape pour le lui faire désirer en France, si malheureusement la succession venoit à s'ouvrir, ne vouloit pas qu'il lui fût permis de différer la promotion d'un si rare sujet, et se portoit à toute extrémité. Ainsi il menaça Rome à cette occasion de former une junte pour examiner les moyens et les mesures à prendre pour établir de justes bornes à son autorité en Espagne, et l'y réduire à celle qu'on lui permettoit en France et à Venise. Il ajoutoit que Leurs Majestés Catholiques seroient inflexibles sur ce point capital; que qui que ce soit n'oseroit entreprendre de tenter de les fléchir; qu'il aimeroit mieux être mort que d'en avoir ouvert la bouche, parce qu'on ne manqueroit pas de l'accuser de préférer ses intérêts à celui de ses maîtres. Que le confesseur avoit d'autant plus d'intérêt de garder le plus profond silence qu'il lui étoit très-sévèrement enjoint par le roi sur toutes les affaires de Rome, à laquelle d'ailleurs il passoit pour être vendu. Ainsi Albéroni vouloit que le pape connût tout le danger de différer sa promotion, et qu'il le regardât comme le seul maître de terminer les différends entre les deux cours.

Pour le confirmer dans cette pensée, il obtint du roi d'Espagne d'engager le duc de Parme à promettre au nom de Sa Majesté Catholique de se rendre garant que l'accommodement se feroit, et que le tribunal de la nonciature seroit rouvert dans le moment que la promotion seroit faite et déclarée.

Cet instant de la promotion d'Albéroni étoit le point critique de toute difficulté sur l'accommodement. Albéroni ne le vouloit point faire si cette condition n'étoit remplie; il avoit trop de peur d'être laissé après. Le pape, dans la même défiance qu'on ne se moquât de lui après la promotion, se tenoit ferme à sa promesse de la faire sitôt que l'accommodement seroit fait aux termes convenus déjà par Albéroni, et que l'escadre seroit à la voile sur la route de Corfou. Cette défiance mutuelle arrêtoit tout. Néanmoins le pape voulut d'avance lever toutes les difficultés préliminaires. Il écrivit à d'Aubenton un bref de sa main, portant pouvoir d'absoudre le roi d'Espagne de toutes les censures qu'il avoit encourues par les actes faits en son nom et par son autorité contre les droits du saint siége, mais à condition que ces mêmes actes seroient annulés, et que Sa Majesté Catholique entreroit dans tous les projets d'accommodement proposés par Sa Sainteté. On ne peut s'empêcher de dire ici que les réflexions s'offrent en foule sur ce beau bref et sur cette rare invention d'envahir tout comme juge et partie.

Albéroni en même temps, attentif à l'objet qu'il s'étoit fait pour l'Italie, procura à Riperda qu'il avoit toujours particulièrement ménagé, trois audiences consécutives du roi d'Espagne en sa présence, dans lesquelles le roi d'Espagne, louant la candeur du Pensionnaire, dit qu'il souhaitoit qu'il devînt le directeur de la négociation entre lui et la cour de Vienne, et que les propositions y fussent portées et à Madrid en même temps par les offices de l'Angleterre et de la Hollande. Il insista sur la nécessité d'établir avant toutes choses la balance nécessaire pour la sûreté de l'Italie, et il renouvela ce qui avoit déjà été dit à cet ambassadeur de Hollande, pour exciter ses maîtres à profiter de l'occasion favorable qu'ils avoient de se rendre maîtres des Pays-Bas.

Riperda put aisément reconnoître aux conférences particulières qu'il avoit avec Albéroni que l'Italie étoit son objet principal. Il crut démêler que les instances que faisoit le roi de Sicile pour être compris dans ce traité n'auroient pas grand succès, et qu'on n'étoit pas disposé en Espagne à favoriser l'augmentation de sa puissance. Son ambassadeur travailloit à persuader le roi d'Espagne qu'une étroite intelligence entre lui et son maître étoit nécessaire pour leurs intérêts communs, et que l'ambassadeur de Hollande appuieroit sa pensée de ses offices. Riperda, en effet, dans une visite qu'il lui avoit faite, l'avoit fort entretenu de la nécessité de profiter de la guerre du Turc pour maintenir la liberté de l'Italie contre les invasions de l'empereur, d'où dépendoit la tranquillité de l'Europe ; que les rois d'Espagne et d'Angleterre étoient persuadés de cette vérité, ainsi que les États généraux ; qu'il falloit les unir et savoir si le roi de Sicile concourroit avec eux dans la même union ; qu'il parloit par ordre du Pensionnaire, choisi par le conseil secret de la république pour seul commissaire et interprète dans cette négociation particulière ; qu'il demandoit une réponse là-dessus du roi de Sicile, lequel ne devoit pas être surpris du silence qui se gardoit là-dessus avec son résident à la Haye, parce que la négociation devoit être concertée principalement avec l'Espagne, et qu'il étoit absolument nécessaire d'empêcher que le mystère n'en fût éventé.

Tous ces propos néanmoins furent suspects à del Maro, à qui Riperda avoit déjà tenu quelques discours désagréables sur l'idée de la cession de la Sicile à l'empereur moyennant un échange. Les offres de Riperda lui parurent de nouvelles preuves du concert fait entre les trois puissances de dépouiller son maître de la Sicile et de l'obliger à se contenter d'un échange tel qu'il leur plairoit pour faciliter la paix de l'empereur avec l'Espagne : ainsi il éluda de répondre positivement en demandant du temps de recevoir les ordres de son maître.

Albéroni, tout occupé de sa promotion qu'il vouloit obtenir par toutes sortes de voies, envoya ordre à Cadix de mettre à la voile pour le Levant, et avec cette nouvelle Acquaviva eut ordre d'assurer le pape qu'Adovrandi seroit au plus tôt reçu en qualité de nonce. Le prétexte de ce changement subit fut de montrer la droiture et la sincérité du procédé du roi d'Espagne, mais dont il attendoit un juste retour de sa part par la promotion actuelle et déclarée à la réception de sa lettre. Le pape ne pouvoit s'aveugler sur l'indignité de cette promotion qu'il sentoit et voyoit. Les clameurs publiques en retentissoient et en frappoient ses oreilles. Mais de cette promotion, telle qu'elle fût, dépendoient l'accommodement à l'avantage de Rome, et le secours maritime contre les Turcs.

Le pape pleuroit donc, et les larmes lui coûtoient peu. Il se trouvoit dans les douleurs de l'enfantement. Il se servoit de la frayeur commune des Vénitiens pour agir par leur ambassadeur à Rome auprès d'Acquaviva, pour persuader l'Espagne de secourir l'Italie contre les Turcs, sans attendre la promotion. Ce ricochet étoit employé, parce que le noble résident à Madrid n'avoit pas encore pris caractère. L'Espagne prétendoit des satisfactions que la république éludoit encore sur ce qu'elle avoit reconnu l'archiduc roi d'Espagne, Acquaviva souhaitoit que le roi d'Espagne, secouant les Vénitiens, obtînt d'eux le rétablissement entier de la famille Ottoboni dans ses biens et prérogatives, et dans leurs bonnes grâces, dont elle étoit privée depuis que le cardinal Ottobon avoit, sans leur congé, accepté la protection de France. Il considéroit qu'il étoit important pour un conclave d'acquérir un cardinal tel que celui-là, qui d'ailleurs avoit toujours bien mérité du roi d'Espagne.

On trouve à Rome quantité de gens empressés à témoigner leur zèle, soit à la France, soit à la maison d'Autriche suivant ce qu'ils appellent *il genio* qui les partage entre les deux. L'espérance des bienfaits est un puissant motif, même pour des personnes principales qui ne peuvent jamais espérer de la cour de Rome des récompenses approchant de celles qu'ils reçoivent des couronnes en bénéfices ou en pensions. Quelques-uns même, non contents d'en tirer de modiques d'un côté, tâchent d'en recevoir aussi de l'autre sous un titre de politiques ou de nouvellistes. On éprouva cette conduite d'un abbé Juliani, qui rapportoit au palais du pape, d'une part, et aux Espagnols, de l'autre, tout ce qu'il apprenoit du cardinal de La Trémoille, dont il avoit gagné la confiance. Il avoit une forte pension du roi, et son père en avoit aussi été fort bien payé.

On ne peut ici s'empêcher de déplorer l'aveuglement sur les cardinaux nationaux toujours inutiles, et c'est marché donné fort à charge, et impunément très-dangereux quand il leur plaît. Deux cent mille livres de rente est peu de chose en bénéfices pour un cardinal françois. Je laisse à part le rang et la considération personnelle qui porte sur tous les siens. Il n'y en a jamais qu'un demeurant à Rome pour les affaires du roi. Les autres vivent à Paris et à la cour comme bon leur semble. Vient-il un conclave, il faut les payer pour y aller : encore s'en excusent-ils tant qu'ils peuvent. En arrivant à Rome, ils trouvent les cabales formées et les partis pris. Ils n'y connoissent personne : aussi éprouve-t-on qu'on s'y moque d'eux avec force compliments. Le pape est-il fait, c'est à qui reviendra le plus vite. Tous les crimes leur sont permis, ceux même de lèse-majesté; quoi qu'ils attentent, ils sont inviolables et vont tête levée. Louis XI n'osa jamais punir les attentats et les trahisons avérées du cardinal Balue que par la prison, et encore avec combien de traverses, et on le vit sous son successeur triompher de son crime dans l'éclat de légat en France. Sixte V approuva tout ce qui s'étoit passé à Blois, et détestoit les horreurs de la Ligue; mais, lorsque, quelques jours après, il apprit la mort du cardinal de Guise, pour le moins aussi coupable que son frère, il excommunia Henri III, et trouva qu'il n'y avoit pas d'assez grands châtiments pour expier ce crime. On a vu le feu roi réduit à traiter avec le cardinal de Retz, et n'avoir pu châtier les forfaits du cardinal de Bouillon ni l'éclat de sa désobéissance. Les avantages et les inconvénients d'avoir des cardinaux françois ne se peuvent donc pas balancer. A l'égard des prétentions de Rome, on ne peut compter sur les cardinaux françois. On sent encore les suites des manéges et de la séditieuse harangue du cardinal du Perron, en 1614, aux derniers états généraux qui se soient tenus. Si nos rois ne souffroient jamais de cardinaux en France, ils éviteroient ces funestes inconvénients et celui encore d'un attachement à Rome contre leurs intérêts de tous ceux qui se figurent arriver à la pourpre, et de quelques-uns qui y sont élevés malgré eux, comme le fut le cardinal Le Camus, malgré le feu roi, et le cardinal de Mailly malgré le roi d'aujourd'hui et le régent, à force de cabales, de sédition, de rage dans l'affaire de la constitution. En donnant la nomination à des sujets italiens bien choisis, ils auroient à Rome des cardinaux permanents, à eux, informés et au fait de tout sans cesse, qui, par eux, par leurs amis et leur famille, seroient continuellement utiles et infiniment dans les conclaves, et dont trois ou quatre seroient plus que contents à eux tous des bénéfices qui ne suffisent pas à un seul cardinal françois. L'espérance du cardinalat ne débaucheroit plus d'évêques contre les libertés de l'Église gallicane et contre l'autorité et la souveraineté temporelle de nos rois, et leur procureroit, au contraire, les services et l'attachement des plus considérables maisons et particuliers de Rome et de toute l'Italie, dont l'utilité se reconnoîtroit tous les jours. C'en est assez sur cet important article, dont l'évidence saute aux yeux.

Plusieurs cardinaux se flattoient d'avoir depuis peu détourné le pape de déshonorer leur collége en y mettant un si étrange sujet. Albéroni le savoit, et il reconnut qu'il n'étoit pas de son intérêt de porter trop loin le ressentiment du roi et de la reine, parce que, si le nouveau différend qu'il produiroit duroit trop longtemps, il en seroit la victime, que ses ennemis en si grand nombre seroient ravis de le voir embarqué dans une affaire qu'ils regardoient comme la cause inévitable de sa perte prochaine, à laquelle tous les Espagnols contribueroient à l'envi. Ces réflexions lui firent changer de conduite. Il pressa le départ de la flotte. Il manda au duc de Parme qu'elle mettroit à la voile le 26 mai, et il pressa Aldovrandi de se rendre à Ségovie, où la cour étoit, pour y terminer, à la satisfaction du pape, les différends entre les deux cours. Il laissa entrevoir qu'il sentoit toute la conséquence dont étoit pour lui de finir au plus tôt l'affaire de sa promotion et ce qu'il devoit craindre de l'empire que les Allemands, maîtres de l'Italie, prendroient sur l'esprit et sur les résolutions du pape. Ce fut l'excuse d'un changement si subit de conduite. On en verra dans la suite d'autres raisons.

Il avoit aussi changé de système sur les affaires générales de l'Europe. Il avoit fort désiré unir le roi d'Espagne avec l'Angleterre et la Hollande, et lui procurer la paix avec l'empereur par le moyen de ces deux puissances. Ces idées, qui avoient été si avant dans son esprit, ne subsistoient plus. Il éludoit la négociation de cette paix, que l'Angleterre vouloit entamer. Il se fondoit sur la situation avantageuse où ses soins avoient mis, disoit-il, l'Espagne, qui n'avoit nulle raison de rechercher l'amitié de personne, et dont le meilleur parti étoit de regarder l'embarras des autres puissances d'un œil tranquille et de bien jouer son jeu. Il s'appuyoit sur les troubles intérieurs dont il croyoit l'Angleterre inévitablement menacée, et sur l'épuisement extrême où la dernière guerre avoit laissé la Hollande, qui obligeroient ces deux puissances à rechercher l'amitié du roi d'Espagne, en sorte que, le prix en étant connu des nations étrangères, il ne la donneroit qu'à bon escient à qui il jugeroit à propos. Ainsi, au lieu de presser Beretti, il modéroit son ardeur de négocier pour se faire valoir. Il l'occupoit à gagner et à faire passer en Espagne des ouvriers en laine pour des manufactures très-utiles qu'il méditoit, mais sur le succès desquelles il craignoit avec raison la paresse naturelle des Espagnols.

Beretti se fondoit en grands raisonnements pour persuader Albéroni de profiter du désir qu'il voyoit dans la république de s'unir à l'Espagne, d'entrer dans les mesures nécessaires à borner l'ambition de la maison d'Autriche, et de se garantir de l'impression que faisoit sur lui l'humeur vindicative des transfuges espagnols de son conseil. Il disoit que nul traité ne seroit solide si on n'établissoit préliminairement un équilibre parfait dans les affaires de l'Europe; sans lequel le roi d'Espagne ne devoit jamais s'engager, mais demeurer spectateur, et il traitoit de vaines les renonciations faites en faveur de la maison d'Autriche, parce qu'elle-même n'en avoit fait aucune en faveur de l'Espagne. Il convenoit qu'un refus absolu d'écouter rien sur la paix avec l'empereur pouvoit alarmer l'Angleterre et la Hollande, mais qu'il falloit savoir prolonger la négociation, et faire retomber sur la cour de Vienne l'odieux des délais.

Le fruit qu'il se proposoit de cette conduite étoit que l'Angleterre et la Hollande, irritées de celle de l'empereur sur la paix, l'en craindroient encore davantage et solliciteroient elles-mêmes l'alliance que le roi d'Espagne leur offroit. Il étoit vrai que l'Angleterre n'étoit pas tranquille dans l'intérieur : les partis y étoient plus animés que jamais, le roi et le prince de Galles brouillés jusqu'à ne plus garder aucunes apparences, les ministres anglois haïs d'une partie de la nation, les ministres allemands détestés de la nation entière, et regardés comme vendus à la cour de Vienne. Ils passoient pour tels au point que le ministre du roi de Sicile n'osa les solliciter de travailler à l'accommodement de son maître avec l'empereur.

FIN DU QUATORZIÈME VOLUME.

NOTES.

I. CAUSES DE LA DISGRACE DE FOUQUET. — SON PROCÈS.

Page 112.

Saint-Simon parlant de la disgrâce de Fouquet, dit que la principale cause de son malheur fut *un peu trop de galanterie et de splendeur* (p. 112 de ce volume). Le jugement de l'histoire est plus sévère. Tout le monde sait que le château de Vaux[1] coûta des sommes énormes, et que Louis XIV indigné fut sur le point de faire arrêter Fouquet au milieu des fêtes qu'il donnait à la cour. Quant à la *galanterie* de Fouquet, il suffira de rappeler que les lettres trouvées dans sa cassette ne furent pas toutes détruites, comme on l'a souvent répété; elles existent encore pour la plupart, et attestent les folles prodigalités du surintendant[2]. On prétend que Fouquet, enivré de sa fortune, osa élever ses prétentions jusqu'à Mlle de La Vallière. Cette accusation, reproduite dans quelques Mémoires du temps[3], reçoit une nouvelle confirmation de la lettre suivante qu'une des entremetteuses de Fouquet lui écrivait[4] :

1. Vaux-le-Vicomte (départem. de la Marne).
2. Ces lettres ont été conservées par Baluze, bibliothécaire de Colbert, et font aujourd'hui partie des manuscrits de la Bibliothèque Impériale. C'est de là que j'ai tiré plusieurs des pièces citées dans cette note.
3. Voy. principalement les Mémoires du jeune Brienne (H. L. de Loménie).
4. La copie de cette lettre se trouve dans les manuscrits Conrart, bibliothèque de l'Arsenal, in-f°, t. XI, p. 152. On comprend que l'original d'une pareille lettre ait été détruit; mais, comme on retrouve dans les papiers de Fouquet, plusieurs lettres dont les copies, données par Conrart, reproduisent l'esprit, sinon les expressions, il n'y a pas de motif suffisant pour rejeter cette lettre comme apocryphe. La copie est de la main de Conrart.

« Je ne sais plus ce que je dis ni ce que je fais lorsqu'on résiste à vos intentions. Je ne puis sortir de colère lorsque je songe que la petite demoiselle de La Vallière a fait la capable avec moi. Pour captiver sa bienveillance, je l'ai assurée sur sa beauté, qui n'est pourtant pas grande[1]; et puis lui ayant fait connoître que vous empêcheriez qu'elle manquât jamais de rien, et que vous avez vingt mille pistoles pour elle, elle se gendarma contre moi, disant que deux cent cinquante mille livres n'étoient pas capables de lui faire faire un faux pas; et elle me répéta cela avec tant de fierté, quoique je n'aie rien oublié pour l'adoucir avant de me séparer d'elle, que je crains fort qu'elle n'en parle au roi, de sorte qu'il faut prendre des devants pour cela[2]. Ne trouvez-vous pas à propos de dire, pour la prévenir, qu'elle vous a demandé de l'argent et que vous lui en avez refusé? Cela rendra suspectes toutes ses plaintes. Pour la grosse femme[3], Brancas et Grave vous en rendront bon compte; quand l'un la quitte, l'autre la reprend. Enfin je ne fais point de différence entre vos intérêts et mon salut. En vérité, on est heureux de se mêler des affaires d'un homme comme vous; votre mérite aplanit tous les obstacles. Si le ciel vous faisoit justice, nous vous verrions un jour la couronne fermée. » La couronne fermée était un signe de souveraineté, et on peut se figurer l'indignation du jeune roi à la lecture d'une lettre qui lui montrait dans son ministre un rival d'amour et de puissance. Je n'insiste pas sur les expressions injurieuses dont l'entremetteuse se servait pour désigner la mère de Louis XIV. Cette princesse avait encore une haute influence, et Fouquet s'était efforcé de la gagner peu de temps avant la mort du cardinal Mazarin, qui arriva en mars 1661.

Une lettre écrite de la main même de Fouquet renferme les propositions qu'il lui faisait adresser[4]. « On ne veut point, disait le surintendant, que la bonté qu'elle a lui soit à charge; on aime mieux prendre tout sur soi que de la commettre. Si on a quelques senti-

---

1. C'est aussi l'avis de plusieurs écrivains contemporains.
2. On a prétendu, en effet, que Louis XIV fut instruit de la passion du surintendant pour Mlle de La Vallière, et que ce fut une des causes de l'acharnement avec lequel il poursuivit Fouquet.
3. La reine mère Anne d'Autriche.
4. La reine mère n'est pas nommée dans ces propositions; mais il est très-vraisemblable qu'elles devaient lui être soumises, puisqu'elles sont jointes à la lettre suivante écrite par une des personnes que Fouquet avait chargées de surveiller et de gagner Anne d'Autriche : « J'attendois toujours d'avoir l'honneur de vous entretenir pour vous dire bien des choses. Je ne sais si vous savez le pouvoir que la mère de la Miséricorde a sur la reine et l'intrigue secrète qui s'y fait. M. Le Tellier et M. de L'Estrade la voient tous les jours. On m'en a dit bien des choses avec le secret. Si cela vous est utile, faites-le-moi savoir; vous savez que je suis tout à vous et qu'il n'y a rien que je ne fasse pour vous le témoigner. »

ments ou quelque conduite qu'elle n'approuve pas, on lui demande en grâce de le dire. Un mot réglera tout sur le pied qu'il lui plaira. On conjure d'accorder sa confiance et de faire connoître toutes les choses qu'elle affectionnera, de quelque nature qu'elles soient, et celles qu'elle voudra faire réussir sans y paroître, et on demande cela avec la plus grande instance du monde, n'ayant point de plus forte passion que de rendre quelque service agréable, et le zèle n'empêchera pas que l'on ait la discrétion nécessaire. Tout le monde appréhende la domination nouvelle de M. le Prince (Louis de Bourbon), et que Son Éminence ne puisse résister à ses flatteries[1], et que l'on ait le déplaisir de le voir, sous divers prétextes, triompher de ceux qui ont servi longtemps contre lui. Secret et dissimulation, sans exception, à tout le monde. M. Le Tellier vit fort honnêtement en apparence, mais peut avoir jalousie et craindre que la faveur n'aille d'un autre côté. Si elle trouve bon qu'on lui rende compte de ce qu'on apprend, ou s'il y a quelque chose dont elle désire savoir la vérité, en s'ouvrant un peu, on tâchera de la satisfaire. »

Fouquet ne paraît pas avoir réussi à gagner Anne d'Autriche. Il prit alors les plus minutieuses précautions pour pénétrer ses secrets : il l'entoura d'espions et gagna jusqu'à son confesseur. Nous avons les lettres d'un anonyme qui servait d'intermédiaire entre Fouquet et le cordelier confesseur de la reine. En voici quelques extraits : « Le cordelier dit hier[2] à la personne dont j'ai parlé à monseigneur que la reine mère lui avoit conté un mécontentement qu'elle avoit eu du roi, sur ce que l'autre jour, entrant fort brusquement dans sa chambre, il lui fit reproche de ce qu'elle avoit prié M. de Brienne[3] de quelque affaire, et qu'il lui dit en propres termes et fort en colère : *Madame, ne faites plus de pareilles choses sans m'en parler;* qu'à cela la reine ne répondit rien et ne fit que rougir. Il a encore dit que Monsieur[4] se plaignoit, et qu'il avoit dit depuis à quelqu'un que le roi le traitoit comme un chien. Au reste, il assure que la reine mère croit que

---

1. Le prince de Condé avait quitté la Belgique pour rentrer en France le 29 décembre 1659; Mazarin mourut le 9 mars 1661; c'est entre ces deux dates, probablement vers le commencement de 1660, que cette lettre de Fouquet a dû être écrite. Quant aux flatteries de Condé envers Mazarin, on en trouve la preuve dans une lettre que le prince écrivait au cardinal le 24 décembre 1659, peu de jours avant de quitter Bruxelles : « Pour vous, monsieur, lui disait-il, quand je vous aurai entretenu une heure, vous serez bien persuadé que je veux être votre serviteur, et je pense que vous vous voudrez bien aussi m'aimer. »
2. Cette lettre est du 22 avril 1661.
3. Secrétaire d'État chargé des affaires étrangères.
4. Philippe d'Orléans, frère de Louis XIV.

M. le Prince[1] pense fort à se mettre dans les affaires; qu'elle dit avoir remarqué une patience extrême en lui pour faire sa cour; que le roi l'estime fort, et que, sur toutes les choses qu'il fait, il demande aux gens si M. le Prince les approuve. Il est même très-constant qu'il tâche à cabaler. Il a été voir ce bonhomme de cordelier; et la reine mère, quoiqu'elle ait une furieuse défiance de lui, l'aimeroit encore mieux que rien; car il la recherche. Je tâcherai d'écrire quelque chose à monseigneur du P. Annat[2]; mais comme c'est un homme fort réservé, je n'ose rien promettre. »

Peu de jours après, le même espion écrivait à Fouquet : « Je n'ai point osé m'empresser ce matin à vous suivre pour vous apprendre, monseigneur, ce que le bon religieux que vous savez me dit hier. J'en appris, entre autres choses, qu'il croyoit qu'il pourroit bien n'y avoir plus de conseil de conscience; et qu'il y avoit deux jours que quelqu'un donna avis et envie au roi de voir une lettre que ces messieurs du conseil de conscience écrivoient à Rome par son ordre. Le paquet étant déjà entre les mains du courrier, fut reporté au roi, qui trouva que, dans cette lettre qu'il n'avoit point vue, ces messieurs écrivoient qu'ils tenoient le roi dans l'obéissance exacte qu'il devoit au saint-siége, et s'attribuoient comme la gloire de le gouverner. Cela le choqua extrêmement, et, jaloux comme il est de son autorité, il parut si irrité qu'il protesta qu'il ne les assembleroit plus.

« Au reste, Mme de Chevreuse[3] continue toujours à faire de grandes recherches à ce bonhomme-ci; mais assurément cela ne servira de rien, et vous apprendrez précisément tout ce qu'elle lui dira. Il persiste à croire ce que je vous ai écrit du roi et de Mlle de La Vallière, et pense que ce qu'il en dit il y a quelque temps est absolument vrai.

« Comme j'ai appris depuis peu que le P. Leclerc, que je pensois qui devoit être confesseur du roi après le P. Annat, le sera de Monsieur, je puis vous assurer que si cela est de quelque chose, j'aurai des habitudes et des liaisons aussi étroites avec lui que j'en ai auprès du bon père. »

L'influence de Mme de Chevreuse inquiétait particulièrement Fouquet, et il chargea la personne qui lui transmettait ces renseignements de découvrir les projets de cette dame. Il en reçut, le 21 juillet 1661, la réponse suivante : « Je n'ai pu rien savoir de plus particulier

---

1. Louis de Bourbon dont il était question dans la pièce citée précédemment.
2. Jésuite confesseur de Louis XIV.
3. Marie de Rohan, née en décembre 1600; elle avait épousé en 1617 Charles d'Albert, duc de Luynes; veuve en 1621, elle se remaria l'année suivante avec Claude de Lorraine, duc de Chevreuse; elle mourut le 12 août 1679. Mme de Chevreuse, dont le nom reparaît plusieurs fois dans ces lettres était une des ennemies de Fouquet.

de chez Mme de Chevreuse; mais depuis peu le bonhomme de confesseur est venu ici pour voir la personne dont j'ai eu l'honneur de vous parler autrefois. Il lui a conté tout ce qu'il savoit, et, entre autres choses, lui a dit que depuis quelque temps Mme de Chevreuse lui avoit fait de grandes recherches; qu'elle lui avoit envoyé Laigues[1] plusieurs fois; qu'il lui avoit parlé fort dévotement pour le gagner, mais surtout qu'il lui avoit parlé contre vous, monseigneur. Je ne m'étendrai point de quelle sorte; car ce bonhomme-ci a dit qu'il l'avoit conté à M. Pellisson[2]. Il me suffira donc de vous faire savoir sur cela que le bonhomme de cordelier se plaint un peu de ce qu'en faisant un éclaircissement à la reine mère, vous l'aviez comme cité; et que lui disant qu'elle alloit à Dampierre[3] parmi vos ennemis, et qu'on lui avoit dit des choses contre vous, comme elle nioit qu'on lui eût jamais parlé de cette sorte, vous lui dites de le demander au père confesseur; que le lendemain la reine lui avoit dit qu'elle ne pouvoit comprendre comment vous saviez toutes choses, et que vous aviez des espions partout.

« La reine a encore dit qu'elle voyoit une cabale dans la cour fort méchante qu'elle ne connoissoit point et qu'elle ne pouvoit encore pénétrer[4]; qu'elle a su que depuis peu on avoit fait coucher le roi avec une jeune personne, de laquelle ce bonhomme n'a pu redire le nom; et que la reine avoit encore ajouté que le roi se relâchoit fort sur la dévotion; qu'il ne se confessoit ni ne communioit pas si souvent, et que le P. Annat étoit un pauvre homme, et si timide qu'il n'osoit dire aucune chose au monde au roi, de peur que cela n'allât contre ses intérêts.

« Il a encore dit que la reine mère, en parlant des mécontentements qu'elle avoit sur Madame[5], lui avoit assuré qu'elle étoit une profonde coquette et une artificieuse; mais qu'aussi la jeune reine[6] lui donnoit bien de la peine avec ses larmes et toutes ses façons de faire.

« Elle a ajouté encore que depuis peu le roi lui avoit dit que M. le cardinal, en mourant lui avoit protesté, en lui parlant contre elle, *qu'elle ne se passeroit jamais d'homme*[7]; qu'il prît garde à elle, et qu'assurément elle feroit un mariage de conscience avec quelqu'un. Au reste, ce bonhomme assure que la reine mère reçoit tous les jours

---

1. Laigues était le *mari de conscience* de Mme de Chevreuse. Voy. les *Mémoires du jeune Brienne*.
2. Pellisson était un des principaux commis de Fouquet.
3. Château de Mme de Chevreuse.
4. Il s'agit probablement de la cabale de la comtesse de Soissons.
5. Henriette d'Angleterre, femme de Philippe d'Orléans.
6. Marie-Thérèse d'Autriche.
7. Ces mots sont soulignés dans le manuscrit.

des avis contre tous les ministres, et que tantôt vous êtes bien et tantôt mal dans son esprit; qu'on vous y rend souvent de très-méchants offices, et que dans ces temps-là elle est fort déchaînée contre vous. »

Ce correspondant de Fouquet lui donnait quelquefois de bons conseils. Il lui écrivait le 2 août 1661 : « Le zèle, et la passion extrême que j'ai pour votre service, monseigneur, m'avoient fait penser en général, comme à plusieurs de vos serviteurs, qu'il ne vous seroit point avantageux en aucune sorte de vous défaire de votre charge de procureur général. Cependant, par la connoissance et par l'admiration que j'ai pour votre prudence et pour votre jugement, j'étois entièrement persuadé qu'il n'y avoit rien de mieux, et que personne ne pouvant aller si loin ni juger si bien par ses propres lumières que vous, vous ne deviez prendre conseil que de vous-même. Cependant, monseigneur, j'ai appris aujourd'hui que vos ennemis sont ceux-là mêmes qui souhaitent avec passion que vous fassiez ce que vous avez résolu en cette rencontre; que ce sont eux qui vous y portent sous main, et que vous devez même vous défier du bon accueil et du bon visage que vous fait le roi, et des vues qu'on vous donne sur d'autres choses.

« Mme de Chevreuse a été ici, et l'on m'a promis de m'apprendre des choses qui vous sont de la dernière conséquence sur cela, sur le voyage de Bretagne[1], sur certaines résolutions très-secrètes du roi, et sur des mesures prises contre vous. Comme je n'ai pas voulu paroître fort empressé pour savoir ce qu'on avoit à me dire, je n'ai pas osé presser la personne qui m'a parlé, ni m'opiniâtrer à demander une chose que je saurai demain naturellement et sans affectation.

« La reine mère dit dimanche dernier, sur vous, que M. le cardinal avoit dit au roi que si l'on pouvoit vous ôter les bâtiments et les femmes de la tête, vous étiez capable de grandes choses; mais que surtout il falloit prendre garde à votre ambition; et c'est par là qu'on prétend vous nuire. J'ai compris aussi que, de plusieurs personnes qui vous rapportent ce qu'ils peuvent attraper, il y en a beaucoup qui s'y gouvernent étourdiment, et qui font les choses d'une manière qui fait voir qu'ils ne veulent savoir que pour vous rapporter ce qu'ils savent. Ce qui a fait dire à la reine mère, encore depuis peu, que vous aviez des espions partout. »

La lettre suivante contenait encore des avis menaçants sur les dispositions du roi :

« L'on me dit hier qu'il y a peu de jours la reine mère, en parlant

---

1. Le voyage de Bretagne et l'arrestation de Fouquet eurent lieu au commencement de septembre.

de vous, monseigneur, dit : « Il se croit à cette heure bien mieux que
« M. D. à la charge de maître de la chapelle du roi, qu'on a achetée
« trois fois plus qu'elle ne valoit; il verra, il verra à quoi cela lui a
« servi, et ce qu'a fait sur l'esprit du roi tout l'argent qu'il a baillé de
« sa propre bourse pour le marquis de Créqui[1]. Le roi aime d'être
« riche, et n'aime pas ceux qui le sont plus que lui, puisqu'ils entre-
« prennent des choses qu'il ne sauroit faire lui-même, et qu'il ne
« doute point que les grandes richesses des autres ne lui aient été
« volées. »

« Mme de Chevreuse, lorsqu'elle fut ici, fut voir deux fois le confesseur de la reine mère. Cependant ce bonhomme cacha cela à
M. Pellisson, qui, l'ayant été voir, lui demanda s'il ne l'avoit point
vue; ce qu'il lui nia, comme il a dit depuis. Il a encore dit ici des
choses qu'il a données sous un fort grand secret, et qui sont de très-
grande conséquence. La personne qui les sait fait difficulté de me les
dire, parce que Mme de Chevreuse y est mêlée, et que lui étant aussi
proche, elle a peine à me les dire. Je ne manquerai point de vous les
apprendre lorsque je les saurai, ne doutant point qu'on ne me les
dise enfin. Si M. Pellisson voit le bonhomme, il ne faut pas qu'il fasse
l'empressé avec lui, ni qu'il témoigne savoir ce qu'il n'a pas voulu
lui dire. »

Ces avis n'arrêtèrent point Fouquet dans la voie qui le menait à
l'abîme. Il crut, après la mort de Mazarin (9 mars 1661), que la puissance du cardinal allait passer tout entière entre ses mains. La plupart
de ses partisans l'entretenaient dans cette illusion; leurs lettres
apprennent qu'ils le nommaient *l'Avenir*, et voyaient déjà en lui l'arbitre de la France. L'un d'eux lui écrivait de Bordeaux, le 29 août 1661,
quelques jours avant son arrestation : « Si les ennemis de monseigneur ont fait courir des bruits à son désavantage, ils sont bien
punis. Tout le monde présentement, dans ces provinces, ne parle que
du crédit qu'il a sur l'esprit du roi, et dit cent choses avantageuses
que je ne puis mettre sur ce papier. »

Jusqu'à quel point Fouquet porta-t-il ses vues ambitieuses? Voulut-
il, comme on l'a souvent répété, faire de Belle-Ile une forteresse, où
il aurait pu, en cas de disgrâce, braver l'autorité du roi? On ne peut
nier l'authenticité du plan trouvé dans ses papiers pour fortifier cette
île et prendre toutes les mesures nécessaires afin de se mettre à l'abri
de la vengeance du roi. Jamais ni Fouquet ni ses défenseurs n'ont
prétendu que ce plan eût été inventé par leurs ennemis. On voit
d'ailleurs, par les lettres adressées au commandeur de Neuchèse[2],

---

1. François de Créqui avait épousé la fille de Mme du Plessis-Bellière,
qui avait une grande influence sur le surintendant.
2. Ce commandeur de l'ordre de Malte avait été nommé vice-amiral et

que Fouquet comptait sur les galères de cet amiral, et que Neuchèse faillit être compromis dans son procès[1]. Il se tint même caché pendant quelque temps, comme le prouve la lettre suivante, que lui adressait le duc de Beaufort à la fin d'octobre 1661 : « Monsieur, vous vous tenez fort caché sur tous les bruits qui ont couru à la cour, et les démarches de votre secrétaire sont cause que ces bruits se confirment. Pour moi, comme votre ami, lorsqu'on parle, je réponds des épaules, et je ne sais que dire, puisque vous vous êtes caché de moi comme des autres. Vous êtes bon et sage, mais la Toussaint vous trouve encore non embarqué. Croyez que cela vous fait grand tort, et plus que je ne vous le saurois dire. Remédiez-y promptement.[1] » L'affaire du commandeur de Neuchèse fut étouffée; mais les lettres que nous venons de citer confirment les soupçons qu'avait inspirés le plan trouvé à Saint-Mandé, dans la maison de Fouquet. Neuchèse y est indiqué comme s'étant engagé à servir le surintendant *envers et contre tous*.

D'ailleurs les dilapidations de Fouquet étaient parfaitement établies, et Louis XIV n'avait que trop de motifs pour le livrer à la rigueur de la chambre de justice[2]; mais la violence que l'on mit dans la poursuite, les efforts des amis de Fouquet, la pitié qui s'attache naturellement au malheur, la longueur même du procès, concilièrent peu à peu au surintendant l'opinion publique. On voulut exercer sur les juges, et principalement sur l'un des rapporteurs, Olivier d'Ormesson, une influence inique. D'Ormesson lui-même raconte, dans son journal inédit, la démarche que fit Colbert auprès de son père[3] pour se plaindre de la longueur du procès. Voici ce passage important :

« Samedi [3 mai 1664], étant après le dîner avec mon père dans son cabinet, et le P. d'Ormesson[4], auquel je faisois entendre qu'il ne devoit plus avoir aucun commerce avec Berryer[5], parce qu'il abusoit

intendant général de la marine le 7 mai 1661, en remplacement de Louis Foucault de Saint-Germain.

1. Un des amis du commandeur de Neuchèse lui écrivait le 19 octobre 1661 : « On vous a servi ici de bonne manière, *et en vérité vous en aviez grand besoin*. On n'a jamais vu une telle rage que celle de M. Fouquet ; car il a fait tout son possible pour perdre amis et indifférents. » La lettre se termine par le post-scriptum suivant : « Assurément on fera le procès à M. Fouquet. Si vous aviez le temps, on vous pourroit bien mander de venir ici *dire votre projet*; mais n'y songez pas, si on ne vous l'ordonne. »
2. Voy. plus haut, t. XIII, p. 493, le récit de l'arrestation de Fouquet.
3. André d'Ormesson, doyen du conseil d'État.
4. Nicolas Lefèvre d'Ormesson, religieux minime, était frère d'Olivier d'Ormesson.
5. Berryer, un des commis de Colbert, avait été chargé de l'inventaire des pièces du procès de Fouquet, et accusé de les avoir falsifiées.

de sa franchise, et lui faisoit dire bien des choses au delà de celles qu'il avoit dites, et en prenoit avantage, et ayant fait entendre à mon père l'injustice de leur conduite, l'on nous vint dire que M. Colbert entroit. Nous étant retirés, il resta seul avec mon père près d'une demi-heure. Étant sorti avec un visage fort sérieux, mon père nous dit qu'après les premières civilités, il lui avoit dit qu'il avoit ordre du roi de lui venir dire qu'il reconnoissoit que je n'apportois pas toutes les facilités que je pouvois pour terminer le procès de M. Fouquet, et qu'il sembloit que j'affectois la longueur; que le roi étoit persuadé que je ferois justice au fond, et ne prétendoit pas contraindre mes sentiments; mais qu'il vouloit faire finir ce procès; que la chambre de justice ruinoit toutes les affaires, et qu'il étoit fort extraordinaire qu'un grand roi, craint et le plus puissant de toute l'Europe, ne pût pas faire achever le procès à un de ses sujets, comme M. Fouquet; qu'à cela il (mon père) lui avoit répondu qu'il étoit bien fâché que le roi ne fût pas satisfait de ma conduite; qu'il savoit que je n'avois que de bonnes intentions; qu'il m'avoit toujours recommandé la crainte de Dieu, le service du roi, et la justice sans acception de personnes; que la longueur du procès ne venoit pas de moi, mais parce qu'il étoit fort grand, et qu'on l'avoit rempli de trente ou quarante chefs d'accusation, où il n'en falloit que deux ou trois; qu'un prédicateur qui prêchoit la passion n'étoit pas trop long parlant trois heures, et quoique les autres sermons ne fussent que d'une heure; qu'il faudroit que j'eusse perdu le sens de chercher à plaire à M. Fouquet, dont la fortune étoit abîmée, et déplaire au roi, qui avoit toutes les grâces en ses mains; mais que je ne cherchois que la justice; que tous mes avis étoient suivis dans la chambre; que ceux mêmes qui ne l'avoient pas été d'abord l'avoient été depuis; que même il apprenoit de tous côtés que je me conduisois de sorte que l'on ne pouvoit découvrir mes sentiments; que sur cela M. Colbert lui avoit dit que l'on remarquoit pourtant que je disois plus fortement et plus gaiement les raisons de M. Fouquet que celles du procureur général; qu'il lui avoit répliqué qu'un rapporteur étoit obligé de faire valoir toutes les raisons; que l'on m'avoit ôté l'intendance de Soissons, mais que je ne m'en plaindrois pas, et que cela ne m'empêcheroit pas de faire justice; qu'il avoit peu de biens et moi aussi, mais que nous les avions de nos pères et que nous en étions contents; qu'il m'avoit toujours conseillé de faire justice sans acception de personnes et sans considération d'intérêt et de fortune; et qu'ayant parlé des personnes qui me faisoient visite, M. Colbert avoit dit qu'on n'étoit pas en peine de cela, et qu'on savoit bien que je ferois justice, mais qu'on ne désiroit que l'expédition; qu'il lui avoit répliqué que je faisois tout ce qui dépendoit de moi, travaillant soir et matin, et ne faisant autre chose; et ainsi, après plusieurs discours de cette qualité, il s'étoit retiré.

« Je fus ravi que mon père lui eût parlé si bien et si généreusement, et j'en allai faire aussitôt la relation à M. Le Pelletier[1], pour en informer M. Le Tellier, afin qu'il prît garde à la manière dont M. Colbert en parleroit. Nous fûmes ensemble le soir voir M. le premier président[2], qui étoit avec M. Colbert, et entretint ensuite M. le maréchal de Villeroy. Il fut fort surpris d'apprendre cette visite, qui est contre toutes les règles de la prudence. Là j'appris que M. Berryer étoit conseiller d'État ordinaire; que le roi lui avoit donné une abbaye de six mille livres, et vouloit qu'il donnât le nom de ses enfants pour obtenir de Rome une dispense de tenir des bénéfices avant l'âge, et qu'il avoit mandé les procureurs généraux de la chambre[3] pour leur dire qu'il vouloit que M. Berryer eût connoissance de toutes les affaires de la chambre de justice, et qu'ils ne prissent aucunes conclusions que par son avis, et qu'il sollicitât tous les juges de la chambre de justice pour ses intérêts.

« Une conduite si bizarre et si extraordinaire m'oblige à dire ici les sentiments qu'on en a. Tout le monde blâme M. Colbert de se charger lui-même de messages désagréables; d'avoir voulu voir lui-même M. Boucherat[4] pour faire plus d'éclat et augmenter l'injure, vu que la même chose se pouvoit faire doucement, sans bruit, et M. Le Tellier s'étant offert de lui parler; d'avoir voulu venir encore lui-même parler à mon père, par le même principe; que d'ôter [de la chambre de justice] M. Boucherat, homme de bien et de réputation, c'étoit faire connoître que ses intentions étoient mauvaises; que de m'avoir ôté l'intendance de Soissons, étant rapporteur, c'étoit me faire honneur et se charger de honte, et faire croire qu'il désiroit de moi des choses injustes, et que j'avois assez d'honneur pour y résister; que c'étoit achever de gâter le procès en faisant injure au rapporteur, et me mettant hors d'état de leur être favorable, quand j'en aurois le dessein; car l'on attribueroit mes sentiments à crainte ou à intérêt, et non pas à justice; et, pour comble, d'élever Berryer et le faire conducteur public de toutes les affaires de la chambre de justice, c'étoit faire gloire d'infamie et de honte; car Berryer est le plus décrié des hommes. »

Cette intervention de Colbert avait produit un effet plus défavorable qu'utile à la cause qu'il voulait faire triompher. Les lettres de Mme de Sévigné suffiraient pour prouver à quel point l'opinion publique se

---

1. Claude Le Pelletier fut contrôleur général des finances en 1683, après la mort de Colbert.
2. Guillaume de Lamoignon.
3. Il y avait alors deux procureurs généraux de la chambre de justice, Hotman et Chamillart, tous deux maîtres des requêtes.
4. Louis Boucherat, conseiller d'État; il devint chancelier de France après la mort du maréchal Le Tellier.

déclarait en faveur de Fouquet. Le Tellier lui-même en convint dans une visite que lui fit Olivier d'Ormesson[1] : « Je fus dire adieu à M. Le Tellier, qui me fit entrer dans son jardin, et lui ayant témoigné lui avoir obligation de la manière dont je savois qu'il avoit parlé, il me dit mille civilités; que tout ceci ne seroit rien, et qu'il ne falloit pas que je témoignasse aucun ressentiment; mais que j'allasse toujours le même chemin, sans faire ni plus ni moins, afin que l'on ne crût pas que je fisse rien par crainte, ni aussi que je me voulusse venger. Il me parla ensuite du procès, des fautes qu'on y avoit faites, entra dans le détail, dit qu'on avoit fait la corde trop grosse; qu'on ne pouvoit plus la serrer; qu'il ne falloit qu'une chanterelle[2]; me parla fort que M. le cardinal (Mazarin) n'avoit jamais pris un quart d'écu par le moyen de M. Fouquet; mais qu'il avoit des prêts[3], et, pour son remboursement, avoit pris des recettes, sur lesquelles on lui donnoit la remise comme aux traitants, et lui n'en donnoit que peu, et ainsi avoit gagné beaucoup. »

Louis XIV lui-même eut occasion de s'expliquer avec les rapporteurs sur le procès, dont il blâmait la lenteur. Il le fit avec une dignité qu'Olivier d'Ormesson s'empresse de reconnaître[4] : « A trois heures, je fus avec M. de Sainte-Hélène[5] au château[6]. Nous trouvâmes le roi dans son cabinet avec MM. Colbert et Lyonne[7], et s'étant avancé près de la fenêtre, il nous dit ces mêmes paroles, autant que j'ai pu m'en souvenir :

« Lorsque j'ai trouvé bon que Fouquet eût un conseil libre, j'ai cru que son procès dureroit peu de temps; mais il y a plus de deux ans qu'il est commencé, et je souhaite extrêmement qu'il finisse. Il y va de ma réputation. Ce n'est pas que ce soit une affaire de grande conséquence; au contraire je la considère comme une affaire de rien; mais dans les pays étrangers, où j'ai intérêt que ma puissance soit bien établie, l'on croiroit qu'elle ne seroit pas grande si je ne pouvois venir à bout de faire terminer une affaire de cette qualité contre un misérable. Je ne veux néanmoins que la justice, mais je souhaite voir la fin de cette affaire de quelque manière que ce soit. Quand la

---

1. *Journal d'Olivier d'Ormesson*, à la date du 2 mai 1664.
2. Corde de luth ou de violon, fort mince.
3. On voit par ce passage que Mazarin faisait des avances à l'État et se remboursait sur les deniers publics. Le Tellier avoue que Mazarin prêtait à l'État à gros intérêts, *et ainsi gagnait beaucoup*. C'est à peu près ce que dit Saint-Simon (p. 112 du t. XIV).
4. *Journal d'Olivier d'Ormesson*, à la date du 8 juillet 1664.
5. C'était le second rapporteur du procès de Fouquet.
6. Château de Fontainebleau, où la cour résidait alors. La chambre de justice y avait été transférée. Fouquet était enfermé à Moret.
7. Hugues de Lyonne, secrétaire d'État chargé des affaires étrangères.

chambre a cessé d'entrer, et qu'il a fallu transférer M. Fouquet à
Moret, j'ai dit à Artagnan de ne plus lui laisser parler avec les avocats, parce que je ne voulois pas qu'il fût averti du jour de son départ.
Depuis qu'il a été à Moret, je lui ai dit de ne les laisser communiquer avec lui que deux fois la semaine, et en sa présence, parce
que je ne veux pas que ce conseil soit éternel; et j'ai su que les
avocats avoient excédé leur fonction, avoient porté et reporté des
paquets et tenu un autre conseil au dehors, quoiqu'ils s'en défendent
fort; et puis dans ce projet, par lequel il vouloit bouleverser l'État[1],
il doit faire enlever le procès et les rapporteurs. C'est ce qui m'a fait
donner cet ordre, et je crois que la chambre y ajoutera. Je m'en
remets néanmoins à ce qu'elle fera sur la requête de M. Fouquet[2].
Je ne veux sur tout cela que la justice, et je prends garde à tout ce
que je vous dis; car, quand il est question de la vie d'un homme, je
ne veux pas dire une parole de trop. La chambre donc ordonnera ce
qu'elle jugera à propos. J'aurois pu vous dire mes intentions dès hier;
mais j'ai voulu voir la requête, et je me la suis fait lire avec application, et on est bien aise de savoir ce que l'on a à dire. Je vous ai dit
mes intentions, et je vous rends la requête, afin que la chambre y
délibère. »

« Après ce discours, le roi m'ayant donné la requête, je lui dis
que nous ferions rapport à la chambre de ce qu'il avoit plu à Sa
Majesté de nous dire, et nous nous retirâmes. Je ne veux pas omettre
une circonstance qui me parut fort belle au roi, c'est qu'étant demeuré court au milieu de son discours, il demeura quelque temps à
songer pour se reprendre, et nous dit : « J'ai perdu ce que je voulois
dire, » et songea encore assez de temps; et ne retrouvant point ce
qu'il avoit médité, il nous dit : « Cela est fâcheux quand cela arrive; car en ces affaires, il est bon de ne rien dire que ce qu'on a
pensé. »

Il y a loin de cette parole mesurée et sérieusement réfléchie aux
anecdotes que l'historien protestant La Hode a recueillies[3], et que
M. de Sismondi a reproduites[4]. D'après ces écrivains, Louis XIV aurait personnellement sollicité Olivier d'Ormesson pour ce qu'il aurait
appelé *son affaire*, et d'Ormesson lui aurait répondu : « Sire, je ferai
ce que mon honneur et ma conscience me suggéreront. » Et pour
rendre l'anecdote plus piquante, les inventeurs ont eu soin d'ajouter

---

1. Ce projet, trouvé dans la maison de Fouquet à Saint-Mandé, a été
publié par M. P. Clément, *Histoire de Colbert*, introduction.
2. Par cette requête, Fouquet demandait à communiquer librement avec
ses défenseurs.
3. *Hist. de Louis XIV*; liv. LXXVII, p. 162.
4. *Hist. des Français*, t. XXV, p. 75.

que d'Ormesson sollicitant dans la suite une grâce pour son fils, Louis XIV lui dit, comme parodiant les paroles du magistrat : « Je ferai ce que mon honneur et ma conscience me suggéreront. » Rien de plus faux que ces anecdotes. Il n'était ni dans le caractère de Louis XIV de descendre à des sollicitations personnelles, ni dans celui d'Olivier d'Ormesson de répondre au roi avec une hauteur insolente. Ce magistrat savait concilier l'intègre observation de la justice et le respect pour l'autorité souveraine. Le résumé qu'il fait du procès en est une nouvelle preuve :

« Voilà ce grand procès fini, qui a été l'entretien de toute la France du jour qu'il a été commencé jusqu'au jour qu'il a été terminé. Il a été grand bien moins par la qualité de l'accusé et l'importance de l'affaire, que par l'intérêt des subalternes, et principalement de Berryer, qui y a fait entrer mille choses inutiles et tous les procès-verbaux de l'épargne, pour se rendre nécessaire, le maître de toute cette intrigue, et avoir le temps d'établir sa fortune; et comme, par cette conduite, il agissoit contre les intérêts de M. Colbert, qui ne demandoit que la fin et la conclusion, et qu'il le trompoit dans le détail de tout ce qui se faisoit, il ne manquoit pas de rejeter les fautes sur quelqu'un de la chambre : d'abord ce fut contre les plus honnêtes gens de la chambre, qu'il rendit tous suspects, et les fit maltraiter par des reproches publics du roi; ensuite il attaqua M. le premier président, et le fit retirer de la chambre et mettre en sa place M. le chancelier. Après il fit imputer toute la mauvaise conduite de cette affaire à M. Talon[1], qu'on ôta de la place de procureur général avec injure; et enfin, la mauvaise conduite augmentant, les longueurs affectées par lui continuant, il en rejeta tout le mal sur moi; il me fit ôter l'intendance de Soissons; il obligea M. Colbert à venir faire à mon père des plaintes de ma conduite; et enfin l'expérience ayant fait connoître qu'il étoit la véritable cause de toutes les fautes, et les récusations ayant fait voir ses faussetés, les procureurs généraux Hotman et Chamillart lui firent ôter insensiblement tout le soin de cette affaire, et dans les derniers mois il ne s'en mêloit plus, et pour conclusion il est devenu fou[2], et ainsi le procès s'est terminé; et je puis dire que les fautes importantes dans les inventaires, les coups de haine et d'autorité qui ont paru dans tous les incidents du procès, les faussetés de Berryer et les mauvais traitements que tout le monde, et même les juges, recevoient dans leur fortune particulière[3], ont été

---

1. Denis Talon, fils d'Omer Talon, avait d'abord été procureur général de la chambre de justice.
2. Voy. Mme de Sévigné, lettre du 17 décembre 1664.
3. Olivier d'Ormesson fait allusion à la réduction des rentes opérée par Colbert en 1664.

de grands motifs pour sauver M. Fouquet de la peine capitale; et la disposition des esprits sur cette affaire a paru par la joie publique, que les plus grands et les plus petits ont fait paroître du salut de M. Fouquet, jusques à un tel excès qu'on ne le peut exprimer, tout le monde donnant des bénédictions aux juges qui l'ont sauvé, et à tous les autres des malédictions et toutes les marques de haine et de mépris, les chansons contre eux commençant à paroître [1]; et je suis surpris qu'y ayant quinze jours passés que cette histoire est finie, le discours n'en finit point encore, et l'on en parle par toutes les compagnies comme le premier jour. »

Les assertions d'Olivier d'Ormesson ne sont pas confirmées seulement par Mme de Sévigné, dont le témoignage pourrait paraître suspect, mais même par Gui Patin, dont on connaît l'esprit peu charitable, surtout à l'égard des financiers. Il n'a que des louanges pour Olivier d'Ormesson. Il écrit à son ami Falconet [2] : « M. d'Ormesson a dit son avis, et, après de belles choses, a conclu à un bannissement perpétuel et à la confiscation de tous les biens. » Quelques jours après, il disait dans une lettre adressée au même Falconet [3] : « On dit que M. Fouquet est sauvé, et que, de vingt-deux juges, il n'y en a que neuf à la mort, les treize autres au bannissement et à la confiscation de ses biens. On en donne le premier honneur à celui qui a parlé le premier, qui étoit le premier rapporteur, M. d'Ormesson, qui est un homme d'une intégrité parfaite. »

II. CHARLES XII. — PROJETS QU'IL AVAIT FORMÉS DANS LES DERNIERS TEMPS DE SON RÈGNE. — SES RELATIONS AVEC LE RÉGENT.

Page 140.

Saint-Simon parle dans ce volume (p. 140 et suiv.) des projets d'alliance entre Charles XII et Pierre le Grand, pour renverser du trône d'Angleterre la maison de Hanovre et y replacer les Stuarts. Voltaire donne aussi quelques détails sur ce plan dans son dernier livre de l'*Histoire de Charles XII*; mais ils ne disent rien des négociations que le roi de Suède entretint avec le régent. Ce curieux

---

1. On trouve en effet de ces chansons dans les recueils de la Bibliothèque impériale et de l'Arsenal; mais elles ne valent pas la peine d'être citées.
2. T. III, p. 499; édit. Reveillé-Parise.
3. *Ibid.*, p. 501.

complément des histoires les plus célèbres de Charles XII se trouve dans les Mémoires inédits du marquis d'Argenson. Il tenait les détails qu'il donne du Suédois qui avait servi d'intermédiaire entre Charles XII et le régent, du banquier Hoggers ou Hogguer :

« Personne, dit-il, ne possède plus au juste les desseins du roi de Suède que Hogguer, qui me les a contés ainsi qu'il suit : Charles XII faisoit la paix avec le czar, et en même temps formoit avec lui une alliance offensive et défensive, pour, eux deux, s'emparer du pays à leur convenance dans le Nord, anéantir le pouvoir du Danemark, détrôner Auguste[1] et maltraiter le roi de Prusse, rétablir la liberté germanique et donner de furieuses affaires à l'Angleterre chez elle. Il s'appuyoit de l'Espagne, où régnoit alors, pour ainsi dire, Albéroni, ministre à desseins vastes; il procuroit à l'Espagne le recouvrement de ses anciens domaines d'Italie, et il engageoit la France, dès qu'elle voudroit, dans ses desseins, en lui procurant les Pays-Bas; et par cette alliance, le régent étoit sûr d'un appui bien puissant pour monter sur le trône de France, si la succession en devenoit vacante pour lui; car cet appui-là étoit bien plus fort que celui du traité de Londres ou quadruple alliance[2], qui n'entroit que dans un médiocre tourbillon de desseins, en sorte que le roi Georges n'étant pas inquiété pour son usurpation, il se soucioit peu des inquiétudes qu'on feroit essuyer au duc d'Orléans; et même si le roi d'Espagne savoit alors opter pour la France et abandonner l'Espagne, l'Angleterre se faisoit un mérite auprès de toute l'Europe d'assurer si bien l'équilibre général, et y sacrifioit les intérêts de son allié le duc d'Orléans. Mais le héros du Nord, Charles XII, homme à parole inviolable et poussant la magnanimité jusques à la folie, auroit plutôt manqué à tout qu'à son allié. Il eût plutôt déféré aux intérêts de la France, plus voisine de lui et plus concourante à ses vastes desseins, que pourvu aux desseins de l'Espagne contre le régent, d'autant que les intérêts d'Espagne de ce côté-là n'entroient pour rien dans leurs projets communs, et qu'il rendoit assez de services à l'Espagne en lui procurant l'Italie.

« A l'égard du czar, celui-ci trouvoit un grand avantage à dominer ainsi dans tout le Nord conjointement avec la Suède; il voyoit son empire mieux établi que la puissance suédoise; celle-ci ne tenant qu'à la vie seule et au grand mérite de son roi, ne se soutiendroit pas après lui comme la sienne. Il voyoit toujours les Sarmates et les Goths se répandre de nouveau, donner la loi comme autrefois au reste de l'Europe; il aguerrissoit ses troupes. Ainsi il eût marché d'un parfait concert avec Charles XII à ces desseins; et quelle puissance c'eût été,

---

1. Frédéric-Auguste, roi de Pologne depuis 1697.
2. Voy. sur ce traité les *Mémoires de Saint-Simon*.

les deux extrémités de l'Europe étant jointes ensemble, savoir Suède et Moscovie avec Espagne et France! Par leur position, nul concours d'intérêt, nulle rivalité ne les eût mis en jalousie et en défiance, et on eût été jusques au bout si la mort ne fût venue rompre leurs desseins dès leur principe, en abattant la tête de l'auteur, qui s'exposoit aussi avec trop de prodigalité de son bonheur.

« Par ce projet, la Suède cédoit à la Russie l'Ingrie[1], l'Esthonie et la Livonie; mais de cette dernière province, la Suède se réservoit Riga et dépendances. Elle cédoit encore à la Russie un canton de Finlande. La Suède faisoit la conquête entière de la Norwége sur le Danemark, et cela étoit déjà bien avancé quand Charles XII fut tué; ensuite Charles XII tomboit en Danemark et abolissoit le droit du Sund[2]. Pour en fermer le passage et obvier aux secours des Anglois, le czar mettoit sur pied une flotte formidable, qui se combinoit avec celle de Suède, alors sur un bon pied. On conquéroit sur la Pologne, à frais communs, une petite province fort à la convenance de la Russie. On donnoit à la Suède la Poméranie et le Mecklenbourg. On dédommageoit le duc de Mecklenbourg, alors en querelle avec ses sujets, comme il y est resté depuis; on lui donnoit une province qu'on prenoit sur la Prusse. On attaquoit le roi de Prusse pour le punir de s'être mêlé, comme il avoit fait, de la précédente guerre de Pologne. On lui montroit que toutes ses belles troupes[3] n'étoient composées que de faquins. Et qui est-ce qui eût pu ni voulu le secourir? On le privoit, comme j'ai dit, de ce qu'on donnoit en indemnité au duc de Mecklenbourg, et de quelques postes à la convenance de la Russie. De là on entroit en Saxe et en Pologne; on détrônoit une seconde fois le roi Auguste pour replacer le roi Stanislas[4] sur le trône de Pologne. On ôtoit encore au roi Auguste son électorat de Saxe, et on y mettoit la branche aînée de Saxe-Gotha.

« Le traité étoit déjà signé avec l'Espagne par les travaux qu'y avoit faits le cardinal Albéroni : l'Espagne envoyoit vingt vaisseaux de guerre au Sund, pour se joindre à ceux de Russie et de Suède et prévenir les Anglois. L'Espagne fournissoit cinq cent mille piastres par mois.

« De Danemark, Charles XII descendoit à Hambourg, obtenoit aisément de cette riche république de gros secours en argent, et la déchargeoit de toute tyrannie du Danemark. Bientôt le Danemark,

---

1. Aujourd'hui partie de la province de Saint-Pétersbourg.
2. C'est-à-dire le droit que l'on prélevait sur les navires qui traversaient le Sund.
3. On sait que Frédéric-Guillaume Ier, alors roi de Prusse, s'attachait à organiser des régiments dont les hommes étaient remarquables par leur haute taille.
4. Stanislas Leczinski.

pris de tous côtés, demandoit grâce, et on lui accordoit une paix dont on étoit bien sûr de la durée[1].

« Charles XII, avec six mille braves Suédois, gens fort aguerris et enflés de leurs anciennes victoires, descendoit en Allemagne, tandis que le czar agissoit aussi avec une armée formidable dans cette même partie de l'Europe, où il a à cœur d'avoir pied. Là on agissoit offensivement contre l'électeur de Hanovre, qui est aussi roi d'Angleterre. On faisoit venir alors le Prétendant[2] en Angleterre, et on le rétablissoit ; ce qui donnoit trop d'ouvrage audit électeur de Hanovre pour lui laisser le temps de se mêler des affaires d'Allemagne. Pour lors on faisoit la loi à l'empereur, à qui on donnoit les affaires que je vais dire : on faisoit éclore les liaisons prises avec l'électeur de Bavière, la maison palatine et les électeurs ecclésiastiques ; on recueilloit toutes leurs prétentions et les griefs du corps germanique, sans augmenter aucunes jalousies entre les catholiques et les protestants, et on renouveloit le traité de Westphalie pour la liberté germanique. Les Turcs étoient déjà en guerre avec l'empereur ; on animoit cette guerre, et on faisoit du prince Ragotsky un roi de Hongrie et de Transylvanie. En même temps l'Espagne descendoit en Italie et y reprenoit le Milanois et les Deux-Siciles, ce qui, comme je l'ai dit, donnoit assez d'ouvrage à l'empereur tout à la fois.

« C'étoit alors l'occasion à la France de paroître ayant armé puissamment jusque-là sans se déclarer ; et pour lui donner part au gâteau et à la dépouille universelle de l'empereur, on nous donnoit les dix provinces des Pays-Bas catholiques[3] ; ce qui rempliroit notre beau dessein de n'avoir au nord et au nord-est que le Rhin pour barrière.

« La puissance de cette ligue et l'affoiblissement total de l'empereur nous vengeoit assez de nos pertes précédentes par le traité d'Utrecht. L'Angleterre, si occupée par le Prétendant et la Hollande, sans l'Allemagne et sans l'empereur, n'osoit nous traverser ; et de plus on garantissoit à M. le duc d'Orléans la future succession de France, si elle venoit à s'ouvrir, et cela par un traité particulier entre elle, la Suède et le czar, sans en avoir rien communiqué avec l'Espagne.

« Charles XII, semblable et surpassant le grand Gustave-Adolphe, au milieu de l'Allemagne avec soixante mille hommes, y faisoit la loi, et tiroit de grandes richesses pour soutenir la guerre de Jutland,

---

1. Nous laissons au texte de d'Argenson, comme à celui de Saint-Simon, les irrégularités grammaticales que d'autres éditeurs ont cru devoir rectifier.

2. Jacques Stuart qui prenait le nom de Jacques III.

3. Ces provinces qui répondent à peu près au royaume de Belgique actuel, sont : le Hainaut, la Flandre occidentale, la Flandre orientale, le Brabant méridional, le Brabant septentrional, les provinces d'Anvers, de Namur, de Liége, de Luxembourg, de Limbourg.

Hambourg, Saxe, Prusse et du reste de l'Allemagne. Il régloit en même temps la future succession de l'empereur entre ses héritiers naturels.

« Alors il y avoit à Paris un grand seigneur d'Espagne, appelé don Manuel, envoyé par Albéroni comme simple voyageur, mais pour s'aboucher avec le sieur Hogguer, dépositaire de tous ces secrets. Ils s'assemblèrent tous les soirs ensemble chez Mlle Desmares, illustre comédienne et maîtresse d'Hogguer. Ils soupoient ensemble; mais avant souper et pendant la comédie, ils s'enfermoient ensemble, travailloient sur des cartes géographiques et écrivoient beaucoup.

« Cependant le baron de Gœrtz, pour donner de la jalousie et piquer la curiosité de M. le duc d'Orléans, avoit fait cette manœuvre-ci : il avoit fait écrire la partie la moins importante et la moins secrète de ces projets partie en chiffres, en sorte que cette dépêche étoit tombée entre les mains de notre résident à Berlin, lequel n'avoit pas manqué de l'envoyer d'abord à M. le duc d'Orléans. On y voyoit bien que don Manuel étoit à Paris pour cela de la part d'Albéroni, mais on y trouvoit qu'il correspondoit pour cela avec un Suédois nommé Sobrissel. On faisoit de grandes perquisitions pour découvrir où étoit ce Sobrissel à Paris, et on ne trouvoit rien; on savoit seulement qu'il étoit fils d'un sénateur de Suède. Mais ce nom de Sobrissel couvroit celui d'Hogguer, qui étoit désigné par là. Mon père, alors garde des sceaux de France, avoit conservé des émissaires de la police; il avoit mis plus de cent personnes à cette découverte, et on ne trouvoit rien, comme je dis.

« Alors M. le duc d'Orléans manda Hogguer pour le savoir. Celui-ci, fidèle à la France, songea d'abord à la bien servir, mais en ne trahissant point la cause étrangère dont il étoit chargé. Il savoit que le régent devoit y être admis à de bonnes conditions et à propos, et le temps en étoit venu par l'inquiétude et la jalousie dont il étoit piqué. Il est vrai qu'il ne pouvoit être admis qu'avec dépit de la part de l'Espagne, qui avoit ses intérêts particuliers contre lui; mais la Suède n'étoit là dedans que pour favoriser le régent, et ce fut cette admission qui chagrina l'émissaire d'Albéroni, comme je vais dire, s'imaginant que Hogguer le trahissoit totalement après lui avoir fait signer le traité.

« Le régent s'étoit donné de grands mouvements du côté de Suède, de Parme et de Madrid, et l'abbé Dubois ne venoit à bout de rien sur la découverte des grands projets qui transpiroient du roi de Suède et d'Albéroni. Le régent manda donc la Desmares, et l'interrogea sur le comportement d'Hogguer et de don Manuel, qu'il savoit souper chez elle tous les soirs. Elle lui dit tout ce qu'elle savoit, et lui envoya Hogguer. Celui-ci fit bientôt ses ouvertures au régent, et il lui apprit [que Sobrissel] n'étoit autre chose que lui Hogguer; qu'il étoit le confident de tout, et qu'il ne tenoit qu'à lui régent d'entrer dans l'alliance. Il lui montra ses pleins pouvoirs, où il y avoit carte blanche sur cela. Le régent se défioit cependant d'Albéroni, et qu'il n'y eût là dedans quelque article contre lui. Il voulut avant toutes choses gagner don Manuel; il chargea Hogguer de lui offrir la plus forte récompense s'il vouloit quitter l'Espagne et s'attacher à la France, savoir : un million d'argent comptant, une belle terre, le cordon bleu, le grade de lieutenant général et un gouvernement.

« Hogguer s'acquitta de cette négociation en homme d'esprit et adroit; mais il ne put si bien faire que don Manuel ne crût d'abord qu'il étoit trahi par Hogguer. Il s'emporta contre lui extrêmement; le lendemain il l'envoya chercher; il lui parla avec douceur, lui demanda même pardon de tout ce qu'il lui avoit dit la veille; il ajouta qu'il voyoit bien cependant qu'il avoit perdu en un moment le fruit, du côté de l'Espagne, de tous ses travaux; qu'il avoit le cœur serré; qu'il n'avoit plus vingt-quatre heures à vivre, et que pour rien au monde il ne trahiroit sa patrie. En effet, don Manuel tomba dans une grosse fièvre; on lui envoya Chirac[1]; il mourut la nuit suivante.

« Albéroni chargea de la suite de cette affaire le marquis Monti[2], que nous avons gagné depuis, et qui a joué un grand rôle pour nous à l'élection du roi Stanislas en 1733, et décédé en 1737; mais il n'eut pas tout le secret de cette affaire comme don Manuel.

« Le régent continua à perfectionner cette négociation avec Hogguer. Voyant les pleins pouvoirs qu'il avoit de la Suède, il étoit charmé d'être si bien tiré d'une intrigue qui lui faisoit tant de peur pour ses propres intérêts. Il offrit d'abord cinq cent mille écus par mois à la Suède. Hogguer stipula de conclure sans l'abbé Dubois, puisque par là le traité de quadruple alliance alloit au diable, et qu'on soupçonnoit justement ledit abbé Dubois d'être pensionné par l'Angleterre[3].

« Tout étant d'accord entre le régent et Hogguer, le régent manda l'abbé Dubois, et, en présence d'Hogguer, il le traita de coquin et de cuistre. *Voilà donc*, dit-il, *quels sont vos travaux pour découvrir la chose la plus capitale qu'il y eût alors en Europe. J'en ai plus fait en un quart d'heure avec cet homme, et ici, que vous dans toute l'Europe en six mois, et votre Angleterre, et le diable qui vous emporte.*

« Il fut question de savoir qui on enverroit en Suède pour ratifier et achever les détails de conclusion. Le régent voulut que ce fût

---

1. Chirurgien célèbre dont il est souvent question dans les *Mémoires de Saint-Simon*.

2. Voy. sur ce personnage les t. XV et XVII de Saint-Simon. Il y parle du rôle que joua Monti à l'occasion de l'élection du roi de Pologne.

3. Saint-Simon l'affirme positivement dans plusieurs passages de ses *Mémoires*.

Hogguer, et qu'il partît la nuit même s'il se pouvoit, ou la nuit d'après. Hogguer demanda des instructions; l'abbé Dubois dit qu'il n'y avoit personne qui pût mieux les dresser qu'Hogguer lui-même. Celui-ci y travailla toute la nuit; on les expédia et on les signa sur-le-champ, et il alloit partir, lorsqu'on reçut un courrier de Dunkerque qui apprit la mort du roi de Suède; ce qui finit à l'instant toute l'aventure et tous ces vastes projets. »

III. — ASSEMBLÉE DE LA NOBLESSE EN 1649.

Page 306 et suiv.

On peut comparer avec cette partie des *Mémoires de Saint-Simon* la plupart des ouvrages relatifs à la Fronde, et spécialement les *Mémoires d'Omer Talon*, à l'année 1649. On y trouvera les actes de cette assemblée de la noblesse. Il y a quelque différence avec les signatures que donne Saint-Simon (p. 308-310). Dans Omer Talon, un des signataires s'appelle d'Alluye; Saint-Simon écrit Hallùyes-Schomberg, et croit (p. 311) qu'il s'agit du duc d'Halluyn-Schomberg. Il est très-probable que la signature donnée par Omer Talon est la véritable, et qu'il s'agit ici du marquis d'Alluye, fils du marquis de Sourdis. On lit en effet, dans un journal inédit de l'époque de la Fronde : « Mardi 5 octobre [1649], encore assemblée de la noblesse opposante chez le marquis de Sourdis, lui absent, et son fils, le marquis d'Alluye, présent. » On a cité (t. V, p. 438-441 des *Mémoires de Saint-Simon*) la totalité du passage du *Journal de Dubuisson-Aubenay*. Il en résulte que le marquis d'Alluye joua un rôle important dans ces assemblées, et que c'est très-probablement lui qui a signé l'acte de la noblesse.

IV. PAYS OU PROVINCES D'ÉTATS.

Page 363.

Les pays d'états, ou provinces d'états, étaient ceux qui jouissaient du privilége d'avoir une assemblée provinciale. Ils se réduisaient depuis le règne de Louis XIV, au Languedoc, à la Bretagne, à la Bourgogne, à la Provence, au Hainaut et au Cambrésis (Flandre française), au comté de Pau (Béarn), au Bigorre, comté de Foix, pays de Gex, Bresse, Bugey, Valromey, Marsan, Nébouzan, Quatre-Vallées (Armagnac), Soulac et Terre de Labourd. Les états de Dauphiné, supprimés sous Louis XIII, ne furent rétablis que peu de temps avant la Révolution. Les pays d'états votaient eux-mêmes l'impôt qu'ils payaient à la couronne, et qu'on appelait *don gratuit;* ils en faisaient la répartition. La quotité de cet impôt était le principal sujet du débat dans les états provinciaux, et l'affaire la plus importante pour les commissaires qui représentaient le gouvernement. Les états devaient aussi pourvoir aux autres dépenses provinciales, parmi lesquelles figuraient les frais mêmes qu'entraînait la session des états, et les gratifications votées aux gouverneurs, intendants et principaux fonctionnaires de la province. Le don gratuit n'avait rien d'uniforme; il variait de province à province, et, dans la même province, d'année en année, suivant les besoins du gouvernement et les ressources du pays.

Si l'on veut étudier les avantages et les inconvénients de ces pays d'états, il faut surtout consulter la *Correspondance administrative sous Louis XIV,* publiée dans la collection des *Documents inédits relatifs à l'histoire de France.* On y suit les efforts tentés par Louis XIV pour obtenir le concours des états provinciaux et les soumettre à ses volontés. Dès le commencement de son gouvernement personnel (le 21 octobre 1661), ce roi écrivait à M. de Fieubet, premier président du parlement de Toulouse[1] : « Dans l'application que je donne à toutes mes affaires généralement, sans en négliger aucune, je serai bien aise de savoir le nom du capitoul[2] qui sera député aux prochains états de ma province de Languedoc, et même ses intentions à l'égard de mes intérêts. Vous me ferez donc plaisir de m'en informer au plus tôt; et comme vous pouvez beaucoup dans cette députation, il sera bon de vous prévaloir du crédit que vous y avez pour prendre des précautions avec ledit capitoul, afin que non-seulement il ne se rende pas chef des avis qui me seront préjudiciables, comme tous ses prédécesseurs ont fait, mais aussi afin qu'il se joigne aux bien intentionnés pour favoriser les choses qui seront proposées de ma part. J'approuve dès à présent tout ce que vous ferez pour cet effet, vous assurant au surplus que le secret vous sera gardé, et que vous ne me sauriez rendre un service plus agréable. »

Les évêques de Lavaur, d'Albi, de Saint-Papoul et de Viviers, reçurent, ainsi que l'archevêque de Toulouse, des lettres pressantes pour se rendre aux états et soutenir le commissaire de Louis XIV[3].

---

1. Cette lettre ne se trouve pas dans les *OEuvres de Louis XIV.* Je l'ai copiée dans le recueil de Rose (ms. de l'Arsenal, n° 199, f° 127-128).
2. Magistrat municipal de Toulouse.
3. Même ms., f° 160.

Le zèle des prélats et des principaux membres des états enleva un vote unanime[1]. Dans la suite, l'assemblée devint de plus en plus docile aux volontés du roi[2]. La Provence fut intimidée par quelques exils[3] et se montra aussi docile que le Languedoc[4]; il en fut de même en Bourgogne[5]. La Bretagne paraissait plus obstinée; mais elle finit par céder[6]. Les plaintes de Mme de Sévigné sur le sort de la Bretagne, jadis « toute libre, toute conservée dans ses prérogatives, aussi considérable par sa grandeur que par situation, » attestent qu'on ne tenait plus compte « du contrat de mariage de la grande héritière[7]. » Les états des petites provinces n'auraient pu tenter une résistance qui avait été si facilement vaincue en Languedoc, en Provence, en Bourgogne et en Bretagne. Colbert songeait à les supprimer, et à faire vivre tous ces pays sous une loi commune[8]; mais il céda aux remontrances de l'évêque de Tarbes, qui lui représentait que ce changement ne pouvait « rencontrer qu'un consentement forcé de tous ces peuples, qui regardoient la grande puissance du roi et Sa Majesté armée auprès d'eux, et ne ressentiroient pas moins la perte de leur liberté et de tant de glorieuses marques de leurs services que les rois prédécesseurs de Sa Majesté leur avoient laissées de règne en règne[9]. »

Les pays d'états continuèrent d'exister jusqu'à l'époque de la Révolution.

V. TIERS ÉTAT AUX ÉTATS GÉNÉRAUX DE 1302.

Page 387.

Le tiers état, comme on l'a dit (p. 387, note), figura aux états généraux de 1302, sous le règne de Philippe le Bel. On peut citer, entre autres preuves, une pièce intitulée : *La supplication du pueuble de France au roi contre le pape Boniface VIII*[10]. Le tiers état s'adresse

---

1. *Correspondance administrative*, t. I, p. 54 et 64.
2. *Ibid.*, p. 288, 289, 290, 308, 316.
3. *Ibid.*, p. 399.
4. *Ibid.*, p. 403, 405.
5. *Ibid.*, p. 445-446.
6. *Ibid.*, p. 498 et 500.
7. Lettres de Mme de Sévigné du 6 novembre 1689 et du 18 janvier 1690.
8. *Correspondance administrative sous Louis XIV*, t. I, p. 112.
9. *Ibid.*
10. Voy. Duboulay, *Hist. de l'Université de Paris*, t. IV, p. 15; P. du Puy, *Différend de Philippe le Bel et de Boniface VIII*, p. 214; *Preuves des libertés de l'Église gallicane*, t. I, p. 108.

au roi comme un corps constitué, et lui demande de défendre l'indépendance de la couronne de France. Voici quelques extraits de cette pièce, dont je modifie l'orthographe pour la rendre plus intelligible :

« A vous, très-noble prince notre sire, par la grâce de Dieu roi de France, supplie et requiert le peuple de votre royaume, pour ce qu'il lui appartient que ce soit fait, que vous gardiez la souveraine franchise de votre royaume, qui est telle que vous ne reconnoissiez de votre temporel souverain en terre hors Dieu, et que vous fassiez déclarer, si (de telle sorte) que tout le monde le sache que le pape Boniface erra manifestement et fit péché mortel notoirement, en vous mandant par lettres bullées qu'il étoit souverain de votre temporel, et que vous ne pouvez prébendes donner ni les fruits des églises cathédrales vacants retenir, et que tous ceux qui croient le contraire il les tient pour héréges (hérétiques); *item*, que vous fassiez déclarer que l'on doit tenir ledit pape pour hérége, pour ce qu'il ne veut cette erreur rappeler (abandonner), etc. Ce fut grande abomination à ouïr que ce Boniface, pour ce que Dieu dit à saint Pierre : « Ce que tu « lieras en terre sera lié au ciel, » cette parole, dite spirituellement, entendit mallement quant au temporel.

« Et pour que aucun autre ne prenne exemple à faire ainsi, et pour ce que la peine de lui fasse peur aux autres, vous, noble roi sur tous autres princes, défenseur de la foi, pouvez et devez, et êtes tenu requérir et procurer que ledit Boniface soit tenu et jugé pour hérége, et puni en la manière que l'on le pourra et devra, si (de telle sorte) que votre souveraine franchise soit gardée. »

FIN DES NOTES DU QUATORZIEME VOLUME.

TABLE DES CHAPITRES

DU QUATORZIÈME VOLUME.

Chapitre premier. — Assemblées d'huguenots dissipées. — Le régent, tenté de les rappeler, me le propose. — Aveuglement du régent sur l'Angleterre. — Je détourne le régent de rappeler les huguenots. — Mort de Bréauté, dernier de son nom. — Mort de Connelaye, de Chalmazel et de Greder. — Mort de l'archevêque de Tours; sa naissance et son mérite. — Mort de La Porte, premier président du parlement de Metz, à qui Chaseaux succède. — Anecdote curieuse sur Mlle de Chausseraye. — Mort de Cani. — Sa charge de grand maréchal des logis et son brevet de retenue donnés à son fils enfant. — Mort de la duchesse de La Feuillade. — Mort de la jeune Castries et de son mari. — Mort d'une bâtarde non reconnue de Monseigneur. — Mariage du comte de Croï avec Mlle de Milandon. — Hardies prétentions de cette veuve. — Mariages de Rothelin avec Mlle de Clèves. — Le parlement continue à s'opposer au rétablissement de la charge des postes et de celle des bâtiments. — Motifs de sa conduite et ses appuis. — Il dispute la préséance au régent à la procession de l'Assomption, et l'empêche de s'y trouver. — Audace de cette prétention, qui se détruit d'elle-même par droit et par faits expliqués même à l'égard de seigneurs particuliers. — Comment le terme de gentilshommes doit être pris. — Conduite du régent avec le parlement, du parlement avec lui, et la mienne avec ce prince à l'égard du parlement. — Pension de six mille livres donnée à Maisons, et un régiment de dragons à Rion. — Pensions dites de Pontoise, dont une donnée au président Aligre............ 1

Chapitre II. — Bataille de Salankemen gagnée sur les Turcs par le prince Eugène. — Jésuites encore interdits. — Comte d'Évreux entre singulièrement au conseil de guerre. — Coigny, mal avec le régent, se bat avec le duc de Mortemart; refusé d'entrer au conseil de guerre, veut tout quitter. — Je le raccommode. — Il entre au conseil de guerre. — Il ne l'oublie jamais. — Les princes du sang présentent une requête au roi contre le nom, le rang et les honneurs de princes du sang, et l'habilité de succéder à la couronne, donnée par le feu roi à ses bâtards. — Les pairs présentent une requête au roi pour la réduction des bâtards au rang, honneurs et ancienneté de leurs pairies parmi les autres pairs. — Bout de l'an du roi à Saint-Denis. — Le duc de Berwick établit son fils aîné en Espagne, qui y épouse la sœur du duc de Veragua et prend le nom de duc de Liria. — Valentinois de nouveau enregistré au parlement, lequel se réserve des remontrances en enregistrant un nouvel édit pour la chambre de justice, et refuse une seconde fois les deux charges des bâtiments et des postes. — Caractère du duc de Brancas. — Caractère de son fils et de sa belle-fille. — Ils désirent de nouvelles lettres de duché-pairie à faire enregistrer au parlement de Paris. — État de leur dignité. — Brancas trompé par Canillac, à qui il s'étoit adressé, s'en venge en bons mots et a recours à moi. — Condition dont Villars me donne toute assurance, sa foi et sa parole sous laquelle je m'engage à le servir. — J'y réussis avec peine. — Longtemps après, il me manque infâmement de parole et en jouit. — Le parlement enregistre enfin l'édit de création des charges de surintendant des bâtimens et de grand maître des postes. — Les princes du sang et bâtards n'assistent point à la réception du duc de Villars-Brancas. — Mort de l'abbé de Brancas. — Mort de la princesse de Chimay. — Abbé de Pomponne chancelier de l'ordre par démission de Torcy. — Arrivée des galions richement chargés. — Voyage de Laffiteau; quel étoit ce jésuite. — Mort du fils unique de Chamarande, et du comte de Beuvron. — Mort de Mme de Lussan et de l'abbé Servien. — Mort de Mme de Manneville. — Mort d'Angennes. — Mort de la duchesse d'Olonne. — M. le duc de Chartres, malade de la petite vérole, cause un dégoût de ma façon au duc de Noailles. — *Te Deum* au pillage. — Mort du maréchal de Montrevel, de peur d'une salière renversée sur lui. — Mort du prince de Fürstemberg. — Mort du prince de Robecque. — Le régiment des gardes wallones donné au marquis de Risbourg. — La duchesse d'Albe épouse le duc de Solferino.................... 29

CHAPITRE III. — Louville envoyé secrètement en Espagne. — Sa commission, très-importante et très-secrète. — Incapacité surprenante du duc de Noailles. — Jalousie extrême du maréchal d'Huxelles. — Craintes et manéges intérieurs d'Albéroni en Espagne. — Insolence de l'inquisition sur les deux frères Macañas. — Cardinal Acquaviva chargé, au lieu de Molinez, des affaires d'Espagne à Rome. — La peur qu'Albéroni et Aubenton ont l'un de l'autre les unit. — Giudice ôté d'auprès du prince des Asturies et du conseil. — Popoli fait gouverneur du prince des Asturies; sa figure et son caractère. — Mécontentement réciproque entre l'Espagne et l'Angleterre. — Fourberie d'Albéroni pour en profiter. — Les Anglois, en peine du chagrin du roi d'Espagne sur leur traité avec l'empereur, le lui communiquent, et en même temps les propositions que leur fait la France, et leur réponse. — Malignité contre le régent pour le brouiller avec le roi d'Espagne. — Adresse de Stanhope pour se défaire de Montéléon en Angleterre, et gagner Albéroni, qui passe tout aux Anglois. — Albéroni, gagné par la souplesse de Stanhope, donne carte blanche aux Anglois pour signer avec eux une alliance défensive. — Embarras et craintes diverses de Bubb, secrétaire et seul ministre d'Angleterre à Madrid. — Prétention des Anglois insupportable pour le commerce, qu'Albéroni ne leur conteste seulement pas. — Bassesses et empressement pour les Anglois. — Crainte d'Albéroni des Parmesans, qu'il empêche de venir en Espagne.—Louville à Madrid; en est renvoyé sans pouvoir être admis. — Il en coûte Gibraltar à l'Espagne. — Impostures d'Albéroni sur Louville. — Le régent et Albéroni demeurent toujours piqués l'un contre l'autre du voyage de Louville.................... 55

CHAPITRE IV. — Traité de l'*asiento* signé à Madrid avec l'Angleterre. — Montéléon dupe de Stanhope, jouet d'Albéroni. — Le roi d'Angleterre à

Hanovre. — L'abbé Dubois va chercher Stanhope passant à la Haye, revient sans y avoir rien fait, repart aussitôt pour Hanovre. — Jugement des Impériaux sur la fascination du régent pour l'Angleterre. — Chétive conduite du roi de Prusse. — Il attire chez lui des ouvriers françois. — Aldovrandi, d'abord très-mal reçu à Rome, gagne la confiance du pape. — Nuage léger entre lui et Albéroni, lequel éclate contre Giudice, dont il ouvre les lettres, et en irrite le roi d'Espagne contre ce cardinal. — Étranges bruits publiés en Espagne contre la reine. — Albéroni les fait retomber sur Giudice. — La peur en prend à Cellamare, son neveu, qui abandonne son oncle. — Albéroni invente et publie une fausse lettre flatteuse du régent à lui, et se pare de ce mensonge. — Inquiétudes et jalousie d'Albéroni sur les François qui sont en Espagne. — Il amuse son ami Monti, l'empêche de quitter Paris pour Madrid, lui prescrit ce qu'il lui doit écrire sur la reine, pour le lui montrer et s'en avantager. — Son noir manége contre le roi d'Espagne. — Son extrême dissimulation. — Il veut rétablir la marine d'Espagne. — Ses manéges. — Belle leçon sur Rome pour les bons et doctes serviteurs des rois. — Attention de l'Espagne pour l'Angleterre sur le départ de la flotte pour les Indes, et des Hollandois pour l'Espagne sur leur traité à faire avec l'Angleterre et la France. — Difficultés du dernier renvoyées aux ministres en Angleterre. — Scélératesses de Stairs. — Perfidie de Walpole. — Frayeurs et mesures d'Albéroni contre la venue des Parmesans. — Il profite de celles du pape sur les Turcs, et redouble de manéges pour son chapeau, de promesses et de menaces. — Giudice publie des choses épouvantables d'Albéroni, bien défendu par Aubenton et Aldovrandi. — Molinez fait grand inquisiteur d'Espagne. — Quel étoit le duc de Parme à l'égard d'Albéroni. — Idées bien confuses de ce prince. — Le pape s'engage enfin à donner un chapeau à Albéroni. — Impossibilité présente peu durable. — Avis d'Aldovrandi et Albéroni. — Aventure des sbires qui suspend d'abord, puis confirme l'engagement en faveur d'Albéroni. — Art et bassesse d'Acquaviva. — Raison de tant de détails sur Albéroni. — Acquaviva, par ordre d'Espagne, transfuge à la constitution. — Promesses, menaces, manéges d'Albéroni et d'Aubenton pour presser la promotion d'Albéroni. — Invectives atroces de Giudice et d'Albéroni l'un contre l'autre. — Fanfaronnades d'Albéroni, et sa frayeur de l'arrivée à Madrid du mari de la nourrice de la reine et leur fils capucin. — Quels ces trois personnages. — Albéroni craint mortellement la venue d'un autre Parmesan; écrit aigrement au duc de Parme.. 72

Chapitre V. — [Albéroni] compte sur l'appui de l'Angleterre; reçoit avis de Stanhope d'envoyer quelqu'un de confiance veiller à Hanovre à ce qu'il s'y traitoit avec l'abbé Dubois. — Pensées des étrangers sur la négociation d'Hanovre. — Les Impériaux la traversent de toute leur adresse, et la Suède s'en alarme. — Affaires de Suède. — Pernicieuse haine d'Albéroni pour le régent. — Esprit de retour en France, surtout de la reine d'Espagne. — Sages réflexions d'Albéroni sur le choix, le cas arrivant. — Quel étoit M. le duc d'Orléans sur la succession à la couronne. — Affaire du nommé Pomereu. — Mme de Cheverny gouvernante des filles de M. le duc d'Orléans. — Livry obtient pour son fils la survivance de sa charge de premier maître d'hôtel du roi. — Effiat quitte le conseil des finances et entre dans celui de régence. — Honneurs du Louvre accordés à Dangeau et à la comtesse de Mailly par leurs charges perdues. — Origine de cette grâce à leurs charges. — Ce que c'est que les honneurs du Louvre. — Style de la république de Venise écrivant au Dauphin; d'où venu. — Entreprise de la nomination du prédicateur de l'Avent devant le roi. — M. de Fréjus officie devant le roi sans en dire un seul mot au cardinal de Noailles. — Abbé de Breteuil en tabouret, rochet et camail, près du prie-Dieu du roi, comme maître de la chapelle, condamné de cette entreprise comme n'étant pas évêque. — Quel fut le P. de La Ferté, jésuite. — L'abbé Fleury, confesseur du roi. — Mort de la duchesse de Richelieu et de Mme d'Arnemonville. — Mort et caractère du maréchal de Châteaurenaud. — Belle anecdote sur le maréchal de Coetlogon. — Mort de la duchesse d'Orval. — Mort de d'Aguesseau, conseiller d'État; son éloge. — Saint-Contest fait conseiller d'État, en quitte le conseil de guerre. — L'empereur prend Temeswar; perd son fils unique. — La duchesse de Saint-Aignan va trouver son mari en Espagne avec trente mille livres de gratification. — Mort, caractère et famille de M. d'Étampes. — Mort de la comtesse de Roucy — Mort de Mme Fouquet; sa famille. — Force grâces au maréchal de Montesquiou, au grand prévôt, aux ducs de Guiche, de Villeroy, de Tresmes, et au comte de Hanau. — Le duc de La Force vice-président du conseil des finances. — Augmentation de la paye de l'infanterie. — Caractère de Broglio, fils et frère aîné des deux maréchaux de ce nom. — Le duc de Valentinois reçu au parlement, où les princes du sang ni bâtards n'assistent point. — Mariage du fils unique d'Estaing avec la fille unique de Mme de Fontaine-Martel, et la survivance du gouvernement de Douai. — Bonneval obtient son abolition en épousant une fille de Biron. — Dispute entre les grands officiers de service et le maréchal de Villeroy, qui, comme gouverneur du roi, prétend faire leur service et le perd. — Grande aigreur entre les princes du sang et bâtards sur les mémoires publiés par les derniers. — Étonnante apathie de M. le duc d'Orléans. — Ma façon d'être avec le duc de Maine et le comte de Toulouse... 92

CHAPITRE VI. — Albéroni continue ses manéges de menaces et de promesses au pape pour hâter son drapeau; y fait une offre monstrueuse. — Sa conduite avec Aubenton. — Souplesse du jésuite. — Réflexion sur les entreprises de Rome. — Albéroni se soumet Aubenton avec éclat, qui baise le fouet dont il le frappe, et fait valoir à Rome son pouvoir et ses menaces. — Gesvres, archevêque de Bourges, trompé par le pape, qui est moqué et de plus en plus menacé et pressé par Albéroni, qui fait écrire vivement par la reine d'Espagne jusqu'à se prostituer. — Triste situation de l'Espagne. — Abattement politique du P. Daubenton, qui sacrifie à Albéroni une lettre du régent au roi d'Espagne. — Audacieux et pernicieux usage qu'en fait Albéroni. — Il fait au régent une insolence énorme. — Réflexion. — Albéroni, dans l'incertitude et l'embarras des alliances du régent, consulte Cellamare. — Efforts des Impériaux contre le traité désiré par le régent. — Conduite des Hollandois avec l'Espagne. — Conférence importante avec Beretti. — Caractère de cet ambassadeur d'Espagne. — Sentiment de Cadogan, ambassadeur d'Angleterre à la Haye, sur l'empereur. — Étrange réponse d'un roi d'Espagne au régent dictée par Albéroni, qui triomphe par des mensonges. — Albéroni profite de la peur des Turcs et de l'embarras du pape sur sa constitution *Unigenitus*, pour presser sa promotion par menaces et par promesses. — Offres du pape sur le clergé des Indes et d'Espagne. — Monstrueux abus de la franchise des ecclésiastiques en Espagne. — Réflexion. — Le pape ébranlé sur la promotion d'Albéroni par les cris des Espagnols, raffermi par Aubenton. — Confiance du pape en ce jésuite. — Basse politique de Cellamare et de ses frères à Rome. — Cardinal de La Trémoïlle dupé sur la promotion d'Albéroni, pour laquelle la reine d'Espagne écrit de nouveau. — Sentiment d'Albéroni sur les alliances traitées par le régent. — Il consulte Cellamare. — Réponse de cet ambassadeur. — Manéges des Impériaux contre les alliances que traitoit le régent. — Altercations entre eux et les Hollandois sur leur traité de la Barrière, qui ouvrent les yeux à ces derniers et avancent la conclusion des alliances. — Beretti abusé. — L'Espagne veut traiter avec les Hollandois. — Froideur du Pensionnaire, qui élude..................................... 122

CHAPITRE VII. — Le traité entre la France et l'Angleterre signé à la Haye, qui effarouche les ministres de la Suède. — Intrigue des ambassadeurs de Suède en Angleterre, en France et à la Haye, entre eux, pour une révolution en Angleterre en faveur du Prétendant. — Lettre importante d'Erskin au duc de Marr sur le projet inconnu du czar, mais par lui conçu. — Médecins britanniques souvent cadets des premières maisons. — Adresse de Spaar à pomper Canillac et à en profiter. — Gœrtz seul se refroidit. — Précaution du roi d'Angleterre peu instruit. — Il fait travailler à la réforme de ses troupes, et diffère de toucher aux intérêts des fonds publics. — Artifices du ministère d'Angleterre secondés par ceux de Stairs. — Fidélité de Gœrtz fort suspecte. — Le roi d'Angleterre refuse sa fille au prince de Piémont par ménagement pour l'empereur. — Scélératesse de Bentivoglio contre la France. — Nouveaux artifices pour presser la promotion d'Albéroni. — Acquaviva fait suspendre la promotion de Borromée au moment qu'elle s'alloit faire, et tire une nouvelle promesse pour Albéroni dès qu'il y auroit trois chapeaux vacants. — Défiances réciproques du pape et d'Albéroni, qui arrêtent tout pour quelque temps. — Le duc de Parme élude de faire passer à la reine d'Espagne les plaintes du régent sur Albéroni; consulte ce dernier sur ce qu'il pense du régent. — Sentiment du duc de Parme sur le choix à faire par le roi d'Espagne, en cas de malheur en France. — Insolentes récriminations d'Albéroni, qui est abhorré en Espagne, qui veut se fortifier par des troupes étrangères. — Crainte et nouvel éclat d'Albéroni contre Giudice. — Imprudence de ce cardinal. — Avidité du pape. — Impudence et hypocrites artifices d'Albéroni et ses menaces. — Réflexion sur le cardinalat. — Albéroni veut sacrifier Montéléon à Stanhope, et laisser Beretti dans les ténèbres et l'embarras; veut traiter avec la Hollande à Madrid; fait divers projets sur le commerce et sur les Indes; se met à travailler à la marine et aux ports de Cadix et du Ferrol. — Abus réformés dans les finances, dont Albéroni tire avantage pour hâter sa promotion, et redouble de manéges, de promesses, de menaces, d'impostures et de toutes sortes d'artifices pour y forcer le pape; [il est] bien secondé par Aubenton. — Son adresse. — La reine d'Espagne altière, et le fait sentir au duc et à la duchesse de Parme. — Peines de Beretti. — Heinsius veut traiter avec l'empereur avant de traiter avec l'Espagne. — Conditions proposées par la Hollande à l'empereur, qui s'opiniâtre au silence. — Manéges des Impériaux et de Bentivoglio pour empêcher le traité entre la France, l'Angleterre et la Hollande.. 138

CHAPITRE VIII. — 1717. — Singularités à l'occasion du collier de l'ordre envoyé au prince des Asturies, et par occasion du duc de Popoli. — Caylus obtient la Toison. — Mort de Mme de Langeais. — Mort de Mlle de Beuvron. — Je prédis en plein conseil de régence que la constitution deviendra règle et article de foi. — Colloque curieux là même entre M. de Troyes et moi. — Le procureur général d'Aguesseau lit au cardinal de Noailles et à moi un mémoire transcendant sur la constitution. — Abbé de Castries, archevêque de Tours, puis d'Albi, entre au conseil de conscience. — Son caractère. — Abbaye d'Andecy donnée à une de mes belles-sœurs. — Belle prétention des maîtres des requêtes sur toutes les intendances. — Mort et caractère de l'abbé de Saillant. — Je fais donner son abbaye, à Senlis, à l'abbé de Fourilles. — Mort de Mme d'Arco. — Paris-égout des voluptés de toute l'Europe. — Mort du chancelier Voysin. — Prompte adresse du duc de Noailles. — D'Aguesseau, procureur général, chancelier. — Singularité de son frère. — Ma conduite avec le régent et avec le nouveau chancelier. — Joly de Fleury, procureur général. — Le duc de Noailles, administrateur de Saint-Cyr avec Ormesson sous lui. — Famille et caractère du chancelier d'Aguesseau. — Réponse étrange du chancelier à une sage question du duc de Grammont l'aîné.. 162

CHAPITRE IX. — Infamie du maréchal d'Huxelles sur le traité avec l'Angleterre. — Embarras et mesures du régent pour apprendre et faire passer au conseil de régence le traité d'Angleterre. — Singulier entretien, et convention plus singulière, entre M. le duc d'Orléans et moi. — Le traité d'Angleterre porté et passé au conseil de régence. — Étrange malice qu'en opinant j'y fais au maréchal d'Huxelles. — Conseil de régence où la triple alliance est approuvée. — Je m'y oppose en vain à la proscription des jacobites en France. — Brevet de retenue de quatre cent mille livres au prince de Rohan, et survivance à son fils de sa charge des gens d'armes. — Le roi mis entre les mains des hommes. — Présent de cent quatre-vingt mille livres de pierreries à la duchesse de Ventadour. — Survivance du grand fauconnier à son fils enfant. — Famille, caractère et mort de la duchesse d'Albret. — Survivances de grand chambellan et de premier gentilhomme de la chambre aux fils, enfants, des ducs de Bouillon et de La Trémoille, lequel obtient un brevet de retenue de quatre cent mille livres. — Survivance de la charge des chevau-légers au fils, enfant, du duc de Chaulnes, et une augmentation de brevet de retenue jusqu'à quatre cent mille livres. — Survivance de la charge de grand louvetier au fils d'Heudicourt. — Survivance inouïe d'aumônier du roi au neveu de l'abbé de Maulevrier. — Étrange grâce pécuniaire au premier président. — Quatre cent mille livres de brevet de retenue à Maillebois sur sa charge de maître de la garde-robe. — Mort de Callières. — Abbé Dubois secrétaire du cabinet du roi avec la plume. — Il procure une visite de M. le duc d'Orléans au maréchal d'Huxelles. — Abbé Dubois entre dans le conseil des affaires étrangères par un rare *mezzo-termine* qui finit sa liaison avec Canillac. — Comte de La Marck ambassadeur auprès du roi de Suède. — J'empêche la destruction de Marly. — J'obtiens les grandes entrées. — Elles sont après prodiguées, puis révoquées. — Explication des entrées.................................... 184

CHAPITRE X. — Mariage de Mortagne avec Mlle de Guéméné. — Mariage du duc d'Olonne avec la fille unique de Vertilly. — Mariage de Seignelay avec Mlle de Walsassine. — Princes du sang pressent vivement leur jugement, que les bâtards tâchent de différer. — Requête des pairs au roi à fin de réduire les bâtards à leur rang de pairs et d'ancienneté entre eux. Grand prieur assiste en prince du sang aux cérémonies du jeudi et vendredi saints chez le roi. — Plusieurs jeunes gens vont voir la guerre en Hongrie. — M. le prince de Conti, gouverneur du Poitou, entre au conseil de régence et en celui de la guerre. — M. le Duc prétend que, lorsque le conseil de guerre ne se tient pas au Louvre, il se doit tenir chez lui, non chez le maréchal de Villeroy. — Il est condamné par le régent. — Pelletier-Sousy entre au conseil de régence et y prend la dernière place. — Mme de Maintenon malade fort à petit bruit. — Mort, fortune et caractère d'Albergotti. — Sa dépouille. — Fin et effets de la chambre de justice. — Triple alliance signée à la Haye, qui déplaît fort à l'empereur, qui refuse d'y entrer. — Mouvements de Beretti pour empêcher un traité entre l'Espagne et la Hollande. — Conversation importante chez Duywenworde, puis avec Stanhope. — Mesures de Beretti contre l'union de la Hollande avec l'empereur, et pour celle de la république avec l'Espagne. — Motifs du traité de l'Angleterre avec la France, et du désir de l'empereur de la paix du Nord. — Divisions en Angleterre et blâme du traité avec la France. — Menées et mesures des ministres suédois et des jacobites. — Méchanceté de Bentivoglio à l'égard de la France et du régent. — Étranges pensées prises à Rome de la triple alliance. — Instruction et pouvoir d'Aldovrandi retournant de Rome en Espagne. — Manéges d'Albéroni pour avancer sa promotion. — Son pouvoir sans bornes; dépit et jalousie des Espagnols. — Misères de Giudice. — Vanteries d'Albéroni. — Il fait de grands changements en Espagne. — Politique et mesures entre le duc d'Albe et Albéroni. — Caractère de Landi, envoyé de Parme à Paris. — Vives mesures d'Albéroni pour détourner les Hollandois de traiter avec l'empereur, et les amener à traiter avec le roi d'Espagne à Madrid. — Artificieuses impostures d'Albéroni sur la France. — Il se rend seul maître de toutes les affaires en Espagne. — Fortune de Grimaldo. — Giudice s'en va enfin à Rome. — Mesures d'Albéroni avec Rome. — Étranges impressions prises à Rome sur la triple alliance. — Conférence d'Aldovrandi avec le duc de Parme à Plaisance. — Hauteur, à son égard, de la reine d'Espagne. — L'Angleterre, alarmée des bruits d'un traité négocié par le pape entre l'empereur et l'Espagne, fait là-dessous des propositions à Albéroni. — Sa réponse à Stanhope. — Son dessein. — Son artifice auprès du roi d'Espagne pour se rendre seul maître de toute négociation. — Fort propos du roi d'Espagne à l'ambassadeur de Hollande sur les traités avec lui et l'empereur........................ 206

CHAPITRE XI. — Le roi d'Angleterre à Londres. — Intérieur de son ministère. — Ses mesures. — Gyllembourg, envoyé de Suède, arrêté. — Son projet découvert. — Mouvement causé par cette action parmi les ministres étrangers et dans le public. — Mesures du roi d'Angleterre et de ses ministres. — L'Espagne, à tous hasards, conserve des ménagements pour le Prétendant. — Castel-Blanco. — Le roi de Prusse se lie aux ennemis du roi d'Angleterre. — Les Anglois ne veulent point se mêler des affaires de leur roi en Allemagne. — Gœrtz arrêté à Arnheim et le frère de Gyllembourg à la Haye, par le crédit du Pensionnaire. — Sentiment général des Hollandois sur cette affaire. — Leur situation. — Entrevue du Prétendant, passant à Turin, avec le roi de Sicile, qui s'en excuse au roi d'Angleterre. — Cause de ce ménagement. — Réponse ferme de Gœrtz interrogé en Hollande. — L'Angleterre et la Hollande communiquent la triple alliance au roi d'Espagne. — Soupçons, politique et feinte indifférence de ce monarque. — Mauvaise santé du roi d'Espagne. — Burlet, premier médecin du roi d'Espagne, chassé. — Craintes de la reine d'Espagne et d'Albéroni. — Ses infinis artifices pour hâter sa promotion. — Clameurs de Giudice contre Aldovrandi, Albéroni et Aubenton. — Angoisses du pape entraîné enfin. — Il déclare Borromée cardinal seul et sans ménagement pour Albéroni. — Mesures et conseils d'Acquaviva et d'Alexandre Albani à Albéroni. — Nouveaux artifices d'Albéroni pour hâter sa promotion, ignorant encore celle de Borromée. — Albéroni fait travailler à Pampelune et à la marine; fait considérer l'Espagne; se vante et se fait louer de tout; traite froidement le roi de Sicile; veut traiter à Madrid avec les Hollandois. — Journées uniformes et clôture du roi et de la reine d'Espagne. — Albéroni veut avoir des troupes étrangères; hait Montéléon. — Singulière et confidente conversation de Stanhope avec Montéléon. — Dettes et embarras de l'Angleterre. — Mesures contre la Suède. — Conduite d'Albéroni à l'égard de la Hollande. — Le Pensionnaire fait à Beretti une ouverture de paix entre l'empereur et le roi d'Espagne. — L'Angleterre entame une négociation à Vienne pour la paix entre l'empereur et le roi d'Espagne. — Lettre de Stanhope à Beretti, et de celui-ci à Albéroni. — Son embarras. — Ordres qu'il en reçoit et raisonnement. — Vues et mesures de commerce intérieur et de politique au dehors d'Albéroni. — Angoisses du roi de Sicile éconduit par l'Espagne. — Venise veut se raccommoder avec le roi d'Espagne........................ 237

CHAPITRE XII. — Le régent livré à la constitution sans contre-poids. — Le nonce Bentivoglio veut faire signer aux évêques que la constitution est règle de foi, et y échoue. — Appel de la Sorbonne et des quatre évêques. — J'exhorte en vain le cardinal de Noailles à publier son appel, et lui en prédis le succès et celui de son délai. — Variations du maréchal d'Huxelles dans les affaires de la constitution. — Entretien entre M. le duc d'Orléans et moi sur les appels de la constitution, tête à tête, dans sa petite loge à l'Opéra. — Objection du grand nombre. — Le duc de Noailles vend son oncle à sa fortune. — Poids des personnes et des corps. — Conduite à tenir par le régent. — Raisons personnelles. — Le régent arrête les appels et se livre à la constitution.............................. 259

CHAPITRE XIII. — Mlle de Chartres prend l'habit à Chelles. — Mort d'Armentières. — Mort du duc de Béthune. — Mort de Mme d'Estrades. — Son beau-fils va en Hongrie avec le prince de Dombes. — Indécence du carrosse du roi expliquée. — Maupeou président à mortier, depuis premier président. — Nicolaï obtient pour son fils la survivance de sa charge de premier président de la chambre des comptes. — Bassette et pharaon défendus. — Mort et famille de la duchesse douairière de Duras. — Mort de la duchesse de Melun. — Mort de la comtesse d'Egmont. — Mort de Mme de Chamarande. — Éclaircissement sur sa naissance. — Mort de l'abbé de Vauban. — Mariage d'une fille de la maréchale de Boufflers avec le fils unique du duc de Popoli. — Le duc de Noailles manque le prince de Turenne pour sa fille aînée, et la marie au prince Charles de

Lorraine, avec un million de brevet de retenue sur sa charge de grand écuyer; et un triste succès de ce mariage. — M. le comte de Charolois part furtivement pour la Hongrie par Munich. — Personne ne tâte de cette comédie. — Il ne voit point l'empereur ni l'impératrice, quoique le prince de Dombes les eût vus, dont M. le Duc se montre fort piqué. — L'abbé de La Rochefoucauld va en Hongrie et meurt à Bude. — Conduite de M. et de Mme du Maine dans leur affreux projet. — Causes et degrés de confusion et de division dont ils savent profiter pour se former un parti. — Formation d'un parti aveugle composé de toutes pièces sans aveu de personnes, qui ose de soi-même usurper le nom de noblesse. — But et adresse des conducteurs. — Folie et stupidité des conduits. — Menées du grand prieur et de l'ambassadeur de Malte pour en exciter tous les chevaliers, qui reçoivent défense du régent de s'assembler que pour les affaires uniquement de leur ordre. — Huit seigneurs veulent présenter au nom de la prétendue noblesse un mémoire contre les ducs. — Le régent ne reçoit point le mémoire et les traite fort sèchement. — Courte dissertation de ces huit personnages. — Embarras de cette noblesse dans l'impossibilité de répondre sur l'absurdité de son projet 283

Chapitre XIV. — Différence diamétrale du but des assemblées de plusieurs seigneurs et gentilshommes en 1649, de celles de cette année. — Copie du traité original d'union et association de plusieurs de la noblesse en 1649, et des signatures. — Éclaircissement sur les signatures. — Requête des pairs au roi à même fin que l'association de plusieurs de la noblesse en 1649. — Comparaison de la noblesse de 1649 avec celle de 1717. — Succès et fin des assemblées de 1649. — Ma conduite avec le régent sur l'affaire des princes du sang et des bâtards, et sur les mouvements de la prétendue noblesse. — Les bâtards ne prétendent reconnoître d'autres juges que le roi majeur ou les états généraux du royaume, et s'attirent par là un jugement préparatoire. — Excès de la prétendue noblesse trompée par confiance en ses appuis. — Conduite et parfaite tranquillité des ducs. — Arrêt du conseil de régence portant défense à tous nobles de s'assembler, etc., sous peine de désobéissance. — Ma conduite dans ce conseil suivie par les ducs, puis par les princes du sang et bâtards. — Succès de l'arrêt. — Gouvernement de Saint-Malo à Coetquen, et six mille livres de pension à Laval. — Mensonge impudent de ce dernier prouvé, et qui lui demeure utile, quoique sans nulle parenté avec la maison royale. — Maison de Laval-Montfort très-différente des Laval-Montmorency, expliquée. — Autre imposture du même M. de Laval sur la préséance sur le chancelier. — Premier exemple de mariage de fille de qualité avec un secrétaire d'État......................... 304

Chapitre XV. — Six conseillers d'État nommés commissaires, et l'un d'eux rapporteur de l'affaire des princes du sang et bâtards au conseil de régence, et temps court fixé aux deux partis pour lui remettre leurs papiers. — Extrême embarras du duc et de la duchesse du Maine. — Leurs mesures forcées. — Requête de trente-neuf personnes, se disant la noblesse, présentée par six d'entre eux au parlement pour faire renvoyer l'affaire des princes du sang et des bâtards aux états généraux du royaume. — — Réflexion sur cette requête. — Le premier président avec les gens du roi portent la requête au régent et lui demandent ses ordres. — Digression sur la fausseté d'un endroit, entre autres, concernant cette affaire, des Mémoires manuscrits de Dangeau. — Courte dissertation sur les porteurs de la requête de la prétendue noblesse au parlement, et sur cette démarche. — Les six porteurs de la requête au parlement arrêtés par des exempts des gardes du corps, et conduits à la Bastille et à Vincennes. — Libelle très-séditieux répandu sur les trois états. — Le régent travaille avec le rapporteur et avec les commissaires. — Formation d'un conseil extraordinaire de régence pour juger. — Lettre sur le dixième et la capitation de force gentilshommes de Bretagne au comte de Toulouse, pour tocsin de ce qui y suivit bientôt. — Députation du parlement au roi pour lui rendre compte de ce qui s'y étoit passé sur l'affaire des princes du sang et bâtards, et recevoir ses ordres. — Arrêt en forme d'édit rendu au conseil de régence, enregistré au parlement, qui prononce sur l'affaire des princes du sang et des bâtards; adouci par le régent, et aussitôt après adouci de son autorité contre la teneur de l'arrêt. — Rage de la duchesse du Maine. — Douleur de Mme la duchesse d'Orléans. — Scandale du monde. — Les six prisonniers très-honorablement remis en liberté; leur hauteur. — Misère du régent. — Il ôte néanmoins la pension et le logement qu'il donnoit à M. de Châtillon, qui va s'enterrer pour toujours en Poitou. — Conduite des ducs en ces mouvements, et la mienne particulière. — Motifs et mesures des bâtards et du duc de Noailles, peut-être les mêmes, peut-être différents, pour faire convoquer les états généraux. — Occasion de la pièce suivante, qui empêche la convocation des états généraux. — Raisons de l'insérer ici, et après coup............. 332

Chapitre XVI. — Projet d'états généraux fréquents de Mgr le Dauphin, père du roi. — Je voulois des états généraux à la mort du roi. — Embarras des finances et subsidiairement de l'affaire des princes. — Motifs de vouloir les états généraux. — Trait sur le duc de Noailles. — Introduction à l'égard des finances. — État de la question. — Grande différence d'assembler d'abord, et avant d'avoir touché à rien, les états généraux, ou après tout entamé et tant d'opérations. — Chambre de justice, mauvais moyen. — Timidité, artifice et malice du duc de Noailles sur le duc de La Force, très-nuisible aux affaires. — Banque du sieur Law. — Première partie : raisons générales de l'inutilité des états. — Malheur du dernier gouvernement. — Choc certain entre les fonciers et les rentiers. — Premier ordre divisé nécessairement entre les rentiers et les fonciers, quoique bien plus favorables aux derniers. — Second ordre tout entier contraire aux rentiers. — Éloge et triste état du second ordre. — Troisième ordre tout entier pour les rentes. — Choc entre les deux premiers ordres et le troisième sur les rentes, certain et dangereux. — Pareil choc entre les provinces sur les rentes, auxquelles le plus grand nombre sera contraire. — Ce qu'il paroît de M. le duc d'Orléans sur l'affaire des princes. — Ses motifs de la renvoyer aux états généraux. — Certitude du jugement par les états généraux et de l'abus des vues de Son Altesse Royale à son égard. — États généraux parfaitement inutiles pour le point des finances et pour celui de l'affaire des princes. — Deuxième partie : inconvénients des états généraux. — Rangs et compétences. — Autorité et prétentions. — Difficulté de conduite et de réputation pour M. le duc d'Orléans. — Danger et dégoût des promesses sans succès effectif. — Fermeté nécessaire. — Demandes des états. — Propositions des états. — Nulle proportion ni comparaison de l'assemblée des états généraux à pas une autre. — Deux moyens de refréner les états, mais pernicieux l'un et l'autre. — Refus. — Danger de formation de troubles. — Autorité royale à l'égard du jugement de l'affaire des princes. — Troisième partie : premier ordre. — La constitution *Unigenitus*. — Juridiction ecclésiastique. — Deuxième ordre. — Le deuxième ordre voudra seul juger l'affaire des princes. — Trait sur les mouvements de la prétendue noblesse et sur le rang de prince étranger. — Partialités et leurs suites. — Situation du second ordre, d'où naîtront ses représentations et ses propositions. — Choc entre le second ordre et le troisième ordre inévitable, sur le soulagement du second. — Mécontentement du militaire. — Troisième ordre et ce qui le compose. — Troisième ordre en querelle et en division. — Confusion intérieure en laquelle le second ordre prendra partie ; et [troisième ordre] commis d'ailleurs entre les deux premiers ordres. — Grande et totale différence de la tenue des états généraux, à la mort du roi, d'avec leur tenue à présent. — Tiers état peu docile, et dangereux en matière de finance. — Péril de la banque du sieur Law. — Trait sur le duc de Noailles. — Exemples qui doivent dissuader la tenue des états généraux. — États généraux utiles, mais suivant le temps et les conjonctures. — Courte récapitulation des inconvénients d'assembler les états généraux. — Conclusion. — Trait sur le duc de Noailles. — Vues personnelles à moi répandues en ce mémoire.. 348

Chapitre XVII. — M. le duc d'Orléans, prêt à se rendre sur les états, se trouve convaincu par le mémoire, et on n'entend plus parler d'états généraux. — Mémoire sur les finances annoncé par le duc de Noailles. — M. le duc d'Orléans me parle du mémoire ; d'un comité pour les finances ; me propose à deux reprises d'en être, dont je m'excuse fortement. — Le duc de Noailles lit son mémoire en plusieurs conseils de régence. — Quelle cette pièce. — Je suis bombardé du comité, au conseil de régence, où, malgré mes excuses, je reçois ordre d'en être. — M. de Fréjus obtient personnellement l'entrée du carrosse du roi, où jamais évêque non pair, ni précepteur, ni sous-gouverneur n'étoit entré, lesquels sous-gouverneurs l'obtiennent aussi. — Dispute sur la place du carrosse entre le précepteur et le sous-gouverneur, qui la perd. — Mariage de Fresnel avec Mlle Le Blanc ; de Flamarens avec Mlle de Beauvau ; de La Luzerne avec Mme de La Varenne ; du marquis d'Harcourt avec Mlle de Barbezieux, dont le duc d'Albret veut épouser la sœur et y trouve des obstacles. — Arouet à la Bastille, connu depuis sous le nom de Voltaire. — Mort du vieux prince palatin de Birkenfeld. — Mort de la duchesse douairière d'Elbœuf. — Mort de M. de Montbazon. — Mort de la fameuse Mme Guyon. — Six mille livres de pension au maréchal de Villars. — Dix mille livres au duc de Brissac. — Six mille livres de pension à Blancménil, avocat général. — Canillac lieutenant général de Languedoc. — Duel à Paris de Contade et de Brillac, dont il n'est autre chose. — Je fais acheter ce diamant unique en tout, qui fut nommé *le Régent*.................... 405

Chapitre XVIII. — Le czar vient en France, et ce voyage importe. — Origine de la haine personnelle du czar pour le roi d'Angleterre. — Kurakin ambassadeur de Russie en France ; quel. — Motifs et mesures du czar qui veut, puis ne veut plus être catholique. — Courte réflexion sur Rome. — Il est reçu à Dunkerque par les équipages du roi, et à Calais

par le marquis de Nesle. — Il est en tout défrayé avec toute sa suite. —
— On lui rend parfois les mêmes honneurs qu'au roi. — On lui prépare
des logements au Louvre et à l'hôtel de Lesdiguières, qu'il choisit. — Je
propose au régent le maréchal de Tessé pour le mettre auprès du czar
pendant son séjour, qui l'attend à Beaumont. — Vie que menoit le maréchal de Tessé. — Journal du séjour du czar à Paris. — Verton, maître
d'hôtel du roi, chargé des tables du czar et de sa suite, gagne les bonnes
grâces du czar. — Grandes qualités du czar; sa conduite à Paris. — Sa
figure; son vêtement; sa nourriture. — Le régent visite le czar. — Le roi
visite le czar en cérémonie. — Le czar visite le roi en toute pareille cérémonie. — Le czar voit les places du roi en relief. — Le czar visite
Madame, qui l'avoit envoyé complimenter; puis [va] à l'Opéra avec M. le
duc d'Orléans, qui là lui sert à boire. — Le czar aux Invalides. —
Mme la duchesse de Berry et Mme la duchesse d'Orléans, perdant espérance d'ouïr parler du czar, envoient enfin le complimenter. — Il ne distingue les princes du sang en rien, et trouve mauvais que les princesses
du sang prétendissent qu'il les visitât. — Il visite Mme la duchesse de
Berry. — Dîne avec M. le duc d'Orléans à Saint-Cloud, et visite Mme la
duchesse d'Orléans au Palais-Royal. — Voit le roi comme par hasard aux
Tuileries. — Le czar va à Versailles. — Dépense pour le czar. — Il va à
Petit-Bourg et à Fontainebleau; voit en revenant Choisy, et par hasard
Mme la princesse de Conti un moment, qui y étoit demeurante. — Le
czar va passer plusieurs jours à Versailles, Trianon et Marly; voit Saint-
Cyr; fait à Mme de Maintenon une visite insultante. — Je vais voir le czar
chez d'Antin tout à mon aise sans en être connu. — Mme la duchesse l'y
va voir par curiosité. — Il en est averti; il passe devant elle, la regarde,
et ne fait ni la moindre civilité, ni semblant de rien. — Présents. — Le
régent va dire adieu au czar, lequel va dire adieu au roi sans cérémonie,
et reçoit chez lui celui du roi de même. — Départ du czar, qui ne veut
être accompagné de personne. — Il va trouver la czarine à Spa. — Le
czar visite le régent. — Personnes présentées au czar. — Maréchal de
Tessé commande tous les officiers du roi servant le czar. — Le czar, en
partant, s'attendrit sur la France et sur son luxe. — Il refuse le régent
qui, à la prière du roi d'Angleterre, désiroit qu'il retirât ses troupes du
Mecklenbourg. — Il désire ardemment de s'unir avec la France, sans
pouvoir réussir, à notre grand et long dommage, par l'intérêt de l'abbé
Dubois et l'infatuation de l'Angleterre funestement transmise à ses successeurs.. 418

CHAPITRE XIX. — Mort du palatin de Livonie. — Nouveaux manéges d'Albéroni pour sa promotion. — Giudice à Gênes, misère de ses neveux. —
Effet à Madrid de la promotion de Borromée. — Patiño depuis premier
ministre et grand. — Vanteries d'Albéroni. — Le roi de Sicile inquiet
désire être compris dans le traité projeté de l'Espagne avec la Hollande.
— Réponse d'Albéroni. — Albéroni change tout à coup de système et en
embrasse un fort peu possible, et encore avec d'étranges variations. —
Ses ordres à Beretti là-dessus. — Les Hollandois désirent l'union avec
l'Espagne. — Ils craignent la puissance et l'ambition de l'empereur et les
mouvements du roi de Prusse. — Plaintes et dépit du roi de Prusse
contre le roi d'Angleterre. — Cabales et changements en Angleterre. —
Beretti propose d'attacher à l'Espagne plusieurs membres principaux des
états généraux, qu'il nomme, par des pensions. — Lettre d'Albéroni à

Beretti suivant son nouveau système, pour être montrée au Pensionnaire et à quelques autres de la république, et parle en même sens à Riperda. — Riperda découvre un changement dans le dernier système d'Albéroni, et prévoit le dessein sur la Sicile. — Esprit continuel de retour à la succession de France. — Double friponnerie d'Albéroni et d'Aubenton sur la constitution. — Artifices d'Albéroni pour sa promotion; ses éclats et ses menaces. — Mauvais état des finances d'Espagne. — Propos des ministres d'Angleterre et de Hollande à celui de Sicile, en conformité du dernier système d'Albéroni, et lui font une proposition étrange. — Il élude d'y répondre et fait une curieuse et importante découverte. — Albéroni, sous le nom de la reine, éclate en menaces, ferme l'Espagne à Aldovrandi, fait un reproche et donne une leçon à Acquaviva, avec l'air de le ménager. — Nouveaux efforts d'Albéroni pour sa promotion. — Rare bref du pape au P. Daubenton. — Le roi d'Espagne parle trois fois à Riperda suivant le système d'Albéroni. — L'ambassadeur de Sicile, alarmé sur la cession de cette île, élude de répondre aux propositions de l'ambassadeur de Hollande. — Albéroni change de batteries et veut plaire au pape pour obtenir sa promotion. — Embarras du pape. — Vénitiens mal avec la France et avec l'Espagne. — Acquaviva veut gagner le cardinal Ottobon. — Vil intérêt des Romains. — Réflexion sur les cardinaux françois. — Changement de plus en plus subit de la conduite d'Albéroni sur sa promotion. — Ses raisons. — Conduite et ordres d'Albéroni à Beretti suivant son dernier système. — Raisonnements de Beretti. — Agitations intérieures de la cour d'Angleterre............................... 440

NOTES.

I. Causes de la disgrâce de Fouquet. — Son procès............... 465

II. Charles XII. — Projets qu'il avait formés dans les derniers temps de son règne. — Ses relations avec le régent................. 476

III. Assemblée de la noblesse en 1649........................... 482

IV. Pays ou provinces d'états.................................... 482

V. Tiers état aux états généraux de 1302..... 484

FIN DE LA TABLE DES CHAPITRES.

TYPOGRAPHIE DE CH. LAHURE
Imprimeur du Sénat et de la Cour de Cassation
rue de Vaugirard, 9.

www.ingramcontent.com/pod-product-compliance
Lightning Source LLC
Chambersburg PA
CBHW050606230426
43670CB00009B/1293